반려동물행동지도사
일주일에 마스터하기

반려동물 행동지도사

일주일에 마스터하기

반려동물행동학 | 반려동물관리학 | 반려동물훈련학 | 직업윤리 및 법률 | 보호자 교육 및 상담

김병석 · 김수진 · 최동락 · 송광영 편저

2024년 기출 핵심 키워드 분석

- ☑ 출제경향을 분석한 핵심이론&예상문제
- ☑ 최신 개정 법령 반영
- ☑ 최종 점검을 위한 모의고사 2회분

동문사

머리말

최근 반려동물과 살아가는 반려인들이 증가하고 있습니다. 국내의 경우, 반려동물 중 개가 가장 높은 비율을 차지하고 있습니다. 2024년 국가자격증으로 필기 시험 과목이 확정되어 반려동물행동지도사가 처음 시행되었습니다. 본 교재는 반려동물행동지도사를 준비하는 분들에게 좋은 참고 자료가 되기를 바라는 마음으로 준비되었습니다.

개는 약 만오천년 전부터 가축화되어 사람과 더불어 살아온 동물입니다. 개는 민첩성과 운동능력, 높은 지능, 뛰어난 후각과 청각을 가지고 다양한 환경에 적응하며 사람에게 훌륭한 조력자이자 동반자로 지내왔습니다.

반려동물행동지도사는 훈련뿐만 아니라 개의 형태학적 특징, 행동학적 특징 등을 이해해야 합니다. 또한 개와 유대관계를 만들 수 있도록 하는 역할과 동시에 보호자들과 반려견들이 행복한 반려생활을 할 수 있도록 하는 중요한 역할을 하는 전문가입니다. 이에 반려동물행동지도사에게 필요한 전문 지식을 충실하게 담았습니다.

반려동물행동지도사는 훈련 및 행동교정과 관련한 지식과 경험이 필요합니다. 동시에 직업윤리로서 생명에 무한한 책임감과 존중하는 마음 자세가 필요합니다. 조금 더 확장하여 생명에 대한 '배려와 존중'이라는 가치가 필요하다고 생각합니다.

반려동물행동지도사 필기 시험은 반려동물행동학, 반려동물관리학, 반려동물 훈련학, 직업윤리 및 법률, 보호자 교육 및 상담 5과목으로 구성됩니다. 자격시험을 준비하는 분들께 5개 과목을 제한된 시간 내에 효과적으로 학습할 수 있도록 중요한 내용을 담았습니다. 2024년의 출제경향과 난이도를 분석하였으며, 과목별, 소제목별로 중요한 핵심사항을 출제하였습니다.

국가자격증 취득을 위해 노력하는 분들께 본 교재의 활용법을 간단하게 제시하고자 합니다. 반려동물을 전공하시는 분들이라면 쉽게 이해하실 수 있으나, 그렇지 않은 분들이라면 용어가 다소 생소할 수 있습니다. 따라서 처음에는 완독을 목표로 막히는 부분이 있어도 편하게 읽어보세요. 그 후에 과목 안의 소제목별로 상세히 학습한 후에 문제를 풀어보시기를 권해 드립니다.

동물을 소중히 생각하고, 반려동물전문가로 현장에서 활동하기를 원하는 모든 분들께서 본 교재를 활용하여 '합격'에 도움이 되기를 바랍니다.

감사합니다.

저자 일동

반려동물행동지도사 2급
자격시험 안내

⚜ 필기 시험과목 및 출제범위

과목	출제범위
① 반려동물 행동학 (20문항)	1-1) 반려동물 행동의 개념 1-2) 반려동물의 행동발달 1-3) 반려동물의 정상행동 1-4) 반려동물의 의사소통 1-5) 반려동물의 문제행동
② 반려동물 관리학 (20문항)	2-1) 반려동물의 복지 2-2) 영양관리 2-3) 건강관리 2-4) 환경관리 2-5) 운동 및 행동관리 2-6) 반려견개론 및 견종 표준
③ 반려동물 훈련학 (20문항)	3-1) 반려견 훈련개념 및 훈련의 영향요인 3-2) 반려견의 학습이론 3-3) 훈련원리의 활용 3-4) 반려견 훈련능력 평가와 활용
④ 직업윤리 및 법률 (20문항)	4-1) 동물보호법 4-2) 소비자기본법 4-3) 기타 생활법률 4-4) 반려동물행동지도사의 직업윤리
⑤ 보호자 교육 및 상담 (20문항)	5-1) 반려동물 보호자의 개념과 역할 5-2) 반려동물 보호자 교육 계획 수립 5-3) 반려동물 보호자 교육방법 5-4) 반려동물 문제행동 예방교육 5-5) 고객상담 5-6) 반려견 위탁서비스 5-7) 사후관리

✎ 반려동물행동지도사 국가자격시험에 관한 자세한 사항은 반려동물행동지도사 자격정보시스템 (https://apms.epis.or.kr/pet/home/kor/main.do)에서 확인해 주세요.

반려동물행동지도사 2급

출제경향 & 핵심 키워드 분석

2024년 출제경향/기출문제 핵심 키워드

1. 반려동물 행동학

NCS 반려동물행동지도사 교육 내용과 동물행동학의 주요 개념에서 골고루 출제되어 문제의 난이도는 평이하다. 특히 용어에 대한 정의가 다수 출제되었다.

◌ 이행기, 사회화기 특징
◌ 조작적 조건화 / 고전적 조건화의 실험 방법
◌ 쉐이핑
◌ 갈등행동, 문제행동 정의(이상행동)
◌ 동물행동학 분야

기출문제 핵심 키워드

1) 반려견의 발달행동학적 특징, 이행기(과도기) 때 행동으로 옳지 않은 것은?
   혼자 배변을 못 가린다. (틀림)
2) 반려견 이행기 특징
3) 반려견 사회화기 특징
4) 조작적 조건화 실험 이해
5) 고전적 조건화의 실험 방법
6) 갈등행동
7) 문제행동의 정의(이상행동)
8) 동물행동학 연구 분야(행동의 지근요인, 행동의 궁극요인, 행동의 발달, 행동의 진화)
9) 동물의 유지행동과 사회적 행동의 구분
10) 반려견의 행동파악(선동작 – 목표동작 – 후동작)
11) 퍼피워커 프로그램이란?
12) 반려견의 시각신호에 대한 설명, 바디랭귀지 이해
13) 카밍시그널의 기능 및 종류
14) 갈등행동과 이상행동의 종류 및 의미 이해
15) 문제행동 분석 방법
16) 공격행동의 종류 이해(특히 포식성 공격행동, 특발성 공격행동)

2. 반려동물 관리학
반려견의 건강과 영양 관리를 위한 문제, BCS(Body Conditioning Score), 하임리히법, 심폐소생술의 순서, 국내 반려견의 견종적 특성(진돗개, 동경이, 삽살개)와 함께 FCI 기준 견종 분류를 할 수 있는가에 대한 문제가 출제되었다. 문제의 난이도는 평이한 수준이다. ◌ 영양관리에서 비타민, 음식(포도, 초콜릿, 양파와 마늘) ◌ 소독, 멸균, 세척의 이해 ◌ BCS, 목욕 순서 ◌ 종합백신, 질병의 종류에서 간염과 홍역, 눈 질환 ◌ 강아지 견종(동경이), FCI 견종 구분

기출문제 핵심 키워드

1) 비타민 종류별 기능 및 효과 - 비타민 K
2) 병원체별 질병(바이러스성, 세균성, 기생충성, 진균성 질병 구분) – 광견병
3) 반려견 사료 구성성분(사료의 함유량 조단백질/조지방/조섬유 함유량)
   조단백질(20% 이상), 조지방(최소 5.5%(성견)–8.5%(어린 강아지, 수유견) 이상), 조섬유(2.5%–3% 이하)
4) 임신견 분만 전 행동에 대한 설명으로 옳은 것은?
5) 중형견, 대형견 체고 기준(45cm)
6) 반려견이 먹어서는 안 되는 음식: 포도(신부전), 양파/파(적혈구 파괴 등)
7) 우리나라 개 중 꼬리가 짧은 개 – 동경개
8) 항체가에 대한 검사
9) 과하게 산책하면 안 되는 견종 – 보스턴테리어
10) 성기능 관련된 기관으로 옳지 않은 것은?
    비장, 뇌하수체, 시상하부 기능
11) 소독과 관련하여 '소독발판과 관련하여 직원은 관리 안 해도 된다.'
12) 반려견의 유치에서 영구치로 변화 월령(개체별로 차이는 있으나 4개월–7개월령)
13) 소독과 멸균이 차이와 소독하는 물질에 대한 문제
14) 반려견의 열사병 대처 방법
15) 반려견 BCS(Body Conditioing Score) 중 적정은 BCS 3이며, 숫자가 높을수록 비만
16) 반려견의 질병(간염, 개 홍역)
17) 반려견 5종 종합백신을 질문
18) 목욕 순서 및 빗질 순서
19) FCI에서 구분하는 견종을 구분하는 문제
20) 반려견 에너지 요구량, 생후 6–8주령 성견의 3배, 생후 16–24주령 성견의 2배

3. 반려동물 훈련학

다른 과목과 비교하여 난이도가 조금 높은 편으로 출제되었다. 훈련 용어의 정의에 대해 묻는 문제는 평이한 수준이다. 그러나 훈련 순서를 묻는 질문의 경우에는 순서를 올바르게 숙지하고 있어야 맞힐 수 있는 문제 수준이다.

◌ 옆에 만들기 방법 및 순서, 목줄 훈련 방법 및 순서, 산책 훈련 방법 및 순서

◌ 독스포츠(어질리티, 높이 체급별 규정, 플라이볼, 원반, 나이)

◌ 특수목적견(인명구조견, 치료도우미견의 사회접촉 훈련 2문제)

기출문제 핵심 키워드

1) 쉐이핑이란?
2) 동물매개치료활동 반려견 촉각 안정 방법 – 둔감화
3) 고전적 조건화 설명으로 옳은 것은?
4) 조작적 조건화 중 긍정강화의 예
5) 이름 부르기 교육의 순서
6) 목줄 교육의 순서
7) 산책 교육의 순서
8) 치료도우미견의 기준(수의학적 평가, 사회성 평가, 공격성 평가, 적합성 평가, 월령)
9) 인명구조견은 후각・청각 발달, 복종성이 있어야 하며, 신속하고 정확하게 수색 탐지
10) 반려견 스포츠 중 4마리가 릴레이로 하는 경기는? 플라이볼
11) 반려견 스포츠 중 디스크독 2인이 번갈아 던지는 경기는?
    페어스 디스턴트 어큐러시
12) 낯선 반려견과 처음 만났을 때 옳은 행동 아닌 것은?
    밝고 활발하게 다가간다.
13) 일반화의 정의
14) 동물의 학습원리 중 이상한 거 먹고 다신 안 먹으려는 것은? 미각혐오 현상
15) 순화(길들임, 습관화) 중 홍수법, 체계적 탈감각화(둔감화) 중 충분한 자극에 반응하지 않을 때까지 계속 노출시키는 방법은? 홍수법
16) 옆에서 걷기(따라) 훈련 순서
17) 기본예절교육(복종훈련)에 포함되지 않는 항목

4. 직업윤리 및 법률
동물보호법, 소비자기본법, 사료에 관한 법률, 민법 등에서 골고루 출제되었다. 문제 수준은 평이한 수준이다. 특히 민법상 교상사고, 물림사고에 대한 처리와 규정에 관한 내용이 출제되었다. ◌ 사체 처리 방법 및 규정 ◌ 동물판매업자의 규정, 폐사, 질병, 계약서 미작성 ◌ 강아지와의 교상사고 처벌 규정, 강아지가 사람을 물었을 때 처벌 규정 ◌ 소비자 보호법

기출문제 핵심 키워드

1) 동물보호법상 동물등록 대상 동물 및 월령 – 2개월령 이상의 개만 등록하여야 함
2) 동물보호법상 처벌규정 – 맹견 유기 등 벌칙
3) 동물보호법상 등록과 허가 업종 구분
   등록업종: 동물전시업, 동물운송업, 동물미용업, 동물위탁관리업
   허가업종: 동물장례업, 동물판매업, 동물생산업, 동물수입업
4) 동물 물림사고 – 놓친 반려견이 다른 반려견을 공격했을 경우
5) CCTV(고정형 영상처리기기) 설치의무 아닌 자
6) 동물판매업자 동물판매 시 계약서에 포함되어야 할 내용으로 옳지 않은 것은?
7) 동물등록 변경사항이 있으면 30일 이내에 신고, 며칠 내로 신고해야 하는지 물음
8) 직업윤리 의식에 대한 문제
9) 동물보호법 제3조, 동물보호의 기본원칙 5가지
10) 동물학대와 관련된 문제
    – 도박, 광고, 오락, 유흥 등의 목적으로 동물에게 상해를 입히는 행위(민속놀이 포함)
      민속놀이의 경우, 법으로 정한 경우 제외됨
11) 부패변질, 소비자 분쟁해결기준에서 품목별 별표 2에 대부분 제품교환 또는 환불
12) 애완동물판매 소비자분쟁해결기준
13) 반려동물과 외출하기, 국립공원, 자연공원 국립 수목원 입장 제한
14) 사체처리방법(임의매립금지, 임의소각금지, 투기금지)

5. 보호자 교육 및 상담
화법과 상담진행 방법에 관한 문제가 출제되었으며, NCS 교재를 위주로 출제되었다. 문제의 난이도는 중정도이다. 교재를 충분히 학습할 필요가 있다. ◌ 화법, 상담진행법

기출문제 핵심 키워드

1) 화법의 종류 – 아론슨 화법
2) 사후관리로 문제 교정이 안 되었을 때 쓰는 화법으로 옳지 않은 것은?
   (전달화법/아론슨화법/쿠션화법이 예로 나옴)
3) MOT 기법
4) 의사소통의 수단 – 언어적 의사소통과 비언어적 의사소통의 종류
   ① 언어적 의사소통(커뮤니케이션): 말이나 문서와 같이 언어나 문자를 통해 전달하는 것
   ② 비언어적 의사소통(커뮤니케이션): 표정, 제스처, 목소리, 말투, 몸짓, 용모, 거리 등
5) 메라비언의 법칙
   – 미국의 심리학자 앨버트 메라비언(Albert Mehrabian)은 커뮤니케이션의 정보량 분석
   – 시각적(표정, 시선, 자세, 용모, 복장, 동작, 걸음걸이, 태도 등) 요소가 55%
   – 청각적(음성, 호흡, 말씨, 억양, 속도 등) 요소가 38%
   – 언어적(말의 내용, 전문지식, 숙련된 기술 등) 요소가 7%
6) 커뮤니케이션에 대한 송신자/수신자 장애요인

수신자	송신자
선입관	대인감수성 부족
선택적 청취	준거 틀의 차이
신뢰도 결핍	커뮤니케이션 기술의 부족
반응적 피드백의 부족	정보의 여과
평가적 경향	

7) 보호자와의 기본 상담 사항
8) 반려견 보호자 민원 유형
9) 고객에 대한 민원 대응 순서
   사과 – 경청 – 공감 – 모색 – 약속 – 처리 – 재사과 – 개선

차 례

PART 3 반려동물 훈련학

PART 4 직업윤리 및 법률

PART 5 보호자 교육 및 상담

■ **일러두기**

이 책에서는 '반려동물행동지도사', '행동지도사', '훈련사'로 용어를 혼용하여 사용하였습니다.

Part 1

반려동물 행동학

Chapter 01

반려동물 행동의 개념

1. 동물행동학의 개념

(1) 동물행동학의 정의

동물행동학(Ethology)이란 동물의 행동, 행태, 습성뿐만 아니라 진화, 유전, 학습, 환경 등의 관찰을 통하여 동물행동에 대해 과학적으로 탐구하는 학문이다.

① 동물의 행동은 자극(Stimulus)에 대한 반응(Response)으로 설명

② 동물행동의 원인은 외부로부터의 자극(시각, 청각, 촉각, 후각, 미각 등), 신체 내에서의 호르몬(hormone)의 분비에 의한 내부적인 자극도 모두 포함

③ 동물 인지와 감정에 관한 연구 등 다양한 관점에서 발전

(2) 동물행동학의 탄생

동물의 개별적·사회적 행동 패턴의 구조와 도출에 관한 발견('for their discoveries concerning organization and elicitation of individual and social behaviour patterns')으로 1973년 노벨 생리의학상을 수상하면서 동물행동학 분야가 20세기 후반에 큰 발전하는 계기 만듦

니콜라스 틴베르겐 (Nikolaas Tinbergen, 1907–1988)	• 네덜란드의 생물학자 • 열쇠 자극 및 고정행동패턴이라는 개념으로 동물의 행동을 규명하고자 함
콘레드 로렌츠 (Konrad Z. Lorenz, 1903–1989)	• 오스트리아의 생물학자 • 각인설(imprinting)을 주장함. 일부 조류, 어류, 포유류에서 한번 기억된 것으로 동물의 행동이 발생된다고 주장
카를 폰 프리슈 (Karl von Frisch, 1886–1982)	• 오스트리아의 생물학자 • 꿀벌의 커뮤니케이션을 규명

(3) 동물행동학의 주요 인물

주요 인물	내용
찰스 다윈	진화론, 자연선택설(종의 기원에서 주장)
B. F. 스키너	행동주의 심리학자, 조작적 조건화(operant conditioning), 시행착오 개념, 보상과 처벌 개념
파블로프	고전적 조건화(classical conditioning), 연상학습(연관학습)

2. 동물행동의 분류

(1) 동물행동의 유형에 따른 분류

분류	내용
개체유지행동	개체가 생활하고 생존하기 위해서 필요한 행동으로 생리적, 신체적 욕구를 충족시키는 개별적인 행동
사회(적)행동	개체별로 행동을 하는 것이 아닌 복수의 개체가 모여 함께 상호작용을 하며 행동하는 것

표 1-1. 개체유지행동과 사회(적)행동

개체유지행동	사회(적)행동
섭식행동(먹이 먹기)	과시행동(display)
배변행동(배변하기)	성행동(짝짓기)
그루밍행동(grooming)	공격행동
수면행동(잠자기)	방어행동(세력권 방어)
휴식행동	모성행동(육아행동)
탐색행동	친화행동(놀이)

(2) 동물행동의 발달과 변화에 따른 분류

① 선천적 행동(생득적 행동, Innate behavior)

선천적 또는 생득적이라는 것은 동물이 태어나면서부터 하는 행동을 말하는 것으로 학습이나 연습, 모방하지 않고, 또한 환경에서의 영향을 받지 않고 발달하는 행동을 뜻한다. 이러한 선천적 행동의 조합으로 각각의 동물 종의 행동을 특징짓는다.

- 선천적 행동으로는 나방이 빛의 자극에 따라 다가가는 반응
- 연어가 물을 거슬러 올라가 번식하는 행동
- 무의식적으로 행동하는 무조건반사 등. 특히 무조건반사로는 개의 눈물, 침의 분비, 땀 분비, 배변, 하품 등과 고양이의 입위반사, 동공반사, 무릎반사 등이 해당한다.

② 후천적 행동(습득적 행동, Acquired behavior)

동물은 태어나 성장하면서 다양한 환경과 경험(experience)을 통해 각기 다른 상황에 알맞은 행동을 한다. 모든 동물은 주변 환경으로부터 영향을 받고 생활하며 어미, 같은 종 또는 다른 동물로부터 살아가는 데 필요한 기술이나 행동 방법 등을 배워가며 살아간다.
훈련(training)을 통해 학습된 내용으로 행동교정(modification)하는 것 또한 후천적 행동이다. 반복된 습관, 조건반사(conditioned reflex), 인지(cognition) 등도 후천적 행동에 속한다.

- 고양이가 사냥하는 방법, 새가 둥지를 만드는 방법, 개가 위험으로부터 피하는 방법 등 동물 종마다 생존에 필요한 기술이나 방법을 후천적으로 습득

• 어느 정도 학습이 끝나고 신체적으로 성숙하면 동물들은 어미로부터 독립된 생활을 시작하고, 환경에 각자 적응하면서 많은 경험과 시행착오(trial error)를 거치면서 완벽한 개체로 생존

표 1-2. 선천적 행동과 후천적 행동

선천적 행동	후천적 행동
먹이 먹기	훈련
배변하기	경험
주광성	인지
무조건반사	조건반사

(3) 동물행동의 발생 범위에 따른 분류

① 정상행동(Normal behaviors)

> 각각의 동물 종에서 자연스럽게 일어날 수 있고 예상되는 행동으로 각 종이 보이는 행동의 기준에서 벗어나지 않는 일상적인 행동을 정상행동이라고 할 수 있다.

반려동물인 개의 경우, 짖음, 하울링, 배변 전과 후의 행동, 마킹 등은 정상행동으로 볼 수 있다. 고양이의 경우, 스프레이행동, 그루밍 등이 정상행동이다.

② 이상행동(Abnormal behaviors)

> 동물이 행동의 유형과 빈도가 정상 레퍼토리에서 벗어난 것을 이상행동이라고 한다.

• 원인이나 목적 없이 습관처럼 단조롭고 규칙적으로 무의미한 행동을 반복적으로 하는 행동을 상동행동(stereotypical behaviors)이라고 한다.
• 이상행동의 경우 자연계에 있는 야생동물보다 닭, 돼지, 소 등의 가축화된 농장동물이나 동물원에 있는 동물에서 발생하는 경우가 많다. 동물원이나 농장에서 사육되고 있는 동물의 경우 대부분 자연계의 서식환경과 비교하여 좁은 면적의 사육시설, 운동 부족, 심리적 요인, 유전적 요인 등의 다양한 원인으로 인해 스트레스를 받아 이상행동이 일어나는 것으

로 판단된다.

- 카니발리즘(cannibalism)의 종류에는 항문 쪼기, 깃털 쪼기 및 잡아당기기, 발가락 쪼기, 머리 쪼기 등이 있다. 카니발리즘과 같은 비정상적인 행동이 이상행동이다.

③ 문제행동(Problematic behaviors)

> 문제행동이란 보호자가 문제라고 간주하거나 다른 사람에 의해 문제라고 간주하는 행동이다.

- 동물이 본래 가지고 있는 종 특유의 행동 양식이 아닌 행동을 하는 경우
  예) 개가 발끝을 핥는 상동행동, 빙글빙글 도는 행동, 머리를 계속 끄덕이는 행동
- 동물이 본래 가지고 있는 종 특유의 행동 양식의 범주에 있으면서 그 행동의 빈도가 비정상적일 경우
  예) 개의 과식증, 개의 과도한 마운팅
- 동물이 본래 가지고 있는 종 특유의 행동 양식의 범주에 있으면서 그 행동의 빈도가 정상적이지만 보호자나 다른 사람이 문제시하는 경우
  예) 초인종에 대해 짖음, 점프하기

3. 동물행동학의 4개 분야

분야	내용
① 행동의 지근요인 (Proximate factor)	행동의 메커니즘을 연구하는 분야
② 행동의 궁극요인 (Ultimate factor)	행동의 의미(생물학적 의의)를 연구
③ 행동의 발달 (Development or Ontogeny)	행동의 개체 발달(발생)을 연구
④ 행동의 진화 (Evolution or Phylogeny)	행동의 계통발생(진화)을 연구

① 일반배뇨와 어디가 다른가? - 장소, 냄새 맡기, 다리 올리기, 소변 양 등
② 어떠한 의미가 있는가? - 생존과 번식, 수컷이 왜 많이 하는가?
③ 새끼 때는 하지 않았는데 언제부터 하는가? - 시간의 흐름에 따라 행동이 어떻게 변하는가?
④ 늑대도 하는 것인가? 현존하는 개과 동물도 하는가? - 화석을 통해 조사

4. 동물행동에 영향을 미치는 요인

① 동물의 생득적 행동
② 뇌 기능의 발달과 행동: 동물 종에 따라 행동 양식(다양성과 유연성)은 큰 차이를 보임. 이는 뇌의 대뇌 신피질의 발달과 관계가 있음(뇌의 크기: 인간 1.2~1.4kg, 개의 경우 300~500g)
③ 반대반사(opposition reflex, 반대반응)
동물에게 신체에 닫는 압력의 방향과 상반되는 힘이나 저항을 말함
예) (a) 앉아 있는 아이의 팔을 잡아당기면 반대 방향으로 더 강하게 잡아당김
(b) 훈련 시 몰딩(moulding): '엎드려'를 시킬 때, 엉덩이를 누르면 버티고 엎드리지 않으려고 힘을 줌
④ 적응도(fitness, 생애번식성공도(Lifetime Reproductive Success))

출산한 새끼 수 × 새끼들이 생식연령에 도달한 생존율

동물의 행동은 적응도를 높이는 방향으로 진화한다고 주장
⑤ 이타행동과 포괄적응도
- 적응도를 높이기 위한 동물의 이기적인 행동과 모순되는 이타적인 행동
- 사회적 동물에서 주로 보이는 행동으로 혈연관계에 있는 다른 개체의 생존과 번식을 도움으로써 자신과 공유하고 있는 유전자가 다음 세대로 이어지게 한다는 이론

⑥ 행동의 진화와 유전

- 동종의 생물이라도 개체차가 존재한다.
- 종의 변이는 유전된다.
- 생존과 번식에는 다양한 경쟁이 존재한다.
- 생존 또는 번식에서 우수한 능력을 가진 개체는 경쟁에서 자손을 남길 기회가 커진다.
- 환경에 보다 잘 적응할 수 있는 유전자를 가진 개체가 다수를 차지하는 집단을 형성한다.

⑦ 행동의 동기(motivation) 부여

동기부여	내용
호메오스타시스성 동기부여	생존을 위한 식욕, 수면욕, 배설욕, 체온유지, 호흡유지 등
번식성 동기부여	종의 존속을 위한 성욕과 육아욕
내발적 동기부여	호기심이나 조작욕, 접촉욕
정동적 동기부여	정서적 반응으로 감정을 일으키는 자극 요인
사회적 동기부여	타 개체와의 상호작용이나 자신을 보호하기 위한 행동

⑧ 학습

동물은 같은 종이라도 개체별로 환경의 특성에 따라 다양한 행동을 보일 수 있다. 연상, 시행착오, 모방, 관찰, 인지 등 다양한 유형으로 학습을 한다.

⑨ 동물의 감각: 동물 종에 따라 다른 감각 기능을 가지고 있다.

⑩ 가축화에 의한 행동의 변화

5. 반려견의 행동 파악

① 행동은 신체적, 환경적, 사회적, 생리적 자극에 대해 보여주는 특정한 행동 단위의 움직임

② 행동은 선동작, 목표동작, 후동작이 체계적으로 결합되어 하나의 행동단위

를 이룸. 목표동작을 중심으로 선동작과 후동작으로 유기적 결합

③ 반려견의 행동을 파악하고 분석할 때는 행동단위로 관찰하고 판단

④ 행동의 특성

- 동일자극에 대한 반응은 개체별로 다양, 다른 자극에 대하여 동일한 행동이 나타남
- 개체유지행동과 사회적 행동으로 구분
- 행동은 목표동작의 완성만으로 조절되지 않으며 행동의 실현 자체도 중요
- 행동단위가 결핍된 경우 전가행동과 같은 문제행동 발생

6. 반려견의 행동관찰

관찰은 객관성, 타당성, 신뢰도를 가져야 한다. 관찰자는 관찰과정에 영향을 미치지 않도록 주의해야 한다.

(1) 관찰의 종류

비통제관찰	일상에서 행동을 관찰하는 방법. 단점으로 장시간의 시간이 필요
통제관찰	관찰 환경을 계획적으로 설정(자유롭게 조절) 상태에서 관찰하는 방법

(2) 관찰 기록

일화기록	• 특정 행동을 중심으로 관찰자가 의미 있다고 생각되는 것을 상세히 기록해야 함
목록점검	• 목록표의 항목에 체크하는 방법 • 쉽지만 문제행동의 수준을 파악하기 어려움이 있음
척도평정	• 측정도구를 준비하여 관찰 대상 행동 항목별로 제시된 표현 정도에 체크하는 방법 • 문제행동의 빈도와 질문을 통해 수준을 파악할 수 있는 장점이 있지만 관찰자의 주관적 판단 영향으로 오염되지 않도록 해야 함

Chapter 02

반려동물의 행동발달

1. 반려견의 행태학적 특징(감각능력)

감각능력	내용
시력 (Vision)	• 개의 시력은 0.1~0.15 수준, 전체 시야는 약 250도 • 야간 동체 시력 발달. 빛을 반사하여 망막에 다시 부딪히도록 하는 반사판(tapetum iucidum) 때문임 • 청자색(blue-violet), 황록색(yellow-green) 범위 색 감지 • 개는 아마도 사람만큼 선명하게 형상을 보지 못하고, 시력이 매우 제한적일 것으로 추정
청각 (Hearing)	• 가청범위 20Hz~65,000Hz(인간 20Hz~20,000Hz) • 개는 귓바퀴를 움직여 소리의 원인 파악
후각 (Olfaction)	• 개의 후각상피(20~200㎠), 사람의 후각상피(2~4㎠)로 최대 50배 세포 수는 개는 평균 2억2천만 개, 사람은 5백5십만 개 • 서비골기관
미각 (Taste)	• 개의 미각은 사람과 유사함 • 태어날 때부터 기능을 함 • 맛 외에도 향기(냄새), 온도, 질감을 인지함
촉각 (Touch)	• 피부에는 촉각, 압력, 통증, 몸의 움직임 및 위치, 온도, 진동, 화학적 자극을 감지하는 수용체가 있음 • 입가의 수염에 발달되어 있음 • 촉각 털은 상황에 따라 편안함, 자극, 혐오의 기분을 나타냄 • 쓰다듬기는 개와 사람 모두 이완작용을 하며 스트레스를 완화함

더 알아보기

▣ 야콥슨 기관(서비골기관, Vomeronasal organ, Jacob's organ)
위쪽 앞니골 바로 뒤에 구강 내 열려 있는 화학수용체가 함유된 상피로 이루어진 한 쌍의 통로이다. 말과 같은 종과 달리, 개는 어떤 물질을 탐색할 때 플레멘(입술을 말아 올리는 행동. 말, 고양이 등) 반응을 보이지 않으며, 혀를 사용하여 확인하고 싶은 물질을 핥거나 혀를 입천장에 문지르는 방법을 사용한다. 서비골기관은 페로몬을 감지하므로 사회적 의사소통에 중요하다. 또한 이 기관을 대뇌변연계와 연결되어 인지 기능과 감정에 영향을 미친다.

2. 반려견의 행동발달

개의 발달 시기		기간
태아기		태어나기 전
신생(아)기		0–10일 또는 생후 2주 내외
이행기(전환기, 과도기)		11–21일 또는 생후 2–3주
사회화기		3–12(최대 14)주
공포기		8–10(최대 12)주
약령기	유년기	3개월령–성성숙(5–14개월령)
	청소년기	성성숙–체성숙(2–3년)
성년기		체성숙–7년
노년기		7년 이후

(1) 신생(아)기(Neonatal period)

① 체온조절, 영양공급, 배설을 위해 모견에게 전적으로 의존한다.

② 강아지를 다시 동배 무리 속으로 불러들여 젖샘에 가깝게 만드는 행동이 특징이다.

③ 강아지는 장님과 귀머거리로 태어나지만 낑낑거릴 수 있다.

④ 강아지는 균형, 맛, 냄새, 촉각, 온도의 감각을 가지고 태어난다.

⑤ 인간의 접촉과 핸들링은 환경 풍부화와 가벼운 스트레스를 유발하는 데 중요하다.

⑥ 강아지들의 반응은 제한적이지만 긍정강화 학습은 가능하다.

(2) 이행기(Transition period, 전환기, 과도기)

① 개는 만성성(altrical animal) 동물이다.

② 강아지는 이행기에 감각을 발달시키기 시작하고 체온조절을 통제하며 이행기가 끝나면 자발적으로 배설할 수 있게 된다.

③ 12-14일경에 눈이 뜨이기 시작하지만 시력은 나쁘다.

④ 20-21일경에 귀가 열린다.

⑤ 강아지들은 빠르면 12일경부터 불안전하게 걷기 시작한다.

⑥ 강아지들은 이때부터 사회적 행동을 시작한다. 꼬리를 흔들거나, 놀이를 시작하고, 으르렁거리기 시작한다.

⑦ 생후 3주 정도 되면 부모견은 강아지들을 위해 음식을 게워 내기 시작할 수 있다. 즉 고체 음식을 먹이기 시작할 수 있다.

(3) 사회화기(Socialization period, 사교화기)

① 사람에 대한 사회화는 이 시기에 이루어져야 한다.

② 반려견의 문제행동을 예방하는 가장 좋은 방법은 이 기간 동안 강아지 수업에 데려가는 것이다.

③ 이가 나기 시작하고 섭식행동과 배설행동이 성년형으로 나타난다.

④ 사회적 애착 형성과 사회적 놀이는 이 시기의 가장 두드러진 특징이다. 장난을 치거나, 짖거나 물기 시작한다.

⑤ 반려견 행동발달에 가장 중요한 시기로 사회화기 1단계(4-6주령)와 2단계(8-10 또는 12주령)로 구분한다.

구분	내용
1단계 (4-6주령)	• 젖을 떼고 동배형제들과 사회화를 시작하는 단계 • 새로운 환경이나 사람, 사물에 공포심이나 경계심을 보이지 않는다. • 모견, 형제들과 상호작용을 하며 의사소통하는 법, 무는 것을 억제하는 것, 사회 집단에 어울리는 법을 배운다.
2단계 (8-10 또는 12주령)	• 처음 보는 사람과 장소에 대해 점차 강한 불안과 공포를 보이게 되며 12주가 지나면 이런 반응이 명확해진다. • 강아지는 다른 종들을 두려워하지 않는 것을 배운다.

*** 반려견이 겪게 되는 4번의 공포기간**
8~10주, 4~6개월령, 9개월령, 14~18개월령

(4) 약령기(Juvenile & Adolescent period)

① 반려견의 행동발달이 완성되어 가는 시기로, 사회화기 후에 적절한 강화가 없으면 대상에 대한 공포심을 갖는 '퇴행현상'이 생길 수 있다.

② 개는 늑대와 비교하여 사회적 성숙에 도달하지 못한다(유형성숙).

③ 개는 점점 더 독립적이 되며 청소년기 개의 행동은 보호자가 점점 통제하기 어려워지기 때문에 문제행동을 예방해야 한다.

④ 놀이를 통해 운동패턴을 학습하며 신체능력이 향상되며 보디랭귀지를 이해한다.

⑤ 놀이는 사회화기부터 청소년기를 통해 정상적인 행동발달에 중요한 역할을 한다.

⑥ 강아지들 간 사회적 서열도 놀이나 사회적 행동을 통해서 형성되며, 서열의 역전이 허용되는 경우도 있다.

(5) 성년기(Adult period)

① 개는 2-3세에 사회적으로 성숙되며, 소형견은 대형견보다 빨리 성숙한다.

② 개가 사회적으로 성숙함에 따라 놀이행동이 감소할 수 있다.

③ 활동성이 많은 시기이므로 충분한 영양과 운동 관리가 필요하다.

④ 약령기 개는 성년기가 되면서 낯선 개와 놀이행동에 대한 관심이 줄어들고 익숙한 개와 노는 것을 즐거워한다.

(6) 노년기(Senior period)

① 소형견의 경우 약 9~10년 이상, 대형견의 경우 약 7~8년 이상의 시기이다.
② 보통 6년경부터 노화가 시작되어 피부와 모색의 변화를 보인다.
③ 노령견은 활동 수준이 감소하는데, 관절염, 청력 감소, 정상적인 각막 혼탁 및 시력 감소, 근육 위축과 같은 퇴행성 과정과 관련되어 있다.
④ 놀이와 훈련 형태의 정신적 자극은 모든 노령견의 신체적, 행동적 건강에 중요하다.

3. 반려견의 사회화

사회화란 개는 인간 사회의 일부이기 때문에 인간에 대한 사회화뿐만 아니라 개, 소리 등으로 모든 환경에 대해 긍정적으로 받아들이도록 하는 과정이다(무리의 사회화, 사람과의 사회화, 환경의 사회화).

(1) 강아지 사회화 행동의 기초

① 학습

- 개는 반복학습을 통해 인간사회에 더불어 살아가는 법을 배울 수 있다.
- 시행착오(trial error)를 통해 학습이 이루어진다. 오류 횟수가 줄어드는데, 이는 점진적으로 학습이 이루어지고 있다는 증거이다.

② 반사

외부 자극에 반응하는 자발적인 행동이나 반응을 의미한다. 일반적으로 의식적인 통제나 의지와는 관계없이 자동적으로 발생하는 반응이다. 무의식적인 반사는 눈이 자동으로 움직이고, 발이 자동으로 들려 꺾이는 반응을 예로 들 수 있다.

③ 본능

- 생물학적으로 결정된 본질적인 행동 패턴이다. 생존과 번식에 필수적인 특정 행동을 유도하는 역할을 한다. 본능은 학습이나 경험에 의해 변하지 않는다.
- 개나 고양이가 위험 상황에서 몸 전체의 털을 세우는 행동은 자신을 크고 위협적으로 보이게 해서 상대방으로부터 공격을 피하는 행동이다.
- 본능은 특정한 종류의 자극이나 사건에 의해 유발된다. 자기방어, 공격, 도망, 운동 등이 포함된다.

④ 유전적 행동

종별, 개체별 특정 유전자에 의해 프로그래밍된 특정 행동 패턴을 의미한다. 이는 개체가 태어날 때부터 그들의 유전자와 연결된 특정 신경 회로와 생화학적 메커니즘에 의해 자동적으로 발생한다.

더 알아보기

▣ 퍼피워커 프로그램

사회성이 필요한 시각장애인 안내견은 전문 핸들러에 훈련받기 전에 퍼피워커 프로그램을 통해 사회성을 배운다. 일반 가정에서 강아지와 가족 구성원과 살아가면서 사회의 다양한 환경을 긍정적으로 받아들이는 것이 목적이다.

(2) 발단단계별 사회화 과정

① 신생아기

- 신생아기 때는 작은 터치만으로도 사회성에 도움이 된다. 적절한 그루밍이 필요하다.
- 터치 스트레스는 강아지를 한 마리씩 하루에 1~2회 정도 쓰다듬어 준다. 체온을 떨어뜨려 스트레스를 준다.
- 적절한 터치 스트레스와 체온저하 스트레스는 어린 강아지의 심폐기능과 호르몬 분비를 촉진시켜 건강한 강아지로 성장시킬 수 있다.

② 이행기

- 14일(2주령)경에 눈을 뜨고, 20일(3주령)경에 귀가 열려 소리에 반응하게 되어 행동 변화가 일어난다.
- 후각 능력을 이용해 사람이나 물건에 두려움을 갖지 않도록 사람이 쓰던 옷이나 장난감 등에 익숙하도록 한다.
- 가벼운 스트레스를 주어 스트레스를 긍정적으로 받아들이도록 한다. 예를 들면, 강아지를 높이 들어 올린다. 귀를 청소하고, 발톱을 다듬고, 빗질을 한다. 또는 강아지를 잡고 뒤집는다.

③ 사회화기

- 생후 3주에서 12주 사이에 강아지는 사회적 경험을 장기간 기억한다.
- 이 시기에는 시각, 청각, 후각 등 모든 감각이 빠르게 발달한다.
- 아장아장 걷기 시작하며 견사에서 탈출하려고 한다.
- 지나친 스트레스, 소음, 정서적인 불안감에 노출되지 않도록 주의하면서 주변 세계를 탐구하고 학습하도록 해주어야 한다.
- 환경의 변화에 호기심이 많아진다.
- 신체적으로 유치가 나기 시작하고, 눈이 뚜렷하게 보이고 소리에 반응한다.

- 모견은 자신이 먹은 음식을 토해서 강아지에게 먹이기 시작한다. 이유식을 제공한다.
- 정신적으로 무리에서 놀고, 물고, 당기고, 뺏는 등의 놀이를 한다.
- 성격 완성의 시기로 성견이 되어 사회성이 잘 발달된 개체로서 완성되어 가는 매우 중요한 단계이다.
- 인간과 함께 살아가는 법을 배우는 시기이다. 무리 내의 사회성을 배우는 시기이다.

더 알아보기

▣ 개의 개체별 특성

▸ 유전적 영향, 성격 특성, 건강상태 등에 영향을 받는다.

Chapter 03

반려동물의 정상행동

정상행동	내용
탐색행동 (Exploratory behavior)	• 강아지의 보행능력의 시작과 함께 발달 • 개는 자신의 환경에 대한 세부 사항(음식, 경로, 보금자리 위치, 물 등)을 학습한다. • 탐색행동의 부족은 자극에 대한 과잉 반응과 불안 증가로 이어진다는 것이 명백하다. • 외부 활동은 반응성을 높이고, 불안을 줄어들게 할 수 있다.
섭식행동 (Ingestive behavior)	• 개들은 포식성 행동을 잠재적으로 가지고 있다. • 사회화의 정도에 따라 포식성 행동은 다르게 보인다. 개는 보통 어릴 때부터 사회화된 종에 대해 포식행동을 보이지 않는다. • 불안은 식욕을 감소시킨다. • 다견의 경우, 자율급식은 제한급식보다 음식에 대한 경쟁, 과도한 식탐을 초래할 수 있다. • 제한급식의 개들이 자율급식을 한 개들보다 문제행동이 덜 관찰된 연구결과가 있다.
배설행동 (Eliminative behavior)	• 배변, 배뇨, 배설 전후의 행동(냄새를 맡고, 위치를 탐색하며 배설 전에 돌고 배설 후에 땅을 긁는 행동)을 포함한다. • 강아지들은 생후 2~3주가 되면 스스로 배설하게 되고, 모견은 배설물을 먹는 행동을 멈춘다. • 생후 3주가 되면, 강아지들은 보금자리를 떠나기 시작하고 점차 보금자리 밖에서 배변을 하기 시작한다. • 생후 3개월이 되면 수컷은 몸을 앞으로 숙이고, 6개월 전후에 다리를 든다. • 암컷은 쪼그려 앉아 배뇨를 한다.
성행동 (Sexual behavior)	• 대부분의 수컷은 생후 9~12개월에 성적으로 성숙한다. (소형견은 6~9개월, 대형견은 12개월 이상) • 시기는 환경, 크기, 영양상태 등에 차이가 있다. • 개의 발정주기 발정전기(9일 전후) – 발정기(9일 전후) – 발정후기(발정사이기, 90일 전후) – 휴지기(무발정기, 105일 전후) • 임신기간은 평균 63일(발정기와 발정후기 사이)

정상행동	내용
모성행동 (Maternal behavior)	• 출산이 가까워지면 유두와 생식기 부위를 핥는 시간이 증가한다. • 암컷은 출산 1~7일 전 젖을 분비한다. 식욕은 출산 전에 감소한다. 온도도 떨어진다. 활동이 감소한다. • 보금자리를 만들며 낯선 사람에게 공격행동을 보일 수 있다.
놀이행동 (Play behavior)	• 주로 어린 개들에게 관찰되는 놀이는 학습과 신체 발달에 도움을 준다. • 놀이는 사회적 상호작용으로 즐거움을 준다. • 싸움 놀이는 5~6주에 시작된다. • 개들은 여러 감각을 이용하여 동료를 식별하며 후각으로 상대의 냄새를 기억하고 몸을 서로 기대거나 상호 핥는 것이 대표적인 친화행동이다.
그루밍 행동 (Grooming behavior)	• 몸단장행동으로 피부에 오물이나 기생충을 제거하고 타액으로 상처를 치료하는 기능이 있다. • 오럴그루밍과 스크래치그루밍 등이 있다. • 어미나 형제 또는 사람으로부터의 그루밍과 핸들링은 뇌의 정상적인 발달에 긍정적 영향을 준다.
공격행동 (Aggressive behavior)	• 포식성 공격행동: 사냥감에 보이는 행동. 침 흘림, 주시, 낮은 자세 등 다른 공격행동과 전조증상이 다름. 짖음이 없음 • 경합적 공격행동: 한정된 자원을 두고 경합 시 • 공포성 공격행동: 불안이나 공포 상황 시(가장 많이 보임) • 수컷 간의 공격행동: 번식기 호르몬(테스토스테론)의 영향 • 아픔에 의한 공격행동: 병원이나 미용 시, 싸움 시 • 영역성 공격행동: 자신의 영역에 낯선 대상 침입 시 • 모성애에 의한 공격행동: 새끼를 돌보는 경우 • 학습에 의한 공격행동: 군견이나 경찰견 훈련에 의해 • 특발성(병적인) 공격행동: 전조 증상 없이 공격하거나 정신적 문제가 원인

더 알아보기

▣ 행동권과 세력권

▸ 행동권: 자원을 획득할 수 있는 공간. 다른 개체와 공유

▸ 세력권: 다른 개체와 배타적으로 사용하는 공간. 방어해야 하는 공간

Chapter 04

반려동물의 의사소통

개는 시각, 청각, 후각 신호로 의사소통을 한다. 시각신호는 단거리, 중거리에 효과적이며, 청각신호는 장거리 의사소통에 효과적이다. 후각신호는 초근접 신호이며, 가장 정확하다.

1. 시각적 의사소통(Visual communication)

- 시각 신호는 개의 표정, 귀 형태, 꼬리 위치 및 전체적인 몸의 균형 등으로 표현된다.
- 공격성과 공포의 정도에 따라 개의 표정, 귀나 꼬리의 위치, 신체의 밸런스 등이 연속적으로 변화되어 가면서 표현한다.

(1) 특징

① 근거리 또는 중거리 의사소통에 효과적이지만, 장거리 의사소통에는 적절하지 않다.

② 자세나 표정과 같은 시각 신호를 통해 소통한다.

③ 다른 종과 의사소통을 위한 중요한 전달 방식이다.

(2) 시각 신호

반려견의 신체 부위	공격적인 또는 지배적인 의미 (aggressive or dominant)	복종의 의미 (submissive)
머리	높게 쳐든다.	낮고 목이 늘어나 있다.
귀	경계 상태로 서 있다. 앞으로 있다. 또는 귀 뿌리가 서 있다.	뒤로 또는 옆으로 쏠려 접혀 있다.
눈	상대를 직시한다.	시선을 피한다. 눈을 크게 뜬다.
꼬리	높이 올라가 있다.	낮게 내리거나 뒷다리 사이로 말려 있다.
몸의 자세 (균형)	중심을 잡고 있거나, 중심이 앞다리에 있다.	중심이 뒷다리에 있다.
기타	단호한 자세를 취한다.	시선을 피하고, 입을 핥는 등의 행동을 한다.

① 꼬리를 흔든 것이 반드시 우호적인 기분을 의미하는 것은 아니다.

② 높은 위치에서 꼬리를 흔드는 행동은 우위인 개체에 따른 위협의 경우도 있다.

③ 꼬리를 크게 흔드는 경우는 우호적 또는 복종적 기분을 나타내며 놀이를 유발하는 때도 그렇다.

④ 복종적인 개가 상대를 진정시키려고 할 때는 꼬리를 낮은 위치에서 어색하게 흔든다.

⑤ 항문을 거리낌 없이 내놓는 행위는 반려견들 사이에서는 자신감의 표현이다(김원, 2019).

⑥ 꼬리의 위치는 공격적일 때는 높이 올라가고, 복종 시에는 낮게 내리거나 배 밑으로 말린다.

⑦ 눈은 위협 시에는 상대를 직시하고, 복종 시에는 피하고, 공포를 느꼈을 때는 크게 열린다.

⑧ 귀의 위치는 공격 시에는 경계 태세와 동일해지고, 복종 시에는 뒤로 쏠려 내려간다.

⑨ 머리의 위치는 공격 시에는 높고, 복종 시에는 낮고 목이 늘어난다.

2. 청각적 의사소통(Auditory communication)

- 자신의 영역이 위협당하고 있을 때, 또는 경고, 인사, 놀이, 흥분, 무리와 떨어졌을 때, 관심을 끌기 위해 청각 신호를 이용한다.
- 짖기, 으르렁거리기, 낑낑대기, 하울링, 깨갱하기를 사용할 수 있다.
- 소리로 침입자로부터 무리를 방어하거나, 새끼들에게 경계를 하거나, 성적인 관심을 표현하기도 한다.

(1) 특징

① 장거리 의사소통에 효과적이다. 근거리, 중거리 소통도 가능하다.

② 청각 신호와 함께 시각 신호를 동반하기도 한다.

③ 상황에 따라 짖음의 종류는 다양하다. (짖음의 톤, 빈도, 길이)

(2) 다양한 청각 신호의 의미

소리의 형태	의미
짖음 (상황에 따라 구분)	• 경고성 짖음: 무리에게 위험한 상황을 경고할 때 • 경계성 짖음: 낯선 대상이 영역을 침범할 때 • 공포성 짖음: 불안과 공포가 있는 경우 • 흥분성 짖음: 흥분한 상태에서 내는 경우, 낑낑 동반 • 좌절성 짖음: 분리불안, 만성적인 스트레스, 또는 갇혀 있는 경우 • 학습된 짖음: 특수목적견이 내는 경우 또는 요구성 짖음
하울링	• 동료를 찾거나 외로움의 표현, 분리불안 시 나타나는 소리이다.
낑낑	• 요구, 반가움, 아픔 등의 의미이다.
깨갱	• 고통이나 불안을 표현할 때 비명과 같은 소리이다.
으르렁	• 저음인 경우, 위협적인 공격행동, 음정의 변화가 있을 때는 자신감이 없는 개가 강한 척할 때 내는 소리이다. • 터그놀이나 개들 간 놀이 시

3. 후각 신호(Olfactory communication)

- 개는 개체를 인식에 도움이 되는 대변, 소변, 항문낭액, 땀 등을 배출한다.
- 개는 평균적으로 2억2천만 개~2억5천만 개의 후각세포를 가지고 있다.
  (인간은 평균 5백만~5백5십만 개, 고양이 5천만 개~8천만 개)
- 개는 코 외에도 서비골기관(Vomeronasal organ, Jacob's organ)이라는 보조기관을 통해 물질의 냄새를 혀에 묻혀 이 기관에 가져다 대거나 입을 벌려서 정보를 파악한다.
- 후각을 이용해 특수목적견으로 군견, 경찰견, 인명구조견, 마약탐지견으로 활동한다.

(1) 특징

① 종이나 성별, 무리, 특정 개체와 관련된 정확한 정보 전달에 효과적이다. 동물체는 특유의 냄새가 있어 최종적인 확인은 후각에 의해 이루어진다.

② 시각이나 청각 신호에 비해 변화하는 심리상태를 실시간으로 전달할 수 없다.

③ 발정과 같은 번식 단계에 관한 정보를 파악한다.

④ 다른 반려견과 인사할 때 귀, 입, 서혜부, 항문, 음부 등의 냄새를 맡는다.

- 아는 반려견끼리 오랜만에 만났을 때는 항문 주위의 냄새를 오랜 시간에 걸쳐 서로 냄새를 맡는다.
- 수컷끼리 접근할 경우 우위의 개체 쪽이 꼬리를 올리고 열위인 개체에게 자신의 항문 주위의 냄새를 맡게 한다.

⑤ 후각세포 수: 블러드하운드 〉 바셋하운드 〉 비글 〉 저먼 셰퍼드 〉 래브라도리트리버

(2) 배변과 마킹

① 다른 개체의 배설물 냄새를 맡고 자신의 배설물로 덮는 행동을 한다.

② 배설물은 개체를 파악할 수 있는 정보가 담긴 후각 신호이다.

③ 자신의 영역과 존재를 알리는 마킹을 한다.

④ 배변 후에 땅바닥을 긁는 행동을 하기도 하는데, 발 안쪽 취선에서 분비물

이 나와 후각 신호로 남겨진다.

⑤ 세력권자가 마지막으로 언제 지나갔는지 파악할 수 있다.

4. 카밍시그널(Calming signal)

개의 품종별, 개체별로 사용하는 카밍시그널의 수는 다를 수 있다. 노르웨이의 개 훈련사인 투리드 루가스(Turid Lugaas)는 개가 서로 의사소통을 하기 위해 사용하는 30여 가지의 다른 신호를 확인하였으며, 카밍시그널(Calming Signals)이라고 이름을 명명했다. 카밍시그널은 협력을 촉진하는 데 도움이 되는 적극적인 의사소통이다.

(1) 카밍시그널의 종류

기능	내용
긴장 완화 기능	• 자신의 긴장을 완화할 때 사용 • 불안, 불편함을 느끼고 자신의 심리 상태를 전달할 때
싸움 또는 충돌 회피 기능 (평화유지 기능)	• 적의 없음을 전할 때 • 다른 개체들과 친해지고 싶을 때
진정 신호 기능	• 상대의 흥분을 가라앉히고 진정시킬 때
의사전달 기능	• 다른 개체와 서로 간 의사를 전달할 때

(2) 긴장 완화 기능 – 불안을 전할 때

① 냄새 맡기 (Sniffing ground)

② 다른 곳 쳐다보기 (Looking away & Head turning)

③ 등 돌리기 (Turn away)

④ 코 핥기 (Licking nose)

⑤ 발로 몸 긁기 (Scratching body)

⑥ 눈 깜빡이기 (Blinking eyes)

⑦ 발로 입 건들기 (Smacking lips)

⑧ 앞발 한쪽 들기 (Lifting paws)

⑨ 오줌 지리기 (Peeing)

⑩ 얼음처럼 움직이지 않기 (Freezing)

⑪ 앉기 (Sitting)

⑫ 짖기 (Barking)

(3) 싸움 또는 충돌 회피 기능 – 적의 없음을 전할 때

① 천천히 움직이거나 걷기 (Moving slowly, Walking slowly)

② 앞발 한쪽 들기 (Lifting paws)

③ 놀자 표시하기 (Play bowing)

④ 눈을 부드럽게 뜨기 (Softening the eyes)

⑤ 서로 멀리 떨어져 돌아가기 (Curving)

⑥ 얼음처럼 움직이지 않기 (Freezing)

⑦ 꼬리 흔들기 (Wagging tail)

⑧ 오줌 지리기 (Peeing)

⑨ 땅 냄새 맡기 (Sniffing ground)

⑩ 하품하기 (Yawning)

⑪ 엎드리기 (Laying down)

⑫ 앉기 (Sitting)

(4) 진정 신호 기능 – 상대를 진정시킬 때, 흥분을 가라앉힐 때

① 하품하기 (Yawning)

② 중간에 끼어들기 (Splitting up)

③ 등 돌리기 (Turning away)

④ 엎드리기 (Laying down)

⑤ 앉기 (Sitting)

Chapter 05

반려동물의 문제행동

1. 문제행동의 개념

이상행동과 사회나 주인에게 불편을 주는 행동 또는 주인의 자산이나 동물 자신을 손상시키는 '행동'이나 '주인의 생활에 지장을 미치는 행동'

① 동물이 본래 가지고 있는 행동양식(repertory)을 일탈하는 경우로 그 대부분은 이상행동의 범주에 들어감 (예: 궤양으로 발끝을 계속 핥는 상시장애)

② 동물이 본래 가지고 있는 행동양식의 범주에 있으면서도 그 많고 적음이 정상을 일탈하는 경우로 성행동이나 섭식행동에 자주 발생. 너무 많거나 적어도 문제

③ 그 많고 적음이 정상을 일탈하지 않더라도 인간사회와 부적절한 경우 (예: 경계성 짖음)

2. 행동의 분류

행동	내용
정상행동	반려견의 생존과 번식에 유리하도록 환경변화에 적절하게 적응된 보편적인 행동이다.
실의행동	기능이나 목표를 파악하기 어려운 행동으로 동물체가 스스로 상황 개선이 어려운 상태에서 발생된다. 갈등행동과 이상행동으로 분류한다.
문제행동	반려견이 정상행동과 실의행동을 예측 불가능하게 장기간 표현하는 현상이다. 이는 보호자의 불만족이 아닌 반려견의 행동학적 측면에서 바라본 설명 방식이다.

(1) 실의행동

① 갈등행동

갈등행동은 무리 생활을 하는 동물 집단에서 발생하는 갈등과 경쟁 상황을 해소하기 위해 하는 행동이다. 즉 개가 접근 동기와 철회 동기와 같은 상반된 동기를 경험하게 된다면 동기적 갈등이 일어나게 된다. 즉 서로 모순되는 둘 이상의 동기가 나타날 때 일어난다. 또는 원하는 목표를 하고자 할 때, 방해로 어려움이 있을 때 다른 방법을 시도하는 경우에 나타난다. 저수준에서는 휴식과 같은 행동이, 고수준에서는 짖음, 공격과 같은 행동이 나타난다. 대표적으로 갈등행동은 회피와 공격으로 이루어진다. 대안으로 상황을 피할 수 없을 경우에 상대방을 공격하는 것으로 표현된다.

갈등행동의 표현	내용
회피 (avoidance)	위협적인 상황을 피하거나 그 장소에서 도망가는 행동이다. 개가 뒷걸음치면서 물러서거나 몸을 숨긴다. 개는 회피할 수 없는 상황에 이르면 다른 행동을 선택하게 된다.
회유 (appeasement)	상대방에게 자신이 위협적이지 않다는 의사를 전달하는 행동으로 카밍시그널과 비슷하다.
굴복 (submission)	이미 알고 있는 상대에게 복종적 행동을 취한다. 능동적 굴복과 수동적 굴복으로 나눌 수 있다. • 능동적 굴복은 귀를 뒤로 젖히고 몸을 작게 만들고 꼬리를 흔들거나 말아 감춘다. 상대방 얼굴을 핥거나 발을 드는 동작으로 친화 행동을 하며 거리를 좁히는 행동을 하기도 한다. • 수동적 굴복은 등을 바닥에 대고 배를 상대방에게 보인다. 귀를 뒤로 젖히고 꼬리를 감추거나 사타구니를 상대에게 보인다.

② 이상행동

행동양식, 빈도, 강도에서 정상적인 범위를 벗어난 행동을 장기간에 걸쳐 나타내는 것이다. 욕구불만, 장기간의 갈등, 질병, 이상행동 발달 등이 원인이다.

<table>
<tr><th colspan="2">행동</th><th>내용</th></tr>
<tr><td rowspan="4">갈등 행동</td><td>전위행동</td><td>• 불만족 또는 불안한 상태에서 발생되는 행동으로 생식행동 또는 적대 상황에서 많이 발생한다.
• 문지르기, 물기, 핥기, 몸 흔들기, 하품 등이다. 카밍시그널이 전형적인 전위행동이다.</td></tr>
<tr><td>전가행동</td><td>• 만족하지 못한 욕구를 다른 대상에 나타내는 행동이다.
• 음식물을 전적으로 제공받는 반려견의 경우 섭식의 선동작인 탐색행동이 결여되어 엉뚱한 행동이 나타난다.</td></tr>
<tr><td>진공행동</td><td>• 욕구 충족이 불만족스러울 때 그 대상이 없는 상태에서 해소하기 위해 하는 행동이다.
• 마운팅은 대상이 없는 상태에서 표현되는 생식형 진공행동이다.</td></tr>
<tr><td>양가행동</td><td>• 상반된 욕구 또는 정서가 공존하는 상태에서 표현되는 행동이다.
• 공복 상황에서 음식물이 제공되면 엉덩이를 빼고 머리만 식기를 향한 채 섭식하는 경우이다.</td></tr>
<tr><td rowspan="3">이상 행동</td><td>상동행동</td><td>• 상동행동은 특정한 행동을 지속적으로 반복하는 것이다.
• 반려견의 생활공간이 부적절하면 – (날뛰기, 짖음, 회피) – (부동, 엎드려 있기) – (씹기) – 상동행동으로 발전한다.</td></tr>
<tr><td>변칙행동</td><td>• 환경의 부적합으로 인해 정상적인 행동양식이 변한 행동이다.</td></tr>
<tr><td>이상반응</td><td>• 단순한 환경이 지속되면 정상적인 반응도가 무너져 무관심이나 과잉반응을 유발한다.
• 미세자극에 대하여 도주하는 과잉반응, 긴장성 부동화, 식분증 등이 있다.</td></tr>
</table>

3. 반려견 행동 관찰하기

① 반려견의 행동 관찰을 준비한다.

- 보호자에게 반려견의 행동 관찰 목적과 방법을 설명한다.
- 반려견의 행동 관찰 시 주의사항을 숙지한다.
- 관찰 목적을 달성할 수 있도록 관찰 환경을 최적화한다.

비통제 관찰	• 자연스러운 일상 조건에서 행동을 관찰하는 방법 • 전체 모습 파악 가능, 특정 행동 관찰하기 어려움 • 관찰 시 단위 행동(선동작 목표동작 – 후동작)의 전체를 파악할 수 있음 • 장시간 소요되는 것이 단점
통제 관찰	• 관찰 환경을 계획적으로 설정한 상태에서 특정 행동을 관찰하는 방법 • 의도적으로 설정된 상황이므로 실제 환경에서의 행동과 차이가 있을 수 있음

- 관찰 전에 상담기록 및 문진표를 통해 목표 동작을 설정한다.

② 반려견의 행동을 관찰한다.

- 관찰 시 유의사항을 점검한다.

관찰은 도구를 사용하지 않고 반려견의 행동을 파악하는 방법이다. 부득이하게 도구를 사용하는 경우, 반려견의 행동표현에 영향을 주지 않도록 한다. 관찰은 보호자의 기억이나 왜곡으로 인한 오류가 없는 장점이 있지만, 관찰자의 주관이 개입될 가능성이 높으므로 객관적인 기준과 2인 이상 관찰 후 교차 점검하여 신뢰도를 높인다.

- 관찰에 필요한 장비 및 도구를 준비한다.
- 보호자의 참여가 필요한 경우, 요령 및 시기를 확인하고 반려견을 관찰 환경에 투입한다.
- 반려견의 행동을 행동단위로 면밀히 관찰한다.

관찰목표가 명확하면 반려견의 행동을 심층적으로 볼 수 있다. 관찰자는 목표 동작의 선동작과 후동작을 파악하여 정확한 행동단위를 설정한다. 반려견이 선동작과 후동작을 생략하는 경우가 있으므로 목표 동작의 출현에 주의를 기울인다. 행동은 동일한 자극에 다양하게 표현되고, 다른 자극에 대하여 동일한 행동이 표현되는 특성이 있으므로 섬세하게 관찰한다.

표 1-3. 반려견 행동 관찰 순서

관찰 목적 설정 ➡ 관찰자 훈련 ➡ 기록 방법 결정 ➡ 관찰 ➡ 결과분석

출처: 교육부(2020). NCS 학습모듈. 반려견 행동분석.

③ 관찰 내용을 기록한다.

관찰 후 기록 방법에 따라 일화기록법, 목록점검법, 행동요약법, 시간표집법 등이 있다.

④ 보호자의 반려견에 대한 인식을 관찰한다. 반려견 지도 능력을 관찰한다.

4. 문제행동 분석

(1) 문제행동 진단

문제행동 진단은 효과적인 분석 및 교정 교육의 근거로 활용되므로 아래 〈표 1-4〉에 따라 진행해야 한다.

표 1-4. 문제행동 진단

순서	과제	내용
1	문제행동의 명료화	반려견이 지닌 문제행동을 구체적으로 파악하여 단순화시킨다.
2	초기 교정목표 설정	문제의 원인을 파악하여 초기 목표와 다음 단계의 방향을 제시한다.
3	표적행동 설정	반려견이 문제행동을 표현하기 쉽게 설명한다.
4	표적행동 유지조건 확인	문제행동을 유지하는 선행자극과 행동결과를 파악한다.
5	문제행동 교정 계획 실시	문제행동을 해결하기 위하여 수립한 계획을 수행한다.
6	교정 결과 평가	교정계획을 실행한 결과를 평가한다.
7	추후 평가	일정 기간이 경과한 후 평가한다.

(2) 문제행동 분석
(분석주의적 방법, 행동주의적 방법, 인지주의적 방법, 생물학적 방법)

① 분석주의적 방법

행동을 내면의 동기나 과거 경험을 근간으로 접근하는 방법이다. 근원적 원인을 충동, 불안, 적대행동, 생식욕과 같은 1차적 동기로 본다.

② 행동주의적 방법

반려견의 행동을 결과 위주로 바라본다. 이는 객관적으로 관찰할 수 있는 행동을 중시한다. 유전, 내분비, 동기, 학습과정과 같은 내적인 요인보다 표현된 행동에 주안점을 둔다. 행동주의적 접근은 반복성, 가시성, 재현성 등의 장점이 있다.

표 1-5. 조작적 조건화의 개념

	강화(Reinforcement) 행동의 증가 원하는 행동을 잘하게 한다.	처벌(Punishment) 행동의 감소 원치 않는 행동을 못하게 한다.
긍정(Positive) 자극 제공 —를 더하거나 —를 제공하여	긍정강화(Positive Reinforcement) 동물이 좋아하는 것을 더해서 원하는 행동이 다시 발생할 가능성을 높인다.	긍정처벌(Positive Punishment) 동물이 싫어하는 것을 더해서 원치 않는 행동이 다시 발생할 가능성을 낮춘다.
부정(Negative) 자극 제거 —를 빼거나 —를 제거하여	부정강화(Negative Reinforcement) 동물이 싫어하는 것을 제거하여 원하는 행동이 발생할 가능성을 높인다.	부정처벌(Negative Punishment) 동물이 좋아하는 것을 제거하여 원치 않는 행동이 다시 발생할 가능성을 낮춘다.

③ 인지주의적 방법

반려견의 행동을 지각, 정보처리, 기억으로 이루어진 사고 과정에 중점을 두고 파악한다. 반려견을 외부환경에 대한 수동적 수용체로 보지 않고, 정보를 능동적으로 처리하는 유기체로 여긴다. 환경에서 주어지는 자극보다 기억에 의한 동기의 발생이나 내부의 정서가 행동에 크게 영향을 주는 것으로 해석한다.

표 1-6. 인지주의적 행동 교정

1단계	2단계	3단계	4단계
인식	차단	상처 치료	정상행동
	문제행동 중단	기억 소거	

출처: 교육부(2020). NCS 학습모듈. 반려견 행동분석.

④ 생물학적 방법

반려견의 행동에 대해 신경계나 호르몬의 기능을 배제하고 생각하는 것이 불가능하므로 유전, 신경계, 내분비 등 신체 내부적 배경을 중점적으로 파악한다. 신경계 호르몬은 전신에 영향을 미친다. 반려견의 문제행동의 많은 부분을 차지하는 불안, 적대행동을 신경이나 호르몬의 부조화에서 비롯된 것으로 인식한다.

표 1-7. 생리적 동기와 행동

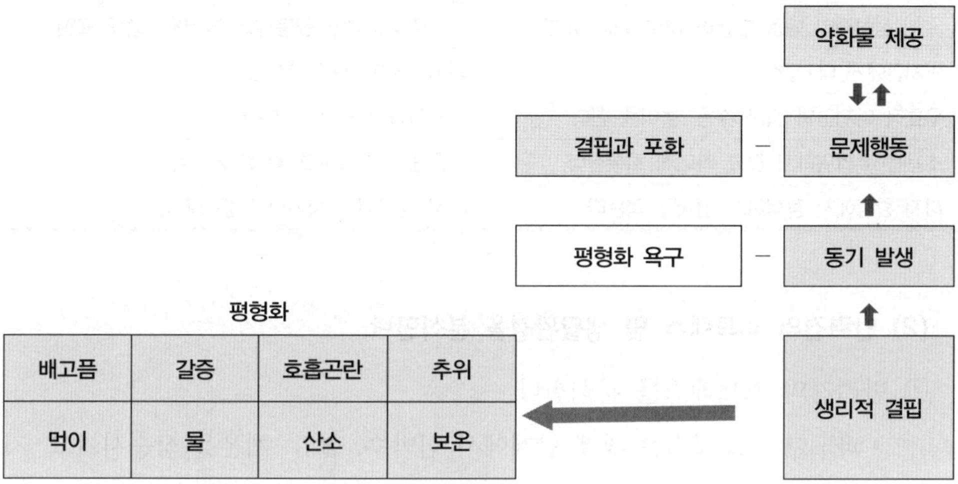

출처: 교육부(2020). NCS 학습모듈. 반려견 행동분석.

5. 반려견 행동 파악하기

(1) 유의사항 확인 – (2) 반려견의 스트레스 및 생활환경 분석 – (3) 반려견 개체 특성에 따른 문제행동의 증상에 따라 종류 및 원인 분석 – (4) 확보된 관련 자료 취합 – (5) 반려견의 문제행동 분석을 근거로 수준 파악 – (6) 행동분석서 작성

(1) 유의사항을 확인한다.

① 자격을 구비한 사람이 분석한다.

② 반려견의 기본 정보를 파악한다. 반려견이 견종, 성별, 나이, 부모견의 유전적 정보, 행동발달 등을 통해 기본 정보를 파악한다.

표 1-8. 반려견의 행동 발달에 따른 문제행동

정상적인 행동 발달에 따른 행동 표현	비정상적인 행동 발달에 따른 행동 표현
미지인에게 다가간다.	미지인에게 접근하지 않는다.
우호적 미지견의 접근 수용, 놀이를 한다.	미지견과 사교하지 않는다.
소음을 두려워하지 않고 빠르게 회복한다.	소음을 두려워하고 회복되지 않는다.
미지 환경에서 탐색하고 간식을 먹는다.	미지 환경에서 숨거나 부동화된다.

(2) 반려견의 스트레스 및 생활환경을 분석한다.

① 반려견의 스트레스를 분석한다.

- 과도한 스트레스는 경계 단계에서 심박수, 혈압, 체온을 상승시키고, 저항단계에 이르면 무기력해지거나 이상행동을 표현한다.
- 부적절한 환경 자극을 회복시키려는 노력의 반복에도 개선되지 않으면 활동을 중단하는 무기력에 빠진다.

표 1-9. 반려견 스트레스 증상

구분	행동표현
생리 현상	• 체온이 상승한다. 심박수가 증가한다. 혈압이 상승한다. 식욕이 변한다. (급성은 감소, 만성은 증가)
배설 행동	• 배변한다. 설사한다. 눈물을 흘린다. 발바닥에 땀이 난다. 침을 흘린다.
행동 변화	• 근육경련을 일으킨다. 근육이 경직된다. 움직이지 않는다. 회피행동을 표현한다. • 자극에 민감하게 반응한다. 적대행동을 한다. • 몸을 긁는다. 물을 털어내듯 몸을 흔든다. 안절부절못한다. 과잉행동을 한다. • 혀로 핥는다. 천천히 걷는다. 과도하게 짖는다. 귀가 아래로 처진다. • 사람의 시선을 피한다. 신경질적으로 행동한다. 흥분한다. 얼굴을 찡그린다. 머리를 흔든다. 하품을 한다. 과소행동을 한다.

② 반려견의 생활환경을 분석한다.

- 공간, 기온, 소음, 사회적 접촉 같은 환경요인들은 정서와 행동에 영향을 주어 배뇨, 활동성 증가, 긴장, 체온상승, 적대행동 상승 등을 가져온다.
- 분석자는 반려견에 대한 생활 자극의 최적화 여부에 중점을 두고 파악한다.

표 1-10. 반려견 생활환경 분석

공간	• 잠자리는 은신처로서의 안정성, 견종 및 나이에 따른 원활한 활동이 보장되는 적정수준의 넓이, 바닥 재질의 적절성, 운동 공간의 구비, 신선한 물과 음식물 섭취 편이도 등을 점검한다.
기온	• 기온은 반려견의 호신행동에 영향을 준다. • 저온 및 고온은 활동을 위축시키고 섭식 및 음수 행동에 나쁜 영향을 준다. • 더위는 반려견의 적대행동을 증가시킨다.
소음	• 청각을 자극하는 소음이 지속되면 휴식 및 수면의 부족으로 스트레스가 높아진다. • 지속되면 불안, 긴장, 적대 행동을 표현한다.
사회적 접촉	• 반려견은 사회적 관계가 중요하다. 사람 및 동종과 적정 수준의 사회적 관계가 제공되어야 한다. • 독립된 장소에서 장기간 거주할 경우 시각, 청각, 후각 자극의 저하로 사회행동에 악영향을 미친다.

③ 반려견 보호자의 특성이 반려견의 행동에 큰 영향을 준다.

- 보호자의 가치관, 생활방식, 올바른 지식 정도를 점검한다.
- 보호자의 반려견에 대한 애정 수준과 방법은 문제행동에 매우 중요하다.

(3) 반려견 개체 특성에 따른 문제행동의 증상에 따라 종류 및 원인을 분석한다.

종류	원인
감각 및 신경계 문제행동 표현	• 인식장애, 고열, 강박증, 공포, 스트레스
정서 문제행동 표현	• 두려움, 외로움, 애착, 즐거움
배설 문제행동 표현	• 처벌 결과, 공격성, 배설 환경, 분리불안, 범불안(공포)
의사소통 문제행동 표현	• 음성: 신음, 으르렁거림, 하울링, 비명, 낑낑, 캥캥 • 몸짓 – 간격 축소: 수동적 복종, 능동적 복종, 놀이 – 간격 확장: 우위적 신호, 접근 금지, 복합 신호, 적극적 방어
사회적 관계 문제행동 표현	• 우위, 섭식, 영역

(4) 확보된 관련 자료를 취합한다.

(5) 반려견의 문제행동 분석을 근거로 수준을 파악한다.

① 반려견 문제행동의 절대적 또는 상대적 양을 파악하여 수준을 결정한다.

② 문제행동을 유발하는 자극을 제시한 상태에서 측정 도구를 활용하여 시간, 질, 크기를 평가한다.

(6) 행동분석서를 작성한다.

① 행동분석서를 작성할 때는 다음 사항을 포함한다.

- 반려견 보호자와 반려견의 개별 정보를 기술한다.
- 반려견의 생애 이력을 기술한다.
- 분석에 이용된 방법과 내용을 기술한다.
- 문제행동의 종류 및 원인을 기술한다.

② 반려견의 문제행동에 대해 확보된 자료를 영역별로 분류한다.

- 문제행동을 개체행동, 사회행동, 연계행동으로 분류한다.
- 문제행동 원인을 개체 특성, 생활환경, 보호자 특성 영역으로 분류한다.

③ 분석서 작성

작성 방법	• 해당 문제행동을 분석하는 목적을 기술한다. • 분석서에 사용하는 용어와 문장은 맥락을 드러내어 이해하기 쉽게 작성한다. • 분석 내용은 보호자가 명확히 파악할 수 있도록 작성한다. • 분석 내용은 일관성과 객관성을 유지한다. • 문제행동에 대한 설명을 세부적으로 작성한다. • 분석서의 전체 내용을 요약하여 개괄적으로 기술한다.
행동 분석 내용	• 반려견의 행동은 여러 요인이 복합적으로 기능하므로 문제행동의 종류에 따른 원인을 명확히 기술하는 것이 어렵다. • 행동 분석 내용은 추후 교육 설계 및 행동 교정의 근간이므로 개체 특성, 생활환경, 보호자 특성으로 구분하여 작성한다.

표 1-11. 행동 분석 내용

행동 분석	내용
질병적 원인	• 건강(질병) 상태에 원인이 있는 반려견의 문제행동을 교정하는 방법으로 문제를 해결하려 한다면 불가능하다. • 고관절이형성, 관절염, 나이와 관계된 다른 질병을 가진 반려견에게 앉거나 뛰는 행동을 요구하면 저항하거나 마지못해 할 것이다. • 신체적 건강 이상과 질병은 반려견을 무기력하게 하는 원인이다.
환경적 원인	• 반려견에게 가장 크게 영향을 미치는 것은 주위에서 항상 관계를 맺고 있는 사람과 생활하거나 훈련을 하는 환경이다.
견종 특성	• 견종의 특성에 따른 유전의 영향으로 나타난 특이한 행동이 있다. • 견종에 의한 성격과 특징은 오랫동안 선택·번식되어 발전한 진화의 결과이다.
개체 특성	• 개체의 특성에 대해 평가할 때에는 모든 부분을 일반화하지 말고 상대적 입장을 취한다. • 반려견은 개체별 성향과 성장 환경의 영향에 따라 차이가 많다. • 개체의 생리적인 특성이 행동에 영향을 미치는 경우도 있다.
보호자 특성	• 보호자는 반려견의 행동에 직접적으로 영향을 미치는 요인이다. • 사고방식, 생활습관, 반려견과의 상호관계, 태도 등 전반적인 상태를 최대한 기록한다.

표 1-12. 문제행동 교정 과정

문제행동 선정 ➡ 초기목표 수립 ➡ 약화계획 설계 ➡ 문제행동 유지 조건 확인 ➡ 교정계획 실행 ➡ 교정 완료 추후 평가

6. 반려견에게 보이는 문제행동

(1) 공격행동

공격행동은 다양한 요인에 의해 발현된다. 특히 개의 특성 및 생리의 이해가 필요하다. 개의 공격행동은 섭식행동, 성행동, 사회적 행동 등에 의해 발현되는 경우가 많다.

① 우위성 공격행동(사회적 공격행동, dominance-related aggression, struggling for status)

개는 무리 동물로서 사회적 서열을 각자 가지고 있다. 무리 중 개가 자신의 사회적 순위를 위협받았을 때 또는 자신의 서열을 과시하기 할 때 일어난다. 동종 간의 같은 무리에 있는 개체를 공격하는 경우, 동종 간 외부에서 다른 개체에 공격하는 경우도 있다.

② 영역성 공격행동(territorial aggression)

개가 가축화되는 과정에서 인간이 개를 가축화시킨 이유 중 하나가 인간과 생활하면서 거주지역을 자신의 영역으로 인식하면서 짖음으로 경고하고 영역을 침범하는 개체에 대해 공격하는 습성으로 추정한다. 자신이 영역이라고 인식한 장소에서 다른 개체나 사람에 대해 보이는 공격행동이다.

③ 공포성 공격행동(fear-elicited aggression)

공포와 불안으로부터 회피하려는 행동을 하는 것은 대부분의 동물의 기본 습성이다. 그러나 자신의 의지와 상관없이 공포와 불안을 회피할 수 없을 경우, 개가 보이는 행동 반응은 세 가지로 나눌 수 있다. 첫 번째는 도망가는 것이다. 두 번째는 복종하면서 처분을 기다리는 것이다. 세 번째는 싸우며 저항하는 것이다. 공포성 공격행동, 우위성 공격행동, 영역성 공격행동은 주위 상황을 관찰하면 감별할 수 있다. 일반적으로 공포성 공격행동의 경우 행동학적 · 생리학적 징후를 동반한다.

④ 포식성 공격행동(predatory aggression)

개의 비명소리, 어린아이의 비명소리 등과 같은 소리에 반응하여 공격행동을 포함하여 주시, 침 흘리기, 몰래 다가가기, 낮은 자세 등의 포식행동을 하며 하는 공격행동이다. 어떤 견종에서 새나 다른 동물에게 몰래 다가가다 낮은 자세로 갑자기 공격행동을 보이는 경우를 종종 관찰할 수 있다. 이때는 뇌 안에 정동이 생기지 않고 공격하는 것이 특징이다.

⑤ 아픔에 의한 공격행동(pain-elicited aggression)

개가 질병이나 상처가 있는 경우, 아픈 부위를 만지면 반사적으로 일어나는 공격행동이다. 특히 동물병원에서 진찰이나 예방접종 등을 받거나 개가 미용을 할 때 일어나는 경우가 있다.

⑥ 특발성 공격행동(idiopathic aggression)

원인이 밝혀지지 않은 공격행동으로 언제, 어디서 공격할지 모르는 공격행동이다.

(2) 과도한 짖음

① 흥분성 짖음(excitement barking)

어떤 좋은 일이 일어날 것을 예상하고 흥분하거나 즐거운 감정을 표현할 때 내는 짖음이다. 흥분성 짖음은 연속적으로 일어나거나 중간에 멈추는 경우도 있다. 소리의 높이는 중간 정도의 음정보다 높은 음정이다. 보통의 경우 꼬리를 흔들거나, 점프하거나, 다리에 올라타거나, 입에 무언가를 무는 행동도 동반하여 발생하는 경우가 많다. 만약 복종훈련으로 '앉아'나 '엎드려'를 시켰을 경우 낑낑거림(whining)과 하품(yawning)을 하는 경우도 있다.

② 경고성 짖음(warning barking)

정체를 알 수 없거나 너무 멀어서 적인지 아닌지 확인할 수 없는 경우, 즉 다른 개, 사람, 누군가가 접근하고 있을 때 자신의 무리에게 알리는 짖음이다. 높은 톤의 짖음으로 연속해서 서너 번 중음으로 짖고, 중간에 잠시 멈춘다. 위협으로부터 도망가는 행동이 일반적이다. 무리 중에 리더 또는 다른 한 마리가 나머지 무리를 지키기 위해 책임감을 가지고 물러서서 자리를 지킬 수 있다.

③ 두려움에 의한 짖음(fear barking)

개는 부자연스럽고 정체를 알 수 없는 것에 두려워한다. 스트레스 정도, 두려운 정도에 따라 약간 두려워하는 것부터 심한 패닉의 정도로 나눌 수 있다. 두려움에 의한 짖음은 소리의 음은 높고, 연속해서 짖는 경우가 많다. 예를 들어 개가 도망갈 수 없는 상황에 부닥쳐 있으면 개는 강한 두려움으로 연속해서 짖는다. 개는 안절부절못하고, 앞뒤 좌우로 움직인다.

④ 방어성 짖음(guard or defensive barking)

방어성 짖음은 개가 자기 자신을 방어하거나 자신의 무언가를 방어할 때 내는 짖음이다. 방어성 짖음은 만성적인 것이 아니다. 즉 방어해야 하는 대상이나 물체가 사라지면 멈추는 경우가 많다. 일반적으로 으르렁거림을 동반하여 짖는다. 으르렁거리기 - 짖기, 짖기 - 으르렁거리기의 순서이다. 두려움에 의한 짖음보다 소리의 길이는 짧고 저음이다. 자신 또는 방어해야 할 대상을 지키기 위해 '저리 가'라는 표현으로 전진하거나 달려드는 경우가 많다. 이빨을 보이며, 으르렁거리기도 하며, 앞으로 달려들기도 한다. 방어성 짖음에서 상대가 행동을 취하지 않을 때 마지막에는 공격할 수 있다.

⑤ 좌절성 짖음(frustration barking)

좌절성 짖음은 묶여 있거나 사람이나 다른 무리와의 접촉 없이 캔넬에 갇혀 있거나 오랫동안 혼자 있게 되었을 때 내는 경우가 많다. 무기력감, 외로움, 굶주림, 열악한 환경, 만성적인 스트레스로 인해 짖는 경우도 있다. 같은 톤으로 반복해서 짖으며 중간에 잠시 짬을 두고, 계속해서 고정된 패턴으로 짖는 경우가 많다. 마지막에 하울링을 하는 경우도 있다. 상동행동을 동반하는 경우가 많다. 땅 파기, 씹기, 혀 핥기, 자신의 그림자나 꼬리 쫓기 등의 행동을 보이기도 한다.

⑥ 학습된 짖음(learned barking)

학습된 짖음은 보호자가 의식적이거나 무의식적으로 행동을 강화시켰을 때 보인다. 일반적으로 의도하지 않았지만, 학습시키는 경우가 많다. 학습된 짖음의 패턴은 '짖기 - 잠시 쉬기 - 쳐다보기 - 다시 짖기'이다. 개가 주의를 끌기 위해 또는 과거에 보호자로부터 강화를 받았을 때 내는 짖음이다. 개는 다양한 요인으로 짖는다. 보호자가 흥분성 짖음, 두려움에 의한 짖음 등을 우연히 강화시켜 짖는 경우도 학습된 짖음으로 분류할 수 있다.

(3) 분리불안(separation anxiety)

보호자가 없이 집, 자동차, 창고 등 특정 공간에 혼자 있을 때 보이는 과도한 짖음, 하울링, 파괴적 활동, 배변 실수, 땅 파기 등과 같은 행동학적 불안징후나 구토, 설사, 떨림 등과 같은 생리학적 증상을 보이는 경우가 있다. 또한 먹이나 간식을 먹지 않는 경우도 많다. 분리불안의 원인은 보호자와의 과도한 애착과 유전적인 요인에 의해 발생하는 것으로 추정된다.

(4) 공포증(phobia)

폭죽 소리, 천둥소리, 큰 소리, 처음 보는 큰 물체 또는 소리 등과 같은 특정 대상에 대해 일어나는 행동학적 및 생리학적 공포반응이다. 침대 밑으로 숨거나, 정신없이 도망가는 등의 생리학적 반응을 보인다.

(5) 파괴행동(destructive behavior)

개는 개체별로 차이가 있으나 이갈이를 4~6개월령에 한다. 이때는 이가 가려워 입안에 무엇이든 넣어 씹는 행동을 하는 경우가 많다. 씹는 행동은 자연스러운 행동이나 위험한 물건을 입에 넣으면 다칠 수 있어 주의해야 한다. 또한 집 안의 물건을 장난감으로 인식하고 씹거나 찢는 행동을 하는 경우도 있다. 분리불안으로 인한 파괴행동과는 다르다. 분리불안이 있는 개의 경우 보호자가 곁에 있으면 파괴행동을 보이지 않는 경우가 많다. 그러나 보호자가 곁에 있어도 찢거나 씹는 행동을 한다면 파괴행동이다. 예를 들면 전깃줄 물기, 신발 물기, 이불 찢기 등이다.

(6) 대소변 실수

개는 대소변 교육이 자연스럽게 이루어지는 동물이다. 자신이 자고, 먹고, 뒹굴고 쉬는 곳에는 배변하지 않는 경향이 있다. 화장실이 있음에도 다른 곳에서 대소변을 함으로써 보호자가 스트레스를 받는 경우이다. 해외의 경우 주거문화가 국내와 달라 파양 또는 유기되는 주요 요인 중의 하나이다.

(7) 과도하게 흥분하는 행동

개가 자신이 좋아하는 장난감, 음식, 다른 개체, 사람을 보거나 만났을 때 점프하거나, 짖거나, 다리에 올라타거나 하는 등의 행동을 보인다. 이런 경우 보호자의 옷을 망치거나 넘어지는 경우가 생길 수 있다.

(8) 과도한 리드줄 끌기

개와 외출했을 때 개가 리드줄을 과도하게 끌어 보호자가 끌려다니는 행동이다. 전혀 컨트롤이 되지 않고 개가 자기 마음대로 탐색하는 행동을 한다.

(9) 상동장애

꼬리 쫓기, 그림자 쫓기, 꼬리 물기, 발바닥 핥기 등의 행동 빈도가 과도하거나 지속해서 반복하는 행동을 한다. 핥기의 경우, 부위에 피부염이 생기는 경우가 발생하기도 한다.

(10) 이기

개가 먹이라고 생각할 수 없는 물체를 먹는 행동이다. 돌이나 흙을 먹고, 풀을 뜯어 먹고, 심지어 자신의 배변이나 타 개체의 배변을 먹기도 한다.

(11) 과도한 마운팅

수컷의 개에게 주로 나타내는 행동으로 심한 경우에 문제행동으로 간주한다. 보통의 경우, 마운팅의 의미는 성행동의 표현이기도 하지만, 우위성의 표현, 스트레스의 표현으로 마운팅을 하는 경우도 발견된다.

7. 반려견 문제행동 원인

(1) 반려견의 문제행동 원인

1차, 2차, 3차 요인들이 복합적으로 작용한 결과인 경우가 대부분이다.
- 1차 요인(태생적 특성): 유전적 기질, 신체적 특성
- 2차 요인(행동 발달 및 훈련의 부적절한 제공): 학습 기회 부족, 부적절한 경험
- 3차 요인: 보호자 및 생활환경

① 생활상의 원인

- 반려견 보호자와 가족의 일상생활의 변화로 반려견에게 문제행동이 나타날 수 있다.
  - ▸ 가족 내에서 이사, 집수리, 새로운 가족, 자녀가 방학하여 집에 계속 있는 경우 등
- 반려견이 일상적인 행동을 표현, 해소하지 못한 경우
  - ▸ 안전하고 안락한 장소에서 휴식과 수면을 할 수 있어야 한다.
  - ▸ 불안, 협박, 공포, 통증에서 벗어나야 한다.
  - ▸ 정상적인 행동을 할 수 있도록 해주어야 한다.
  - ▸ 주기적인 운동과 함께 놀이를 충분히 한다.
  - ▸ 다른 동물 또는 사람을 만날 기회를 가진다. (사회화기에 필요)

- 보호자의 행동에 따른 문제행동
  - ▸ 안아주기: 짖음으로 발전하는 경우가 많다. 과도한 애착으로 분리불안의 가장 큰 원인이 된다.
  - ▸ 사람의 공간인 침대에서의 잠자리: 잠자리 영역은 자기공간이다. 좋아하는 사람과 함께 있다면 다른 가족이 다가오는 것을 싫어한다. 입을 실룩대거나 으르렁거리는 행동으로 발전할 수 있다.
  - ▸ 과잉보호: 개가 어떠한 행동을 표현할 때 보호자가 모두 들어주는 것을 말한다. 잘못된 식습관이 만들어지고, 자기소유욕이 강해져 짖는 행동과 무는 행동으로 발전할 수 있다.
- 제2의 자극(아팠던 기억, 불편했던 기억): 개는 반사적으로 안 좋은 기억일수록 강하게 반사행동을 하게 된다. (미용, 이사, 주사, 훈련, 타인, 안 좋은 기억)

② 심리 · 사회적 원인

- 유전으로 인한 문제행동
- 목적을 달성하기 위한 문제행동: 관심 유발, 자기 만족감, 물품 소유욕 등으로 표현되며 생물학적 요구에 의한 문제행동은 다른 문제행동에 비해 행동 교정에 오랜 시간과 더 많은 보호자의 노력이 필요하다.
- 후천적 학습으로 인한 문제행동: 거의 학대 등 혐오자극이 원인으로, 사람이나 동물 또는 사물에 대해 거부감을 표현, 심한 경우 공포감을 갖는 행동이나 공격행동을 보이는 경우도 있다.
- 기본적 욕구에 대한 만족감 부족으로 나타나는 문제행동
- 감정적 의존과 거부의 두려움: 무리 동물인 반려견은 본능적으로 보호자에게 감정적으로 의존한다. 의존행동이 무시되는 경우 문제행동이 일어날 수 있으며, 이 경우 주로 소심한 성향이나 회피 성향 또는 사회화 부족과 같은 증상과 유사함을 보인다. 무조건적인 복종행동을 보이기도 한다.

③ 수의학적 원인

- 건강 이상으로 인해 문제행동이 나타날 수 있다.
- 특정 부위에 고통이 있거나 유전적인 질병, 건강의 이상 등으로 보호자의 행동에 거부감이나 공격성을 표현하는 것으로, 문제행동이 발생하기 이전에 반려견의 건강관리로 예방할 수 있다.
- 수의학적 원인으로 문제행동 발생 시에는 수의사의 의학적 요법이나 약물요법이 도움이 된다.

(2) 반려견의 문제행동 요인

주요 요인은 개체적 특성, 보호자, 생활환경이다.

주요 요인	내용
개체적 특성	체력, 미성숙, 신경증, 억제력, 불안(적대행동, 의존성, 두려움), 과잉활동(건강 상태, 활동수준, 사회성, 충동성, 적대성), 애착, 순응성, 탐색활동(호기심, 후각 탐색), 활동성, 반응성, 집중력, 적응력, 대담성 등
보호자	이해수준, 문제해결력, 만족, 생활습관, 건강 의식, 성품, 태도, 과잉보호, 학대 등
생활환경	구조 및 시설, 영양, 운동, 일과, 사회적 관계(사람, 다른 개), 안정성(기온, 시각자극, 청각자극, 후각자극) 등

표 1-13. 반려견 문제행동의 주요 원인(개체적 특성, 보호자, 생활환경)

개체적 특성				보호자		생활환경	
체력		순응성	추종행동	이해 수준		구조 및 시설	
미성숙			친화력	문제 해결력		영양	
신경증		탐색 행동	호기심	만족도		운동	
억제력			후각 탐색	생활습관		일과	
불안	적대행동	활동 수준	활력도	건강 의식		사회적 관계	사람
	의존성		민첩성	성품	정서		다른 개
	두려움		적극성		활동성	안정성	기온
과잉 행동	건강 상태	반응	시각		충동성		시각자극
	활동 수준		청각	태도	권위적		청각자극
	사회성		후각		일관성		후각자극
	충동성	집중력	동적사물		상호관계		
	적대성		정적사물	과잉 보호	분위기		
애착	의존성	적응력	미지인		음조		
	유기불안		미지사물		표정		
	애정독점		미지환경		행동		
	불안-회피		접근성	학대	신체적		
	불안-모순	대담성	수줍음		언어적		
	불안-조정		독립성		정서적		

출처: NCS 반려견 행동분석.

표 1-14. 반려견 감각 및 행동 미발달 시 문제행동

주 차(시기)	감각 및 행동 발달	미발달 시 문제행동
~ 2주	• 촉각 및 열 자극	• 촉각에 수반되는 신경 문제
~ 3주	• 시각 및 청각 발달	• 시각 및 청각 과민
~ 8주	• 고체음식 섭식 가능 • 동배자견 놀이	• 사람 및 다른 반려견에 과민 반응 • 흥분 억제력 부족
5~12주	• 사람과 상호작용 강화 • 원거리 배변	• 사람과 다른 반려견에 대한 두려움 • 배변 억제력 부족
10~20주	• 새로운 환경 탐색 및 학습 • 놀이 및 학습능력 향상	• 새로운 것에 대한 두려움 • 부적절한 놀이 능력

8. 반려견의 문제행동 교정

행동수정법, 약물요법, 의학적 요법, 관리기법이 있다.

(1) 문제행동 교정 과정

문제행동 선정 ➡ 초기목표 수립 ➡ 약화계획 설계 ➡ 문제행동 유지 조건 확인 ➡ 교정계획 실행 ➡ 교정 완료 추후 평가

(2) 문제행동 교정 방법

① 습관화(순화, 길들임, habituation)

- 홍수법(flooding): 처음부터 강하게 노출하는 방법
- 체계적 둔감화(체계적 탈감각화, 계통적 탈감작화, systematic desensitization): 자극을 약한 정도에서 점진적으로 강하게 제시하는 방법

② 조건화

- 고전적 조건화(연관, 연상학습): 고전적 조건화란 자발적인 행동이 아닌 두려움, 공포, 먹이와 같은 것으로 생리학적 반응이 나올 수 있다. 이는 자신의 의지와 상관없이 반사적인 반응이 주로 관여하여 일어나는 경우이다. 파블로프의 개를 이용한 실험에서 종을 들려주면서 먹이를 주자 개는 먹이가 없어도 종소리만으로 생리적 반응으로 침을 흘린다는 사실을 발견했다. 즉 개는 먹이와 종소리를 연관지어 침을 흘리는 것이다.

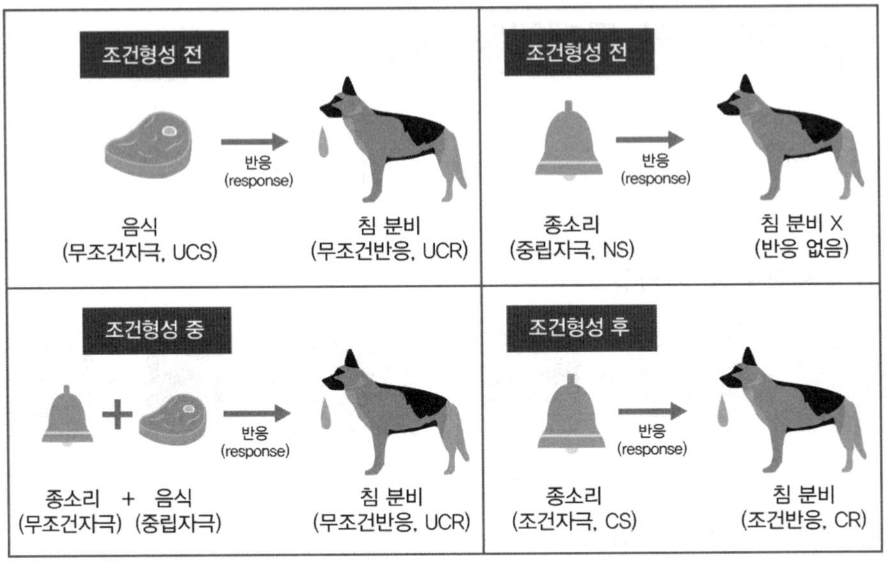

예) • 목줄을 들거나 하네스를 보호자가 꺼내면 산책 나가는 것을 인지한다.
• 아침을 준비하기 위해 사료가 보관 중인 냉장고를 열었을 때 식사가 급여된다는 것을 인지하고 침을 흘린다.
• 불을 끄고, '하우스'라는 명령어를 하면 잠을 자야 한다고 인지한다.

• 조작적 조건화: 동물은 조작적 조건형성 혹은 시행착오를 통해 학습한다. 동물은 자신에게 긍정적인 결과 혹은 효과가 따라오는 행동은 반복해서 하고, 부정적인 결과 혹은 효과를 초래하는 행동은 회피하는 것을 배우며 살아간다. 즉 시행착오를 통해 학습하고 기억한다고 할 수 있다. 강화(reinforcement)는 한 행동이 다시 발생할 가능성을 증가시키거나 높이는 것이다. 강화에는 긍정강화(positive reinforcement, 양성강화 또는 정적강화)와 부정강화(negative reinforcement, 음성강화 또는 부적강화)가 있다.

*** 긍정과 부정의 정의**

Positive (+) = 긍정 (양성, 정적)	Negative (−) = 부정 (음성, 부적)
무엇을 더한다. 또는 추가한다. 무엇을 제공한다.	무엇을 뺀다. 또는 제거한다. 무엇을 제공하지 않는다.

*** 강화와 처벌의 정의**

강화(Reinforcement)	처벌(Punishment)
원하는 행동을 증가하게 한다. 원하는 행동을 잘하게 한다.	원치 않는 행동을 감소하게 한다. 원치 않는 행동을 못하게 한다.

표 1-15. 긍정, 부정, 강화, 처벌의 조합

구분	강화 원하는 행동을 잘하게 한다.	처벌 원치 않는 행동을 못하게 한다.
긍정(+) ~을 더하거나 ~을 제공하여	**긍정강화** 동물이 좋아하는 것을 더해서 원하는 행동이 다시 발생할 가능성을 높인다.	**긍정처벌** 동물이 싫어하는 것을 더해서 원치 않는 행동이 다시 발생할 가능성을 낮춘다.
부정(−) ~을 빼거나 ~을 제거하여	**부정강화** 동물이 싫어하는 것을 제거하여 원하는 행동이 다시 발생할 가능성을 높인다.	**부정처벌** 동물이 좋아하는 것을 제거하여 원치 않는 행동이 다시 발생할 가능성을 낮춘다.

• 역조건화: 조건화된 행동을 역으로 변환시키는 절차이다. 조건형성(counter-conditioning)은 일반적으로 고전적 역조건형성(classical counter-conditioning)을 의미한다. 고전적 조건화는 동물의 연상학습과 관련이 있다. 따라서 동물이 부정적으로 연관(연상)된 것을 역으로, 즉 반대로 긍정적 연상(연관)으로 바꾸는 것을 고전적 역조건형성인 것이다. 두려움과 공포와 같은 바람직하지 않은 현상을 교정하는 데 효과적이다. 타인에 대한 회피, 경계심, 특정한 장소에 대한 위축 등 정서적인 문제를 완화하거나 제거하는 데 활용할 수 있다.

표 1-16. 강화계획(스케줄, schedule)

연속적 강화		학습 초기에는 정기적으로 강화물을 제공한다.
간헐적 강화	고정간격계획	일정한 시간 간격을 두고 강화물을 제공하는 방법으로 시간마다 규칙적으로 강화물을 제공한다. 예를 들어 주급, 월급, 중간고사, 기말고사 등이 있다.
	변동간격계획	다양한 시간 간격을 두고 강화물을 제공하는 방법으로 불규칙적으로 강화물을 제공한다. 예를 들어 쪽지 시험이나 낚시를 해서 물고기를 잡는 것 등이 있다.
	고정비율계획	정해진 횟수만큼 행동할 때 강화물을 제공하는 방법으로 일정한 횟수마다 규칙적으로 강화물을 제공한다. 예를 들어 카페에 오는 손님을 늘리기 위해 쿠폰을 이용해 10번을 찾아오는 손님에게 무료로 커피를 제공하거나 회사에서 직원에게 성과급으로 상여를 주는 제도가 있다.
	변동비율계획	비율이 일정하지 않아도 강화물을 제공하는 방법으로 불규칙적으로 강화물을 제공한다. 예를 들어 많은 사람이 카지노에서 도박을 하는 이유는 언제 큰돈을 벌지 모르기 때문이다.

(3) 문제행동 교정의 예

원인	행동 표현	행동 교정
관심 요구	• 낑낑거린다. 빙빙 돈다. • 보호자를 향해 짖는다. • 등을 대고 눕는다.	• 관심 요구 요인을 제거한다. • 다른 관심거리를 제공한다.
강화물 집착	• 과도하게 흥분한다. • 장난감 등을 얻으려고 점프한다. • 강화물을 가지려고 연속적으로 시도한다.	• 대체 행동을 하도록 한다. • 바람직한 행동에 보상을 한다. • 새로운 보상을 추가한다.
요구 거부	• 눈을 피하고 다른 곳을 본다. • 주의를 집중하지 못한다. • 보호자의 명령에 반응이 없다.	• 집중할 수 있는 강화물을 이용한다. • 잘못된 행동에 처벌을 한다.
감각 자극	• 다른 개들의 냄새를 맡는다. • 사람이 걸어간 곳의 냄새를 맡는다. • 움직이는 물체를 주시한다.	• 자극을 제거한다. • 집중할 수 있는 강화물을 이용해 훈련한다. • 자극에 대해 둔감화를 실시한다.

PART 1

반려동물 행동학

예 상 문 제

01 다음 문장을 설명하는 것으로 옳은 것은?

> 현대의 동물행동학의 중요한 기본적 개념 중 하나가 적응도(Fitness)이다. 어느 동물이 낳은 새끼의 수와 그 새끼들이 번식연령에 도달하기까지의 생존율의 곱으로 나타낸다.

① 생애번식성공도　　② 행동성공도
③ 생활환경도달도　　④ 행동발달도

02 다음 중 행동의 동기부여로 옳지 않은 것은?

① 호메오스타시스성(homeostasis) 동기부여
② 내발적 동기부여
③ 정동적 동기부여
④ 폭력적 동기부여

03 반려견이 문제행동 표현을 '빙빙 돌고, 보호자를 향해 짖고, 낑낑거리는 경우' 행동교정 방법으로 옳은 것은?

① 다른 관심거리를 제공한다.　　② 강화물의 효력을 점검한다.
③ 강화물을 제공한다.　　④ 켄넬교육을 실시하여 들어가도록 한다.

04 다음의 설명에 해당하는 문제행동 교정 방법으로 옳은 것은?

> 특정 자극에 대하여 노출을 시켜 반응도를 낮추는 과정

① 조작적 조건화　　② 고전적 조건화
③ 둔감화　　④ 역조건화

05 **다음 중 반려견의 스트레스에 대한 행동 반응으로 옳지 <u>않은</u> 것은?**

① 귀가 앞을 향해 서 있다.
② 몸을 긁는다.
③ 혀로 자신의 입술을 핥는다.
④ 하품을 한다.

06 **다음의 설명에 해당하는 반려견의 행동 분류로 옳은 것은?**

기능이나 목표를 파악하기 어려운 행동으로 동물체가 스스로 상황을 개선하기 어려운 상태에서 발생된다. 갈등행동과 이상행동으로 분류한다.

① 정상행동　　② 정형행동
③ 문제행동　　④ 실의행동

07 **다음 중 '통제관찰'에 대한 설명으로 옳지 <u>않은</u> 것은?**

① 관찰할 때 행동단위 전체를 파악할 수 있다.
② 의도한 환경 설정이므로 관찰 결과가 실제 환경의 행동과 차이가 있을 수 있다.
③ 관찰조건을 관찰자의 의도에 따라 조절할 수 있어 특정 문제행동을 파악하는데 적절하다.
④ 관찰환경을 계획적으로 설정한 상태에서 특정 행동을 관찰하는 방법이다.

08 **다음 중 '부적약화' 방법으로 교정하는 예로 옳은 것은?**

① 사람이 오면 현관으로 뛰어나가면서 짖으려는 반려견에게 '하우스'를 명령한다.
② 보호자가 던져준 인형을 다리 사이에 두고 으르렁거리면 인형을 다시 회수한다. 으르렁거리지 않을 때 인형을 준다.
③ 산책을 나가면 목줄을 당기면서 앞으로 나가는 경우 보호자가 반대방향으로 바꾼다.
④ 사소한 자극에도 짖는 경우 '짖어' 명령어를 먼저 가르친 후 '짖지 마' 명령어를 가르친다.

09 **다음 중 '긍정강화'에 대한 설명으로 옳지 않은 것은?**

① 행동 강화 유인물을 사용하여 반려견이 원하는 행동을 증가시키는 방법이다.
② 반려견이 좋아하는 것을 행동의 강화 도구로 제공하는 방법이다.
③ 개선 행동의 발생 빈도와 정확도를 증가시키는 대표적인 방법이다.
④ 적합한 강화 물품 선택과 개선 행동에 대한 보상은 일정 시간 후에 주어야 효과적이다.

10 **개의 행동발달 과정 중 약령기에 대한 설명으로 옳지 않은 것은?**

① 이 시기의 놀이는 강아지의 정상적인 행동발달에 중요한 역할을 한다.
② 무리 내에서의 서열의 유지와 침입자를 격퇴하기 위한 투쟁기술을 연습해 간다.
③ 사회화를 지속적으로 하지 않더라도 사회화된 대상에 대해 공포심이 없다.
④ 사회적 상호관계에서 룰을 배우게 된다.

11 **개의 발달행동적 문제행동으로 옳지 않은 것은?**

① 공격행동　　② 분리불안
③ 꼬리 흔들기　　④ 공포증

12 **개의 성행동에 대한 설명으로 옳지 않은 것은?**

① 교배에 적합한 나이는 2~6세 정도가 적령기이며 8세 이상이 되면 노령견으로 새끼 분만에 부적절하다.
② 암컷의 발정주기는 크게 무발정기, 발정전기, 발정기, 발정휴지기(발정사이기)의 순으로 네 단계로 나눌 수 있다.
③ 첫 발정의 경우에는 신체적 성숙도와 난소의 성숙도 등이 미숙할 수 있으므로 교배하는 것은 부적절하다.
④ 암컷의 생리주기가 완전해진 후 두 번째나 세 번째 발정 시 교배를 하는 것이 임신가능성을 높이고 어미와 새끼의 건강유지에 좋다.

13 **다음의 설명에 해당하는 반려견의 행동으로 옳은 것은?**

( )는(은) 동물이 오줌, 분변, 피지선의 분비물 냄새로 다른 개체와 소통하는 행동으로 세력권, 경고, 무리 보호 등을 목적으로 한다.

① 공격행동 ② 마킹 행동
③ 배설행동 ④ 그루밍 행동

14 **다음 설명으로 옳은 것은?**

• 동물이 자신이나 다른 동물의 털과 피부 등을 다듬는 행동이다. • 피부에 먼지나 기생충을 제거하는 역할을 한다.

① 섭식행동 ② 그루밍 행동
③ 공격행동 ④ 모성행동

15 **다음 설명으로 옳은 것은?**

• 전조가 없기 때문에 예측할 수 없어 대형견의 경우 매우 심각한 문제이다. • 원인이나 이유 없이 갑자기 심한 공격행동을 보이는 경우이다.

① 영역적 공격행동 ② 모성행동에 의한 공격행동
③ 포식성 공격행동 ④ 특발성 공격행동(병적인 공격행동)

16 **개의 발달행동 과정 중 눈을 뜨는 시기로 옳은 것은?**

① 생후 1일 ② 생후 14일 전후
③ 생후 20일 전후 ④ 생후 28일 전후

17 **개의 발달행동 과정 중 물체의 형태를 구분할 수 있는 시기는?**

① 생후 1일 ② 생후 14일 전후
③ 생후 20일 전후 ④ 생후 28일 전후

18 **개의 발달행동 과정 중 귀가 열리고 청각이 발달하는 시기는?**

① 생후 1일 ② 생후 14일 전후
③ 생후 20일 전후 ④ 생후 28일 전후

19 **개의 감각기관 중 후각에 대한 설명으로 옳지 않은 것은?**

① 개의 후각은 세상을 연결해주는 중요한 감각기관이다.

② 개의 후각 세포는 평균적으로 인간의 40배이고, 후각능력은 매우 뛰어나다.

③ 신생아기에 눈을 뜨지 못해 아무것도 볼 수 없는데도 어미의 젖을 찾는 것은 후각능력 때문이다.

④ 후각능력은 강아지가 생후 13일 전후에 발달하기 시작한다.

20 **강아지 스트레스에 대한 설명으로 옳지 않은 것은?**

① 강아지는 체온이 떨어지면 스트레스를 받는데 이것을 체온저하 스트레스라 한다.

② 하루에 1~2회 정도 쓰다듬어 주는 것을 터치 스트레스라 한다.

③ 강아지를 높이 들어 올려 스트레스를 준다. 낑낑거리고 저항하면 내려주어 쓰다듬어 주며 칭찬한다.

④ 스트레스를 차단하여 면역기능을 유지해준다.

21 **다음 설명으로 옳은 것은?**

시각장애인안내견은 전문 핸들러에게 훈련받기 전에 받는 훈련 프로그램으로 정상적인 가정에 보내 가족 구성원으로 인간과 함께 살면서 다양한 환경에 대해 긍정적인 감정을 가지도록 하는 데 목적이 있다.

① 스트레스 훈련 ② 퍼피워커

③ 기본예절훈련 ④ 자발적 훈련

22 **다음 설명으로 옳은 것은?**

특정한 종류의 자극이나 사건에 의해서 유발되는 것으로 자기방어, 공격, 도망, 운동 등을 의미한다.

① 반사 ② 본능

③ 학습 ④ 유전적 행동

23 다음 설명으로 옳은 것은?

> 비특정적이고 관찰하기 어려워 눈으로 확인하기 어렵다. 성적 행동, 식량축적, 외형 등과 같은 특성 또는 행동이 해당된다.

① 반사　　② 본능
③ 학습　　④ 유전적 특성

24 다음 설명으로 옳은 것은?

> 반려견 행동 교육의 가장 기본적인 학습방법으로 낮은 수준의 자극에서 시작해 점차 자극의 강도를 증가시켜 초기 적응으로 불안한 자극을 긍정적으로 습관화시키는 학습방법이다.

① 사회화　　② 고전적 조건화
③ 조작적 조건화　　④ 탈감각화

25 다음 설명으로 옳은 것은?

> 종이나 성별, 가족과 무리, 특정 개체의 정체성에 관련된 매우 많은 정보를 정확하게 전달할 수 있다.

① 시각을 통한 커뮤니케이션　　② 청각을 통한 커뮤니케이션
③ 후각을 통한 커뮤니케이션　　④ 촉각을 통한 커뮤니케이션

26 다음 설명으로 옳은 것은?

> 반려견이 스트레스를 유발하는 환경에서 자신과 상대방을 진정시키기 위해 사용하는 신호로 노르웨이 반려견 훈련사 투리드 루가스가 반려견 교육을 하면서 얻은 경험을 분석하여 사용하기 시작하였다.

① 카밍시그널　　② 보디랭귀지
③ 충돌방지 신호　　④ 반려견 언어

27 카밍시그널의 기능에 대한 설명으로 옳지 <u>않은</u> 것은?

① 긴장완화 기능　　② 진정신호 기능
③ 공격차단 기능　　④ 성적인 표현기능

28 다음 설명으로 옳은 것은?

원하는 반응패턴을 제대로 수행하도록 적절한 타이밍에 강화물을 주어 반려견에게 본래의 행동 양식에 없는 복잡한 반응을 서서히 훈련시키는 방법이다.

① 용암법
② 반응형성(점진적 조건화)
③ 캡처링
④ 루어링

29 다음 설명으로 옳은 것은?

지금까지 강화되어 온 반응이 갑자기 강화되지 않게 되었을 때 한동안 그 반응이 더 빈번하게 보이는 것을 말한다.

① 소거
② 자극일반화
③ 소거버스트
④ 처벌

30 다음 중 문제행동에 대한 설명으로 옳지 <u>않은</u> 것은?

① 보호자에 의해 문제라고 인식되는 경우
② 동물이 본래 가지고 있는 행동 양식인 경우
③ 동물이 본래 가지고 있는 행동 양식의 범주에서 그 많고 적음이 정상을 일탈하는 경우
④ 인간사회와 협조되지 않는 경우

31 다음 설명으로 옳은 것은?

• 발가락을 지속적으로 핥는다. • 옆구리를 지속적으로 긁는다. • 자신의 꼬리를 쫓으며 빙글빙글 돈다. • 바닥을 긁는다. • 움직이지 않는다.

① 공포
② 인식장애
③ 스트레스
④ 강박증

32 다음 설명으로 옳은 것은?

> • 식욕이 떨어진다.
> • 탈모 현상이 나타난다.
> • 물을 과도하게 마신다.
> • 발작을 일으킨다.

① 공포 ② 인식장애
③ 스트레스 ④ 강박증

33 다음 설명으로 옳은 것은?

> 반려견의 행동에 대해 신경계나 호르몬의 기능을 배제하고 생각하는 것이 불가능하므로 유전, 신경계, 내분비계 등 신체 내부적 배경을 중점적으로 파악하는 방법이다.

① 생물학적 방법 ② 분석주의적 방법
③ 인지주의적 방법 ④ 행동주의적 방법

34 다음 설명으로 옳은 것은?

> 반려견의 행동을 결과 위주로 바라보고, 객관적으로 관찰할 수 있는 행동을 중시하며, 유전, 내분비, 동기, 학습 과정과 같은 내적인 요인보다 표현된 행동에 주안점을 두는 분석방법이다.

① 생물학적 방법 ② 분석주의적 방법
③ 인지주의적 방법 ④ 행동주의적 방법

35 다음 중 반려견의 생활환경 분석에 대한 설명으로 옳지 <u>않은</u> 것은?

① 공간 ② 먹이
③ 소음 ④ 기온

36 반려견의 감각 및 신경계 문제로 인한 문제행동 중에서 '강박증'으로 인한 행동 표현으로 옳지 <u>않은</u> 것은?

① 발가락을 지속적으로 핥는다. ② 빙글빙글 돈다.
③ 물을 과도하게 마신다. ④ 제자리에서 높이뛰기를 반복한다.

37 다음은 배설 문제행동에 대한 설명으로 행동 원인으로 옳은 것은?

- 보호자 없는 곳에 배설한다.
- 사용하지 않는 곳에서 숨어서 배설한다.
- 주로 야간에 배설한다.
- 보호자가 없을 때 부적절한 장소에서 불규칙한 시간에 배설한다.

① 배설 환경 ② 복종성향
③ 분리불안 ④ 처벌 결과

38 다음 중 반려견의 문제행동 원인을 파악하기 위해 수집하는 기본 정보로 옳지 않은 것은?

① 분양시기 ② 반려견의 연령
③ 견종 ④ 반려동물의 등록

39 다음 중 반려견의 문제행동 발생의 1차 요인으로 옳은 것은?

(a) 신체적 특성	(b) 생활환경	(c) 유전적 기질
(d) 보호자	(e) 부적절한 경험	(f) 사회화 부족

① (a), (b) ② (c), (d)
③ (a), (c) ④ (e), (f)

40 다음의 설명에 해당하는 행동교정 방법으로 옳은 것은?

- 빙빙 돈다.
- 등을 대고 눕는다.
- 보호자를 향해 짖는다.

① 관심유발요인을 제거한다.
② 대체 행동을 강화한다.
③ 난이도를 점진적으로 증가시킨다.
④ 보호자에게 집중하도록 강화한다.

41 **반려견의 행동 발달과 문제행동과의 관계에서 고체음식 섭식이 가능하고 동배 형제들과 놀이를 시작하는 시기(~ 8주령)의 행동 미발달 시 발생하는 문제행동으로 옳은 것은?**

① 부적절한 배설
② 흥분 억제력 부족
③ 분리불안
④ 새로운 것에 대한 두려움

42 **처벌을 사용할 경우 고려해야 할 요소로 옳지 <u>않은</u> 것은?**

① 적절한 타이밍
② 적절한 도구
③ 적절한 강도
④ 감정 조절 및 절제

43 **다음 중 동물행동학 분류와 연구분야에 대한 설명으로 옳지 <u>않은</u> 것은?**

① 동물행동의 지근요인 – 동물행동의 메커니즘을 연구하는 분야
② 동물행동의 궁극요인 – 동물의 물리적인 의미를 연구하는 분야
③ 동물행동의 발달 – 동물행동의 개체발달(발생)을 연구하는 분야
④ 동물행동의 진화 – 동물행동의 계통발생(진화)을 연구하는 분야

44 **다음 중 반려견의 행동발달 단계에서 이행기에 대한 설명으로 옳지 <u>않은</u> 것은?**

① 꼬리를 흔들고 으르렁거리는 행동 등 사회적 행동이 나타난다.
② 후각적인 능력이 미약해 호기심을 보이지 않는다.
③ 이행기는 과도기라고도 하며, 2~3주의 짧은 시기이다.
④ 듣고, 보고, 느끼는 등의 기본적 감각기능을 갖추게 된다.

45 **다음 중 카밍시그널의 기능에 대한 설명으로 옳지 <u>않은</u> 것은?**

① 긴장완화 기능 – 반려견 스스로가 긴장을 이완시키는 것이다.
② 의사전달 기능 – 다른 개체와 서로 간 의사소통을 하는 것이다.
③ 평화유지 기능 – 주위 반려견들과 평화를 유지할 때 이용한다.
④ 분쟁회피 기능 – 반려견이 적의가 없음을 알리고 상대를 진정시키는 것이다.

46 다음 설명으로 옳은 것은?

동일한 종이라도 각 개체마다 처한 환경이 특성에 의해 각기 다른 행동을 보일 수 있다.

① 감각
② 학습
③ 유전
④ 포괄적응도

47 다음 설명으로 옳은 것은?

반려견에게 가벼운 스트레스를 주면서 성장하면서 겪게 되는 고통과 공포를 훈련하는 시기이다.

① 신생아기
② 이행기
③ 사회화기
④ 청소년기

정답

01	02	03	04	05	06	07	08	09	10
①	④	①	③	①	④	①	②	④	③
11	12	13	14	15	16	17	18	19	20
③	②	②	②	④	②	④	③	④	④
21	22	23	24	25	26	27	28	29	30
②	②	④	④	③	①	④	②	③	②
31	32	33	34	35	36	37	38	39	40
④	③	①	④	②	③	④	①	③	①
41	42	43	44	45	46	47			
②	②	②	②	④	②	②			

Part
2

반려동물 관리학

Chapter 01

반려동물의 복지

1. 반려동물의 의미

구분	의미
애완동물 (pet)	일반적으로 좋아해서 가까이 두고 귀여워하며 기르는 동물. 장난감이라는 의미를 포함. 물건의 의미를 가진다.
반려동물 (companion animal)	사람과 더불어 살아가며 사랑을 주고받는 가족이나 동료, 친구라는 의미이다.
동물복지	인간이 동물에 미치는 고통이나 스트레스 등의 고통을 최소화하며, 동물의 심리적 행복을 실현하는 것을 의미한다.

* 1983년 10월 27~28일 오스트리아 빈, '인간과 애완동물의 관계' 국제 심포지엄에서 오스트리아 과학아카데미는 애완동물에 대한 종래의 가치성을 재인식하여 반려동물로 부르도록 제안 (콘레드 로렌츠 80세 탄생일을 기념하기 위한 심포지엄 개최)

2. 반려동물의 보호 및 관리의 필요성

① 반려동물을 기르는 것이 일상화되고 반려동물에 대한 긍정적 인식 확산

② 반려동물 복지 문제에 대한 해결방안으로 동물보호법 제정 (1991년)

③ 반려동물에 대한 인식부족과 보호조치 미흡으로 반려견과 사람에게 부정적 영향을 끼침

예를 들어 유기동물 및 동물학대 등 생명과 안전을 위협당하거나 반려동물의 관리 소홀로 인해 사람들이 불편을 겪는 사례가 증가하고 있다.

④ 애니멀 호더(animal hoarder)나 학대받는 종견과 같이 동물복지의 사각지대가 발생한다.

*** 애니멀 호더**
키울 능력을 넘어서 과도하게 많은 동물을 키우면서 사육자로서의 의무와 책임을 다하지 못하는 사람을 일컫는다. 동물을 수집하는 행위로 동물 학대의 한 유형으로 분류

*** 학대받는 종견(번식기계)**
씨받이견, 강아지 공장, 금전적 이윤 극대화를 위해 암컷 개들로 하여금 반복적으로 새끼를 가지도록 하는 것을 뜻한다. 비위생적 환경(뜬 장에서 생활), 사회화 부족, 산책과 운동 부족 등과 동물복지가 이루어지지 않고 있는 상태에 노출

3. 동물복지와 동물권의 정의

(1) 동물권

① 동물의 권익을 지칭하며, 고통을 피할 수 있는 권리 역시 동물권에 해당하며, 인간권에 대한 인식을 바탕으로 그 권리 개념을 동물에 확대시킨 것

② 돈의 가치, 음식, 옷의 재료, 실험 도구, 오락 수단으로써 쓰여서는 안 되며, 동시에 인간처럼 지구상에 존재하는 하나의 개체로서 받아들여야 한다는 것

*** 동물권자의 주장**
동물을 인간을 위한 어떠한 용도로 사용해서는 안 된다고 믿음, 또는 인간의 관점에서 귀엽거나 밉거나 또는 인간에게 어떠한 이용가치가 있거나 없거나 또는 동물이 멸종위기에 처하였거나 아니거나 동물에 대한 인도적인 처우가 이루어지거나 없거나에 상관없이 동물에게 권리가 있다고 주장

(2) 동물복지

① 동물복지의 목적

인간의 행복과 즐거움을 위해 동물을 학대하는 것을 금지하고, 동물이 인간을 위한 도구라기보다는 동물과 인간 사이의 건전하고 바람직한 관계를 설정하는 데 목적. 즉 불필요한 스트레스를 주지 않고, 영양과 휴식을 충분히 제공, 위생이나 질병 예방, 치료에도 적절한 조치를 취해야 하는 것이 동물복지

② 동물복지론자 입장

- 동물은 물과 음식을 제공 받아야 하며, 적절한 은신처를 갖고 있어야 한다.
- 불필요한 학대와 고통으로부터 보호받아야 한다.
- 인간이 가지고 있는 사고와 생산능력 덕에 혹은 종교적으로 밀접한 관계로 인간은 동물보다 높은 가치를 가지며 따라서 더 많은 권리를 가질 수 있다는 것
- 동물보호와 동물에 대한 도덕적 책임감을 느끼지만, 동물들이 전통적으로 인간에게 보장된 것과 같은 권리를 가지지 않는다.

더 알아보기

▣ **동물복지의 5대 자유**

1979년 영국정부, 농장동물복지이사회(FAWC)에서 제시

① 배고픔/갈증으로부터의 자유
② 불편함으로부터의 자유
③ 고통/상처로부터 자유
④ 정상적인 활동을 할 자유
⑤ 공포와 스트레스로부터의 자유

4. 개별법상 동물의 범위

• 동물보호법상 반려동물의 범위: 개, 고양이, 햄스터, 패럿, 토끼, 기니피그 총 6종이다.
• 개별법상 동물의 범위에서 개와 고양이는 공통적으로 들어가는 동물이다.

표 2-1. 개별법상 동물의 범위

법	내용
동물보호법	• 포유류, 조류: 개, 고양이, 소, 말, 돼지, 토끼, 닭, 오리, 산양, 면양, 사슴, 밍크, 햄스터 등이며, 식육 목적 제외(동물보호법 제2조제1호 및 동물보호법 시행령 제2조제1호 · 2호) • 파충류 · 양서류 · 어류 중 농림축산식품부가 관계 중앙행정기관과 협의를 거쳐 정하는 동물: 현재 정해진 것 없음(동물보호법 제2조제1호 및 동물보호법 시행령 제2조제3호)
가축전염병 예방법	개, 고양이, 소, 말, 당나귀, 노새, 면양, 염소 등(유산양을 포함), 칠면조, 오리, 거위, 돼지, 닭, 꿀벌, 사슴, 토끼, 타조, 그 밖에 사육하는 동물 중 가축전염병이 발생하거나 퍼지는 것을 막기 위해 필요하다고 인정해서 농림축산식품부 장관이 정해서 고시하는 동물: 현재 고시된 것 없음(가축전염병예방법 제2조제1호 및 가축전염병예방법 시행령 제2조)
수의사법	소, 말, 돼지, 양, 개, 토끼, 고양이, 조류, 꿀벌, 수생동물, 노새, 당나귀, 친칠라, 밍크, 사슴, 메추리, 꿩, 비둘기, 시험용 동물, 그 밖의 앞에서 규정하지 않은 동물로서 포유류, 조류, 파충류 및 양서류(수의사법 제2조제2호 및 수의사법 시행령 제2조)
소비자 분쟁해결기준	개, 고양이(소비자분쟁해결기준, 공정거래위원회고시 제2019-3호, 2019.4.3. 발령 · 시행, 별표2 제29호)

Chapter 02

영양관리

1. 반려동물의 의미

(1) 영양과 영양소

① 영양: 동물체가 생명을 유지하고 생산 활동을 해 나가기 위하여 외부로부터 물질을 섭취, 이용하고 그 후 생성되는 노폐물을 체외로 배설하기까지의 일련의 작용, 즉 음식물의 섭취, 소화, 흡수 및 체내에서 일어나는 대사작용을 의미한다.

② 영양소: 생명을 유지하고 성장, 번식 등의 생활을 유지하기 위해 체외로부터 섭취하는 물질을 말한다.

더 알아보기

▣ 6대 영양소

단백질, 탄수화물, 지방, 비타민, 미네랄, 물

▶ 영양소의 역할

① 신체구성 물질의 공급: 근육, 골격, 기관, 혈액(탄수화물, 단백질, 지방, 비타민, 미네랄, 물)

② 에너지 공급: 근육 수축, 신경작용, 심장박동, 호흡, 체온유지(탄수화물, 단백질, 지방)

③ 생리기능 조절: 체내 대사과정, 혈액 응고, 산성과 염기성 평형 유지, 신체 조절 기능의 보조(단백질, 비타민, 미네랄, 물)

③ 대사작용: 동물체가 섭취한 영양소가 생체를 통과하면서 겪게 되는 변화의 총계를 대사작용(metabolism)이라 한다. 대사에 있어서 세포 조직에 필요한 물질 합성과정을 합성작용 또는 동화작용(anabolism)이라 하며, 세포가 필요로 하는 물질을 얻기 위하여 고분자 유기물을 저분자 유기물로 변화시키는 과정을 이화작용(catabolism, dissimilation)이라고 한다.

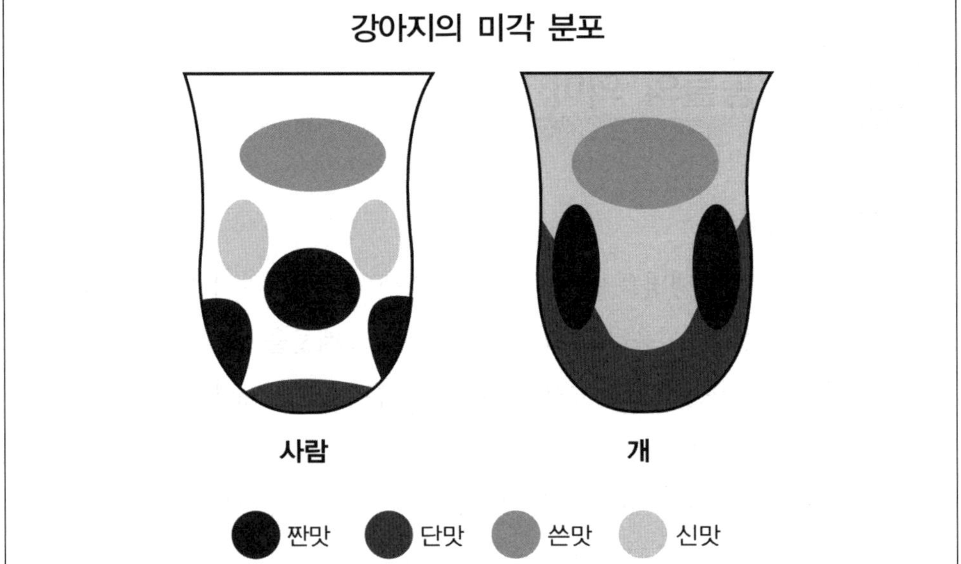

[그림 2-1] 반려견의 미각

(2) 영양소의 종류

(유기 영양소: 단백질, 지방, 탄수화물, 물 // 무기영양소: 비타민, 미네랄)
유기물질은 탄소(C), 수소(H), 산소(O)로 이루어진 물질

<table>
<tr><th>영양소</th><th colspan="2">기능</th></tr>
<tr><td rowspan="4">단백질</td><td colspan="2">• 1g당 4kcal 에너지 공급
• 고분자 유기물로 근육조직 내에 가장 많이 함유(탄소, 산소, 질소, 수소) 구성
• 체내에서 가수분해되어 최종으로 아미노산으로 됨
• 가장 우선시되는 구성성분
근육, 뼈, 털 등과 같은 구조물을 조직 · 생성하는 기능과 효소, 항체, 호르몬, 면역계통 등 유전 및 생명현상 유지에 관여하는 기본물질로서의 기능
• 동물성 단백질은 가장 이상적인 아미노산 조성을 가짐</td></tr>
<tr><td>필수 아미노산</td><td>체내에서 자체적으로 합성될 수 없거나 합성되더라도 충족시킬 만큼 합성되지 않는 아미노산 음식을 통해 공급
– phenylalanine(페닐알라닌), valine(발린), methionine(메티오닌), arginine(아르지닌), threonine(트레오닌), tryptophan(트립토판), histidine(히스티딘), isoleucine(아이소류신), leucine(루신), lysine(라이신)</td></tr>
<tr><td>비필수 아미노산</td><td>체내에서 충분히 합성될 수 있어서 흡수되지 않더라도 유지나 성장에 장애가 되지 않는 아미노산</td></tr>
<tr><td colspan="2">* 고양이에게만 추가되는 필수아미노산: 타우린 (심장, 신장, 신경 전달체계 중요 역할)</td></tr>
<tr><td>지방</td><td colspan="2">• 1g당 9kcal 에너지 공급
• 일차적인 공급 목적은 활동에 필요한 에너지를 얻는 것, 필수 지방산 제공
• 활동을 많이 하는 개일수록 더 많은 지방을 필요로 함
• 체구성 요소로서 체지방 조직의 구성성분, 뇌, 신경계통, 간 등에 존재
• 생체기관의 보호 및 체온조절
• 비타민 A · D · E와 같은 지용성 비타민의 흡수 이용
• 일반적으로 반려견은 지방이 많은 음식을 선호함. 따라서 비만 주의
• 성견 기준으로 체중 1kg당 1.0~1.5g, 자견은 2.7g 정도가 필요함</td></tr>
<tr><td>탄수화물</td><td colspan="2">• 1g당 4kcal 에너지 공급
• 지방처럼 에너지 공급원
• 단백질 절약작용, 지방대사의 조절
• 체내에서 최종적으로 분해, 흡수되면서 혈당은 글리코겐이 되어 혈류를 따라 전신에 공급
• 사용하고 남은 글리코겐은 지방이 되어 체조직에 축적, 비만의 원인
• 단당류(포도당, 과당, 유당(갈락토스)), 이당류(자당, 엿당, 젖당), 다당류(전분, 글리코겐, 셀룰로스)</td></tr>
<tr><td>비타민</td><td colspan="2">• 신진대사와 체조직의 기능 수행에 촉매 역할
• 대부분의 비타민은 신체에서 합성될 수 없으므로 음식물을 통해 섭취해야 함
• 소량으로 중요한 기능. 과잉 섭취 시 중독 현상 발생
– 비타민 A 과잉: 뼈와 관절 통증, 부러지기 쉬운 뼈, 건조한 피부 유발
– 비타민 D 과잉: 골밀도가 높은 뼈, 부드러운 세포 석회화 유발
• 수용성 비타민(B, B_5, B_7, B_{12}, C), 지용성 비타민(A, D, E, K), 비타민 A(시력유지 도움), D(칼슘 흡수 도움), E(근육 유지), K(혈액 응고)</td></tr>
</table>

<table>
<tr><th>영양소</th><th>기능</th></tr>
<tr><td>미네랄</td><td>• 에너지 공급원이 아닌 무기화합물
• 체내에서 합성될 수 없어 음식을 통해 공급하여야 함
• 보통 뼈와 치아 구성요소로 중심 역할
• 체액 균형과 많은 대사반응에 관여하는 영양소로 매우 중요한 역할
• 골격구조 형성, 산-염기 평형 조절, 삼투압 조절, 세포막의 투과성 조절 등
• 호르몬, 효소, 효소활성체의 구성 성분
<table>
<tr><th>종류</th><th>기능</th></tr>
<tr><td>칼슘(Ca),
인(P)</td><td>• 뼈와 치아의 주된 구성 성분
• 체내 칼슘의 99% 뼈에 저장</td></tr>
<tr><td>칼륨(K)</td><td>• 신경 전달, 근육 기능 및 체액 균형을 위해 필수적
부족 시 근육질환, 성장 문제, 심장과 신장 장애 유발</td></tr>
<tr><td>마그네슘(Mg)</td><td>• 골격대사에 중요한 기능, 칼슘과 상반된 작용
마그네슘은 근육을 이완, 신경 안정 효과</td></tr>
<tr><td>나트륨(Na)</td><td>• 세포 내 사이에 수분의 균형 유지</td></tr>
</table></td></tr>
<tr><td>물
(수분)</td><td>• 생명유지에 가장 중요한 영양소
• 체중의 60~70% 차지, 10% 상실 시 심각 상황, 15% 상실 시 사망에 이름
• 소변 40~50%, 피부를 통해 15~30%, 호흡 10~20%, 대변 5~10% 배출
• 체액 조성 및 조직, 기관, 관절부에 윤활유 역할
• 영양소의 소화흡수
• 체온 조절 역할
• 영양소의 대사반응. 여러 영양소를 용해시키고 세포 내에서 여러 가지 화학작용 촉진</td></tr>
</table>

(3) 연령에 따른 영양관리

① 성장에 따른 일일대사량

기초대사량 (RER, Resting Energy Requirement)	생명유지를 위해 필요한 최소한의 에너지양, 호흡, 체온, 심장박동 등 신체의 정상 상태 유지를 위해 사용. 아무 활동을 하지 않고, 가만히 있거나 휴식상태일 때 소모되는 에너지로 봄
일일대사량 (DER, Dairy Energy Requirement)	기초대사량을 포함하여 정상적인 활동을 위해 하루에 요구되는 에너지

• 일일대사량 계산방법

▸ 기초대사량(RER) 계산법: 체중(kg) × 30 + 70

▸ 일일대사량(DER) 계산법: RER × 계수

• **생애주기 및 체중에 따른 개의 계수**

구분	개의 계수(factor)
~4개월	3
5~12개월	2
비중성화	1.8
중성화	1.6
과체중	1.4
비중성화 노령견	1.4
중성화 노령견	1.2
비만견	1

예시 1) 3개월 된 몸무게 9kg의 골든리트리버의 일일대사량을 구하세요.
- 기초대사량: 9 × 30 + 70 = 340kcal
- 일일대사량: 340 × 3 = 1020kcal

예시 2) 중성화된 11살 몸무게 8kg 푸들의 일일대사량을 구하세요.
- 기초대사량: 8 × 30 + 70 = 310kcal
- 일일대사량: 310 × 1.2 = 372kcal

② 생애주기별 영양관리

구분	내용
성장기	• 성견보다는 더 많은 영양소 필요 • 어릴수록 급여 간격이 짧으며 점차 늘려나감 • 대략 4개월령까지는 하루 최소 4번 이상 급여하는 것이 바람직함
성견	• 자견 사료 급여 시 비만이 오므로 성견 사료로 교체해 주어야 함 • 성견이 되면서 하루 2회 정해진 시간에 급여 • 자율급여의 경우 사료에 대한 흥미를 잃게 될 수 있고, 실제 섭취량을 확인하기 어렵기 때문에 식이조절이 필요한 경우 문제가 될 수 있음
노령견	• 활동성과 신체능력이 떨어지므로 성견에 비해 급여는 적게 함 • 소화능력이 약해지므로 작은 양이더라도 소화와 흡수가 잘 되는 음식 급여 • 단백질: 필수아미노산이 함유된 음식으로 식사량의 18~20% 함유 • 지방: 오메가와 같은 비장산은 신체의 염증과 산화를 감소, 피모 건강 유지 • 무기질: 면역력 향상과 피모 유지에 도움 • 식이섬유: 배변을 원활하게 함. 콜레스테롤과 함께 배출되므로 심혈관질환과 담낭결석 등의 문제 예방 효과

③ 건강상태별 영양관리

구분	내용
임신수유견	• 임신한 모견은 태아의 성장에 많은 에너지와 영양 필요 • 단백질, 칼슘, 인의 요구량이 크게 증가 • 태아가 성장하면서 포도당 공급을 위해 탄수화물의 요구량도 증가 • 전체 필요 열량 중에서 최소 20%는 탄수화물을 통해 공급받도록 함 • 출산 후 모견은 고열량, 고단백질 식단을 급여 • 출산 후 모견에게 강아지용 사료를 급여하는 것도 방법 • 모유를 통해 손실된 수분을 충분히 보충하도록 신선한 물 준비
환견 (당뇨병)	• 가장 주의해야 할 영양소는 탄수화물. 소화가 되면서 포도당으로 분해되면서 혈당이 올라갈 수 있음 • 반려견은 지방, 단백질로부터 포도당을 만들어 낼 수 있어 탄수화물의 비중은 인간에 비해 낮은 수준임

(4) 소화기관: 소화 및 흡수를 담당하는 기관

• 신체의 구성단계 – 세포(몸체를 이루는 기본 단위) – 조직 – 기관 – 기관계(계통) – 개체
• 소화기관의 소화 작용
  ▸ 기계적 소화: 저작과 소화관의 근육수축 운동
  ▸ 화학적 소화: 체내에서 분비되는 효소들에 의한 소화
  ▸ 분비적 소화: 소화호르몬에 의해 이루어지는 소화

① 입(Mouth): 이빨은 주로 먹이를 찢을 수 있도록 예리하고 튼튼하게 형성되어 있다. 음식물을 약간 씹거나 전혀 씹지 않고 삼키는 경우가 많다. 반려동물의 입 속에서 분비되는 타액은 소화효소가 사람과 비교해 적게 포함되어 있다.

② 식도: 구강과 위를 연결하는 관이다. 점막, 점막하층, 근층 및 외막의 4층으로 구성되어 횡문근이다. 개의 경우 초당 2~5cm 속도로 이동하고 섭취한 음식물이 식도를 통과하는데 4~5초 정도이다.

③ 위: 전체 소화관 용적의 약 60%를 차지하고 있어서 다량의 음식물을 저장할 수 있다.

④ 소장: 위에서 부분적으로 소화된 음식물은 소장에서 더 분해된다.

더 알아보기

▣ **소장의 주요 기능**

- 소화액의 분비
- 비타민과 미네랄의 흡수
- 액체와 전해질의 분비 및 흡수
- 분절(혼합)운동 및 연동운동(내용물을 항문 쪽으로 보내는 것)

⑤ 대장: 소장을 떠난 유미즙은 소장의 끝부분에 있는 막과 같은 근육부를 통해 대장으로 이동한다.

더 알아보기

▣ **대장의 주요 기능**

- 수분 흡수
- 단백질과 탄수화물의 추가 분해
- 박테리아에 의한 섬유질 발효
- 배변까지 배설물 저장

⑥ 직장과 항문: 직장은 대장의 마지막 부분이며 배설물이 나오게 되는 입구는 항문이다. 이상적인 배설물은 24~45% 수분을 함유해야 한다.

⑦ 췌장: 소화(외분비 기능)를 위해 소장으로 효소를 직접 방출하고 인슐린과 같은 호르몬을 혈로 방출하는 큰 선이다. 몸체의 오른쪽에, 간 부근에 자리하고, 소장과 위에 붙어 있다.

⑧ 간: 간은 반려동물의 신체에서 가장 큰 내부기관이고 가장 중요한 기관 중의 하나이다. 간은 담즙을 생성한다. 영양소가 소장에서 흡수되면서, 혈액을 통해 간으로 이동한다.

⑨ 신장: 소화 과정의 일부는 아니다. 신장은 신진대사 중 노폐물의 분비물 통로이다.

더 알아보기

▣ 신장의 주요 기능

- 혈액을 여과
- 비타민 D 활성화
- 여과된 물질을 조절 발효
- 적혈구 생산을 위한 호르몬 생성

Chapter 03

건강관리

1. 체중관리

(1) 신체 충실 지수(BCS, Body Condition Score)

BCS 5단계에서는 3이 이상적(4, 5단계 이상적)

스코어	평가기준
1 (매우 마름)	• 몸무게가 정상체중보다 20% 적게 나감 • 갈비뼈, 척추, 엉덩이뼈가 매우 잘 보임(돌출) • 근육량이 손실된 것이 확인됨 • 피부 아래로 지방이 느껴지지 않음
2 (마름)	• 몸무게가 정상체중보다 10~20% 적게 나감 • 갈비뼈, 척추, 엉덩이뼈가 잘 보임 • 허리와 배가 확연히 드러남 • 피부 아래로 아주 적은 양의 지방이 느껴짐
3 (정상)	• 정상체중 • 갈비뼈, 척추, 엉덩이뼈가 잘 느껴짐 • 위에서 보았을 때 허리와 배가 쉽게 구분됨 • 피부 아래로 적은 양의 지방이 느껴짐
4 (과체중)	• 몸무게가 정상체중보다 10~15% 더 나감 • 갈비뼈, 척추, 엉덩이뼈를 느끼기 어려움 • 위에 보았을 때 몸에서 허리를 구분하기 어려움 • 배와 꼬리에서 지방이 느껴짐
5 (비만)	• 몸무게가 정상체중보다 15% 이상 더 나감 • 갈비뼈, 척추, 엉덩이뼈가 지방으로 인해 보이지 않고 손으로 만져도 잘 느껴지지 않음 • 허리가 보이지 않고 배가 많이 처져 있음 • 등과 꼬리에서 두꺼운 지방층이 느껴짐

반려견의 견종에 따라 성장 속도와 기간이 다르다. 일반적으로 소형견은 생후 8~10개월, 중형견은 10~14개월, 대형견은 18~24개월이 되어야 성장이 완료된다.

반려견 치아 발육

2개월령: 유치가 전부 돌출된다.
4개월령: 위턱과 아래턱의 앞니 2개가 영구치로 교체된다.
7개월령: 모든 유치가 영구치로 교체된다.
1~2년령: 아래턱의 앞니 2개가 마모된다.
2~3년령: 아래턱의 앞니 4개가 마모된다.
3~4년령: 아래턱의 앞니 4개와 위턱의 앞니 2개가 마모. 약간의 치석이 생긴다.
4~5년령: 아래턱의 앞니 4개와 위턱의 앞니 4개가 마모. 치석의 양이 증가한다.
5년령 이상: 아래턱의 앞니 6개가 마모되고 위턱의 앞니 6개가 마모. 많은 양의 치석이 존재한다.

하임리히법

① 반려견의 기도에 이물질이 걸렸을 때 시행한다.
② 육안으로 이물질이 발견되지 않았을 때 시행한다.
③ 어린 강아지의 경우 뒷다리를 잡고 거꾸로 들어 올려 털어준다.
④ 성견인 경우 개의 뒷다리를 세운 후 하복부 부분을 감싸 안고 주먹을 쥔 손으로 강하게 밀어 올린다.
⑤ 압박 추천 횟수는 5회이며, 이물질이 제거되지 않았을 때 다시 압박과정을 반복하고, 빠르게 동물병원으로 이송한다.
⑥ 이물질이 제거된 후에도 하임리히법으로 인해 장기가 손상되었을 가능성이 있으므로 동물병원에 방문하여 진료를 받도록 한다.

반려견 성장 상태 분석과 건강 상태 개선 상담하기 수행 순서

① 반려견종에 따른 성장 및 영양 상태를 확인한다.
② 반려견의 예방접종과 기생충 예방 상태를 확인한다.
③ 활력징후(바이털사인)를 측정한다. (온도–맥박수–호흡수)
④ 신체검사를 실시하여 반려견의 건강 상태를 체크한다.
⑤ 반려견의 건강 상태를 보호자에게 설명한다.
⑥ 반려견의 건강상의 이상이 확인되어 치료가 필요한 경우, 동물병원에서 치료 받도록 보호자에게 설명한다.

심폐소생술(CPR)

① 바르게 눕힌 후 호흡과 심박동을 확인한다.
② 입안에 이물질이 있는지 확인하고 기도를 확보한다. 혀는 입 밖으로 당겨 빼준다.
③ 한 손으로 주둥이를 잡고 콧구멍에 2~3초간 입술을 밀착시켜 공기를 불어 넣으면서 5초 간격으로 실시한다.
④ 심장마사지는 반려견을 바닥에 눕히고 왼쪽 가슴 부위를 양손으로 심장을 1초에 1번씩 압박한다. 심장마사지를 15회 실시하고 인공호흡을 2회 실시한다.

2. 질병예방

(1) 활력징후(TPR) – 건강 상태 파악

① 체온(Temperature) – 직장 체온 측정을 사용

- 38.5℃(37.5~39℃)
- 소형견종: 대체적으로 높은 경향
- 노령견: 대체적으로 낮은 경향

② 맥박수(Pulse, Resting heart rate)

- 개가 편안한 상태에서 대퇴동맥 부위(넓적다리 동맥)에 손가락 3개를 대고 15초 동안의 맥박수를 센 후 4를 곱함
- 60~80회/분, 1분간 심장 박동수를 의미
  (소형견 90~160회/분, 중형견 70~110회/분, 대형견 60~100회/분)
- 체구, 나이에 따라 차이가 있음
- 스트레스, 긴장, 불안, 운동, 흥분 시 심박수 증가
- 심장이나 혈액에 문제가 생겨도 심박수 증가
- 소형견종과 자견의 경우 맥박수 빠름

구분	맥박수
소형견종	• 90~160회/분까지 정상
중형견종	• 70~110회/분까지 정상
대형견종	• 60~100회/분까지 정상
자견	• 생후 2주까지 160~200회 • 생후 2주 이후 220회 • 생후 1년까지 180회

③ 호흡(Respiratory rate) – 들숨과 날숨 하는 것을 1회로 계산

- 10~32회/분
- 증가 시: 빈혈, 폐질환, 심부전 의심
- 감소 시: 중독증세, 쇼크 의심

④ 혈압

- 평균혈압(80~120mmHg), 수축기(최고혈압, 100~160mmHg), 이완기(최저혈압, 60~100mmHg)
- 노령견: 혈압이 높아짐
- 고혈압의 원인: 심장병, 당뇨병, 신장질환, 부신피질기능항진증, 갑상선 기능항진증 등
- 저혈압의 원인: 저혈량, 말초혈관 확장, 심박출량 감소 등

더 알아보기

▣ 반려견 항체가 검사
특정 병원균에 대하여 체내에 침입했을 때 방어할 수 있는 항체수준이 얼마나 되는지를 객관적으로 평가하는 검사이다.

(2) 예방접종

종류	접종시기	감염증상
종합백신 (DHPPL)	생후 6~8주부터 2주 간격으로 총 5회 접종, 이후 매년 1회 추가접종	• Distemper(홍역): 고열, 설사, 구토, 기침, 눈곱, 콧물 등 다양하며 피부 수포나 경련. 전염성으로 식욕부진, 결막염, 복부 통증 및 부종 • Hepatitis(간염): 구토, 설사, 복통, 입안의 점막이 충혈 점상으로 출혈이 일어나기도 함. 회복 후 각막의 혼탁이 오기도 함. 아데노 바이러스 I형이 병원체 • Pavovirus(파보장염): 구토, 심한 혈액성 설사, 탈수, 백혈구 감소. 3~9주령 자견에서는 심근염. 심근형(심장형)과 장염형이 있음 • Parainfluenza(파라인플루엔자): 거친 기침, 점액성 콧물, 7~8일 이상 지속되면 폐렴 증세가 나타남 • Leptospira(렙토스피라): 출혈형은 섭씨 41도가 넘는 고열과 식욕부진, 구토, 후지의 통증, 경련, 혈변 후 저체온이 되어 수일 내에 폐사에 이름. 황달형은 비슷한 증상 외에 검은 황색의 단백뇨와 황달 증세를 보임. 렙토스피라 인테로간스, 비플렉사 균이 원인. 감염된 쥐의 소변에 의해 전파. 상처 부위를 통해 감염
코로나 (Coronavirus)	생후 6~8주부터 2주 간격으로 총 5회 접종, 이후 매년 1회 추가접종	• 개의 호흡기와 소화기에 질병을 일으킴 • 피가 섞인 설사와 구토를 하며, 열이 나고 식욕이 떨어짐
켄넬코프 (Kennelcough)	생후 6~8주부터 2주 간격으로 총 5회 접종, 이후 매년 1회 추가접종	• 수일에서 수 주간 지속되는 발작성 기침과 기관지염을 나타내는 개의 호흡기 질병 • 전염성이 매우 강해 심할 경우 폐렴으로 진행되기도 함
광견병 (Rabies)	생후 3개월령 이상 1회 접종, 이후 매년 1회 추가접종	• 동물의 타액을 통해 바이러스가 전파. 오소리, 너구리, 여우, 박쥐, 코요테, 흰족제비 등 야생동물에 감염되어 2차 감염을 시킴. 음식이나 물을 보기만 해도 두려워해 공수병이라고 함 • 근육 경련, 침을 많이 흘리고, 안절부절못하는 등의 증상을 보임. 말기에는 근육이 마비되고 입을 벌린 채 침을 흘리고, 휘청거리다가 쓰러져 사망함. 대체로 발병일로부터 1주일 이내에 사망함

① 전염성 질병

바이러스성 감염증	• 광견병: 광견병에 걸린 야생 너구리, 족제비 등으로부터 감염. 흥분하고 공격적임. 침을 흘리고 전신마비 증상 후 100% 사망. 예방접종 필요 • 개 홍역: 콧물, 재채기, 40℃ 이상의 고열, 감기와 비슷한 호흡기 증상으로 시작하여 식욕결핍, 설사, 후기에는 경련, 발작 등의 신경계 증상 • 개 파보바이러스 감염증: 구토, 설사, 혈변 등의 소화기 증상. 어린 반려견에게 발병 • 개 코로나바이러스 감염증: 구토, 설사 등의 소화기 증상 • 개 전염성 간염: 아데노바이러스. 급성 간염으로 복통, 고열, 혈변 10% 사망 • 개 전염성 기관지염(켄넬코프): 심한 기침. 더러운 사육환경에서 발생 • 개 파라인플루엔자 감염증
세균성 감염증	• 렙토스피라증: 세균감염으로 고열, 황달, 콩팥염증 등을 일으키며 급성에서 만성까지 다양한 증상. 인수공통전염병 • 살모넬라증: 살모넬라균, 설사, 식욕부진 • 캠필로박터증: 장염, 설사, 4개월 이하의 어린 자견 • 브루셀라증: 경구감염. 유산 후 유산태아나 유산물질 섭식. 태반염, 설사 • 여시니아증: 혈액성, 점액성 설사 • 라임병: 관절염, 신경염, 발열
기생충성 감염증	• 개심장사상충(Canine Heart Disease, Dirofilariasis): 개의 심장이나 폐동맥에서 기생하는 사상충. 모기에 의해 전파. 호흡곤란, 기침, 운동 시 지침, 식욕부진, 헐떡임, 혈전증, 후지마비, 머리를 흔드는 경우도 있음. 홍역과 혼동하기도 함. 간장과 신장 파괴로 인한 간부전과 신부전, 다뇨, 복수 등의 증상을 보임. 예방약으로 예방 가능. 키트, 초음파, X-ray 등으로 감염 여부 진단 ▸ 1단계: 무증상, 눈에 띄는 증상이 없다. ▸ 2단계: 약간의 호흡곤란, 기침, 운동 시 지침, 식욕부진, 가벼운 신부전과 간장 이상 ▸ 3단계: 증상이 두드러짐, 호흡곤란, 헐떡임, 식욕절폐, 혈전증으로 인한 후지마비 • 귀 개선충증(ear mites): 귀 긁기, 머리 흔들기, 귀 통증 증상 • 옴진드기(Scabies): 가려움증으로 피가 나거나 딱지가 생김. Sarcoptic Mange Mites 감염에 의하여 극심한 소양감(가려움증) • 모낭충(Demodicosis): 국소형과 전신형이 있음. 생후 며칠 내 모견으로부터 전염. 탈모, 피부염증, 비듬, 여드름 등의 증상이 나타남 • 내부기생충: 회충(지렁이 형태), 편충, 구충, 조충 ▸ 회충: 가장 흔한 내장 기생충. 경구감염, 임신한 모견으로부터 태반감염으로 복부 팽창, 발육불량, 구토, 탈수, 폐렴, 빈혈 등의 증상 ▸ 편충: 맹장이나 결장에 주로 기생. 경구감염. 심한 복통, 설사, 혈변, 빈혈 증상 ▸ 구충: 경구감염, 경피감염. 빈혈, 영양불량, 설사, 복부 통증 증상 ▸ 조충: 벼룩을 매개로 감염(유충으로 경구감염), 항문 주위에 기생. 식욕부진, 설사, 영양불량, 항문이 가려워 바닥에 항문을 끎
진균성(곰팡이성) 감염증	• 개소포자균(Microsporum canis), 석고상소포자균(Microsporum gypseum) 등

② 비전염성 질병(대사성 질환)

심근증	• 노령견, 대형견에서 주로 나타나는 질병. 심장 근육이 비대해지거나 탄력이 없어지며 확장되어 나타남 • 증상: 배에 복수가 차거나 사지 부종 등이 나타남. 부정맥, 뇌혈류 저하 등의 증상
연구개 과장증 (단두종 증후군)	• 시츄, 불독, 페키니즈 등 단두종에 많이 발생하는 질병. 연구개가 두꺼워지거나 늘어지면서 나타나는 질병 • 증상: 숨을 쉴 때 소리가 심하며 입을 벌리고 숨을 쉼. 흥분 시, 날씨가 더울 때 호흡이 빨라짐. 연구개가 목을 완전히 막아서 무호흡 증상이 나타나기도 함
위확장, 위염전	• 위확장은 위에 이상이 생겨 가스가 차고 부푼 상태. 위염전은 위가 꼬여 위의 배출로가 막힌 상태. 대형견 중 흉강이 좁고 깊은 그레이트데인, 셰퍼드 등에서 많이 발생. 과식 후 심한 운동을 하거나 스트레스 상황에서 먹이 급여 시 발생 가능 • 증상: 토하려고 하지만 토하지 못해 힘들어함. 복부 팽창으로 인한 통증으로 쇼크 상태에 빠지기도 함
항문낭염	• 항문낭은 항문의 양쪽 괄약근 사이에 위치한 2개의 작은 주머니로 독특한 냄새와 색깔 • 증상: 염증이 심해지면 항문낭이 부어오르고 배변 시 통증, 항문 부위를 바닥에 비비는 행동을 하거나 핥으려는 행동을 함
부신피질 기능항진증 (쿠싱증후군)	• 부신피질에서 분비되는 호르몬이 과다하게 분비되어 생김. 주로 노령견에서 발생 • 증상: 갈증으로 물을 과다하게 마심. 소변 횟수와 양이 증가. 식욕 증가, 탈모·당뇨와 같은 합병증 유발
부신피질 기능저하증 (애디슨병)	• 부신피질 호르몬이 과소 분비되어 생김. 주로 암컷의 푸들, 콜리 등에 발생 • 증상: 저혈압, 저혈당증과 함께 식욕부진, 근력저하, 설사나 구토, 물을 과다하게 마심
추간판질환 (IVDD)	• 추간판이 돌출 및 압출되어 척수와 척수 신경을 압박하는 질환으로 노령으로 인한 탄력성 감소, 비만, 무리한 운동, 사고로 인한 외상 등이 원인으로 경추에 발생하면 목디스크, 요추에 발생하면 허리디스크 • 증상: 걷거나 점프하는 등 움직일 때 통증이 있거나 하반신 마비 등의 증상이 보임
환축추불안정 (AAI)	• 경추뼈 중 환추(1번 경추)와 축추(2번 경추) 사이에 이상이 생겨 고개를 정상적으로 움직이지 못하는 질환 • 증상: 머리가 흔들거리고, 고개를 좌우로 돌리지 못함. 심한 경우 호흡곤란, 사지마비 등
고관절 이형성증	• 고관절이 비정상적으로 발달하여 고관절 내 대퇴골 머리가 부분적으로 빠져 있는 질병. 주로 대형견에서 유전적인 요인으로 나타남. 성장 중 과도한 영양 섭취로 과체중 시 • 증상: 제대로 앉지 못하거나 걷는 모습이 양쪽 다리를 같이 움직이는 모습을 보임
탈구 (고관절 탈구, 슬개골 탈구)	• 관절부에 연결되어 있는 뼈가 정상적인 위치에서 벗어난 경우로 외상으로 인한 요인과 유전적 관절 형성이 불안전한 경우에 발생함
요로결석	• 신장, 요관, 방광, 요도 중 한 곳에 무기질이 뭉쳐진 결석이 생기는 질병 • 증상: 혈뇨, 빈뇨, 배뇨곤란, 기력저하, 전신 증상 등

에나멜질 형성부전	• 이빨 표면을 덮고 있는 에나멜질이 충분히 발달되지 않아 이빨이 쉽게 파손되는 질병 에나멜질이 형성되는 생후 1~4개월 무렵에 홍역을 앓거나 영양부족, 약물섭취 등 에나멜질이 충분하게 발달하지 못한 것이 주요 원인 • 증상: 이빨이 갈색이 되고, 치석이 생김. 이빨이 쉽게 부러짐
제3안검 탈출증 (체리아이)	• 내안각에 위치한 제3안검이 변위되어 돌출된 질환으로 매끄럽고 둥근 붉은색의 부위가 노출된 상태로 체리아이라고 불림. 염증이 생기거나 조직이 느슨해져 나타나며, 한쪽 또는 양쪽에 발생 • 주로 눈이 돌출되어 있는 견종인 잉글리쉬 쉽독, 불테리어, 복서, 스패니얼, 페키니즈 비글 등에서 많이 발생 • 다른 질환, 각막염, 결막염, 안구건조증 등 유발
유루증	• 누관을 통해 코로 흘러내려야 하는 눈물이 배출되지 못하고 눈 밖으로 과하게 흐르는 질환 • 선천적으로 누관에 이상이 있는 경우, 각막염, 결막염, 안륜근의 기능 저하가 원인 • 증상: 눈물이 눈 밖으로 계속 흐르므로 코를 따라 털이 변색되거나 눈꺼풀에 염증 생김
귀 관련 질환	• 귀 개선충증: 개선충이 외이도에 기생. 귀지를 형성하고 염증 유발. 어린 강아지에게 잘 발생. 심한 소양증(가려움)으로 머리를 흔들거나 뒷다리로 귀를 자주 긁고 악취가 남 • 외이염: 세균, 곰팡이, 진드기, 곤충이 원인 • 중이염: 중이에 염증 발생. 중이에 고름 발생. 안면마비, 청각장애 등 • 내이염: 내이에서 염증 발생. 균형감각 손실 가능, 빙글빙글 돌기도 함

(3) 위생관리

① 반려견 피모의 이해

• 털의 종류와 기능

종류	기능
보호털 (guard hair)	솜털을 덮은 거친 털을 의미하며, 몸의 외형을 이루는 털로 길고 두꺼우며 방수 기능으로 체온이 유지됨
솜털 (wool hair)	보호털에 비해 짧고 부드러우며 단열재의 역할을 함
촉각털 (tactile hair)	외부 자극으로 들어오는 감각 정보를 수용하는 털로 보호털보다 두껍고 크며, 안면부에 집중되어 있음

• 털갈이: 털은 각각 다른 성장주기를 갖는데 이를 털 주기(hair cycle)라 하고, 털의 갱신 현상을 털갈이(환모)라고 함

피부의 구조

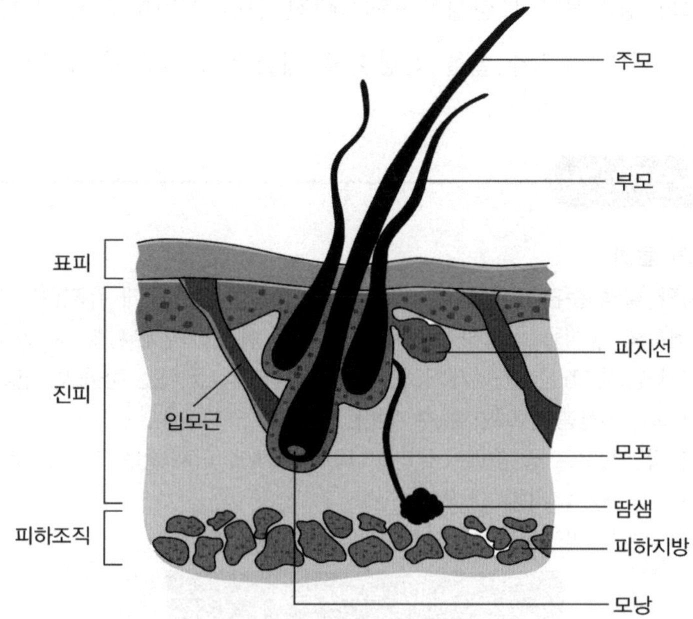

- 표피: 개와 고양이의 표피는 털이 있는 부위가 얇다.
- 진피: 표피 아래 부위로 섬유성 결합 조직으로 표피를 형성하며, 입모근, 모세혈관, 임파관(림프액이 들어 있는 관), 신경 등이 분포한다.
- 피하조직: 진피 아래에 있는 조직이다.
- 땀샘: 아포크린샘과 에크린샘으로 구분된다. 아포크린샘은 주머니 형태 또는 관 형태로 털이 자라는 모든 피부 부위에 분포하지만 비경(코)에는 존재하지 않는다. 에크린샘은 반려견의 발바닥 패드 볼록 살에 분포하며 사람의 땀샘과는 생리학적 의미가 다른데 체온 조절 기능보다는 분비액을 통해 상황에 대처하는 역할을 한다.
- 모포: 내피 안에서 털뿌리를 감싸고 있는 주머니로 털의 영양을 공급하는 역할이다.
- 입모근: 불수의근(의지와 상관없이 움직이는 근육)으로 추위, 공포를 느꼈을 때 털을 세우는 근육이다.
- 피지선: 털이 난 피부 부위에 분포하며 물리, 화학적 장벽을 형성하고 피지는 항균작용과 페로몬 성분을 함유한다. 모낭 옆에 있다. 지방을 분비하여 표피와 모발에 광택, 유연성, 탄력성을 준다.
- 주모: 길고 굵으며 뻣뻣하다.
- 부모: 짧은 털로 주모가 바로 설 수 있게 도와주며 보온기능과 피부보호의 역할을 한다.

② 브러싱

최소 주 2회 정기적인 브러싱을 통해 빠진 털을 제거하고 털이 뭉치는 것을 방지하여 반려견의 피부와 털을 건강하고 깨끗한 상태로 유지해야 한다.

더 알아보기

▣ 브러싱의 효과

- 신진대사와 혈액 순환이 원활해지면서 피부와 털을 건강하게 유지한다.
- 새로운 세포의 증식을 활발하게 해주어 피부를 깨끗하게 유지할 수 있다.
- 이물질이나 먼지, 빠진 털을 제거하여 털이 엉키거나 뭉치는 것을 방지할 수 있다.
- 피부병과 외부기생충을 예방할 수 있다.
- 피부에서 자연적으로 발생하는 유분이 피모 전체에 퍼져 일종의 보호막을 형성해 윤기 나는 피모를 유지할 수 있다.
- 브러싱 과정에서 반려동물과 사람 간의 친밀감이 형성된다.

반려견 브러싱 순서

뒷다리 — 앞다리 — 몸통 — 목 — 머리와 귀 — 꼬리 — 엉킨 곳이 남았는지 확인

- 콤(comb): 죽은 털이나 엉킨 털을 제거
- 핀 브러시(pin brush): 손잡이가 달린 판에 고무를 덧대고 고무 부분에 핀이 심겨 있음
- 슬리커 브러시(slicker brush): 곱실거리는 털에 효과적임
- 러버 브러시(rubber brush): 단모종의 죽은 털 제거나 피부 마사지용으로 사용

③ 목욕하기 – 목욕은 생후 7주령 시작, 7~10일에 한 번

개의 피부는 중성에 가까운 약알칼리성(pH 6.5~7.8)을 띠는 것으로 보고되었고, 사람의 피부는 약산성(pH 4.5~6)이므로 반려견용 전용 샴푸를 이용해야 한다.

알칼리 도수가 높은 샴푸는 세척력이 강하므로 반려견의 피부나 털에 오염도가 심한 경우에만 부분적으로 사용하는 것이 좋다. 알칼리 성분을 남기지 않기 위해 중화력이 강한 트리트먼트나 린스로 마무리한 후 충분히 헹구어 주는 것이 중요하다.

① 빗을 이용하여 1차 빗질 후 귀를 탈지면으로 막고, 반려견을 욕조 안에 조심스럽게 내려놓는다.
② 반려견의 목과 머리 부분을 잡은 후 몸통에 미지근하거나 따뜻한 물을 충분히 뿌려준다.
③ 반려견 전용 샴푸를 이용하여 머리를 제외하고 몸 전체를 문지른다.
④ 털의 방향과 반대방향으로 피부를 문지르고 물로 헹구어 준다.
⑤ 넓은 수건으로 닦아준다(타월링).
⑥ 드라이기를 이용하여 털을 건조한다.
⑦ 끼웠던 귀에서 탈지면을 빼고 귓속의 물기를 제거해 주며 애견용 귀 청결제를 이용한다.

목욕 순서

브러싱 — 샴핑(35~40도) — 린싱 — 드라잉 — 발톱 손질 — 귀청소 — 눈 안약 넣어 마무리

④ 드라이 종류와 방법

종류	방법
타월링 (toweling)	목욕 후에 타월을 이용하여 반려동물 털의 물기를 제거하는 방법으로 물기 제거가 잘 되면 드라이 작업을 보다 빨리 마칠 수 있다.
블로우 드라잉 (blow drying)	핸드드라이어, 스탠드식 드라이어 등의 바람을 이용하여 등의 털을 드라이하는 방법이다.
새킹 (sacking)	블로우 드라잉 시 건조할 부위 이외의 다른 부위를 타월로 감싸는 것. 새킹을 함으로써 드라이어 바람이 드라이할 부위에만 가도록 유도한다.
플러프 드라잉 (fluff drying)	드라이할 때 털의 결과 반대로 브러싱하여 모근에서부터 털을 세워 모량이 풍성해 보이도록 드라이하는 방법을 의미한다. 이중모를 가진 견종, 푸들 또는 비숑 프리제 같은 권모(꼬불꼬불 말린 털), 시저링 견종도 플러프 드라이한다.
켄넬 드라잉 (kennel drying)	케이지 드라잉이라고도 하며, 목욕과 타월링을 마친 반려견을 켄넬(케이지) 안에 넣고 드라이어를 설치하여 드라잉하는 방법이다. 동물의 털 전체를 드라잉하는 것이 아니기 때문에 어느 정도 수분이 제거되었다면 동물을 꺼내어 얼굴, 귀, 가슴 등을 포함하여 전체적으로 한 번 더 블로우 드라잉을 해주면 보다 수월하게 드라잉을 할 수 있다.
룸 드라잉 (room drying)	켄넬 드라잉과 비슷한 원리의 드라잉 방법이지만 동물의 크기에 맞게 세분화된 사이즈와 바람의 세기 및 타이머 조절, 음이온, 자외선 소독 등 다양한 기능이 갖춰진 드라잉 룸 안에 동물을 넣어 드라잉하는 방법이다.

더 알아보기

▣ 드라잉 유의사항

- 드라이어 바람 온도는 너무 뜨겁지 않도록 한다.
- 드라이어는 몸으로부터 20cm 정도 떨어져 사용한다.
- 얼굴 정면으로 드라이어를 사용하지 않는다.
- 말티즈, 시츄, 요크셔테리어 등의 품종은 털의 결에 따라 말린다.
- 푸들, 비숑 프리제, 베들링턴테리어 등은 털의 결에 역행하며 말린다.

Chapter 04

환경관리

1. 생활환경관리

(1) 위생관리

① 소독의 의미

- 질병의 감염이나 전염을 예방하기 위해 아포(spore)를 제외한 대부분의 유해한 미생물을 파괴하거나 불활성화시키는 것을 말한다. 즉 사육환경에 존재하는 병원성 미생물을 제거하는 것을 의미한다.

> *** 아포(spore)**
> 특정한 세균의 체내에 형성되는 원형 또는 타원형의 구조로서 포자라고도 한다. 아포가 생기는 균은 Bacillus속균과 Clostridium속균인데, 탄저균, 파상풍균, 보툴리누스균 등이다. 아포는 고온, 건조, 동결, 방사선, 약품 등 물리적 · 화학적 조건에 대해서 저항력이 강하다.

- 비병원성 미생물을 파괴하지 않으므로, 모든 미생물을 사멸시키는 것은 아니다.
- 멸균은 아포를 포함한 모든 미생물을 사멸하는 것을 의미한다.
- 소독은 일반적인 오염물질을 제거하기 위해 사용되고, 멸균은 보존이나 의약품 및 수술도구에 주로 사용된다.
- 사육장 바닥과 시설은 액체용 소독제를 사용하고, 식기, 장난감 등은 자외선 살균기를 사용하여 소독한다.

더 알아보기

▣ **세척(cleaning)**
물과 세정제를 사용하여 식기, 장난감 등의 물품과 사육장 바닥과 시설에 붙어 있는 오염물을 씻어내는 것을 말한다. 세척 과정을 통해 많은 양의 미생물을 제거할 수 있다.

② 소독제의 종류

소독제의 종류	특징
글루타 알데하이드	• 아포 세균, 진균, 바이러스 등에 대해 높은 수준의 소독제와 멸균제로 사용된다. • 살균력이 강하고 오염물이 있는 상태에서도 살균력이 저하되지 않는다. • 낮은 온도에서도 빠른 소독 효과가 있다. • 환경소독은 2% 농도를 사용한다. • 인체 및 동물에 대한 유해성과 독성이 높기 때문에 사용 시 주의해야 한다.
과산화물	• 과산화수소, 과산화초산 등을 포함한다. • 산화력으로 살균소독을 하고 산소와 물로 분해되어 잔유물이 남지 않는다. • 단점: 자극성과 부식성이 있다. • 주로 사용되는 농도는 2.5%~3.5%이다.
알코올	• 에틸알코올로 물과 70%로 희석하여 사용하였을 때 소독력이 우수하다. • 세균, 결핵균, 바이러스, 진균을 불활성화시키지만 아포에는 효과가 없다. • 손, 피부, 미용기구 소독에 적합하다. • 단점: 가격이 비싸고 고무나 플라스틱에는 손상을 일으킬 수 있고 상처가 난 피부에 사용하면 자극적이다. 인화성이 있어 화재의 위험성이 있어 보관에 주의해야 한다.
차아염소산 나트륨	• 시판되는 락스는 4% 농도로 물에 희석해서 사용하는 염소계 소독제이다. • 가격이 저렴하고 소독효과가 높아서 가구소독, 바닥청소, 세탁, 식기 세척 등의 다양한 용도로 사용한다. • 반려동물에게 전염성이 높은 파보, 디스템퍼, 인플루엔자 등과 살모넬라균 등을 불활성화시킬 수 있다. • 넓은 범위의 살균력을 가지고 소독력이 좋다. 용도에 맞게 제품에 명시된 농도로 희석하여 사용한다. • 주의사항: 사용 시 염소가스가 발생하기 때문에 환기에 신경 써야 한다. 점막, 눈, 피부에 자극성을 띠므로 닿지 않도록 주의해야 하고 닿았을 시에는 흐르는 물에 충분히 씻어내야 한다. 금속에 부식을 일으킬 수 있기 때문에 기구 소독에 유의해야 한다.
1% 크레졸 비누액	• 페놀에 비해 살균력이 4배나 강한 소독효과를 가지고 있다. • 장점: 피부독성과 부식성은 훨씬 약하다. • 단점: 냄새가 강하고 오래간다. • 시판되는 크레졸비누액은 50%의 고농도로, 일반적인 환경소독은 1~2%로 물에 희석하여 사용한다.

소독제의 종류	특징
페놀류	• 페놀은 알코올의 하나로, '석탄산'이라고도 부른다. • 장점: 가격이 저렴하며, 넓은 공간을 소독할 때 적합하고 고온일수록 소독효과가 크다. 안정성이 강하여 장시간 보관에 용이하다. • 단점: 눈, 점막, 피부에 자극성을 나타내고, 특히 고양이에게 독성이 두드러진다. 금속을 부속시키므로 배설물 소독 등의 한정된 용도로만 사용되어야 한다. 보통 3~5%의 농도로 사용한다.
4급 암모늄	• 주로 세척제로 사용되며 낮은 수준의 소독제로 사용된다. • 장점: 피부자극과 독성이 낮다.
계면활성제	• 서로 다른 성질의 물질이 만나는 면에서 활성화된 물질이다. • 물과 기름에 잘 녹는 특징이 있다. 비누, 샴푸, 세제 등과 같은 음이온 계면활성제와 4급 암모늄과 같은 살균, 소독용으로 사용하는 양이온 계면활성제가 있다. 양이온 계면활성제는 대부분의 세균, 진균, 바이러스를 불활성화시키지만 녹농균, 결핵균, 아포에는 효과가 없다. • 일반적으로 손, 피부점막, 식기 등 금속기구와 식품을 소독할 때 사용한다.
자비소독	• 100℃의 끓는 물에 소독 대상을 넣어 소독하는 방법이다. 10~30분 정도 충분히 끓이는 것이다. • 의류, 금속제품, 유리제품에 적합한 소독법이다. • 미생물 전부를 사멸시키는 것은 불가능하고 아포와 일부 바이러스에는 효과가 없다.
일광소독	• 직사광선에 노출함으로써 소독하는 것을 말한다. • 단점: 물체가 두꺼운 경우에는 소독이 깊은 부분까지 미치지 않는다. • 오전 10시~오후 2시 사이에 직사광선에 충분히 노출시키는 것이다. • 주로 섬유 소독에 적합하다.
자외선소독	• 2500~2650Å의 자외선을 조사하여 멸균하는 방법이다. • 장점: 소독 대상의 변화가 거의 없고, 균에 내성이 생기지 않는다. • 자외선 소독기에 넣고 10cm 내의 거리에서 1~2분 동안, 50cm 내의 거리에서 10분 정도 노출시킨다.

(2) 개인위생 관리

개인위생 관리 항목	내용
복장	오염물이 잘 부착되지 않는 재질. 활동이 편하고 세탁이 쉬운 복장. 운동화, 조끼
손과 손톱	손세정 최소 30초 이상
머리와 얼굴	머리는 청결. 간편한 스타일. 긴 머리는 단정하게 뒤로 묶어줌. 남성은 면도
장신구	장신구는 미착용. 시간을 측정할 수 있는 시계 정도만 착용

(3) 주거 환경 및 용품 관리

① 견사 환경

- 여름에는 시원하고, 겨울에는 따뜻한 위치를 선택
- 통풍과 배수가 용이
- 출입구는 햇빛이 잘 드는 남향 또는 동남향

② 작업 편리

- 견사는 사료 급여, 분뇨처리 등의 관리와 작업이 효율적으로 이루어지도록 편리한 구조
- 배수시설이 잘 되어 있어 물청소가 용이하도록 함
- 실외견사의 경우, 흙을 정기적으로 교체해 주고 배변처리를 신속하게 하여 청결한 관리

③ 안전성

- 쥐, 족제비 등과 같은 야생동물의 침입으로부터 차단, 외부인의 출입 통제로 전염병 방지
- 태풍, 홍수, 폭설 등과 같은 자연재해와 화재와 같은 안전사고 예방

④ 사회성

- 견사의 설치 위치는 개의 짖음, 분뇨의 악취, 털 날림 등으로 인한 인근 주민의 민원 발생을 감안하여 최적의 장소 선택 필요

⑤ 내부 관리

- 주거 환경의 내부온도는 15~25도가 적정
- 여러 마리의 반려견이 함께 생활하는 견사의 경우, 환기에 신경 써야 함. 창문을 통한 환기 외에도 환기시설을 설치하여 오염된 공기를 외부로 배출

⑥ 용품 관리

- 반려견이 사용하는 용품은 수시로 점검하고 세척, 소독
- 여름철에는 식기에 음식을 방치 시 상할 수 있으므로 자주 음식과 물을 비우고 식기 세척
- 섬유로 된 장난감은 실내용으로 사용하고, 실외용 장난감은 물로 쉽게 닦아서 쓸 수 있는 장난감으로 구별해서 주는 것이 좋음

(4) 반려견 위탁시설 청소와 방역

① 매일 사육장 청소와 소독을 실시한다.

> 사육장 전체 청소는 매일 아침과 저녁에 실시
> 반려견의 식사가 끝나고 배변 후 정해진 시간에 청소 실시

- 청소도구와 소독제를 준비한다. 청소담당자는 청소 복장, 마스크, 위생장갑, 장화를 착용한다.
- 반려견을 사육장 외부 또는 청소가 완료된 깨끗한 장소로 옮긴다.
- 사육장 내부에 있는 식기, 장난감, 패드 등의 용품을 세척실로 옮긴 후 씻어낸다.
- 사육장 내부에 있는 쓰레기 및 오염물을 먼저 치우고 빗자루를 이용해 청소한다.
- 대형 진공청소기를 이용하여 바닥에 존재하는 털과 먼지 등을 흡입하여 제거한다.
- 사육장을 세정제로 세척한다.

> Ⓐ 물 호스를 이용하여 바닥 전체를 물로 뿌리며 씻어낸다.
> Ⓑ 세정제를 물로 희석해서 닦아낸다. 손걸레를 묻힌 후 사육장의 출입문, 벽면 등을 손으로 닦아낸다.
> Ⓒ 밀대걸레 또는 통돌이 회전걸레에 묻힌 후 바닥을 닦아낸다.
> Ⓓ 사육장 출입문, 벽면, 바닥 등에 묻어 있는 세정제의 거품을 물 호스를 이용하여 깨끗하게 씻어낸다.

- 마른걸레를 사용하여 사육장 바닥, 출입문, 벽면 등에 있는 물기를 제거하고 건조한다.
- 바닥을 소독제로 소독한다.
- 소독제인 락스(차아염소산나트륨)를 물에 200배 희석하여 밀대걸레 또는 통돌이 회전걸레에 묻힌 후 바닥을 닦아낸다.
- 사육장 출입문, 벽면, 바닥 등에 묻어 있는 소독제를 물 호스를 이용하여 깨끗하게 씻어낸다.
- 마른걸레를 사용하여 사육장 바닥, 출입문, 벽면 등에 물기를 제거한다.

② 수시로 사육장을 청소한다.
- 사육장 내의 패드를 교체하고 관리한다.
- 반려견의 배설물을 처리한다.
- 사육장 내부를 소독한다.

③ 반려견이 사용하는 식기, 장난감 등의 용품을 소독한다.

④ 반려견이 섭취하는 음식과 물을 청결하게 관리한다.

2. 반려견 안전관리

(1) 반려견 안전사고

구분	항목	안전사고 발생 위험 요소
시설물	건축물	구조물의 변형 및 균열, 급수 · 배수, 냉난방, 환기
	사육장	잠금장치
	훈련장, 운동장	바닥 재질
	소독 및 위생	입출입 소독발판, 손세정제
	관리인력	부상 및 상해
	소방/화재	화재
반려견	부상/상해	교상, 피부상처, 골절, 뇌진탕, 화상, 열사병
	질병	전염병, 구토 및 설사, 이물질 섭취, 눈병, 쇼크
	사망	자연사, 질병 또는 상해 사망
	탈출/분실	관리소홀로 인한 분실, 도난

■ 구급상자 비치, CCTV 설치

(2) 반려견 안전사고 예방과 조치

① 반려견 안전관리 매뉴얼을 마련하고 안전사고에 대응한다.

- 안전관리 매뉴얼 제작 계획을 수립한다.

안전관리 매뉴얼 제작 계획 수립 절차

제작 계획 사전 기획 ➡ 위험환경 분석 ➡ 매뉴얼 설계 및 개발 방법 수립 ➡ 시행 및 관리방법 수립

- 안전관리 매뉴얼을 제작한다.
  - ▸ 일반사항을 작성한다.
  - ▸ 안전관리 매뉴얼에 포함될 안전사고의 종류를 구성한다. 반려견의 부상, 질병, 사망, 탈출, 분실, 개물림 사고 등이다.
  - ▸ 안전사고별 대응 방법을 작성한다.
- 안전사고별 상황에 대처한다.

종류	세부항목	내용
부상	교상(물린 상처) 자상(찔린 상처) 열상(찢어진 상처) 찰과상(벗겨진 상처)	• 출혈부위 지혈, 오염물질 제거 • 상처 부위 세척 • 소독 • 상처 부위를 덮고 붕대로 고정 • 엘리자베스 칼라로 목에 착용
	골절	• 뼈가 피부 밖으로 노출 여부 확인(개방성 골절, 폐쇄성 골절) • 나무판자 등 부목을 대고 테이프 고정 • 병원 이송
	낙상 및 교통사고	• 사고 발생 12시간 반려견 관찰 • 이상 증상 발생 시 병원 이송
	화상	• 차가운 물로 화상 부위 식혀줌 • 차가운 수건, 아이스팩 등으로 덮어줌

종류	세부항목	내용
질병	열사병	• 즉시 시원한 곳으로 이동 • 전신에 차가운 물을 뿌리고 냉탕 넣음 • 얼음 팩을 수건에 감싸 몸에 붙여줌
	구토 및 설사	• 설사는 횟수, 모양, 냄새 등을 관찰 • 활동성 관찰 • 구토와 설사 증상이 있는 경우에는 위장을 휴식시키기 위해 12시간 정도 물과 음식 금식 • 구토/설사가 지속되고 활동성 떨어지면 병원 이송
	이물질 및 독성물질 섭취	• 하임리히법
	안질환 (각막 손상, 안구돌출)	• 안구 건조 방지하기 위해 안약 넣어줌 • 엘리자베스 칼라 착용 • 안구돌출이 발생하기 쉬운 견종(시츄, 페키니즈, 치와와 등)

• 응급상황에 대비해서 즉시 사용 가능한 응급약품, 위생 재료 및 기구 등이 포함된 구급상자를 비치한다.

쇼크 발생 호흡 정지 시, 심폐소생술(CPR, Cardo-Pulmonary Resuscitation)

① 기도를 확보한다.
동물을 옆으로 눕히고 최대한 목을 늘어뜨린 후 공기의 유입이 쉽도록 거즈 등으로 입안의 이물질을 깨끗하게 닦아낸 후 혀를 잡아당겨 입 밖으로 빼내준다.

② 인공호흡을 실시한다.
가슴 부위를 확인하여 반려견이 정상적인 호흡이 있는지를 확인한다.
인공호흡은 반려견을 옆으로 눕힌 후에 목을 반듯하고 편안한 상태로 유지한다.
한 손으로 주둥이 부위를 둥글게 움켜잡아 입을 막는다. 코끝에 입술을 밀착시켜 콧구멍에 2~3초 동안 천천히 공기를 불어 넣는다. 스스로 호흡할 수 있을 때까지 5초 간격으로 실시한다.

③ 심장마사지를 실시한다.
뒷다리 허벅지 안쪽 부위의 동맥 혈관을 손가락으로 확인하여 맥박이 느껴지는지 확인한다. 확인되지 않으면 심장마사지를 실시한다. 바닥에 눕히고 왼쪽 가슴 부위를 양손으로 심장을 1초에 1번씩 압박한다. 심장마사지를 15회 실시하고 인공호흡을 2회 실시한다.

② 반려견의 안전과 보안을 위해 CCTV를 설치한다.

• 유선 CCTV 방식: 아날로그 방식, DVR 저장 장치에 저장되는 방식

• IP CCTV 방식: IP 주소를 할당 영상을 저장하는 방식

• CCTV 설치 안내판 설치 위반 시 1000만 원 이하의 과태료 처분

(설치 목적과 장소, 촬영범위 및 시간, 관리책임자 성명 및 연락처 등)

③ 전염성 질병이 의심되는 경우 격리조치 후 보호자 및 관련기관에 보고한다.

- 주요 전염병 질병에 대한 증상, 예후, 조치 등과 관련된 자료 비치
- 격리시설 준비
- 전염성 질병 발생 시 차단방역 실시

Ⓐ 전염병이 발생하였거나 의심되는 반려견은 즉시 격리시설로 이동
Ⓑ 반려견과 함께 동거하거나 밀접하게 접촉한 반려견은 건강한 반려견과 접촉하지 않도록 별도의 공간으로 이동
Ⓒ 전염병이 발생한 반려견의 견사와 주위 환경은 즉시 청소와 소독 실시
Ⓓ 전염병이 발생한 견사는 일정 기간 동안 사용 제한
전염병이 발생한 견사는 매일 2회 소독을 실시하고 3일 이후에 사용

④ 보호자 및 방역 관련 기관에 보고한다.

3. 반려견 시설관리

(1) 위탁시설 안전관리

① 동물위탁관리업 시설 및 인력 기준 법적 규정

「동물보호법」 시행규칙 [별표 11]에 동물 관련 영업별 시설 및 인력 기준이 제시되어 있다.

- 동물위탁관리업은 공통 기준 외에 개별기준으로 위탁관리실과 고객 응대실의 분리
- 동물 개별 휴식실 설치
  (실외견사는 폭 2m, 길이 7m 이상, 실내견사는 냉난방 시설)
- 출입문 이중문과 잠금장치 설치
- 폐쇄회로녹화장치(CCTV) 설치
- 반려견 20마리당 1명 이상의 관리인력 확보 필요
  (반려견 관리 또는 훈련사는 기본적인 동물관리 능력 보유, 관련 자격 취득자 또는 전공학과 졸업자 등을 활용)

② 반려견 위탁관리 시설의 종류

- 반려견을 대상으로 하는 훈련소, 호텔, 유치원, 카페, 반려견 동반 숙박 시설로 구분
- 시설물 관리 점검표를 만들어 매일 또는 정기적으로 점검하고 개선이 필요한 경우 관련분야 전문가에 자문하여 보완
- 각 위탁관리 시설은 법적 기준 외에도 시설 특성에 따라 반려견이 편안하고 안전하게 생활할 수 있는 시설 구비 필요(야외 울타리 설치, 운동장 설치, 훈련 장비 준비, 이동장 준비, 물림방지 안전장비 준비, 사료 및 간식 준비 등)

③ 소방시설 안전 점검

- 반려견 위탁관리 시설은 대부분 「화재예방, 소방시설 설치유지 및 안전관리에 관한 법률」에 규정된 소방시설을 설치하여야 하는 특정소방대상물에 속한다.
- 건물 소유자는 소방안전관리자를 선임하여 소방안전관리에 필요한 업무를 위임한다.
- 일정 평수, 크기 이상의 건물들은 매년 소방시설 작동기능점검을 실시한 뒤 관할 소방서에 의무적으로 보고해야 한다.
- 반려견 위탁관리 시설의 개별적인 소방시설 안전점검은 화재에 대비한 소화기 비치, 비상구 확보, 화재 시 대피방법, 화재 안전교육 등에 대한 사항을 포함한다.
- 안전관리자는 '소방시설 안전 점검표' 또는 일지를 만들어 소방안전 상태에 대한 점검을 정기적으로 실시한다.

점검사항	내용
소화기	• 소화기 비치와 약제의 유효기간 여부 확인 소화기는 바닥면적 100m²(30평)에 1개 이상 설치하고 내부가 구획된 실마다 1개씩 설치 • 분말 소화기에 포함된 내용 약제의 유효기간은 10년으로 확인하여 소화기를 교체하거나 약제를 교환한다.
전기와 콘센트	• 한 개의 콘센트에 전기 플러그를 여러 개 사용하지 않는다. • 사용하지 않는 전기제품은 플러그를 빼둔다.
냉/난방 상태	• 실내 냉난방 제품은 끄고 퇴근한다. • 난로 1~2m 이내에 인화성 물건을 두지 않는다.
안전교육	• 비상대피로의 상태 점검 ▸ 비상대피로에는 물건을 쌓아 두지 않는다. ▸ 시설 종사자에게 비상구 등 대피로를 안내해 주고 화재에 대비하여 정기적으로 안전교육을 실시한다. ▸ 비상 탈출 경로 안내 표시물 부착여부를 확인한다. • 화재 시 대피 요령의 교육 상태 점검 ▸ 화재 발생 시 "불이야"라고 큰소리 치고 다른 사람에게 알린다. ▸ 화재가 확인되면 비상벨을 누른다. ▸ 침착하게 119에 화재신고를 한다. ▸ 보호자 등을 인솔하여 신속히 밖으로 대피시킨다. ▸ 엘리베이터를 타지 말고 아래쪽 비상계단을 이용하되, 어려울 경우 옥상으로 대피한다. • 화재 시 반려견 대피 방법 상태 점검 ▸ 화재 발생 시 반려견 대피 장소를 미리 정해둔다. ▸ 화재 발생 시 반려견에 목줄을 착용하여 신속히 밖으로 대피한다. ▸ 화재가 커져 반려견을 개별적으로 대피시키기 어려운 경우에는 사육장 잠금장치를 해제하고 문을 활짝 개방하여 반려견 스스로 밖으로 나갈 수 있도록 조치한다.

(2) 출입 및 보안관리

① 출입 개인위생 관리

- 사육장 출입 시에는 개인위생 관리 절차를 거친 후 들어갈 수 있음
- 이물질 제거, 손 소독, 발판 소독(발판전용 소독액 또는 물에 락스 200배 희석 등)

② 출입 관리

- 상주직원과 방문고객으로 구분
- 방문고객의 경우 출입자 명부 작성
- 상주직원은 지문인식 장치를 통해 출퇴근 문단속과 근태현황을 효율적으로 관리
- 방문고객은 반려견 위탁과 상담을 위한 보호자와 우편, 택배 등의 업무를 위해 방문하는 인원 등이 해당
- 우편함과 택배함을 설치하여 운영 시 외부인의 출입 최소화 가능
- 사육장 출입구에 출입 안내문 비치(반려견의 안전, 휴식, 감염관리를 위해 허가 또는 동반 없이 출입할 수 없다는 안내문)

③ 시설 보안관리

- 시설 보안관리를 위해 방범시스템을 방범 전문 업체에 위탁하여 구축
- 방범시스템은 외부 침입을 감지하기 위한 장치로 각종 침입감지 센서와 영상 장비

4. 반려견 관리상태 체크리스트

(1) 반려견의 관리 상태를 확인하고 점검하기 위한 체크리스트

① 체크리스트는 복잡하기보다는 단순하고 간단하게 작성

② 점검항목, 점검시기, 진행현황, 작성일, 작성자 등의 내용으로 구성

③ 점검항목에는 일반관리, 건강관리, 예절교육과 문제행동 등

(1) 일반관리 항목을 구성
주거, 급식, 운동 및 산책, 반려동물 관련 법률 준수 등에 대한 내용이 포함된다.
(가) 주거 내용을 작성 – 실내 또는 실외 사육 여부, 배변 장소와 잠자는 장소의 여부 등을 파악한다.
(나) 급식 내용을 작성 – 사료 및 간식의 종류, 섭취량, 공급 횟수, 식성 등을 파악
(다) 운동 및 산책 내용을 작성 – 반려견의 운동 및 산책과 관련하여 실시 장소, 시간, 방법 등을 파악
(라) 반려동물 관련 법률 준수에 대한 내용을 작성 – 동물등록 여부와 방법, 반려동물 외출 시에 인식표와 목줄 착용, 배변물 수거, 맹견의 관리방법과 외출 시 입마개 착용, 광견병 예방접종에 대해 보호자가 실시했는지 여부를 파악

(2) 건강관리 항목을 구성
예방접종 및 기생충 예방, 중성화 수술 여부, 위생관리(치아관리, 목욕 및 미용 등), 신체검사 등에 대한 내용이 포함된다.
(가) 예방접종 및 기생충 예방 내용을 작성
(나) 중성화 수술 여부에 대한 내용을 작성
(다) 위생관리에 대한 내용을 작성 – 목욕, 털 손질, 발톱 깎기, 귀 세정, 양치질 등에 대한 관리 상태를 파악. 목욕은 주 1회가 적당하며 양치질은 매일 실시
(라) 신체검사 결과에 대한 내용을 작성

(3) 예절교육과 문제행동 항목을 구성
(가) 기본예절 교육의 정도를 파악할 수 있는 내용을 작성
(나) 산책예절 교육의 정도를 파악할 수 있는 내용을 작성 – 산책 및 운동시간, 산책 시의 문제행동(보호자를 끌고 가는 경우, 음식을 주워 먹는 경우, 다른 동물에게 호기심을 보이는 경우 등)이 포함
(다) 반려견에게서 나타나는 문제행동에 대한 내용을 작성 – 배변, 공격성, 분리불안증, 짖는 행동 등을 파악할 수 있는 내용이 포함

Chapter 05

운동 및 행동관리

1. 운동

(1) 운동의 필요성

① 육체적, 정신적으로 건강하게 성장시키는 것 중의 하나가 반려견을 규칙적으로 꾸준하게 운동, 산책시키는 것이다.

② 산책이나 운동이 부족한 경우, 반려견은 사회성이 떨어져 낯선 환경을 접하면 경계하거나 두려워하게 될 수 있다.

③ 매일 산책할 수 있다면 반려인과 반려견 모두 건강하게 지낼 수 있다.

④ 실내에서 생활하는 중대형 견종의 경우, 운동을 충분히 시켜야 근육과 골격이 발달한다.

⑤ 운동은 베타엔도르핀과 코르티솔을 포함한 다양한 호르몬에 영향을 미치고 신경전달물질의 생성과 활동을 촉진한다.

⑥ 세로토닌의 수치를 증가시켜 기분, 식욕, 수면, 위장 운동, 기억력 및 학습 능력에 영향을 준다. 또한 스트레스와 충동적인 행동을 조절하는 데 도움을 주고 우울감을 감소시킨다. 운동을 통해 생성된 세로토닌은 불안감을 감소시키고 입질과 헛짖음을 줄인다.

(2) 반려견 주요 운동

운동 종류	내용
사람과 함께 달리는 Canicross	• 반려인과 반려견이 보조를 맞추며 달리는 운동으로 반려견에 무리가 가지 않도록 규칙적으로 운동량을 늘리면 효과적이다.
수영	• 수영장에서 수영을 하면 반려견의 관절에 무리가 가지 않고 효과적인 운동이다. • 일부 견종은 수영을 매우 좋아하고 즐기지만, 물을 싫어하는 일부 견종은 강아지용 수영조끼를 착용하거나 꼬리를 잡아 위로 들거나 배를 받쳐주면 도움이 된다.
자전거와 달리기	• 반려인은 자전거를 타고, 반려견은 달리는 운동이다. • 많은 양의 운동이 필요할 때 매우 효과적이다. • 처음에는 단거리에서 시작해서 거리를 차츰 늘려가야 한다. 장거리를 달리는 경우 발바닥 패드가 닳고 관절에 무리가 갈 수 있다.
강아지용 러닝머신	• 러닝머신에서 운동 시 낮은 속도에서 단계적으로 속도를 늘려야 한다. • 운동 시 반려인은 옆에서 반려견의 상태를 관찰해야 한다.
자연운동	• 넓은 공간에 자유롭게 풀어 놓고 운동시키는 방법이다. • 상호 경쟁하면서 놀 수 있도록 두 마리 이상의 반려견을 풀어 놓고 어울리며 뛰어다니도록 하면 효과적이다.
산책	• 주위의 냄새를 통해서 다른 개체의 흔적을 탐색하는 것은 좋은 정신적 자극이 된다. • 반려견 나이, 크기, 질병의 유무, 날씨 등을 고려해야 한다.

2. 산책 예절 교육하기

(1) 산책 환경을 분석하여 산책 상황을 설정한다.

① 공원이나 산책로에서 산책하기

- 다른 사람과 반려견을 만날 수 있다.
- 반려견의 사회성 정도를 반영해서 산책 진행 시간대, 방향, 산책시간을 결정한다.

② 주택가에서 산책하기

- 아파트나 빌라 등 주거지 근처에서 산책하는 경우이다.
- 주변 지리를 잘 알고 있으므로 어떤 동선으로 산책할 것인지 자유롭게

선택하는 장점이 있다.

③ 도심지에서 산책하기

- 사회성이 부족한 반려견이라면 안전에 주의를 기울여야 한다.

④ 차량으로 이동 후 산책하기

- 이동 시 켄넬 안에 넣은 상태로 이동하여 안전을 확보하고, 불필요한 문제행동(창밖을 보고 짖거나 으르렁거리기)을 예방할 수 있다.
- 차에서 내릴 때는 반드시 목줄을 먼저 연결한 후, 차나 켄넬에서 나오도록 한다.

⑤ 산책하는 시간대를 결정한다.

- 반려견의 사람에 대한 사회성 정도를 반영하여 산책하는 시간대를 결정한다.

⑥ 날씨나 기온에 따른 산책 상황을 결정한다.

⑦ 산책의 기대효과를 파악한다.

- 산책은 반려견에게 기분 전환의 기회가 된다. 반려견이 호기심을 충족시킬 수 있는 기회, 수면 시간이 많은 노령견에게는 산책을 통해 정신적 자극을 제공할 수 있다.
- 반려견의 사회화를 촉진할 수 있다. 낯선 사람이나 반려견, 소리, 물체를 체험함으로써 사회성을 익히는 좋은 기회가 된다. 강아지, 성견, 노령견 모두 산책은 필요하다.
- 반려견과의 보호자와의 신뢰관계를 촉진한다.

(2) 산책예절 교육을 하기 전 관계 형성을 위한 교감 활동을 한다.

① 행동지도사는 반려견 산책예절 교육을 진행하기 전에 먼저 그 반려견과 친해져야 한다.

② 진해진 정도에 따라 산책 교육의 시작 시기나 방법이 다를 수 있다.

(3) 반려견의 특성에 맞는 산책 도구를 선택한다.

① 보통 목걸이(plat collars): 지나치게 폭이 넓거나, 가늘지 않아야 한다. 목걸이의 조임 정도는 반려견의 목과 목걸이 사이에 사람의 손가락 두 개가 들어가도록 한다.

② 하네스(harness): 털이 풍성한 개에게는 부적합할 수 있다.

③ 헤드칼라(head collars): 핸들러가 반려견의 머리 움직임을 효과적으로 통제할 수 있다.

④ 목줄(leash): 길이는 1.2~2m로 반려견의 상황에 맞게 착용한다.

(4) 산책예절 교육

① 산책예절 교육을 하기 전 필요 물품을 준비한다.

- 목걸이, 목줄, 인식표, 배설물 처리 용품, 물, 물그릇, 강화물(장난감, 간식 등)

② 산책 장소를 정한다.

- 산책에 능숙한 반려견: 산책코스를 자주 바꿔 준다.
- 산책에 대해 두려움을 지닌 반려견: 동일 산책 코스를 반복 경험하도록 한다.

③ 한 번에 집중적으로 하기보다는 시간대를 나누어서 산책한다.

④ 산책량을 정한다.

⑤ 산책 방법을 다양화한다. 지루한 산책보다는 좀 더 재미있는 산책을 시도한다. 오르막을 오르거나, 간혹 뛰거나 걷기를 반복하도록 한다.

(5) 산책예절 수행 순서(따라 걷기를 미리 가르쳐 두어야 함)

① 산책의 기본을 지킨다.

- 반려견과 산책할 때의 기본은 목줄을 착용하는 것이다.

② 산책을 시작한다. '따라'

Ⓐ 행동지도사를 의식하면서 걷게 한다. 산책 도중에 간혹 반려견의 이름을 불러 반응하도록 한다.
Ⓑ 산책하는 도중에 반려견에게 주변 냄새를 맡게 한다.
Ⓒ 산책하는 도중에 배설할 기회를 준다.
Ⓓ 산책하는 도중에 틈틈이 놀아준다.
Ⓔ 산책하는 속도에 변화를 준다.
Ⓕ 산책하는 도중에 낯선 사람을 만났을 때 달려들거나 짖지 않도록 한다.
Ⓖ 산책하는 도중에 다른 반려견을 만났을 때 달려들거나 짖지 않도록 한다.
Ⓗ 산책을 하기 위해 문을 출입할 때는 반드시 허락하에 통과하도록 한다.

③ 산책을 마친다.

- 산책 뒷정리를 한다.

(6) 산책 시 발생 가능한 돌발 상황을 매뉴얼화하여 훈련에 적용할 수 있다.

① 산책 도중에 걷지 않을 때는 무리하게 목줄을 끌어당기지 않는다.
② 산책 도중에 음식물을 주워 먹지 않도록 한다.
③ 산책 도중에 다른 사람이나 반려견을 보고 짖지 않도록 한다.
④ 산책을 매일 진행하기가 어렵다면 대안을 찾는다.
⑤ 산책 시간이 가까워지면 반려견이 짖을 때는 산책 시간을 임의로 바꾼다.
⑥ 산책은 행동지도사가 주도한다.
⑦ 산책 도중에 고양이나 새 등의 다른 동물을 쫓아가지 않도록 한다.
⑧ 산책 도중에 배뇨 행위 때문에 지나치게 자주 멈출 때는 특정 장소를 지정해 준다.
⑨ 밤늦은 시간이라 하더라도 산책을 한다.
⑩ 반려견이 산책 중에 전혀 배설 행위를 하지 않을 때는 반려견이 안심할 수 있는 장소로 데리고 가서 배설하도록 유도한다.
⑪ 외부로 나가기 꺼리는 반려견은 안고 외출하여 집 방향으로 이동한다.
⑫ 장애물, 배수로 덮개나 물이 고인 근처에서 멈춰 서면 반려견을 안아서 이동시킨다.

Chapter 06

반려견개론 및 견종 표준

1. 반려견개론

(1) 개의 진화

동물계 — 척삭동물문 — 포유강 — 식육목 — 개과 — 개속 — 늑대종(아종–개종)

① 개의 조상은 중동의 회색늑대(gray wolf)설이 유력. 50만 년 전부터 아시아와 유럽 대륙에 서식. 체고는 80~90cm, 체장은 90~150cm, 수컷의 몸무게 30~65kg, 암컷 27~45kg

② 100% 육식성 동물. 이는 전분을 소화 · 흡수하는 유전자가 잡식을 하는 개와 다름

③ 개와 늑대의 유전자는 36개 영역에서 차이를 보이는데 특히 신경계통과 소화영역 차이

④ 다른 생물종들의 경우 분화 이후에는 번식력이 있는 잡종이 생산되지 않으나 개과의 늑대, 코요테, 자칼, 개는 서로 자유롭게 교잡할 수 있음

⑤ 개의 가축화는 약 1만 5천 년 전 또는 3만 5천 년 전으로 추정

⑥ 개는 발가락(digitigrade)을 이용해 걷거나 달리는 지행성 동물

⑦ 늑대의 아종으로 분류

기원전 14,000년	스페인 동부 아르페라 부근에서 발견된 구석기 시대의 최후기에 속하는 동굴벽화에는 수렵대상 동물 외에 이리와 비슷한 동물이 사람과 함께 그려져 있다.
기원전 7,000년	덴마크에서 발견된 B.C. 7,000년 무렵의 개의 유골이 패총에서 발견되었다.
기원전 2,500~4,000년	이집트 제4왕조기에 속하는 시기로 아무템 무덤에는 그레이하운드와 비슷한 개의 모습이 조각되어 있다. 두 마리는 사슴을 공격하고, 한 마리는 들소를 공격하는 모습이다.

더 알아보기

▣ **유형성숙(neoteny)과 유형진화(paedomorphosis)**

성장한 개체가 어렸을 때 모습을 계속 유지하는 현상을 '유형성숙'이라 한다. 유형진화는 유형성숙의 대표적인 예인데 배아기 형질이 성견의 형질이 되는 것이다.

(2) 최초의 사육법

① 이집트인들은 기원전 2,000년경부터 프레스코 벽화와 청동제품, 조각물과 문서, 서류 등에 개 사육법의 기본원리를 표현했다.

② 유럽에서는 로마인이 개의 품종을 상당히 개발해서 오늘날 우리가 알고 있는 품종들이 대부분 존재하였다. 로마인들은 개의 지역적인 유형은 물론이고 가정견, 스포츠견, 군견, 경비견 등 개의 유형을 개별적으로 기술했다.

(3) 대륙별 개의 특징

지역		내용
서남아시아 남유럽지역	메소포타미아 문명	• 날씬하고 긴 다리를 갖고 있는 사이트하운드는 사막에서 사냥할 수 있는 능력을 가지고 있었으며, 수 세기에 걸쳐 외형이 변화되었다. 그레이하운드의 형태는 기원전 2,900년경에 이집트에서 발견되었다.
	고대 그리스시대	• 사냥견의 후각 능력을 향상시키기 위해 선택적 사육을 시행하였고, 고대의 사이트하운드와 같이 여러 종이 특수한 유형을 지닌 사냥견이 점차 개량되었다고 추정된다. • 늑대나 사슴을 사냥하기 위한 목적이었던 대형견 계통인 아이리쉬 울프 하운드는 기원후 391년 이전에 존재했던 것으로 추정된다.
	로마시대	• 경비견이나 투견의 목적을 가진 대형견인 마스티프 유형의 개는 기원전 3,000년경 이집트 회화에서 발견할 수 있다. 로마가 영국 침입 당시 도입한 것으로 알려져 있다.
북아프리카 동북아시아지역	이집트문명	• 페르시아 그레이하운드라고 불리는 살루키는 세계에서 가장 오래된 품종으로 알려져 있다. 기원전 329년보다 더 오래전에 길들여진 것으로 추정된다. • 기원전 2,000년경 고대 이집트인들은 소형견을 만들어 냈다. 기원전부터 그리스와 로마에서도 소형 애완동물을 사육했던 것으로 추정된다. 이들 초기 애완견은 말티즈 유형인 것으로 추정된다.
	황하문명	• 기원전 6세기경 작고 짧은 얼굴을 가진 개에 대한 기록이 있는데, 후에 퍼그나 페키니즈 같은 소형견 품종을 개량하고 발전시켰다.

(3) 반려견의 변천

야생동물 ➡ 가축 ➡ 애완동물 ➡ 반려동물

① 야생동물과 가축

- 무리 생활을 하며 사냥하고 육식을 하는 야생동물, 육식성 동물
- 약 2만 년 전부터 인간에 의해 순화되고 밀접한 생활을 하면서 인간이 먹고 남긴 음식물을 먹기 시작하면서 현재는 잡식성동물이 됨
- 개의 이빨은 육식동물의 특징을 그대로 유지하고 있으며 장의 형태, 길이, 기능도 늑대와 거의 비슷함
- 먹이를 먹고 다음 사냥까지 견딜 수 있도록 큰 위(전체 소화관 60%)를 가짐

② 애완동물(pet)

- 가축의 개념에서 서로 감정을 교류하는 단계
- 사람의 정서적 부분을 달래고 사랑을 나누는 단계로 '인간이 주로 가까이 두고 귀여워하거나 즐거움을 위해 사육하는 동물'을 의미
- 과거에는 경제적 여유, 권력(왕족, 귀족, 부유한 가문) 등을 과시하는 수단으로 개를 사육함

③ 반려동물

- '반려동물'이라는 용어는 1983년 오스트리아 빈에서 열린 '인간과 애완동물의 관계'라는 국제 심포지엄에서 처음 사용하자고 제안됨
- 단순히 인간의 즐거움을 위해 키우는 것이 아닌 '가족 같은 관계'의 의미 부여
- 동물을 소유물이 아니라 생명체, 친구, 동료, 가족으로 대우
- 개를 독립적인 주체로 여기고 개의 개성과 습관 등을 파악하여 소통하려는 흐름 형성

더 알아보기

▣ 한국견

- ▸ 진돗개: 전남 진도의 토착견, 1962년 천연기념물 53호로 지정. 용맹하고 충성심이 강해 보호자를 잘 따름. 세계애견연맹(FCI), 영국켄넬클럽(KC)에 2005년 등록
- ▸ 삽살개(삽사리): 1992년 천연기념물 368호로 지정. 대담하고 용맹하며, 주인에게 충성스럽다. '귀신과 액운을 쫓는 개'라는 뜻을 지닌 삽살개는 이름 자체도 순수한 한국어로서 가사(歌詞), 민담, 그림 속에 자주 등장한다.
- ▸ 경주개 동경이: 2022년 천연기념물 540호 지정. 외형상 진돗개와 매우 비슷한데 선천적으로 꼬리가 퇴화되어 몽똑하거나 없는 것처럼 보이는 것이 특징이다.
- ▸ 풍산개: 북한의 국견, 천연기념물 368호로 지정, 함경남도 풍산군. 추위에 강함. 사냥 능력 탁월, 매우 용감

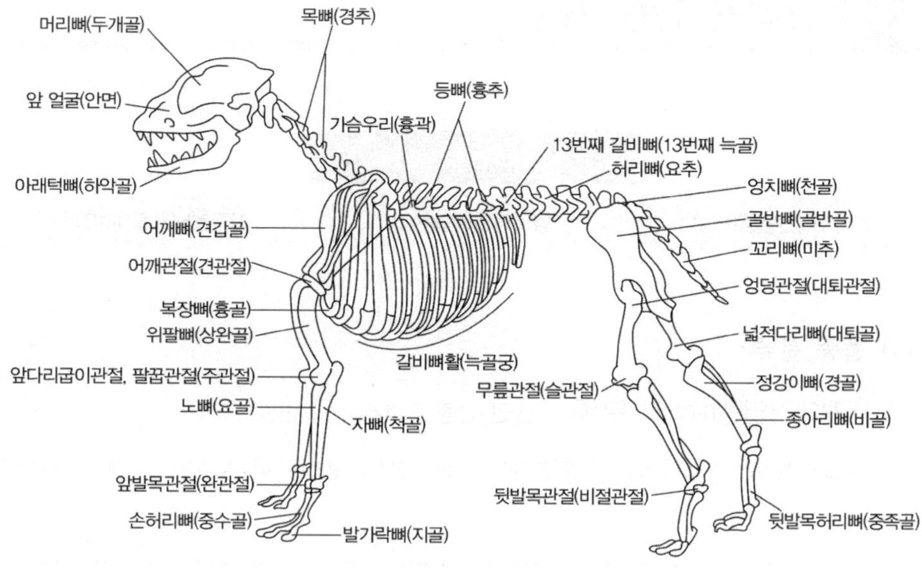

개의 골격도

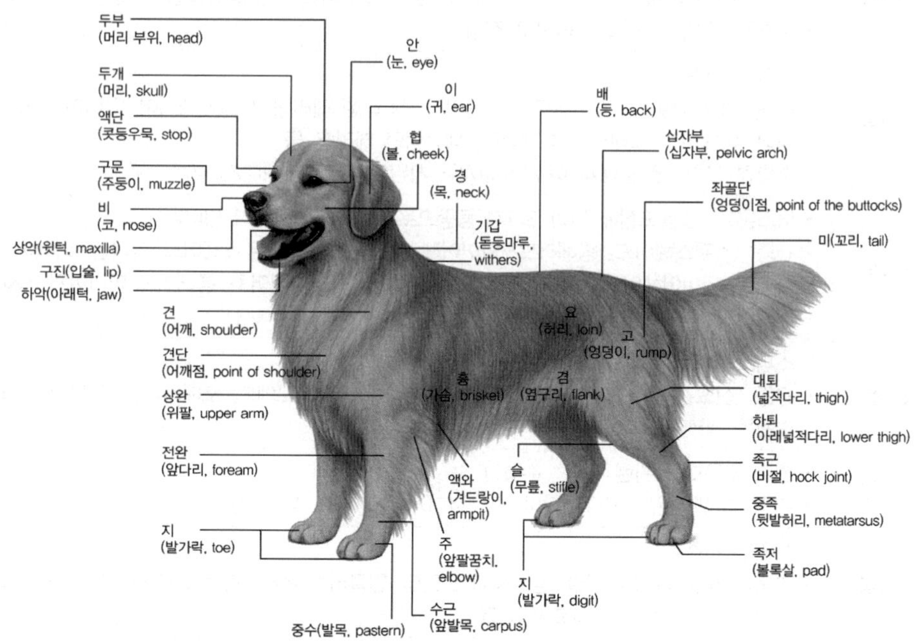

개의 신체 부위별 명칭

2. 반려견 견종 표준

세계 3대 애견 단체

세계애견연맹(FCI)	영국켄넬클럽(KC)	미국켄넬클럽(AKC)

(1) 품종 분류

① 세계애견연맹(FCI)의 분류 – 공인 견종 344개(수시 변동)

원산지와 용도, 분류, 연혁, 외모와 성격, 걷는 모양, 피부, 크기, 결점 등으로 분류

그룹	품종
1그룹	• 쉽독과 캐틀독 견종(스위스 캐틀독 제외) • 견종: 오스트레일리언 캐틀독, 잉글리쉬 쉽독, 저먼 셰퍼드, 벨지안 셰퍼드
2그룹	• 핀셔, 슈나우저(몰로세르 타입)과 스위스 마운틴 독, 캐틀독 견종 • 견종: 아펜 핀셔, 도베르만, 버니즈마운틴독, 그레이트데인, 로트와일러 복서, 불독 등 • 경호견, 경비견, 구조견 등으로 적합
3그룹	• 테리어 견종 • 견종: 에어데일 테리어, 스토티쉬 테리어, 잭 러셀 테리어, 요크셔테리어, 와이어 폭스테리어, 아메리칸 스태퍼드셔 테리어, 배들링던 테리어 등 • 수렵견 그룹, 굴 등에서 여우나 설치류 사냥하던 견종, 에너지 넘침
4그룹	• 닥스훈트 견종(모질에 따라 3가지 품종으로 총 9가지 품종이 있다) • 견종: 스무스헤어드, 롱헤어드, 와이어헤어드 닥스훈트/스무스헤어드 카니헨, 롱헤어드 카니헨, 와이어헤어드 카니헨 닥스훈트/스무스헤어드 미니어처, 롱헤어드 미니어처, 와이어헤어드 미니어처 닥스훈트
5그룹	• 스피츠와 프리미티브 타입 견종: 사역견 • 견종: 진도견, 알라스칸 말라뮤트, 시베리안 허스키, 사모예드, 포메라이언, 차우차우, 타이완독, 바센지, 시바, 아키다 등
6그룹	• 센트 하운드와 관련 견종: 수렵견 • 견종: 바셋하운드, 비글, 달마시안, 로디지안 리지백, 블랙 앤 탄 하운드
7그룹	• 포인팅 견종 • 견종: 브리타니 스패니얼, 잉글리쉬 포인터, 잉글리쉬 세터, 저먼 쇼트헤어드 도인팅 독, 바이마라너, 아이리쉬 레드세터 등

그룹	품종
8그룹	• 리트리버, 플러싱독, 워터 독 견종: 조렵견 • 견종: 아메리칸 코커스패니얼, 잉글리쉬 코커스패니얼, 골든리트리버, 래브라도 리트리버, 포르투기 워터 독 등
9그룹	• 컴패니언 토이독 견종: 가장 흔하게 볼 수 있는 가정견 • 견종: 비숑 프리제, 시츄, 말티즈, 페키니즈, 푸들, 퍼그, 치와와, 프렌치불독, 캐벌리어 킹 찰스 스패니얼, 빠삐용(콘티넨탈토이스패니얼) 등
10그룹	• 사이트 하운드 견종 • 견종: 아프칸하운드, 보르조이, 그레이하운드, 이탈리안 그레이하운드, 디어하운드, 아이리쉬 울프하운드, 살루키 등

② 성격에 따른 품종 분류

성격 특성	견종
활발함	말티즈, 푸들, 요크셔테리어, 빠삐용, 치와와 등
활발하며 잘 짖음	닥스훈트, 퍼그 등
조용함	비숑 프리제, 페키니즈, 시츄, 친, 라사압소, 포메라이언 등
활동성 강함	웰시코기 펨브로크, 셔틀랜드 쉽독, 슈나우저, 코커스패니얼, 잭러셀 테리어 등

③ 기능에 따른 품종 분류

기능별 분류	견종
만능견	저먼 셰퍼드, 벨지안 마리노이즈, 벨지안 셰퍼드 독, 보더 콜리, 오스트리아 셰퍼드, 골든리트리버, 래브라도 리트리버, 진도견 등
가정견	사모예드, 버니즈 마안틴 독, 불독, 올드 잉글리쉬 쉽독, 아키다, 콜리, 재패니즈 스피츠, 그레이트 피레니즈, 달마시안 등
경비견	저먼 셰퍼드, 벨지안 마리노이즈, 진도견, 로트와일러, 복서, 도베르만, 마스티프, 그레이트데인, 샤페이, 티베탄 마스티프 등
실내견	코커스패니얼, 비글, 슈나우저, 잭 러셀 테리어, 보스턴 테리어 등
수렵견	바셋 하운드, 비글, 보르조이, 블러드 하운드, 블랙 앤 탄 쿤 하운드
시각형 수렵견	아프칸하운드, 살루키, 스패니쉬 그레이하운드 등
경주견	그레이하운드, 이탈리안 그레이하운드, 휘핏 등
조렵견	잉글리쉬 포인터, 저먼 포인터, 잉글리쉬 세터, 브리타니 스패니얼, 저먼 쇼트 헤어드 포인터, 아이리쉬 세터 등
썰매견	알라스칸 말라뮤트, 시베리안 허스키, 뉴펀들랜드, 세인트버나드
시각장애인 안내견	저먼 셰퍼드, 래브라도 리트리버, 골든리트리버

PART 2

반려동물 관리학

예 상 문 제

01 반려견이 가장 싫어하는 맛으로 옳은 것은?

① 단맛 ② 쓴맛
③ 신맛 ④ 짠맛

02 다음 중 '동물복지'에 대한 설명으로 옳지 않은 것은?

① 동물보호와 동물에 대한 도덕적 책임감을 느끼지만, 동물들이 전통적으로 인간에게 보장된 것과 같은 권리를 가지지 않는다.
② 불필요한 학대와 고통으로부터 보호받아야 한다.
③ 인간이 가지고 있는 사고와 생산능력 덕에 혹은 종교적으로 밀접한 관계로 인간은 동물보다 높은 가치를 가지며 따라서 더 많은 권리를 갖질 수 있다는 것이다.
④ 동물을 인간을 위한 어떠한 용도로도 사용해서는 안 된다고 믿는다.

03 다음의 설명에 해당하는 영양소로 옳은 것은?

- 신진대사와 체 조직의 기능 수행에 촉매
- 나트륨, 칼륨, 염소, 칼슘, 인, 마그네슘 등 체액과 체 조직을 구성하는 전해질 역할
- 칼슘, 인, 마그네슘은 뼈와 치아를 구성

① 단백질 ② 지방
③ 탄수화물 ④ 미네랄과 비타민

04 반려견 건식사료의 특징으로 옳지 않은 것은?

① 수분 함량이 10% 미만인 사료를 건식사료라 한다.
② 냄새가 좋아 기호성이 좋고, 간식으로 주어도 좋다.
③ 보존성이 좋다.
④ 이빨 건강에 좋다.

05 단두종 증후군에 주로 걸리는 견종으로 옳지 않은 것은?

① 퍼그 ② 페키니즈
③ 시츄 ④ 말티즈

06 다음의 설명에 해당하는 반려견의 질병으로 옳은 것은?

안검은 눈꺼풀을 말하는데, 안검이 안쪽으로 말려 들어가 있는 상태로 각막염이나 결막염 유발하기도 한다. 가려움 때문에 눈을 문지르고 눈물이 많이 흐름. 조기 치료 중요. 치료는 수술로 교정 가능

① 결막염 ② 각막염
③ 안검외반증 ④ 안검내반증

07 바이러스성 전염병으로 인수공통전염병 "공수병"으로 불리는 질병은?

① 개홍역 ② 광견병
③ 전염성 간염 ④ 개 파보바이러스

08 예방접종 시 사독백신의 장점으로 옳지 않은 것은?

① 안전성이 높고 겔 또는 오일로 제조되어 사용이 용이하다.
② 생독백신에 비하여 냉장 보관이 쉽지 않다.
③ 개발하는 데 오래 걸리지 않는다.
④ 보강 접종으로 면역증강 효과가 크다.

09 다음 중 동물위탁관리 시설의 종류로 옳지 않은 것은?

① 애견 훈련소 ② 애견 호텔
③ 애견 유치원 ④ 애견 미용샵

10 다음 중 동물위탁관리 시설의 소방시설 안전점검에 대한 내용으로 옳지 않은 것은?

① 소화기의 비치 현황과 사용법을 숙지한다.
② 소화기는 바닥면적 $300m^2$당 1개 이상을 눈에 잘 띄는 곳에 설치한다.
③ 전기 콘센트, 냉난방기, 대피로 등을 점검한다.
④ 소방시설 안전점검표를 만든다.

11 **다음 중 반려견의 필수 단백질로 옳지 않은 것은?**

① phenylalanine(페닐알라닌)
② lysine(라이신)
③ tryptophan(트립토판)
④ Taurine(타우린)

12 **다음 중 소화기관에 대한 설명으로 옳지 않은 것은?**

① 이빨은 주로 먹이를 찢을 수 있도록 예리하고 튼튼하게 형성되어 있다. 음식물을 약간 씹거나 전혀 씹지 않고 삼키는 경우가 많다.
② 식도는 구강과 위를 연결하는 관이다. 점막, 점막하층, 근층 및 외막의 4층으로 구성된 횡문근이다. 개의 경우 초당 2~5cm 속도로 이동하고 섭취한 음식물이 식도를 통과하는 데 4~5초 정도이다.
③ 위는 전체 소화관 용적의 약 40%를 차지하고 있어서 다량의 음식물을 저장할 수 있다.
④ 위에서 부분적으로 소화된 음식물은 소장에서 더 분해된다.

13 **다음 중 개의 청각 기관에 대한 설명으로 옳지 않은 것은?**

① 개의 외이도는 수평으로 이어지는 형태로 되어 있다.
② 귀는 수의근으로 귀 운동을 담당한다.
③ 개의 귀는 여러 가지 형태로 분류할 수 있다.
④ 중이는 고막에서 내이 사이까지의 공간이다.

14 **반려견의 죽은 털과 엉킨 털을 제거할 때 사용한다. 빗의 종류로 옳은 것은?**

① 핀 브러시
② 슬리커브러시
③ 빗(콤)
④ 눈곱빗

15 **반려견의 모든 유치가 영구치로 교체되었다면 이 반려견의 연령으로 옳은 것은?**

① 2개월령
② 4개월령
③ 7개월령
④ 1~2년령

16 개와 늑대의 공통점으로 옳지 않은 것은?

① 인간과의 긴밀한 상호작용을 한다.
② 의사소통 체계를 가지고 있다.
③ 종간에 서열의식을 가지고 있다.
④ 운동능력이 좋다.

17 개의 발정기는 연 몇 회인가?

① 1회 ② 2회
③ 3회 ④ 4회

18 반려견이 갈비뼈를 보기 어렵고 지방층으로 인해 갈비뼈를 쉽게 촉진하기 어려운 상태일 때의 반려견 신체충실 지수(BCS) 단계로 옳은 것은?

① BCS 1 ② BCS 2
③ BCS 4 ④ BCS 5

19 반려견 수컷의 생식기관에 설명으로 옳지 않은 것은?

① 고환은 정자를 생성하는 외분비샘이며 테스토스테론을 생성하는 내분비샘이다.
② 부고환은 고환으로부터 생성된 미성숙 정자를 일시적으로 저장 및 성숙시키게 된다.
③ 전립샘은 정자 운동 및 대사 등에 필요로 하는 성분을 포함한 분비액이 만들어진다.
④ 정관은 부고환에서 이어지는 것으로 고환관의 비연속관이다.

20 다음 중 반려견의 저혈압 원인으로 옳지 않은 것은?

① 저혈량 ② 말초혈관의 확장
③ 심장질환 ④ 심박출량의 감소

21 다음 중 중형견의 정상적인 맥박수로 옳은 것은?

① 70~110회/분 ② 80~120회/분
③ 90~130회/분 ④ 100~140회/분

22 다음 중 소형견의 정상적인 맥박수로 옳은 것은?

① 70~110회/분
② 80~120회/분
③ 90~160회/분
④ 60~100회/분

23 다음 중 대형견의 정상적인 맥박수로 옳은 것은?

① 70~110회/분
② 80~120회/분
③ 90~160회/분
④ 60~100회/분

24 뇌에서부터 나온 각종 정보를 반려견 신체 각각의 부위에 전달하는 줄기 역할을 하는 곳은?

① 근육
② 척수
③ 뇌
④ 신경

정답

01	02	03	04	05	06	07	08	09	10
②	④	④	②	④	①	②	②	④	②
11	12	13	14	15	16	17	18	19	20
④	③	①	②	③	①	②	③	④	③
21	22	23	24						
①	③	④	②						

Part 3

반려동물 훈련학

Chapter 01

반려견 훈련 개념 및 훈련의 영향 요인

1. 반려견 훈련의 개념 및 행동지도사의 역할

(1) 훈육과 훈련의 정의

① 훈육(생후 20일~3개월령)

- 훈육
  - ▸ 다양한 경험과 훈육을 통해 건강하게 성장하도록 만들어 주어야 한다.
  - ▸ 사람에 대한 사회화, 환경에 대한 사회화 등 훈련에 들어가기 전 서서히 인식하도록 한다.
  - ▸ 훈육 과정에서 놀이는 매우 중요한 보상이다(터그놀이, 공놀이 등).
  - ▸ 호기심과 탐색능력을 길러주는 놀이를 통해 자신감과 학습능력을 높여준다.
- 놀이 시 주의사항
  - ▸ 공놀이나 터그놀이 시 강제로 회수하기보다는 간식으로 교환하도록 하여야 한다.
  - ▸ 놀고 난 후에 장난감이나 장비를 보이지 않는 곳으로 바로 치운다. 항상 곁에 두면 흥미가 떨어져 훈련에 무관심하도록 만들 수 있기 때문이다.
  - ▸ 놀이 시간을 조절하여 동기부여를 한다. (짧은 시간을 여러 번 반복하는

것이 좋다.)

▸ 놀이교육의 마무리는 즐겁게 한다. (다음을 기다리도록 한다.)

② **훈련**(생후 6개월령~1년 미만)

- 반려견 훈련의 의미
  - ▸ 인간과 상호작용으로 행복한 반려생활을 영위
  - ▸ 안정적이고 정제된 행동능력을 통해 반려견의 가치 상승과 잠재 능력을 발휘할 수 있는 기회 제공
  - ▸ 사회에 필요한 행동 습득과 개체별 특성을 파악하는 기회
- 반려동물행동지도사의 마음 자세
  - ▸ 반려견과의 친화에 중심을 두어야 한다. 개를 진심으로 존중하여야 하며, 인내심이 필요하다.
  - ▸ 반려동물행동지도사는 개의 건강상태 및 심리상태를 파악하고, 이해하는 자세를 가져야 한다.
  - ▸ 개체별 특성에 대해 분석하고 연구하는 자세로 훈련에 임해야 한다.
- 훈련시기
  - ▸ 생후 6개월령의 반려견은 호기심이 왕성하고 학습능력이 뛰어나다.
  - ▸ 훈련은 반려견의 잠재력과 능력을 살려 보호자와 반려생활을 영위하는 데 필요한 예의를 알려주는 것이다.
  - ▸ 반려견의 기질과 특성에 따라 훈련 시작 시기는 다르다. 사회성이 부족하고 독립심이 강한 개체는 생후 4~5개월령부터 일찍 시작하는 것이 좋다.

(2) 반려동물행동지도사의 역할

① 반려견 개체별 특성과 행동 분석 및 평가

② 반려견 개체별 특성에 적합한 훈련 계획 수립 및 평가

③ 반려견에 대한 훈련

④ 반려견 문제행동 예방 및 수정

⑤ 반려견 보호자 교육 및 상담

(3) 반려동물행동지도사의 직업윤리

① 생명존중

② 윤리의식과 올바른 태도: 올바른 반려동물 문화 발전에 일조, 반려견 잠재력 유인

③ 인성: 강한 의지와 올바른 사고방식, 조화로운 정서 상태, 반려견과의 원만한 관계를 유지할 수 있는 인성

④ 지식 및 수행능력: 충분한 지식과 기술

표 3-1. 반려동물행동지도사의 준수사항

구분	내용
전문능력 향상 및 상호존중	• 전문가로서 지속적인 연구 활동으로 능력을 개발한다. • 반려동물에게 물리적 자극을 최소화하고 우호적인 방법을 사용한다. • 본인 의견은 이론과 경험을 바탕으로 신중하게 전달한다. • 동료 및 다른 전문가를 존중하고 협업한다.
정직과 법률 준수	• 서비스와 관련된 내용은 계약 전에 명확히 설명하고 계약서를 작성한다. • 서비스는 훈련능력과 훈련 및 행동교정 능력의 경험 범위에서 합리적으로 제공한다. • 자격, 경력, 전공 등을 사실대로 알린다. • 행동교정의 결과를 과장하지 않는다. • 관련 법률을 준수한다.
고객 존중 및 책임감	• 모든 고객을 존중하고 공평하게 대우한다. • 반려견의 훈련 및 행동교정에 대한 고객 의사를 존중한다. • 반려견 건강에 문제가 생겼을 경우, 고객에게 즉시 알린 후 적절한 치료를 받을 수 있도록 한다. • 고객과 반려견, 타인의 안전을 위한 대책을 마련하고 준수한다. • 훈련 및 행동교정 내용을 고객에게 정확하게 전달한다.

2. 반려견 훈련 및 행동교정의 원칙

(1) 훈련 및 행동교정의 특성

특성	내용
개별화	• 개는 개체별 성격, 정서, 동기 등 많은 부분에서 차이가 존재하므로 이를 근거로 훈련 및 행동교정 목표와 계획을 세워야 한다.
자발성	• 기꺼이 행동하는 태도로 내적 변화를 이루어 진정으로 능력을 개선시키는 힘 • 개의 능동적인 참여가 중요. 자발성을 바탕으로 할 때 행동지도사와 개 모두 즐겁게 목표 달성 가능
친화성	• 집단에서 상대와 관계를 잘 형성하는 성격 • 훈련 및 행동교정은 인간 사회에서 필요한 행동요령을 배우는 과정으로 친화성은 내부적 안정감에 영향을 주는 중요한 기능
흥미	• 무엇인가에 관심을 가지고 재미를 느끼는 것 • 개가 즐겁게 호응할 때 좋은 성과 기대 • 흥미는 대부분 동기와 관계되어 있고, 자발성으로 연결됨. 흥미가 강하면 자발적으로 집중하는 태도를 보임. 높은 집중력은 높은 성공률로 이어져 더욱 많은 보상을 받게 됨 • 이 과정은 선순환되어 훈련 및 행동교정에 강한 유인력으로 작용
직접 경험	• 개는 실제적인 직접 경험을 통해 필요한 것을 습득함으로써 사람이 요구하는 것을 행동하고 익히고 표현하게 됨

(2) 학습의 4단계

습득 ➡ 유창 ➡ 일반화 ➡ 유지

학습의 4단계	내용
습득 (acquisition)	• 개가 새로운 정보를 익히는 과정 • 행동을 수행하는 방법을 익힘
유창 (fluency)	• 새롭게 습득된 행동이 숙달되는 단계 • 유창단계에 도달하면 행동을 자연스럽게 수행 • 이전에 배운 행동을 더욱 익숙하게 실행
일반화 (generalization)	• 배운 행동을 다양한 상황에서 동일하게 수행 • 행동을 유창하게 익혔다면 낯선 상황, 장소, 환경에서도 유창하게 재현 가능
유지 (maintenance)	• 습득한 행동을 기억하고 있는 과정 • 배운 행동이 변하지 않고 지속적으로 유지하고 관리하는 과정 • 일정 기간 동안 유지

(3) 훈련 및 행동교정 절차

① 목표 설정

- 개를 선택할 때부터 목적을 정확히 정해야 함. 목표가 설정되었으면 하위과제 파악
- 목적 설정, 요망수준 설정, 목표 설정

② 계획 수립

- 전체 과정을 편성한 계획, 단계별로 구분한 계획, 매일 실시할 계획 등
- 과제, 시간, 방법, 장소, 용품 등 계획 수립

③ 훈련 및 행동교정 진행

준비	개시	전개	정리
목표 확인 훈련용품 점검 훈련장 점검	건강상태 점검 동기수준 점검 이전훈련 복습	실행 목적 인식(무엇을) 방법 적용(어떻게)	건강점검 마사지 일지 작성

④ 평가

- 평가는 절대평가로 실시
- 타당성과 정합성을 바탕으로 평가 기준표 작성 필요

평가	내용
진단평가	훈련을 시작하기 전에 반려견의 기질과 능력 점검
형성평가	훈련 중에 반려견의 성취 수준을 파악
종합평가	훈련 종료 후 목표에 대한 성취도 평가
유지평가	훈련이 종료되고 능력의 변화 상태 점검

3. 반려견 훈련의 영향 요인

(1) 생물학적 영향

① 개과 동물의 특성

- 신체적 특성(예: 소형견, 중형견, 대형견)을 고려하여 훈련을 시행한다.
- 견종에 따라 차이가 있으므로 견종별 특성 이해가 필요하다.

② 유전적 영향

- 개체별 특성은 조상으로부터 전달된다.
- 유전력은 특정 형질이 부모견으로부터 자손에게 전달된다.
- 행동은 유전적 요인과 환경적 요인이 함께 작용하여 발현된다.
- 유전적 요인은 반려견의 행동에 지속적 영향을 미친다.

③ 성격 특성

- 성격은 행동을 결정하는 중요한 요소로 유전적 영향과 환경요인에 의해 형성된다.
- 좋은 성격을 가진 반려견은 안정적이고 사교적이게 된다.
- 성격은 성장 과정에서 경험한 사회적 상호작용에 영향을 받을 수 있다.
- 성격은 외향성과 내향성, 개방성과 폐쇄성, 독립성과 의존성, 신경성과 안정성, 친화성과 적대성 등으로 구분할 수 있다.
- 훈련 시 반려견의 성격을 파악하여 적절한 훈련방법을 적용해야 효과적이다.

④ 동기수준

- 동기는 훈련에 필수적인 요소이며, 훈련성과에 큰 영향을 미친다.
- 음식과 같은 1차적 요소와 사회적 상호작용과 같은 2차적 요소를 포함

한다.

- 동기는 행동을 유발하는 기본적인 욕구, 흥미, 호기심 등으로부터 복합적으로 작용하여 유발된다.
- 동기는 내적 동기와 외적 동기로 구분한다.

구분	내용
내적 동기	자발적으로 참여하도록 하는 것
외적 동기	외부적인 강화에 의해 유발하는 것

욕구 (needs) ➡ 추동 (drive) ➡ 동기 (motivation)

욕구의 만족과 불만족에 따라 동기가 발생되기도 하고, 문제행동이 발현하기도 하고, 동기가 발생하지 않기도 한다.

⑤ 준비성

- 반려견이 새로운 행동을 배울 수 있는 조건이 갖추어진 상태를 말한다.
- 예를 들어 너무 어린 자견은 훈련시기가 적절하지 않아 습득능력이 떨어진다.

⑥ 건강상태

- 훈련 시 반려견의 건강은 가장 중요한 고려사항이다.

⑦ 지능 및 훈련능력

- 습득능력, 문제해결능력, 일반화능력이 주요 구성요소이다.

⑧ 정서상태

- 반려견 정서상태가 어떠한가에 따라 훈련 참여도가 달라질 수 있다.

(2) 환경적 영향

- 훈련 시 환경은 훈련을 진행하는 장소, 주변 장애물 등 외부요인을 의미한다.
- 적절한 훈련환경은 훈련효과를 극대화시킬 수 있다.
- 안정된 환경은 반려견의 집중력을 높일 수 있다.
- 안전한 환경에서는 적극적으로 훈련을 유도할 수 있다.
- 훈련 목표에 맞는 적절한 환경은 일반화시킬 때 효과가 있다.

① 물리적 환경과 사회적 환경

물리적 환경	• 훈련장은 위생적이고 적당해야 효과적이다. • 훈련목적과 반려견의 능력에 적절하도록 훈련장을 구성해야 한다. • 동일한 장소에서 반복적인 훈련은 숙달에는 유리하나, 일반화에는 한계가 있다. • 훈련장은 훈련의 난이도에 따라 조절해야 한다. • 훈련장의 온도와 습도는 훈련 성과에 영향을 주므로 야외 훈련 시 온도를 반영하여 반려견의 활동량을 조절해야 한다. • 후각과 청각을 이용한 훈련 시 장애물(다른 냄새나 소음)을 고려한다.
사회적 환경	• 행동지도사와 반려견이 신뢰관계가 쌓이면 반려견이 자발적으로 참여한다. 관계는 훈련 진행과 성과에 큰 영향을 미친다. • 부정적인 경험이나 부적절한 대우는 반려견이 적극성과 자발성을 저하시킨다. • 다른 반려견들과의 관계 또한 훈련에 영향을 미친다.

② 훈련계획: 훈련목적을 달성하기 위해 세밀하고 신중하게 수립

③ 훈련방법: 자발성과 개체별 특성에 적절한 방법을 시행

④ 훈련용품: 훈련의 성과를 높이기 위해 훈련목적과 반려견의 특성, 안전성을 고려하여 훈련용품을 선택

⑤ 훈련 보조자: 행동지도사의 훈련 진행을 도우며, 훈련과정에서 발생하는 문제를 발견, 수정하는 역할을 함. 또한 행동지도사와 협력하여 반려견의 행동을 관찰하고, 훈련 진행상황을 파악

Chapter 02

반려견의 학습이론

1. 반려견 학습 원리

(1) 순화(습관화, 길들임, habituation)

- 반려견은 새로운 자극에 노출되면 놀라거나 불안해지는데, 이 자극이 고통이나 상해를 입는 것이 아닌 경우, 반복 노출됨으로써 점차 익숙해지는 과정을 순화라고 한다.
- 예로는 큰 소리에 순화, 낯선 사람에 대한 순화, 자동차 타는 것에 대한 순화가 있다.
- 일반적으로 약령기 반려견이 나이를 먹은 반려견보다 순화하기 쉽다.

① 홍수법(flooding)

- 반려견이 반응을 일으키기에 충분한 강도의 자극을 반려견이 그 반응을 일어나지 않게 될 때까지 반복하여 자극을 준다.
- 어린 반려견의 경우나 공포의 정도가 약한 경우에 유용하다.
- 단 해당 반응이 줄어들기 전에 자극에의 노출을 중지하거나 회피행동에 의해 자극에서 벗어나는 것을 학습하게 되면 효과가 없으며 오히려 문제행동을 악화시킬 수 있다.

② 계통적 탈감작화법(체계적 탈감각화법, systematic desensitization)

- 처음에는 반려견이 반응을 일으키지 않을 정도의 약한 자극을 반복하여 주어 반응하지 않는다는 것을 확인하면서 단계적으로 자극의 정도를 높여간다.

- 반응을 일으켰던 정도까지 자극을 높여도 반응이 일어나지 않도록 서서히 익숙해지도록 하는 행동교정법이다.
- 특히 성숙한 반려견에게 효과적이다.

(2) 고전적 조건화

① 조건화 방법

- 파블로프 조건화는 조건자극(Conditioned Stimulus)을 무조건자극(Unconditioned Stimulus)과 결합시켜 반응을 유발하는 것이다.
- 조건자극(예: 클리커)을 먼저 제시하고 무조건자극(예: 간식)을 나중에 준다. 조건자극인 클리커 소리를 무조건자극인 간식으로 조건화하려면 클리커를 먼저 들려준 후 간식을 준다.
- 반려견에게 클리커를 이용한 훈련을 계속하면 클리커 소리 후에 간식이 제공될 것이라는 연상을 하게 함으로써 조건화시킨다.
- 부수의적, 반사적인 반응을 기초로 하기 때문에 의도적으로 행동을 변화시키는 행동교정법에는 응용하는 것이 어렵다.
- 무조건반응은 생득적 반영구적이다. 조건반응은 습득적, 비영구적이다.
- 조건자극이 무조건자극과 함께 주어지지 않으면 조건반응은 소실된다. 이를 소거라 한다. 소거된 행동이 자동적으로 다시 나타나는 현상을 자발적 회복(자동회복)이라 한다. 습득된 기억이 완전히 없어지지 않고 일부 남아 있기 때문이다.

고전적 조건화 기본 절차

1단계: 무조건자극(간식) → 무조건반응(반사반응, 침 분비)
2단계: 조건자극(중립자극, 클리커) + 무조건자극(간식) → 무조건반응(침 분비)
3단계: 조건자극(클리커) → 조건반응(반사반응, 침 분비)

② 조건자극과 무조건자극을 제시하는 시간적 차이에 따라 구분

흔적 조건화	• 조건자극을 먼저 제시하고 잠시 후 무조건 자극을 제시한다. • 조건자극이 흔적으로 남게 하는 방법으로 가장 효과적이다. • 클릭 + 음식
지연 조건화	• 조건자극을 주고 조건자극의 영향력을 가지는 상태에서 무조건자극을 제시하는 방법으로 흔적 조건화와 동시 조건화가 합쳐진 형태이다. • 클릭 + 음식
동시 조건화	• 조건자극과 무조건자극을 동시에 주는 방법이다. • 클릭 + 음식
역향 조건화	• 무조건자극을 먼저 제시한 후에 조건자극을 주는 방법으로 비효율적이다. • 음식 + 클릭

③ 고전적 조건화의 영향 요인

조건화 과정에서 여러 요인들에 의해 영향을 미치기 때문에 조건자극의 습득 결과에 차이가 나타날 수 있다.

영향 요인	내용
수반성	• 수반성이란 어떤 것에 뒤따르는 현상이다. • 조건자극이 주어지면 뒤이어 무조건자극이 따라오는 경우로, 무조건자극은 조건자극에 수반된 것이다. 고전적 조건화는 조건자극에 무조건자극이 수반되지 않으면 효과를 발휘하기 어렵다.
근접성	• 조건자극과 무조건자극의 제공시간이 가깝거나 먼 정도이다. • 일반적으로 조건자극과 무조건자극 사이의 제공시간이 짧을수록 조건화가 쉽고 빠르게 나타난다. 제시 간격이 멀면 수반성을 상실하여 조건화가 이루어지지 않는다.
자극의 특성	• 자극의 강도가 높으면 약한 것보다 조건화가 더 잘 이루어진다. 조건자극이 지나치게 강하면 자극이 되지 못하고, 무조건자극으로 작용할 수 있다. 예를 들어 너무 큰 소리는 조건자극이 되지 못하고, 두려움을 유발하는 무조건자극이 되는 것이다. • 자극의 특성에 따라 차폐현상, 뒤덮기, 잠재적 억제 등이 나타난다.
연습의 효과	• 자극의 결합 횟수에 비례하여 증감된다. 연습기회가 많을수록 조건화 수준이 높아진다. 연습의 법칙에 따라 시행 초기에 효율이 높고 후반으로 갈수록 낮아진다.
개체별 특성	• 나이, 성격, 경험요소, 민감도, 준비성 등은 조건화에 영향을 준다.
환경적 요인	• 훈련이 이루어지는 환경은 조건화에 영향을 주며 집중할 수 있는 환경이 조건화에 유리하다.

표 3-2. 조건자극 특성에 따른 현상(파생효과)

구분	특성
차폐(현상)	• 복합자극의 구성요소 간 특성의 영향으로 조건화를 방해하는 것이다.
뒤덮기(현상)	• 복합자극으로 이루어진 조건자극의 강도와 특성이 유사할 때 발생한다. • 조건화된 요소자극이 다른 자극을 덮는 상황에서 요소자극을 단독으로 제시했을 때 반응을 방해한다.
잠재적 억제	• 조건자극의 사전경험에서 무조건자극의 비수반으로 조건화를 방해한다. • 보상을 받지 못한 상태에서 조건자극을 사전에 경험한 결과이다.
사전 조건화	• 조건화에 사용될 조건자극을 사전에 경험할 때 발생한다. • 중립자극이 사전에 무조건자극에 수반되어 조건화된 것이다.

④ 연습의 법칙

- 연습은 새로운 행동을 습득하여 기억하고 유지할 수 있도록 도와준다.
- 행동을 균일하고 지속적으로 나타내려면 연습이 필요하다.
- 연습은 목표와 과정을 관찰하고 그 결과를 평가해야 효과적이다.
- 연습은 행동의 빈도, 정확도 증가, 오류 감소, 속도의 증가로 평가한다.

표 3-3. 연습방법

<table>
<tr><td>전습법</td><td colspan="2">• 훈련과제 전체를 한 번에 연습하는 방법
• 단순한 과제, 유사한 과제 시 사용</td></tr>
<tr><td rowspan="3">분습법</td><td colspan="2">• 훈련 내용을 단위 과제로 나누어 연습하는 방법
• 복잡하거나 단위 과제들이 다를 때 사용</td></tr>
<tr><td>순수분습법</td><td>단위 과제들을 개별적으로 목표 수준까지 연습한 후 전체를 동시에 연습하는 방법</td></tr>
<tr><td>반복분습법</td><td>단위 과제별로 숙달한 후 동시에 반복하여 단위별로 하나씩 추가하여 과제를 연습하는 방법. 대부분의 훈련에 효과적</td></tr>
</table>

더 알아보기

▣ 유사성의 법칙

▸ 이전 경험과 새로운 훈련 간의 유사성이 새로운 훈련에 이롭게 작용하는 현상

▸ 유사한 요소를 활용하여 새로운 훈련을 발전시키는 것이 가능

(3) 조작적 조건화

스키너는 1938년 저술한 『동물체의 행동(The Behavior of Organisms)』에서 조작적 조건화를 정립하였다.

- 동물의 행동은 결과에 의해 증가하거나 감소한다.
- 동물 학습에 대한 과학화
- 조작적 조건화는 동물의 자발적 행동을 배경으로 함
- 동물의 행동 결과를 조작하여 동물의 행동 변화를 시킬 수 있다는 개념

① 강화(Reinforcement)

- 강화는 행동을 표현하도록 만드는 핵심
- 반려견의 행동 발생 가능성을 높임
- 반려견이 좋아하는 것을 보상함으로써 이루어짐
- 보상이 중단되더라도 일정 기간 동안 계속될 수 있음
- 다른 행동에 같은 강화물이 주어져도 강화된 행동을 지속
- 강화는 반려견의 생명을 유지하는 원천적인 힘으로서 현재 반려견이 표현하는 대다수 행동은 그 결과이다. 일상에서 자연스럽게 표현하는 행동들도 대개 강화된 결과이고, 의미가 없는 것처럼 보이는 행동도 경험을 통해 강화된 산물이다.

② 강화와 보상

- 강화는 반려견의 행동이 증강되는 과정
- 보상은 행동지도사가 반려견의 행동에 대하여 강화물을 제공하는 절차
- 강화는 내면적, 보상은 외형적이다. 강화와 보상은 훈련과정에서 대부분 함께 이루어진다.

③ 약화와 처벌

- 약화
  - ▸ 개의 특정한 행동을 감소시키기 위하여 계획적으로 실시하는 조작적

조건화의 절차

- 강화의 반대 의미
- 문제행동을 감소시키거나 없애는 데 주로 이용
- 개가 표현한 행동결과를 조작하여 발생빈도를 줄이거나 강도를 약하게 하는 방법
- 약화에 이용되는 자극은 개가 싫어하는 성질을 가지는 경우가 대부분이다.

  부적약화의 경우 제거해야 할 행동을 유지하는 자극은 개가 좋아하는 성격을 가진 경우가 많다. 이는 개의 행동이 과거에 보상을 받은 결과이기 때문이다.

- 약화와 처벌
  - 약화는 개의 행동이 감소되는 과정
  - 처벌은 행동지도사가 개의 행동에 대하여 약화물을 제공하는 절차
- 약화는 내면에서 이루어지고, 처벌은 행동지도사의 행동으로 표현

정적강화 행동의 결과에 강화물을 제공하여 그 행동의 빈도를 높이는 것	정적약화 행동의 결과에 약화물을 제공하여 그 행동의 빈도를 줄이는 것
부적강화 행동의 원인인 강화물을 제거하여 그 행동의 빈도를 높이는 것	부적약화 무언가를 제거하여 그 행동의 빈도를 줄이는 것

- 처벌(Punishment)
  - 개의 특정한 반응이 재발할 가능성을 줄이기 위해 그 반응이 가장 클 때나 직후에 혐오자극을 주거나 보상이 되는 자극(강화자극)을 배제하는 것을 의미한다.
  - 처벌을 유용하게 하기 위해서는 적정한 타이밍, 적절한 강도, 일관성이 필요하다.

직접처벌	반려견에게 직접적으로 가하는 처벌을 의미. 신체처벌, 음성처벌
원격처벌	짖음방지목걸이, 물대포, 전기사이렌 등 원격조작에 의해 주는 처벌
사회처벌	무시나 타임아웃 등과 같이 사람과의 상호관계를 단절함으로써 처벌

④ 프리맥의 원리

발생 확률이 높은 행동을 이용해서 상대적으로 빈도가 낮은 행동을 유발하는 원리이다. 개가 하고 싶어 하는 행동(빈도가 높은 행동)과 잘 하지 않는 행동(빈도가 낮은 행동)을 짝지어 낮은 빈도의 행동에 대한 수행능력을 키운다.

예시 1)
개가 줄을 당기며 앞으로 나가면 행동지도사는 멈추어 절대 움직이지 않는다. 이때 개는 나갈 수 없게 되므로 행동지도사를 쳐다보고 돌아본다. 행동지도사는 줄이 느슨해지면 앞으로 같이 나간다. 이러한 행동을 반복하면 개는 리드줄이 느슨해야(빈도가 낮은 행동) 앞으로 나갈 수 있다(빈도가 높은 행동)는 사실을 알게 되고 줄을 당기는 버릇을 스스로 고친다.

예시 2)
1. 아이들에게 만화 볼 기회와 공부할 기회를 동시에 준다. → 아이들은 만화를 더 많이 볼 것이다.
2. 따라서 아이들에게 공부를 더 하도록(낮은 확률 행동) 만들기 위해서는 공부를 한 후에 만화를 보게 해주면(높은 확률 행동), 결과적으로 공부하는 행동이 증가

(4) 조작적 조건화 용어 설명

① 강화

- 강화인자: 먹이, 칭찬, 쓰다듬기 등
- 강화의 타이밍: 보다 빠르고 확실하게 조건화를 성립시키기 위해서는 반응과 동시에 강화가 이루어져야 한다.
- 강화의 정도: 먹이와 같이 매력적인 보상이 사용된다.
- 강화스케줄: 연속적 강화에서 부정기적 강화로 변경해야 강화인자의 요구도가 유지된다.
- 2차적 강화인자: 본래의 보상과 함께 주어짐으로써 강화인자로 작용해 2차적 보상을 가리킨다. 간식을 이용한 훈련 시 동시에 칭찬을 해주면

곧 칭찬만으로도 보상의 역할을 하게 되는 것이다. 클리커 소리도 2차적 강화인자이다.

② 소거

- 반려견의 행동 레퍼토리에서 조건화된 특정 행동반응을 소멸시키는 것을 말한다.
- 조작적 조건화에서 학습한 반응에 대해 전혀 강화가 주어지지 않으면 그 반응은 최종 소멸된다.
- 소거 버스트(extinction burst): 지금까지 강화되어 온 반응이 갑자기 강화되지 않게 되었을 때, 한동안 그 반응이 더 빈번하게 보이는 것을 말한다. 문제행동 제거 직전 자주 나오는 현상이다.

③ 반응 형성, 점진적 조건부여(successive approximation)

- 원하는 반응 패턴에 제대로 다가갈 수 있도록 적절한 타이밍에서 강화를 주어 반려견에게 복잡한 반응을 서서히 훈련시키는 경우에 이용하는 방법
- 시소와 같은 장애물을 통과하도록 가르칠 때 단계를 밟아 훈련해 가는 경우에 해당한다.

④ 자극 일반화(stimulus generalization)

- 특정 자극에 대해 어떤 반응이 조건화된 뒤, 유사한 자극에 대해서도 같은 반응이 일어나게 되는 것을 말한다.
- 반려견이 문의 벨 소리에 짖는 것을 학습한 경우 서서히 전화벨이나 시계 알람 등에 대해서도 짖게 되는 경우가 있다.

⑤ 길항조건부여(역조건부여, counter-conditioning)

- 특정한 자극에 부정적으로, 조건화된 반응에 긍정적으로 반응하도록 하는 것이다.

- 특정 대상에 두려움을 보이는 반려견의 행동교정에 이용하는 경우가 많다.
- 반조건화(자극 대체라고도 함)는 행동 분석의 일부인 기능 분석 원리이며, 긍정적인 행동과 자극의 연관성에 의해 원치 않는 행동이나 자극에 대한 반응을 원하는 행동 또는 반응으로 조절하는 것을 포함한다.
- 예를 들어, 개를 훈련시킬 때, 개가 자극에 불안하거나 신경질적으로 반응할 때 개를 쓰다듬거나 진정시킴으로써 긍정적인 반응을 일으킨다. 이것은 긍정적인 반응을 자극과 연관시키는 것이다.

⑥ 대체행동(상반행동, 대안행동, incompatible behavior)

- 어떤 행동과 동시에 결코 일어날 수 없는 대립되는 행동이다. 어떤 한 상황에서 바람직하지 않은 행동과 바람직한 행동은 동시에 일어날 수 없는데, 예를 들면 물건을 던지며 노는 행동(바람직하지 않은 행동)의 상반행동은 조용히 노는 행동(바람직한 행동)이다.
- 예를 들면 짖는 강아지에게 뼈 간식을 급여하면 짖는 행동이 멈추게 된다.

(5) 조건화의 영향 요인

① 강화물

강화물의 강화력	• 강화력은 포화와 결핍 정도에 따라 달라진다. • 음식은 배가 고픈 상태에서는 최상의 강화물이나 배가 부르면 강화력이 떨어진다. • 일반적으로 결핍 수준이 높을수록 강화물의 효과가 더 크다. • 음식과 같은 1차 강화물은 결핍수준에 따른 효과가 크지만, 보상횟수가 늘어남에 따라 포화상태에 이르러 그 효과가 줄어든다. 2차 강화물은 1차 강화물에 비해 강화력은 낮지만 결핍도에 따른 영향이 작다.
강화물 제공 횟수	• 개의 강화되는 수준은 강화물 제공 횟수에 따라 달라진다. 강화물이 행동 후에 매번 제공되는 연속적인 상황에서 빨리 강화되지만 드물면 그것에 비하여 늦어진다. 새로운 행동을 강화할 때는 강화물을 자주 주어야 한다. • 행동을 정확히 수행한 결과로 강화물이 제공되는 것은 자신감을 향상시켜 능력을 더욱 높일 수 있다.

강화스케줄 (제공 간격): 즉시성, 일관성	• 개가 행동을 실행한 후 즉시 강화물을 제공해야 한다.
훈련과제의 특성	• 개가 실행하는 행동의 난이도나 에너지 소비량에 따라 조건화 정도가 차이가 나타난다.
약화물의 특성	• 약화물은 초기에 강한 수준으로 제시해야 효과적이다. • 약화물에 내성이 생기게 되면 보다 강한 수준의 물질이 제공되어야 하기 때문이다. • 개의 문제행동은 장기간 지속된 것이다. 이는 오랫동안 강화물에 의해 강화되었고, 그 힘이 매우 강하다는 의미이다. 따라서 약화물이 경쟁력을 가져야 한다. 잘못된 강화물과 약화물이 경합하는 상태에서는 그 행동을 지속하게 된다.

② 조작적 조건화의 파생효과

수반성의 함정	• 수반성이란 개가 수행한 행동에 대한 결과로 강화물이 제공되면 행동이 증강되어야 하고, 반대로 강화물이 제공되지 않으면 행동의 변화가 없어야 한다. • 수반성의 함정이란 행동에 대한 결과로 강화물이 제공되었음에도 불구하고 행동이 강화되지 않는 경우를 의미한다. • 개가 행동을 수행한 후 강화물이 실제로 제공되는 시간이 너무 늦은 경우 주로 발생된다. 결과와 강화물이 결합되지 못한 경우다.
비율긴장	• 강화 비율이 갑자기 높아지면 오히려 행동이 감소되거나 중단되는 경우가 발생한다. 이를 '비율긴장'이라 한다. • 강화물을 제공하는 시간 간격이 짧은 상태에서 늦게 주거나, 매번 주어지다가 횟수가 줄어들면 결핍도가 높아진다. 그러면 개의 집중력이 좋아지고 행동이 증강되는 것이 일반적이다. 따라서 개의 훈련수준이 높아지면 강화물을 저 비율에서 고 비율로 제공한다. 이를 '비율 늘리기'라 한다.
간헐강화 효과	• 강화물 제공 횟수가 많은 강화계획으로 강화된 행동은 소거가 쉽게 이루어지지만 반대의 경우에는 소거가 어렵다. • 간헐 강화계획으로 훈련된 개가 강화물 제공 시기를 예상할 수 없어 행동을 소거하려 할 때 소거 저항이 강하게 발생한다. 이를 '간헐강화효과' 또는 '부분강화효과'라 한다.
선택과 대응	• 여러 행동을 강화할 때 강화계획의 종류에 따라 특정행동을 선택하는 현상이다. • 두 행동이 모두 강화를 받은 경우 강화비율이 높은 쪽을 선택한다.

더 알아보기

▣ 혐오성 자극의 특성

- 혐오성 자극은 사람 또는 개에 위험한 경우에 제한적으로 사용하여야 한다.
- 혐오성 자극을 통한 약화 방법은 감정적으로 반발하거나 공격성을 나타내는 부작용을 초래할 수 있다.
- 혐오성 자극은 개에게 훈련뿐만 아니라 사람을 싫어하게 만든다.
- 체벌이나 혐오성 자극은 개에게 무엇을 알려주기 어렵다.
- 혐오성 자극은 문제행동을 일시적으로 억제한다.
- 혐오성 자극은 행동지도사의 정서에도 악영향을 미쳐 훈련 전반에 부정적으로 작용한다.
- 혐오성 자극은 행동지도사를 계속 의존하게 만든다.

Chapter 03

훈련원리의 활용

1. 강화물과 강화계획

(1) 강화물

① 강화물은 반려견의 행동을 증강시키기 위해 사용하는 것

② 강화물은 불만족에 따른 요구도가 높아야 함

③ 충족 상태에서 빨리 소모되고, 제공될 때마다 새로운 자극처럼 느껴져야 효과적

(2) 강화물의 분류

구분	내용
유형 강화물	• 음식이나 장난감처럼 형태를 가짐 • 동기를 직접적으로 자극하므로 효과 높음 • 적시에 보상이 곤란한 경우가 있음
무형 강화물	• 형태를 갖추지 않은 칭찬, 신체적 접촉, 사회적 관계 등 • 사용이 편리하여 적시에 보상할 수 있는 장점 • 훈련 초기에는 효과가 낮음

구분	내용
1차 강화물	• 다른 자극과 조건화되지 않은 자연적이고 선천적인 것 • 음식, 공, 장난감 등
2차 강화물	• 조건화를 통해 강화력을 가지게 되는 강화물 • 칭찬, 미소, 호의 등 우호적인 것과 소리치기, 굉음 등 혐오적인 것

(3) 강화물의 종류

음식(반려견용 간식)과 장난감(공, 터그 등 포함)
음식은 많은 반려견에게 적용 가능. 특히 성장기의 강아지에게는 근육, 골격 성장에 도움이 되며, 장난감과 비교했을 때 교육 효율이 높은 경우도 있다.

① 음식 보상의 장점

- 학습 의욕을 높인다.
- 집중력을 높인다.
- 일반적으로 학습량과 질이 장난감에 비해 높다.
- 교육에 대한 즐거움이 증가하고, 동기부여 수단으로 사용할 수 있다.

② 음식 보상의 종류

- 건식: 말린 제품으로 닭가슴살, 육포, 각종 저키 종류, 스틱 종류 등
- 습식: 습기가 있는 제품으로 통조림 형태로 많이 시판

③ 음식 보상물의 크기

- 소형견: 가로, 세로 0.5㎝씩
- 중형견: 가로, 세로 0.7㎝씩
- 대형견: 가로, 세로 1㎝씩
- 초대형견: 가로, 세로 1.5㎝씩

④ 음식 보상물을 준비할 때 검토할 사항

- 부드럽고 빨리 먹을 수 있는 재질의 제품을 선택. 딱딱한 제품은 먹는데 시간이 걸리기 때문에 부적합
- 형태가 유지되는 제품을 선택. 가루처럼 으스러지는 제품은 반려견의 집중을 분산시킬 수 있으므로 부적합
- 기호도가 다른 두 가지 음식 강화물을 준비. 빠르거나 정확한 동작을 했을 때는 대상 반려견이 상대적으로 더 좋아하는 음식 강화물을 제공하여 의욕을 높임

⑤ 음식 보상을 적용할 경우 주의할 사항

- 음식 보상을 적용할 경우 1일 섭취 열량 이내에서 급여
- 과식하면 비만의 원인
- 반려견이 음식에 대해 과도하게 집착하는 경우 다른 음식으로 교체

(4) 강화물의 선택

① 적절한 강화물 선택은 훈련의 성패를 좌우한다.

② 개체의 성격과 특성을 고려하여 강화물을 선택해야 한다.

③ 선호도가 높은 강화물도 훈련 특성에 적합해야 한다.

④ 훈련 과정 동안 지속적인 효과를 가져야 한다.

(5) 강화계획(스케줄)의 선택

- 성과를 높일 수 있는 강화물 제공방법이 강화계획
- 강화물 제공방법이 시간에 기준을 두면 간격 강화이고, 수행 횟수에 기준을 두면 비율 강화
- 강화물을 규칙적으로 제공하면 고정계획, 불규칙하면 변동계획

종류	내용
고정비율강화계획 (예: 성과급)	• 특정한 횟수만큼 행동을 한 후 강화물을 제공하는 방법 • 휴지현상이 발생할 수 있음
고정간격강화계획 (예: 주급, 월급)	• 일정한 시간마다 강화물을 제공하는 방법 • 강화물 제공 후 행동이 일시적으로 멈출 수 있으며, 일관성과 지속성이 상대적으로 약함
변동비율강화계획 (예: 도박)	• 개가 수행하는 행동의 횟수를 기준으로 그 범위 내에서 무작위로 보상하는 방법 • 개가 보상 시기를 파악하기 어려워 멈추지 않고 지속적으로 유지되고, 행동하는 장점이 있음
변동간격강화계획 (예: 낚시)	• 행동 수행 결과에 보상하는 기준이 시간의 경과에 따라 정해짐 • 시간 기준점을 중심으로 정해진 범위 내에서 무작위로 제공 • 행동이 오래 유지되며, 균일한 수준을 유지할 수 있음 • 예로 간격이 5초이면 1회기 보상은 5초 이내, 2회기는 1회기 보상 이후 5초 이내, 3회기는 2회기 보상 후 5초 이내에서 아무 때나 강화물이 제공

① 변동 비율 강화계획

구분	1회	2회	3회	4회	5회	6회	7회	8회	9회	10회
방법 1	●				●					
방법 2				●		●				
방법 3			●				●			
방법 4		●	●							
방법 5			●			●				
방법 6		●			●					

개가 시행 횟수를 기준으로 그 범위 내에서 변동하여 반동한다. 방법 1은 1회를 마친 후 주기도 하고 5회를 마치고 주기도 한다. 방법 2는 훈련이 4회를 마치고 주기도 하고 그 이후 6회를 마치고 주기도 한다.

② 변동 간격 강화계획

구분	1초	2초	3초	4초	5초	1초	2초	3초	4초	5초
방법 1					●				●	
방법 2				●		●				
방법 3			●				●			
방법 4	●					●				
방법 5			●			●				
방법 6		●					●			

개가 행동 시행 후 보상을 주는 시간을 달리하여 주는 방법이다.

2. 자극조절

- 자극이란 행동을 유발할 수 있는 사상, 요인 또는 사물
- 1차 자극: 태어나면서 저절로 알게 된 자극을 '조건화 되지 않은 자극'
  예) 큰 소리(몸이 움찔), 밝은 빛(눈을 깜박거림), 맛있는 냄새(냄새가 나는 곳으로 유도)
- 2차 자극: 특정한 행동을 하게 만드는 일종의 신호, 조건화되어 행동을 유발하는 자극
  예) 실행어(명령어), 동작, 손짓 등

(1) 암시(Hint)

① 어둠 속의 작은 빛과 같은 기능, 즉 암시를 이용하여 행동지도사는 개에게 간접적으로 알린다.

② 개의 행동을 촉발시키는 암시를 활용하면 훈련수준을 높일 수 있다.

③ 실행어나 특별한 자극으로 확산시켜 활용할 수 있다.

④ 개의 행동을 유발하는 자극은 아주 작아도 가능하다.

⑤ 훈련 초기에는 큰 자극이 효과적이지만 수준에 따라 암시는 작아질수록 좋다.

⑥ 암시는 조건화된 자극을 최소화시켜 행동을 유발하는 방법이다.

(2) 용암(Fade out)

① 용암은 자극이 큰 것에서 작아지는 것으로 점차 희미해지는 효과를 나타낸다.

② 1차 자극보다 조건화된 2차 자극이 사용하기 편리하다. 1차 자극은 조절이 어렵다.

③ 자극이 약하고 작게 변화되는 용암이 이뤄지면 개는 아주 작은 자극에도 행동한다.

④ 용암을 통한 자극이 통제력을 가지면 주의 집중력이 매우 높아진다.

⑤ 처음에는 자극의 크기나 강도가 컸다가 작아진 상태가 되어도 반응이 나오게 된다.

(3) 일반화(Generalization)

① 개가 훈련 과정에서 경험하지 않았던 자극에 대하여 훈련된 것처럼 행동을 표현하는 확산현상이다.

② 일반화는 자극이 훈련 과정에서 경험한 것과 비슷할수록 잘 나타난다.

③ 일반화 능력은 모든 개가 가지고 있고 본능적으로 이루어진다. 다만 개체별 감각의 수용수준에 따라 차이가 있다.

④ 일반화는 훈련능력을 확장하는 과정뿐만 아니라 특정한 행동을 없애는 소거 과정에도 동일하게 나타난다.

더 알아보기

▣ 자극 조절의 조건

- 조건자극이 제시되면 즉시 행동해야 한다.
- 조건자극이 없을 때는 행동이 나오지 않아야 한다.
- 조건자극에 대해 다른 행동이 나오면 안 된다.

(4) 변별(자극 변별화)

① 습득한 자극과 일치하는 것에만 반응하도록 함

② 특정 자극에 대한 결과가 다른 자극보다 좋으면 변별력 발생

③ 변별자극에 보상을 주고, 대조자극에는 보상을 주지 않음

④ 변별은 특정한 자극에 대한 반응을 강화하는 훈련

⑤ 변별력이 높아지면 일반화 능력이 낮아질 수 있음

구분	내용
동시변별	• 변별자극과 대조자극을 동시에 제시한 상태에서 이를 식별
표본변별	• 표본자극을 제시하고 이와 동일한 것을 분별하도록 하는 방법
무오류변별	• 실패를 최소화하고 성공률을 높이는 방법 • 먼저 고수준의 변별자극과 저수준의 대조자극을 배열하여 자극의 차이를 조성
연속변별	• 변별자극과 대조자극을 임의의 순서로 연속적으로 제시하여 구별

더 알아보기

▣ 연쇄(Chaining)

여러 행동을 연결하여 하나의 행동으로 구성하는 훈련(순향연쇄와 역향연쇄)

3. 조형

① 조형(shaping)이란 '형태를 만든다'라는 의미로 행동을 만드는 과정이다.

② 새로운 행동을 가르치는 과정에서 항상 쓰임

③ 행동지도사의 조형능력은 개에게 새로운 행동을 가르치는 데 결정적인 역할을 함

④ 조작적 조건화를 이용하는 조형은 능동적인 행동을 대상으로 하므로 활동성이 높은 개에게 효과가 좋음

조형의 종류	내용
포착(Capture)	목적 동작이 완성된 모습으로 표현될 때 일시에 보상하는 방법
단계적 형성 (step by step)	목적 동작을 세분하여 각 단계에서 보상함으로써 완성된 모습을 향해가는 방법. 의도하는 행동과 유사한 행동을 보상하여 점차 목표에 가까워지도록 체계적으로 접근하는 방법
유도 (Lure/Magnet)	목적 동작을 유도하여 완성된 모습에서 보상하는 방법
강제적 형성 (Moulding)	목적 동작을 강제적으로 표현되게 하는 방법

조형	• 행동을 하나하나 점진적으로 변화시켜 목표에 도달한다. • 자극은 일정한 상태에서 행동을 시작에서부터 마지막으로 변화시킨다.
용암	• 특정한 행동을 발생시키는 자극의 크기를 조금씩 줄여 목표에 이르는 방법이다.

더 알아보기

▣ **용암법(溶暗法, fading)**

도움이나 촉진(prompt)을 점차 줄여 나가서 학생 스스로 문제를 해결하도록 하는 행동중재 방법의 하나이다. 예를 들어 고양이와 개를 구분하도록 하기 위해서 고양이는 빨강, 개는 파랑으로 보여주면서 변별하도록 훈련을 시키다가 옳은 반응을 하면 점차 색 단서는 사라지게 하고(fade-out: 溶暗), 한 가지 색(예: 검정)으로 표시된 형태만을 보고 변별하게 한다. 용암법을 이용한 훈련의 절차는 자극을 엄격하게 통제해야 하기 때문에 환경을 정밀하게 구조화해야 한다.

더 알아보기

▣ **조형 방법**

- 목표를 향하여 수준을 조금씩 올린다.
- 목적하는 행동의 한 가지 국면에 충실한다.
- 다음 단계로 이동하기 전에 현재 행동을 변동강화계획으로 확실하게 한다.
- 새로운 단계에 진입하면 이전 과정의 기준을 일시적으로 완화한다.
- 조형의 효과가 없으면 원칙적으로 접근한다.
- 현재 진도에 문제가 발생하면 전 단계로 돌아간다.
- 성과가 좋을 때 마친다.
- 조형 과정 중에는 지정된 행동지도사가 전담한다.

더 알아보기

▣ **반려견과 친해지기**

방해 요인이 없는 제한된 환경에서 진행한다. 그 반려견이 좋아하는 강화물을 소지한다.

(1) 반려견과 만나는 방법. 훈련자는 지정 장소에서 강화물을 소지하고 반려견을 기다린다. 반려견이 입장하면 무시하고, 반려견이 탐색 활동을 하도록 기회를 준다. 탐색 활동이 끝나면 다음 과정을 진행한다.

(가) 훈련자는 강화물을 휴대하고 반려견과 등진 상태로 바닥에 앉아서 대기한다.

(나) 반려견이 훈련자를 쳐다보거나, 다가오는 등의 관심을 나타내면 강화물을 준다. 음식을 통한 강화물의 경우라면 몇 개를 반려견 근처로 던져서 먹게끔 한다. 장난감을 좋아하는 반려견이라면 장난감을 던져준다.

(다) 이때 훈련자는 차분하게 동작을 취한다. 갑자기 과격한 행동을 하지 않도록 한다.

(라) 반려견이 경계심을 풀고 훈련자에게 관심을 나타내는 행동(쳐다보기, 꼬리 흔들기 등)을 하면 훈련자는 조심스럽게 일어서서 다른 장소로 천천히 이동한다. 반려견이 따라오면 강화물을 던져주거나, 손을 통해 직접 준다.

(마) 주어진 공간 안에서 이동하면서 반려견이 따라오게 하고, 간헐적으로 강화물을 제공한다.

(바) 반려견의 품성이 확인된 경우라면 반려견의 신체 접촉도 시도한다. 제한된 공간이 없으면, 야외에서도 같은 방법으로 진행해도 된다.

4. 반려견 행동 풍부화

반려견이 제한된 생활환경이나 부족한 자극으로 인해 발생하는 반려견의 무기력 증상 및 비정상적인 문제행동을 감소시키고 행동기회가 늘어나 건강하고 정상적인 행동을 할 수 있도록 유도하는 것이다. 개별적이기도 하지만 서로 간 통합하여 풍부화 프로그램을 만들 수 있다.

구분	내용
환경 풍부화	• 활동 장소의 크기, 영구적인 구조물, 가구, 놀이터, 수영장 등 • 다양한 물질의 접촉, 다양한 자연환경과 접촉 등
사회 풍부화	• 사회적 그룹화를 위한 보호자와의 상호관계의 질과 시간 • 가족, 지인, 다른 반려견 친구, 다른 반려견과 산책 등 • 여러 가지 사회적 상호작용(놀이, 게임 등)
감각 풍부화	• 5감을 다양하게 사용할 수 있도록 함 • 다양한 촉각, 후각, 시각, 미각, 청각을 사용하도록 함
먹이 풍부화	• 영양적으로 풍부하고 다양한 음식은 수명 연장과 건강에 주요한 요인 • 먹이 급여 방법(뿌려서 주기, 감추어서 주기, 콩장난감 등)
인지 풍부화	• 개는 비교적 높은 인지능력, 인지능력 개발 필요 • 기초예절교육 훈련 프로그램 참여 • 독스포츠 교육

5. 클리커 훈련

• 클리커 훈련은 명령어를 사용하는 훈련보다 쉽고 빠른 효과를 볼 수 있다.
• 특히 행동교정 전 강아지 시절에 예절교육을 시킬 때 효과적이다.

(1) 클리커 훈련의 세 가지 조건과 사용방법(반려견, 클리커, 보상)

① 반려견

- 가능한 어렸을 때부터 교육하는 것이 바람직하다.
- 수의학적으로 건강한 반려견을 교육한다.

- 나이가 많은 반려견은 오랜 시간이 소요되며, 교육성과를 기대하기 어려울 수 있다.

② 클리커

- 클리커 똑딱이 소리를 들려주며 적응시킨다.
- 똑딱 소리에 반응하거나 집중하면 좋아하는 간식을 주며 놀아준다.
- 소리가 나도록 클리커의 버튼을 누르고 난 후 반려견이 바라보면 간식을 준다.
- 산만한 시선을 집중하는 데 아주 효과적인 방법으로 시선 집중 시에 간식을 준다.
- 보상용 간식을 선택할 때에는 반려견이 아주 좋아하는 것으로 시작한다.
- 클리커 훈련 초기에는 사료량을 줄이고 간식으로 클리커 교육을 한다.
- 간식의 크기는 한 번에 받아먹을 수 있는 크기로 시작한다.
- 반려견이 원하는 행동을 끝내고 난 후가 아니라 수행할 때 클릭한다.
- 클릭하는 타이밍이 매우 중요하다. 클릭할 때 행동하던 반려견이 행동이 멈추는 것에 놀라지 말아야 한다. 클릭하면 개가 행동을 멈출 때 먹이를 주고 보상한다.
- 반려견이 보호자가 좋아하는 행동을 하면 클릭해야 한다. 스스로 하기 쉬운 행동부터 시작한다. 앉기, 엎드리기, 기다리기, 불러들이기 등
- 칭찬의 효과와 더불어 빠른 학습을 기대할 수 있다.

*** 주의할 점**: 교육 시 클리커를 연속해서 두 번 누르지 않아야 한다.

③ 클리커 훈련의 핵심 포인트

- 칭찬하는 타이밍이 중요하다.
- 반복되는 학습이 중요하다.
- 훈련 시 빠른 관찰력이 필요하다.
- 개는 본능적으로 한 번 체험한 것을 학습하며 발전한다.

④ 보상

- 반려견이 교육을 잘 받아들이면 적절하게 보상을 해주는 것이 중요하다.
- 평소 좋아하는 것을 찾아서 보상물로 준비하는 것이 적절하다.
- 가장 많이 활용하는 것이 간식이다.

6. 훈련 도구

(1) 공

구분	내용
가죽공	가죽으로 만들어져 무는 힘이 약한 반려견을 훈련시킬 때 사용이 용이
자석공	옷에 붙여 사용할 수 있고, 나란히 걷기를 할 때 반려견 위치와 시선을 고정시키기 위해 사용
찰고무공	표면에 돌기가 있어 던졌을 때 어디로 튈지 몰라 기대감을 증가시키며 공에 줄이 달려 있어 공을 사용해 더미 놀이를 할 수 있고 컨트롤 쉬움
라텍스 공	라텍스로 만들어진 말랑한 재질이며 반려견이 물면 소리가 남
실공	실을 꼬아서 만든 공 장난감

(2) 더미

구분	내용
면혼방 더미	대형견이 물어도 잘 망가지지 않아 오래 사용 가능
순면 더미	어린 반려견들의 놀이를 위해 만들어진 더미
황마 더미	황마 재질로 되어 있어 무는 힘이 강한 반려견에게 사용하면 일회용이 될 수 있고, 무는 힘이 약한 반려견에게는 무는 힘을 키울 수 있으나 잘못 사용하면 이빨이 벌어질 수 있음
회수용 더미	더미 안에 간식을 넣을 수 있는 주머니가 있음
실 더미	실을 꼬아서 길게 만든 더미
털 더미	동물 털을 사용해 만든 더미
가죽 더미	가죽으로 만든 더미

(3) 원반

구분	내용
고무 원반	말랑한 고무로 만들어진 원반
천 원반	천으로 만들어진 놀이용 원반
플라스틱 원반	원반대회에 참여할 수 있는 플라스틱 재질로 만들어진 원반

(4) 클리커

구분	내용
버튼형	손목이나 바지에 걸어두고 칭찬할 때 손으로 눌러 사용
박스형	발을 사용해 누를 수 있도록 제작된 클리커
스틱형	스틱 끝에 있는 표시를 이용해 사람이 움직이지 않고 사용
반지형	손가락에 끼워서 사용하므로 손이 자유롭게 쓸 수 있음

(5) 목줄(리드줄, leash)

구분	세부 내용
30cm	보통 줄을 잡고 훈련하는 과정에서 줄 없이 훈련하기 위한 전의 과정이다. 처음에는 긴 줄로 진행하다 점차 줄여간다.
150cm	일반적으로 가장 많이 이용하는 길이로 산책에 적당하다. 반려견의 차도에 뛰어들려 하는 등의 위험한 상황에서 통제하기에 좋다.
2m	반려견을 보호자 곁으로 부르는 훈련에서 사용한다.
5m	부르기 훈련의 난이도를 높여 먼 곳에서 부를 때 사용하며, 도망가는 행동을 교정하기 위해 사용한다.
10m	원거리에서 기다리는 훈련을 할 때 사용한다.

7. 기본예절 교육의 종류

(1) 이름에 반응하기(dog's name)

훈련자가 반려견의 이름을 불렀을 때, 반려견은 훈련자의 눈을 쳐다보거나, 반응해야 한다. 이 교육의 목적 및 기대 효과는 반려견과 대화의 첫 단추로서 순조로운 생활, 교육을 진행하는 데 필요한 교육 항목이다.

① 가르치는 방법을 알아본다. 조용한 곳에서 진행한다. 강화물을 준비한다.

(가) 반려견에게 목줄을 착용시킨 상태로 시작한다. 반려견이 소형견인 경우라면 훈련자는 바닥에 앉거나 의자에 앉아서 시도한다.
(나) 결정된 반려견의 이름을 밝게 1회만 부른다. 반려견이 훈련자를 쳐다보면 즉시 "옳지"라고 언어로 마킹(marking)을 하거나, 클리커를 1회만 누르고 강화물을 준다. 이 과정을 반복한다.
(다) (나) 항목이 익숙해지면 앉은 상태로 시작한 훈련자라면 자세를 서거나, 반 무릎 자세로 시도한다.
(라) 반려견이 다른 곳을 보고 있을 때 이름을 불러 본다. 쳐다보면 즉시 "옳지"라고 말하거나, 클리커를 1회만 누르고 강화물을 준다.
(마) 제한된 공간에서 훈련자와 반려견이 간격을 넓힌 상태에서 이름을 불러 본다. 그런 상황에서 쳐다보거나 반려견이 다가오면 즉시 "옳지"라고 말하거나 클리커를 1회만 누르고 강화물을 준다. 이 과정을 반복한다.
(바) 다른 방해 요인(낯선 사람이나 반려견이 있는 등의 상황)이 있는 상태에서도 시도한다. 반응하면 마찬가지 방법으로 칭찬한다. 어려운 조건에서 훈련자가 원하는 반응을 반려견이 해냈을 때는 평소보다 과장되게 칭찬한다.

② 참조 사항

다음의 주의 사항을 교육에 반영한다.
(가) 반려견의 이름은 1회만 부른다. 반복해서 부르지 않는다.
(나) 반려견의 이름을 부른 후에는 반려견을 야단치지 않는다.
(다) 이름을 들은 반려견이 부정적인 반응(예: 도망가거나, 숨거나, 겁을 먹은 듯한 반응 등)을 보이면 반려견 이름을 바꾸거나, 음정을 바꿔서 불러본다.

(2) 앉아(sit)

훈련자가 반려견에게 "앉아"라고 지시하면 반려견은 엉덩이를 바닥에 대고 앉는 자세를 취해야 한다. 이 동작을 통해 반려견의 행동을 통제하기가 쉬워지고, 부적절한 행동을 예방하는 기대 효과가 있다.

① 가르치는 방법(조용한 곳에서 진행한다. 강화물을 준비한다.)

(가) 훈련자와 반려견은 마주 보는 형태를 취한다. 소형견이라면 훈련자는 자세를 낮춘다(바닥에 앉거나 반 무릎 자세를 취한다).

(나) 훈련자는 반려견이 좋아하는 강화물(음식 또는 장난감)을 반려견의 코 근처로 접근시켜 냄새를 맡게 한 후 음식을 준다. 몇 회 반복하여 훈련자의 손에 집중하게 한다.

(다) 반려견이 훈련자의 손에 집중하게 되었다면 이제는 음식을 든 손을(오른손 또는 왼손) 반려견의 머리 뒤(귀 사이)쪽으로 천천히 이동시킨다. 반려견의 코가 마치 자석에 끌리듯이 이동시킨 손을 따라오면 "옳지" 또는 클리커를 1회 누르고 강화물을 제공한다. 일관된 반응이 나올 때까지 반복한다.

(라) (다) 단계를 무난하게 진행하게 되었다면 음식 강화물을 든 손을 반려견의 목 뒤 위치로 더 이동시켜 반려견의 코가 하늘을 향하게끔 한다. 만약 반려견이 엉덩이를 바닥으로 향하는 자세를 취하면 "옳지" 또는 클리커를 1회 누르고 강화물을 제공한다. 이 과정을 반복한다.

(마) (라) 단계를 무난하게 진행했다면 이제는 반려견의 엉덩이가 바닥에 확실히 닿았을 때 "옳지" 또는 클리커를 1회 누르고 강화물을 제공한다. 이 과정을 반복한다.

(바) (마) 단계를 10회의 기회 중 8~9회 정도 안정적으로 앉게 되었다면 이제는 어떤 시도도 하지 않고, 반려견이 앉을 때까지 기다린다. 앉으면 "옳지" 또는 클리커를 1회 누르고 강화물을 제공한다. 이 과정을 반복한다. 앉지 않으면 (마) 단계로 돌아가 기초를 더 닦는다.

(사) (바) 단계를 안정적으로 수행한다면 명령어를 적용한다. 반려견이 서 있는 상태일 때 "앉아"라고 1회만 말한다. 앉으면 "옳지" 또는 클리커를 1회 누르고 강화물을 제공한다. 이 과정을 반복한다.

(아) (사) 단계를 10회의 기회 중 8~9회 정도 안정적으로 앉게 되었다면 불규칙하게 칭찬하는 과정을 진행한다. 반려견에게 "앉아"라고 지시하고 앉으면 구두로만 "옳지"라고 말하고 동작을 해제한다. 해제할 때는 "오케이" 또는 "그만" 등의 언어를 적용할 수 있다. 장소를 바꿔서 다시 반려견에게 "앉아"라고 지시하고 앉으면 구두로만 "옳지"라고 말하고 동작을 해제한다. 또 다시 "앉아"라고 지시하고 앉으면 "옳지" 또는 클리커를 1회 누르고 강화물을 제공한다. 이 과정을 반복한다. 교육을 종료한다.

(자) 반려견의 학습 수준을 반영하여 점진적으로 방해요인(사람이나 반려견 등)이 있는 조건에서도 앉도록 한다.

(차) 반려견이 앉은 자세를 취하고 있는 시간을 늘린다. 즉 동작을 해제하는 시간을 늦추어서 오랫동안 앉아 있게 가르친다. 마지막에는 반드시 해제 지시를 한다.

② 참조 사항

(가) 미끄럽지 않은 장소에서 교육한다.
(나) 명령어는 반드시 1회만 한다. 앉지 않는다고 해서 명령어를 반복하지 않도록 한다.
(다) 지시받은 반려견이 앉지 않으면 잠시 기다려 보거나, 그 이전 단계로 되돌아가 기초를 더 닦는다.
(라) 교육 진도를 너무 서두르지 않도록 한다.
(마) 반려견을 앉힌 상태에서 야단치지 않도록 한다.

(3) 엎드려(down)

훈련자가 반려견에게 "엎드려"라고 지시하면 반려견은 복부를 바닥에 대고 엎드리는 자세를 취해야 한다. 이 동작을 통해 반려견의 행동 통제가 쉬워지고, 부적절한 행동을 예방하는 기대 효과가 있다.

① 가르치는 방법(조용한 곳에서 진행한다. 강화물을 준비한다.)

(가) 훈련자와 반려견은 마주 보는 형태를 취한다. 소형견인 경우, 훈련자는 자세를 낮춘다(바닥에 앉거나, 반 무릎 자세).
(나) 훈련자는 반려견이 좋아하는 강화물(음식 또는 장난감)을 앉아 있는 반려견의 코 근처로 접근시켜 냄새를 맡게 한 후 음식을 준다. 몇 회 반복하여 훈련자의 손에 집중하게 한다.
(다) 반려견이 훈련자의 손에 집중하게 되었다면 이제는 음식을 든 손을(오른손 또는 왼손) 반려견의 머리 아래(앞발 사이)쪽으로 천천히 이동시킨다. 반려견의 코가 마치 자석에 끌리듯이 이동시킨 손을 따라 고개를 숙이면 "옳지" 또는 클리커를 1회 누르고 강화물을 제공한다. 일관된 반응이 나올 때까지 반복한다.
(라) (다) 단계를 무난하게 진행하게 되었다면 음식 강화물을 든 손을 반려견의 앞 발목 위치로 더 이동시켜 반려견의 코가 바닥을 향하게끔 한다. 만약 반려견이 복부를 바닥으로 향하는 자세를 취하면 "옳지" 또는 클리커를 1회 누르고 강화물을 제공한다. 이 과정을 반복한다.
(마) (라) 단계를 무난하게 진행했다면 이제는 반려견이 바닥에 복부가 확실히 닿았을 때 "옳지" 또는 클리커를 1회 누르고 강화물을 제공한다. 이 과정을 반복한다.
(바) (마) 단계를 10회의 기회 중 8~9회 정도 안정적으로 엎드리게 되었다면 이제는 어떤 시도도 하지 않고 반려견이 엎드릴 때까지 기다린다. 엎드리면 "옳지" 또는 클리커를 1회 누르고 강화물을 제공한다. 이 과정을 반복한다. 엎드리지 않으면 (마) 단계로 돌아가 기초를 더 닦는다.
(사) (바) 단계를 안정적으로 수행한다면 명령어를 적용한다. 반려견이 앉아 있는 상태일 때 "엎드려"라고 1회만 말한다. 엎드리면 "옳지" 또는 클리커를 1회 누르고 강화물을 제공한다. 이 과정을 반복한다.
(아) (사) 단계를 10회의 기회 중 8~9회 정도 안정적으로 엎드리게 되었다면 불규칙하게 칭찬하는 과정을 진행한다. 반려견에게 "엎드려"라고 지시하고, 엎드리면 구두로만 "옳지"라고 말하고

동작을 해제한다. 해제할 때는 "오케이", 또는 "그만" 등의 언어를 적용할 수 있다. 장소를 바꿔서 다시 반려견에게 "엎드려"라고 지시하고 엎드리면 구두로만 "옳지"라고 말하고 동작을 해제한다. 또다시 "엎드려"라고 지시하고 엎드리면 "옳지" 또는 클리커를 1회 누르고 강화물을 제공한다. 이 과정을 반복한다. 교육을 종료한다.

(자) 반려견의 학습 수준을 반영하여 점진적으로 방해요인(사람이나 반려견 등)이 있는 조건에서도 엎드리도록 한다.

(차) 반려견이 엎드려 자세를 취하고 있는 시간을 늘린다. 즉, 동작을 해제하는 시간을 늦추어서 오랫동안 엎드려 있게 가르친다. 마지막에는 반드시 해제 지시를 한다.

② 참조 사항

(가) 미끄럽지 않은 장소에서 교육한다.

(나) 명령어는 반드시 1회만 한다. 엎드리지 않는다고 해서 명령어를 반복하지 않는다.

(다) 지시받은 반려견이 엎드리지 않으면 잠시 기다려 보거나, 그 이전 단계로 되돌아가 기초를 더 닦는다.

(라) 교육 진도를 너무 서두르지 않도록 한다.

(마) 반려견을 엎드리게 한 다음 야단치지 않도록 한다.

(4) 기다려(stay)

훈련자가 반려견에게 "기다려"라고 지시하면 반려견은 지시받은 장소에서, 지시받은 동작 그대로 해제할 때까지 기다려야 한다. "기다려" 훈련의 수준에 따라 훈련자의 활동성이 넓어지고, 반려견의 안전을 확보하기가 쉬워진다.

① 가르치는 방법(조용한 장소에서 진행한다. 강화물을 준비한다.)

(가) 주어진 장소에서 훈련자는 자신의 왼쪽 발 옆(또는 오른쪽)에 목줄을 착용시킨 상태에서 엎드려 또는 앉아 자세(기본 동작)를 취하게 한다.

(나) 훈련자는 선 상태로 자신의 오른손 또는 왼손바닥을 펴서 자세를 취하고 있는 반려견의 얼굴을 향해 내밀며, "기다려"라고 말한다. 반려견이 그 상태를 유지하면 즉시, "옳지" 또는 클리커를 1회 누르고 강화물을 제공한다. 이때, 훈련자는 움직이지 않는 상태를 유지한다. 이 과정을 반복한다.

(다) (나) 단계에서 반려견이 훈련자의 지시대로 수행하게 되었다면 훈련자는 목줄을 쥔 상태로 반려견의 반대 방향(반려견이 훈련자의 왼쪽에 있다면 훈련자는 오른발 옆 방향)으로 살짝 몸을 이동시킨다(한 발자국 정도). 반려견이 이러한 훈련자의 움직임에 동요하지 않고, 그 자세를 유지하면 "옳지" 또는 클리커를 1회 누르고 강화물을 제공한다. 이 과정을 반복한다.

(라) 만약 반려견이 훈련자의 움직임에 반응하여 따라오려고 자세가 흐트러지면, 다시 기본 동작을

취하게 한다. 그 후 반려견에게 기다리라고 지시한 다음 훈련자는 몸의 무게 중심을 자신의 오른쪽으로 이동시키는 척하고 실제로는 발을 떼지 않는다. 이때 반려견이 그 자세를 유지하고 있으면 "옳지" 또는 클리커를 1회 누르고 강화물을 제공한다. 이 과정을 반복한다.

(마) (라) 항목을 반복해서 교육한 후, 반려견이 훈련자의 움직임에 반응하지 않는 수준을 반영해서 실제로 한 발자국 오른쪽으로 이동해 본다. 반려견이 그대로 기다리면 "옳지" 또는 클리커를 1회 누르고 강화물을 제공한다. 이 과정을 반복한다.

(바) (마) 단계를 무난하게 진행하게 되었다면 반려견의 목줄 길이만큼 간격을 넓히고, 그런 조건임에도 불구하고 반려견이 기다리면 "옳지" 또는 클리커를 1회 누르고 강화물을 제공한다. 이 과정을 반복한다. 만약 반려견이 움직이면 (마) 항목을 추가로 교육한다.

(사) (바) 단계를 마치면 이번에는 기본자세를 취한 반려견의 정면으로 훈련자는 이동하고, 그 조건에서도 기다리면 "옳지" 또는 클리커를 1회 누르고 강화물을 제공한다. 이 과정을 반복한다. 기다리지 않으면 (라) 단계처럼 제시 조건을 낮춰서 기다리게 한다.

(아) (사) 단계를 수행할 수 있다면 불규칙하게 칭찬하는 단계를 진행한다. 반려견에게 기본 동작을 취한 상태에서 기다리라고 지시하고, 반려견이 잘 기다리면 구두로만 "옳지"라고 말하고 동작을 해제한다. 해제할 때는 "오케이" 또는 "그만" 등의 언어를 적용할 수 있다. 장소를 바꿔서 다시 반려견에게 "기다려"라고 지시하고, 잘 기다리면 구두로만 "옳지"라고 말하고 동작을 해제한다. 또다시 "기다려"라고 지시하고 기다렸다면 "옳지" 또는 클리커를 1회 누르고 강화물을 제공한다. 이 과정을 반복한다.

(자) 반려견의 학습 수준을 반영하여 점진적으로 방해요인(사람이나 반려견 등)이 있는 조건에서도 기다리도록 한다.

(차) 반려견이 기다리고 있는 시간을 늘린다. 즉 동작을 해제하는 시간을 늦추어서 오랫동안 기다리고 있게 가르친다. 마지막에는 반드시 해제 지시를 한다.

② 참조 사항

(가) 교육 초기에 방해 요인이 없는 조용한 장소에서 교육한다.

(나) 명령어(기다려)는 교육 초기에는 필요할 때마다 반복해서 말해도 된다. 반려견이 기다리는 수준을 반영해서 점진적으로 지시 횟수를 줄인다. 최종적으로는 1회의 기다려 지시만으로 해제할 때까지 기다리게 한다.

(다) 기존의 교육으로 인해 이 명령어(기다려)를 적용했을 때, 기다리지 못한다면 명령어를 다른 언어로 바꿔서 교육한다.

(라) 교육 진도를 너무 서두르지 않는다.

(5) 와(come)

훈련자가 반려견을 부르면 반려견은 훈련자에게 다가오게 한다. 이 항목을 통해 훈련자에 대한 집중력이 향상되어 원활한 소통이 가능해진다. 부적절한 행동을 억제 및 예방할 수 있고, 반려견의 안전을 확보해야 하는 상황에 적용할 수 있다.

① 가르치는 방법(조용한 장소에서 진행한다. 강화물을 준비한다.)

(가) 주어진 장소에서 훈련자는 자신의 왼쪽 발 옆(또는 오른쪽)에 목줄을 착용시킨 상태에서 엎드려 또는 앉아 자세(기본자세)를 취하게 한다.
(나) 훈련자는 목줄을 연결한 상태로 반려견에게 기다리라고 지시한 다음 반려견의 정면으로 정면 방향으로 목줄 길이(약 1.5m)만큼 이동하여 반려견과 마주 본다.
(다) 훈련자는 자세를 숙이면서 "와"라고 지시한다. 반려견이 다가오면 앉힌 다음 "옳지" 또는 클리커를 1회 누르고 강화물을 제공한다. 이 과정을 반복한다.
(라) 만약 반려견이 오지 않으면 이름을 반복해서 부르거나, 오라는 지시를 추가로 말하거나, 훈련자가 바닥에 앉는 자세를 취하면서 불러 본다. 반려견이 훈련자에게 다가오고 싶은 생각이 들도록 재미있게 부른다.
(마) 훈련자가 똑바로 선 자세로 불러 본다. 오면 "옳지" 또는 클리커를 1회 누르고 강화물을 제공한다. 이 과정을 반복한다.
(바) (마) 단계를 수행할 수 있다면 불규칙하게 칭찬하는 단계를 진행한다. 기본 동작을 취한 상태의 반려견에게 오라고 지시하고, 반려견이 다가오면 구두로만 "옳지" 라고 말하고 동작을 해제한다. 해제할 때는 "오케이" 또는 "그만" 등의 언어를 적용할 수 있다. 장소를 바꿔서 다시 반려견에게 오라고 지시하고 다가오면 구두로만 "옳지"라고 말하고 동작을 해제한다. 또다시 오라고 지시하고 오면 "옳지" 또는 클리커를 1회 누르고 강화물을 제공한다. 이 과정을 반복한다.
(사) 반려견의 학습 수준을 반영하여 점진적으로 방해요인(사람이나 반려견 등)이 있는 조건에서도 오도록 한다.

② 참조 사항

(가) 교육 초기에 방해요인이 없는 조용한 장소에서 교육한다.
(나) 반려견을 부른 다음 야단치지 않는다.
(다) 기존의 교육으로 인해 이 명령어(와)를 적용했을 때 오지 않는다면 명령어를 다른 용어로 바꿔서 교육한다.
(라) 교육 진도를 너무 서두르지 않는다.

(6) 따라 걷기(walking)

반려견은 훈련자의 왼쪽 또는 오른쪽 무릎 옆 지정 위치에서 훈련자가 움직이는 방향과 나란히 걸을 수 있어야 한다. 따라 걷기를 통해 반려견의 행동 반경이 넓어진다.

① 가르치는 방법(조용한 장소에서 진행한다. 강화물을 준비한다.)

(가) 목줄을 연결한 상태의 반려견과 마주 선 상태에서 시작한다.
(나) 훈련자는 손(오른손 또는 왼손)에 음식 강화물을 쥔다.
(다) 그 상태에서 훈련자는 뒤로 2~3보 걷는다. 반려견이 훈련자의 눈을 쳐다보며 다가오면 즉시 "옳지" 또는 클리커를 1회 누르고 강화물을 제공한다. 이 과정을 반복한다.
(라) 만약 반려견이 따라오지 않으면 훈련자가 자세를 낮춰서 시도하거나, 음식 강화물을 보여준다. 또는 진행 방향 앞쪽으로 음식 강화물을 바닥에 내려놓아 이동을 유도한다.
(마) (다) 단계를 통해 안정적으로 반려견이 따라오게 되었다면 훈련자의 위치를 바꾼다. 마주본 상태로 걷다가 슬며시 반려견의 오른쪽(또는 왼쪽) 위치로 훈련자가 이동하여 나란한 상태가 되도록 하여 걷는다. 반려견이 훈련자의 눈을 쳐다보며 따라 걸으면 즉시 "옳지" 또는 클리커를 1회 누르고 강화물을 제공한다. 이 과정을 반복한다.
(바) 나란한 형태로 점진적으로 걷는 길이를 늘이며 보상 횟수도 줄인다. 이 단계에서 걷기 전에 "따라 또는 가자"라는 명령어를 먼저 말한 다음 걷기 시작한다.
(사) 반려견의 학습 수준을 반영하여 점진적으로 방해요인(사람이나 반려견 등)이 있는 상황에서도 걷도록 한다.

② 참조 사항

(가) 교육 초기에는 방해요인이 없는 조용한 장소에서 교육한다.
(나) 반려견의 집중이 분산되면 반려견의 이름을 불러 집중을 유도한다.
(다) 반려견이 훈련자의 손에 든 음식 강화물에 과도하게 집착하면 손으로 직접 주지 않고 바닥에 던져서 주거나 강화물을 바꾼다.
(라) 교육 진도를 너무 서두르지 않는다.

8. 평가하기

(1) 평가자 질문

① 기본예절 교육의 종류, 교감 활동 방법, 지시 방법을 이해하고 있는지 확인
② 반려견의 성향에 맞는 강화물 선별 방법, 선호하는 강화물에 따른 훈련 방법, 훈련자가 원하는 행동을 이끌어 내는 방법, 반복을 통한 예절에 필요한 행동교육 방법을 이해하고 있는지 확인
③ 필요하면 교수자가 부족한 부분에 대한 보수 교육을 진행하여 이해를 도움

(2) 평가자 체크리스트

① 반려견의 성향에 맞는 강화물(장난감, 간식 등)을 선별했는지 확인

② 반려견의 성향과 선호하는 강화물(장난감, 간식 등)에 따라 훈련 방법을 결정했는지 확인

③ 결정된 훈련 방법을 적용하여 훈련자가 원하는 반려견의 행동을 이끌어 낼 수 있는지 확인

④ 장소와 상황이 바뀌어도 일관된 행동을 하는지 최종 평가를 진행

⑤ 조용한 장소에서 반려견에게 이름에 반응하기, 앉아, 엎드려, 기다려, 와, 따라 걷기가 가능한지 확인

⑥ 조용한 장소에서 다른 사람이 접근하는 상황에서 반려견에게 이름에 반응하기, 앉아, 엎드려, 기다려, 와, 따라 걷기가 가능한지 확인

⑦ 조용한 장소에서 다른 사람과 반려견이 접근하는 상황에서 반려견에게 이름에 반응하기, 앉아, 엎드려, 기다려, 와, 따라 걷기가 가능한지 확인

⑧ 낯선 장소에서 반려견에게 이름에 반응하기, 앉아, 엎드려, 기다려, 와, 따라 걷기가 가능한지 확인

⑨ 낯선 장소에서 다른 사람이 접근하는 상황에서 반려견에게 이름에 반응하기, 앉아, 엎드려, 기다려, 와, 따라 걷기가 가능한지 확인

⑩ 낯선 장소에서 다른 사람과 반려견이 접근하는 상황에서 반려견에게 이름에 반응하기, 앉아, 엎드려, 기다려, 와, 따라 걷기가 가능한지 확인

⑪ 필요하면 교수자가 부족한 부분에 대한 보수 교육을 진행하여 이해를 도움

▸ **평가자 체크리스트**

학습 내용	평가 항목	성취수준		
		상	중	하
지시 방법 결정	반려견 기본예절 종류 인식 여부			
	기본예절 교육을 진행하기 전 관계 형성을 위한 교감 활동 능력			
	반려견 훈련자의 적합한 지시 방법 결정 여부			
강화물 선택과 행동교육	반려견의 성향에 맞는 강화물(장난감, 간식 등)을 선별하는 능력			
	반려견의 성향과 선호하는 강화물(장난감, 간식 등)에 따른 훈련 방법 결정 여부			
	결정된 훈련 방법을 적용하여 훈련자가 원하는 반려견의 행동을 이끌어 내는 능력			
기본예절 평가	장소와 상황이 바뀌어도 일관된 행동을 하는지 최종적으로 평가하는 능력			
	조용한 장소에서 이름, 앉아, 엎드려, 기다려, 와, 따라 걷기에 반응하게 하는 능력			
	조용한 장소에서 다른 사람이 접근하는 상황에서 이름, 앉아, 엎드려, 기다려, 와, 따라 걷기에 반응하게 하는 능력			
	조용한 장소에서 다른 사람과 반려견이 접근하는 상황에서 이름, 앉아, 엎드려, 기다려, 와, 따라 걷기에 반응하게 하는 능력			
	낯선 장소에서 이름, 앉아, 엎드려, 기다려, 와, 따라 걷기에 반응하게 하는 능력			
	낯선 장소에서 다른 사람이 접근하는 상황에서 이름, 앉아, 엎드려, 기다려, 와, 따라 걷기에 반응하게 하는 능력			
	낯선 장소에서 다른 사람과 반려견이 접근하는 상황에서 이름, 앉아, 엎드려, 기다려, 와, 따라 걷기에 반응하게 하는 능력			

출처: NCS 학습모듈 6. 반려견 예절교육.

(3) 작업자 평가

① 기본예절 교육의 종류, 교감 활동 방법, 지시 방법을 이해하고 있는지 확인

② 반려견의 성향에 맞는 강화물 선별 방법, 선호하는 강화물에 따른 훈련 방법, 훈련자가 원하는 행동을 이끌어 내는 방법, 반복을 통한 예절에 필요한 행동교육 방법을 이해하고 있는지 확인

③ 장소와 상황이 바뀌어도 일관된 행동을 하는지 최종 평가를 진행

④ 필요하면 교수자가 부족한 부분에 대한 보수 교육을 진행하여 이해를 도움

9. 목줄에 적응시키기

반려견이 목걸이(하네스 포함) 착용에 익숙해졌다면 목줄에 적응하도록 한다.

(1) 일반 목줄

일반적인 목걸이는 목줄 끝에 부착된 고리를 서로 연결한다.

(가) 반려견을 훈련자의 정면 또는 왼쪽 옆에 앉히고 '기다려'를 시킨다.

(나) 훈련자는 한쪽 손으로 반려견의 목에 착용한 목걸이 부분의 고리를 잡고, 다른 손으로 목줄 끝에 부착된 고리를 잡아 서로 연결한다. 반려견이 수용적인 태도를 나타내면 "옳지"라고 말하거나, 클리커를 누르고 강화물을 제공한다.

(다) 연결을 풀 때는 '앉아, 기다려'를 시킨 상태로 진행한다. 탈부착을 반복한다.

(라) 목줄을 연결한 상태로 반려견이 제한된 환경에서 자유롭게 걸어 다니게 하여 적응시킨다. 목줄의 끝부분이 틈새에 끼이지 않도록 주변 환경을 정리한다.

(마) 목줄이 연결된 상태에서 반려견이 자유롭게 걷는다면 훈련자는 그 목줄의 끝부분을 살며시 한 손으로 쥐고, 반려견을 부른다. 반려견의 이름을 부르거나 하여 집중을 유도한다.

(바) 반려견이 훈련자를 향해 접근하면 "옳지" 또는 클리커를 누르고 보상한다. 이 과정을 반복한다.

(사) 실내나 제한된 환경에서 반려견이 목걸이와 목줄을 착용한 상태로 훈련자가 움직이는 방향대로 잘 따라오면 "옳지" 또는 클리커를 누르고 보상한다. 이 과정을 반복한다.

10. 산책 순서

반려견은 훈련자의 왼쪽(또는 오른쪽)에 위치한다.

(1) "따라" 혹은 "가자"라는 지시로 걷기 시작한다.

① 훈련자를 의식하면서 걷게 한다.

산책 도중에 간혹 반려견의 이름을 불러 반응하도록 한다. 이런 연습을 해두면 반려견이 떨어진 음식 등을 주워 먹으려고 하는 상황이나, 다른 사람 혹은 반려견이 다가올 때 집중을 유도하기 쉬워진다. 또 반려견이 다른 대상에 대해 집중하고 있더라도 자신의 이름을 듣고 반응하면 좋은 일이 있다는 인식을 하게 되면 돌발적인 상황에서도 반려견의 행동 통제가 가능해진다.

② 산책하는 도중에 반려견에게 주변 냄새를 맡게 한다.

반려견의 후각적 능력을 발휘하게끔 냄새를 맡도록 기회를 준다. 산책에 방해가 되지 않는 범위 내에서 자연스럽게 냄새를 맡도록 기회를 준다. 필요한 경우 훈련자는 냄새 맡을 대상(예: 나무, 전봇대, 길거리 모퉁이 등)을 한정하여 그곳으로 반려견을 유도한다.

③ 산책하는 도중에 배설할 기회를 준다.

산책 도중에 냄새를 맡은 대개의 반려견은 자연스럽게 배설(배변, 배뇨) 행위를 한다. 특히 다른 반려견의 배설 흔적이 남아 있는 곳은 반려견이 배설하고 싶어 하는 장소이므로 배설 예비 동작(냄새 맡기, 엉거주춤한 자세, 빙글빙글 돌기 등)을 취하면 배설하도록 기회를 준다. 배설하면 즉시 수거한다.

④ 산책하는 도중에 틈틈이 놀아준다.

산책 도중에 장난감 강화물을 활용하여 놀아준다. 반려견이 다른 사람이나 반려견을 보고 짖는 등의 부적절한 행동을 하려고 할 때, 이와 같은 놀이 방법을 미리 제공하여 훈련자에게 주의를 기울이도록 하여 주어진 상황을 부드럽게 마무리한다.

⑤ 산책하는 속도에 변화를 준다.

산책하는 도중에 보행 속도에 변화를 주어 더 다양한 산책이 되도록 한다. 늘 같은 속도로만 걷게 되면 일부 반려견 중에는 목줄을 끌어당기거나 지루해하는 경향이 있다. 평상시 속도로 걷다가 “뛰자”라는 말과 함께 빠르게 뛰어 본다. 그러고 난 다음 다시 평상시 보행 속도로 걷는다. 반려견이나 훈련자의 체력적인 면을 반영하여 뛰는 거리를 조절한다. 이런 과정을 반복하면 반려견은 “언제 또 뛸까?”라는 생각을 하게 되어 보다 훈련자에게 집중하게 되는 효과를 기대할 수 있다. 필요하다면 임의로 산책 진행 방향을 바꾸어 지나온 방향으로 되돌아 가보기도 하여 앞으로만 가려는 반려견의 예측 행동을 사전에 차단한다.

⑥ 산책하는 도중에 낯선 사람을 만났을 때는 달려들거나, 짖지 않도록 한다.

산책하는 도중에 낯선 사람에게 접근하거나 짖는 행동을 하지 않도록 사전에 반려견의 행동을 잘 관찰해서 선제적으로 대응한다. 우선 평소에 반려견 이름 부르기, 앉아, 엎드려 훈련을 가르쳐 둔다. 그리고 낯선 사람이 다가올 때 반려견이 접근하는 사람에게 반응하기 전에 이름을 불러 주의를 끌고, 그다음 “앉아”, “엎드려”, “기다려” 등을 지시하여 반려견의 행동을 통제하도록 한다. 필요하다면 낯선 사람이 지나가는 동선에서 몇 발자국 정도 벗어나 있다가 그 사람이 지나가면 다시 되돌아와서 산책을 시도한다.

⑦ 산책하는 도중에 다른 반려견을 만났을 때는 달려들거나 짖지 않도록 한다.

산책하는 도중에 낯선 반려견에게 접근하거나 짖는 행동을 하지 않도록 사전에 반려견의 행동을 잘 관찰해서 선제적으로 대응한다. 평소에 반려견 이름 부르기, 앉아, 엎드려 동작을 가르쳐 둔다. 그리고 낯선 반려견이 다가올 때 반려견이 접근하는 반려견에게 반응하기 전에 반려견의 이름을 불러 주의를 끌고, 그다음 “앉아”, “엎드려”, “기다려” 등을 지시하여 반려견의 행동을 적극적으로 통제하도록 한다. 필요하다면 낯선 반려견이 지나가는 동선에서 몇 발자국 정도 벗어나 있다가 그 사람과 반려견이 지나가면 다시 되돌아와서 산책을 시도한다.

⑧ 산책을 하기 위해 문을 출입할 때는 반드시 허락하에 통과하도록 한다.

반려견과 출입문을 통과할 때는 반드시 훈련자의 허락하에 통과하도록 가르친다. 출입문이 있는 장소는 일반적으로 반려견이 매우 흥분할 수 있는 환경이고, 사고도 자주 발생하는 장소이다. 따라서 출입문을 통과할 때는 반려견을 진정시켜 안전을 확보한다.

(가) 반려견을 출입문 근처로 데리고 간다.
문이 열리는 방향을 반영하여 적절한 위치에 반려견을 앉히거나 서 있거나 엎드려를 시킨다. 그리고 "기다려"라고 말하고 훈련자가 문을 연다. 이때 반려견이 무턱대고 문을 통과하지 않도록 반려견의 행동을 관찰하고 통제한다.
(나) 훈련자는 반려견과 그 공간으로 출입해도 되는지를 확인하고, 된다고 판단되면 "가자" 또는 "오케이"라고 말한다. 그리고 훈련자가 먼저, 또는 반려견과 동시에 통과한다.
(다) 통과한 다음 다시 반려견을 앉히거나 서 있거나 엎드린 상태로 "기다려" 지시를 한다. 그동안 문을 닫는다. 이 과정을 반복한다.

(2) 산책을 마친다. 반려견과 산책을 종료한다.

반려견의 체력, 사회성 정도, 훈련자의 신체적 조건이나 시간 할애 정도, 날씨와 기온 등 산책 환경을 반영하여 산책량을 결정한다.

① 산책 뒷정리를 한다.

산책을 마친 후 목걸이와 목줄을 풀어 준다. 반려견의 발이 오염된 경우라면 발을 물로 씻기거나 휴지 등으로 닦아준다. 반려견의 온몸을 빗질하여 오염물을 털어 내고, 다친 곳은 없는지 발바닥 상태도 점검한다. 물을 제공하고 반려견에게 휴식을 취하게끔 한다. 사료를 줄 경우라면 반려견이 충분히·안정되었을 때 준다. 일부 반려견은 과격한 산책이나 운동 직후에 사료를 섭취하면 소화기 계통에 문제가 발생할 수 있으므로 주의한다.

〈평가 방법〉

▸ 평가자 질문

학습 내용	평가 항목	성취수준		
		상	중	하
산책 도구 적응	반려견 보호자의 산책 환경을 분석하여 교육을 위한 산책 상황을 설정할 수 있는 능력			
	산책예절 교육을 진행하기 전 관계형성을 위한 교감 활동을 할 수 있는 능력			
	반려견의 특성에 맞는 산책 도구를 선택할 수 있는 능력			
	보호자에게 목줄 사용 방법을 교육할 수 있는 능력			
	반려견이 목줄에 적응하도록 교육할 수 있는 능력			
산책예절 교육	반려견의 성향에 맞는 강화물(장난감, 간식 등)을 선별할 수 있는 능력			
	강화물(장난감, 간식 등)과 지시 방법 등을 활용하여 훈련자가 원하는 반려견의 행동을 이끌 수 있는 능력			
	반복 행동을 통해 산책에 필요한 예절을 교육할 수 있는 능력			
	산책 시 발생 가능한 돌발 상황을 매뉴얼화하여 훈련에 적용할 수 있는 능력			
산책예절 평가	장소와 상황이 바뀌어도 일관된 행동을 하는지 최종 평가를 할 수 있는 능력			

출처: NCS 능력단위 6. 반려견 예절교육.

Chapter 04

반려견 훈련능력 평가와 활용

1. 반려동물행동지도사 실기시험 수행 및 평가

(1) 실기시험 응시 구비요건

구분	세부 내용
응시견 자격	• 실기시험 응시견은 동물등록 필수 내장형 고유식별번호 장치 부착 필수 • 응시하는 견의 견주는 응시자이거나 응시자의 직계가족만 가능 • 동일 등급 2차 시험에 합격한 이력이 있는 반려견은 응시 불가 • 맹견은 실기시험장 사고 예방을 위해 '맹견사육허가서'를 반드시 첨부 • 2급 응시견은 6개월령 이상 모든 견종(크기 무관) • 견 간 물림사고 방지를 위해 실기시험 일정은 견종별(소형, 중대형, 맹견)로 구분하여 실시 • 응시견은 1차 시험 응시접수 마감일을 기준으로 동물등록번호를 부여 받은 반려견에 한함(6개월령 이상, 모든 견종, 크기 무관)
응시견 유형	• 소형견은 체고 40cm 이하 & 체중 12kg 이하 • 중대형은 소형견 기준 이상
허용 · 지참 가능 물건	• '가져오기' 항목 평가를 위해 덤벨, 장난감, 공, 인형 등 물건 지참 가능 • 덤벨, 장난감, 공, 인형 등 개인 지참이 가능하나, 지참물건에 먹이, 간식 등을 넣어 평가의 공정성을 해하는 경우 부정행위로 간주 • 미지참 시 시험장에 비치된 공용 '물건' 사용 • '하우스'는 켄넬 등 지참 가능 • 켄넬 등 개인 지참이 가능하나, 지참물건에 먹이, 간식 등을 넣어 평가의 공정성을 해하는 경우 부정행위로 간주 • 미지참 시 시험장에 비치된 공용 '상판' 사용
사용 가능한 목줄	• 버튼, 걸쇠 형태의 목줄만 허용 • 고리간격 3~4cm의 목줄로 조여지지 않는 상태로 착용 • 초크체인, 프롱칼라(핀치칼라), 쇠줄은 사용금지 • 그 외 견에 고통을 줄 수 있는 모든 도구는 사용할 수 없음

(2) 실기시험의 내용

(1) 평가장	15 X 15m 면적
(2) 배점	평가항목별 상이, (만점) 100점
(3) 시간	15분
(4) 평가항목 10개 동작	① 견줄 하고 동행하기(상보 –속보/완보/상보) ② 동행 중 앉기 ③ 동행 중 엎드리기 ④ 동행 중 서기 ⑤ 부르기(와) ⑥ 가져오기 ⑦ 악수하기 ⑧ 짖기 ⑨ 지정장소로 보내기(하우스) ⑩ 기다리기(대기)

(3) 실기시험의 도식

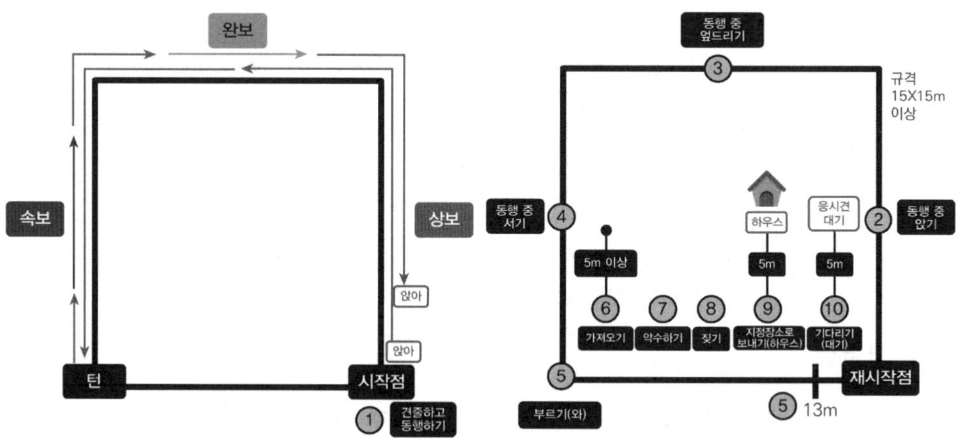

(4) 실기시험의 수행 절차(예시)

① 견줄하고 동행하기(상보 – 속보/완보/상보)

응시자와 응시견은 시작점에서 기본자세로 신원확인 - 평가위원의 요구에 따라 보통걸음으로 20보 직진 - 90도 좌회전 보통 걸음 20보 직진 - 90도 좌회전 보통걸음 20보 직진 - 180도 뒤로 돌아 보통걸음 5보 직진 - 빠른 걸음 10보 직진 – 보통걸음 5보 직진 – 90도 우회전 보통걸음 5보 직진 – 느린 걸음 10보 직진 – 보통 걸음 5보 직진 – 90도 우회전 보통걸음 20보 직진 – 180도 뒤로 돌아 시작점에 기본동작

② 동행 중 앉기

평가위원의 요구에 따라 보통 걸음으로 9보 직진 후 10보에 응시견에 '앉아' 요구

③ 동행 중 엎드리기

평가위원의 요구에 따라 보통 걸음 10보 직진 – 90도 좌회전 후 보통 걸음 9보 직진 후 10보에 응시견에게 '엎드려' 요구

④ 동행 중 서기

평가위원의 요구에 따라 보통 걸음 10보 직진 – 90도 좌회전 후 보통 걸음 9보 직진 후 10보에 응시견에게 '서' 요구

⑤ 부르기(와)

평가위원의 요구에 따라 보통 걸음 10보 직진 – 90도 좌회전 후 응시견은 앉아 기다려 – 응시자는 응시견의 견줄의 연결고리를 목줄에서 해제 – 응시자는 보통 걸음 15보 후 180도 회전 뒤로 돌아 기본자세 – 평가위원의 요구에 따라 응시견에게 '이리와(와)' 요구 – 응시견은 응시자 정면에 '앉아' – 응시자의 요구에 따라 응시견은 응시자의 왼쪽에 기본자세

⑥ 가져오기

응시자와 응시견은 평가위원의 요구에 따라 지정 위치로 이동하여 기본자세 – 평가위원의 요구에 따라 전방 5m에 덤벨(장난감, 인형)을 던짐 – 응시자가 응시견에게 ' 가져와' 요구 – 응시견은 응시자의 요구에 따라 던져진 물품을 가져와 응시자 앞에 '앉아' 자세 – 5초 후 응시견은 응시자의 요구에 따라 물고 있던 물품을 응시자의 손에 건네줌 – 응시견은 응시자의 요구에 따라 왼쪽에 기본자세

⑦ 악수하기

응시자는 평가위원의 요구에 따라 기본자세에서 응시견 50cm 앞으로 이동 - 응시자가 오른손을 내밀며 응시견에게 '악수' 요청 - 응시견은 오른쪽 앞발을 들어 악수 - 3회 실시, 앞발을 들어 3회 악수하기 실시

⑧ 짖기

응시자는 평가위원의 요구에 따라 ⑦ 악수하기에 이어 응시견 정면에서 손을 자신의 앞으로 갖다 대며 응시견에게 '짖어' 요구 - 3회 실시 후에 응시견은 응시자의 요구에 따라 왼쪽에 기본자세

⑨ 지정장소로 보내기(하우스)

응시자는 평가위원의 요구에 따라 하우스 5m 전방 지정장소에 응시견과 함께 기본자세 - 응시자는 기본자세에서 응시견에게 하우스로 이동하도록 요구 - 응시견이 하우스에 들어가면 '엎드려' 요구 - 응시자는 5초 후 응시견에게 '와' 요구 - 응시견은 응시자 정면에 '앉아' - 응시견은 응시자의 요구에 따라 왼쪽에 기본자세

⑩ 기다리기(대기)

응시자는 평가위원의 요구에 따라 대기 장소에 응시견과 함께 이동 - 응시자는 응시견에게 '엎드려' 요구 - 응시자는 원위치하여 기본동작 - 응시자는 3분 후 응시견에게 다가가 종료

(5) 실기시험의 평가(예시)

① 부정행위 및 실격사유

구분	세부 내용
수행불능	• 필수 지참물(응시견, 응시표, 신분증, 허용목줄, 입마개(맹견))을 지참하지 않은 경우 • 응시견은 응시원서 접수 시 등록된 반려견(1주)만 동행 가능. 실기 시험현장에서 동물등록번호(내장형 고유식별번호 장치부착 필수) 및 월령 등 확인 • 근골격계 질환 등으로 통증 및 파행 동작이 보이는 경우

구분	세부 내용
	• 응시견이 위축된 후 회복되지 않아 시험시간이 지연되는 경우(겁먹은 행동) • 수행불능(평가위원 판단)으로 시험시간이 지연되는 경우 • 그 외 평가위원 전원이 합의하여 실기시험 수행이 불가능하다고 판단한 경우
통제불능	• 시작점에서 3회 명령에도 기본자세가 되지 않았을 경우 • 3회 이상 추가명령에도 복종시키지 못한 경우 • 시험장을 이탈한 경우 • 시험장에서 마킹을 하거나 배설을 한 경우 • 시험장 내/외에서 다른 응시자, 응시견 등을 물거나 공격적인 행위를 한 경우 • 반복되는 짖기 등 사회성이 결여된 경우(시험장 내/외)
부정행위	• 시험 도중 휴대폰을 포함 전자, 통신기기 등을 사용하는 경우 • 지참 가능 물건: '가져오기' 수행 용도 덤벨, 장난감, 공, 인형 등/'하우스' 수행 용도 켄넬 • 단 지참 가능 물건에 먹이, 간식 등을 넣어 평가의 공정성에 해하는 경우 부정행위 • 응시견에게 학대행위(구타, 위협, 신체적 압박 등)를 하는 경우 • 응시자가 평가위원의 퇴장 지시에 불응한 경우

2. 반려견 스포츠

(1) 반려견 스포츠

반려견이 하는 스포츠 또는 사람과 반려견이 함께하는 스포츠를 의미한다. 반려견의 본능을 이용한 놀이를 통하여 핸들러가 방향을 제시하고 반려견이 이를 수행하는 활동으로 이루어진다.

① 세계애견연맹(FCI) 대회 규정

- 개를 양육하고 적절하게 훈련하는 일은 인간의 윤리적 책임이다. 훈련 방식은 동물행동전문가들이 인정한 기준을 충족해야 한다.
- 혐오적인 훈련방법과 훈련을 실시하고 훈련효과를 얻으려고 해서는 안 된다.
- 개에게 긍정강화 훈련법을 활용해야 한다.
- 개와 함께 참여하는 스포츠의 경우, 개의 능력과 경쟁심, 욕구를 충족해

야 한다.

- 사람은 개가 지닌 잠재력과 가능성을 세심하게 평가해야 한다. 개가 할 수 없는 능력을 강요해서는 안 된다. 개와 동료처럼 지내고, 책임감을 가진 사람과 충분한 능력을 가진 개가 함께 독 스포츠에 참여할 수 있다.

(2) 반려견 스포츠 종류

① 어질리티(agility)

- 반려견과 핸들러가 한 팀이 되어 다양한 장애물을 신속하고 정확하게 통과하는 경기이다.
- 반려견의 견종이나 크기에 상관없이 모든 반려인이 즐길 수 있다.
- 난이도에 따라 비기너(beginner), 노비스(novice), 점핑(jumping), 어질리티 등의 종목으로 나눈다.

> **＊ 반려견 역량**
> 기본복종, 스피드, 빠른 방향 전환이 요구되어 민첩성과 활력도, 유연성을 필요로 한다.
> 핸들러에 대한 반응을 빠르고 정확하게 인지하는 집중력이 필요하다.

② 플라이볼(fly ball)

반려견이 스타트 지점을 지난 4개의 허들을 통과한 후 박스의 공을 물고 다시 4개의 허들을 넘어 피니시 라인으로 들어오는 경기이다.

> **＊ 반려견 역량**
> 친화력과 높은 집중력이 요구된다. 순발력과 허들 구간에서 빠른 속도로 연속적인 레이스를 펼쳐야 하므로 지속적인 집중력과 체력이 필요하다.

③ 디스크 독(disc dog)

- 사람이 던지고 반려견이 받는 경기로, 디스턴스와 프리스타일로 분류한다.
- 핸들러와 반려견의 호흡이 매우 중요한 경기이다.

*** 반려견 역량**
디스크에 대한 관심과 집중력, 물건 회수 능력과 빠른 반응도가 필요하다.

④ 독 댄스(dog dance)

음악에 맞춰 반려견과 호흡하며 정해진 동작을 연결하여 춤을 추는 경기이다. '힐워크 투 뮤직'과 프리스타일이 있다.

⑤ IGP(사역견) 훈련 경기대회

추적, 복종, 방위의 3단계로 이루어진다. 반려견의 안정성, 지구력, 효율성, 후각능력, 대담성, 작업능력을 측정하는 경기이다. (각 100점, 총점 300점)

A과목: 추적시험, B과목: 복종시험, C과목: 방호시험

(a) 경기 출전 요건

종목	연령(월령 이상)
BH/VT	15개월
IGP 1단계	18개월
IGP 2단계	19개월
IGP 3단계	20개월
FH 1단계	18개월
FH 2단계	20개월
IGP-FH	20개월

(b) IGP(사역견) 시험 규정

– IGP A과목: 추적시험

구분 / 단계	점수	내용
IGP 1단계	• 추적 경로 유지: 79점 • 소지품(11+20): 21점 • 총점 100점 * 소지품을 하나도 찾지 못하면 평가 결과는 최대 '만족'까지 부여	핸들러가 최소 300보 이동, 3개 구간, 2회 방향전환(90도)을 거치면서 배치 후 최소 20분 경과 후 소지품 2개를 15분 이내에 찾는 경기
IGP 2단계		핸들러가 최소 400보 이동, 3개 구간, 2회 방향전환(90도)을 거치면서 배치 후 최소 30분 경과 후 소지품 2개를 15분 이내에 찾는 경기
IGP 3단계		핸들러가 최소 600보 이동, 5개 구간, 4회 방향전환(90도)을 거치면서 배치 후 최소 60분 경과 후 소지품 3개를 20분 이내에 찾는 경기

– IGP B과목: 복종시험

<table>
<tr><th>구분
단계</th><th>점수</th></tr>
<tr><td>IGP 1단계</td><td rowspan="2">• 리드줄 미착용 보행 20점
• 보행 중 앉기 10점
• 엎드리기 후 복귀 10점
• 평지에서 물건 회수하기 10점
• 허들 넘어 물건 회수하기 15점
• 판벽 넘어 물건 회수하기 15점
• 전진 후 엎드리기 10점
• 산만한 환경에서 엎드려 있기 10점
• 총점 100점</td></tr>
<tr><td>IGP 2단계</td></tr>
<tr><td>IGP 3단계</td><td>• 리드줄 미착용 보행 10점
• 보행 중 앉기 10점
• 엎드리기 후 복귀 10점
• 달리기 중 서기 10점
• 평지에서 물건 회수하기 10점
• 허들 넘어 물건 회수하기 15점
• 판벽 넘어 물건 회수하기 15점
• 전진 후 엎드리기 10점
• 산만한 환경에서 엎드려 있기 10점
• 총점 100점</td></tr>
</table>

– IGP C과목: 방위시험

구분 단계	점수
IGP 1단계	• 헬퍼 수색 5점 • 짖기와 억류 10점 • 헬퍼 도주 시도 저지 20점 • 감시 중 공격에 방어하기 35점 • 정지 중 공격에 방어하기 30점 • 총 100점
IGP 2단계	• 헬퍼 수색 5점 • 짖기와 억류 10점 • 헬퍼 도주 시도 저지 10점 • 감시 중 공격에 방어하기 20점 • 후위 호송 5점 • 후위 호송 중 공격에 방어하기 30점 • 정지 중 공격에 방어하기 20점 • 총 100점

단계 \ 구분	점수
IGP 3단계	• 헬퍼 수색 10점 • 짖기와 억류 10점 • 헬퍼 도주 시도 저지 10점 • 감시 중 공격에 방어하기 20점 • 후위 호송 5점 • 후위 호송 중 공격에 방어하기 15점 • 정지 중 공격에 방어하기 10점 • 감시 종료 후 공격에 방어하기 20점 • 총 100점

⑥ 복종훈련 경기대회

반려견과의 전체적인 관계를 형성하며 복종(obedience)훈련이 잘 이루어졌는지를 평가하는 경기이다.

(3) 반려견 스포츠 경기 규정

① 어질리티

- FCI 체급별 규정
  - ▸ 소형(S): 체고측정에서 35cm 미만인 반려견
  - ▸ 중형(M): 체고측정에서 35~43cm 미만인 반려견
  - ▸ 대형(L): 체고측정에서 43cm 이상 측정되는 경우
- 국제대회: 대회에서 코스 실점이 가장 적고, 가장 빠른 반려견이 시간에 15%를 더하고 가장 가까운 초로 반올림을 해서 결정한다.
- 코스 실점: 코스 실패 시 각 5점 실점, 코스의 거부 5점 실점
- 실격 규정
  - ▸ 핸들러가 손에 무엇을 들고 뛰었을 경우
  - ▸ 반려견이 목줄을 하고 뛰었을 경우
  - ▸ 심판의 출발신호 전 출발한 경우
  - ▸ 경기장 안에서 대소변을 보는 행동을 한 경우

- 코스의 순서와 다른 장애물을 접촉했거나 시도한 경우
- 핸들러가 장애물을 쓰러뜨리는 경우
- 반려견을 거칠게 다루거나 반려견이 핸들러에게 공격성을 보였을 경우
- 경기장 안에서 반려견을 통제할 수 없다고 판단된 경우
- 거부가 3회이거나, 최대시간을 초과한 경우
- 위브 폴을 거꾸로 두 번 이상 통과한 경우
- 핸들러가 장애물을 뛰어넘은 경우

더 알아보기

▣ 어질리티 경기장 시설 기준

① 코스를 구축하는 링은 20m × 40m 이상, 링이 포함된 최소면적은 24m × 40m이다.
② 두 개 이상의 링을 사용할 경우 링과 링 사이 칸막이를 설치하거나 최소 10m 이상 거리
③ 코스의 길이는 100m~220m 사이여야 하며, 장애물 수는 최소 15개, 최대 22개를 기준
④ 장애물 중 7개 이상을 점프 장애물로 구성해야 한다.
⑤ 표준 경기 세트는 최소 14개의 허들이 있어야 한다.

더 알아보기

▣ 어질리티 장애물: 점핑 장애물, 컨택 장애물, 기타 장애물

① 점핑 장애물: 싱글허들, 스프레드 허들, 타이어(tyre), 롱점프(long jump), 월(wall)
② 컨택 장애물: A-프레임, 도그워크(dog-walk), 시소(see-saw)
③ 기타 장애물: 튜브터널, 플랫터널, 위브 폴(12개)

② 플라이볼

- 대회 참가 기준
  - ▸ 선수견은 대회 당일 기준으로 최소 15개월 1일 이상의 연령이어야 한다.
  - ▸ 모든 선수견과 핸들러는 안전하게 플레이할 수 있도록 훈련되어 있어야 한다.
  - ▸ 생리 중인 선수견은 경기에 참석할 수 없으며 대회장에 입장할 수 없다.
- 팀 구성 기준
  - ▸ 한 팀의 구성은 최대 6마리와 각 핸들러, 박스로더로 구성한다.
  - ▸ 각 레이스에서 한 팀은 4마리의 선수견과 핸들러로 구성한다.
  - ▸ 4마리 선수견은 경기가 시작되기 전에 미리 신고해야 한다.
  - ▸ 선수견 교체는 선수견이 부상을 입은 경우 예외적으로 적용되며, 선수견을 교체할 경우 미리 신고해야 한다.
- 점프 높이를 파악한다.
  - ▸ 허들 보호막을 설치한 경우 보호막의 높이까지 포함한다.
  - ▸ 한 팀의 점프 높이는 해당 레이스의 가장 작은 선수견 기준으로 결정한다.
  - ▸ 주심은 필요에 의해 점프 높이를 다시 측정할 수 있다.
- 체고별 FCI Flyball 점프 높이 규정

자뼈(척골) 길이 (Ulna Length)	점프 높이 (Jump height)
10.00 cm 이하	15cm
10.00~11.25cm	17.5cm
11.25~12.50cm	20.0cm
12.50~13.75cm	22.5cm
13.75~15.00cm	25.0cm
15.00~16.25cm	27.5cm
16.25~17.50cm	30.0cm
17.50cm 이상	32.5cm

출처: FCI Flyball competition(2023).

더 알아보기

■ **플라이볼 경기장 시설기준**

① 경기장 표면은 미끄럽지 않고 거칠거나 끈끈해서는 안 된다.
② 안전을 위해 바닥이 잔디나 모래가 아닌 경우 레이스에 적합한 매트를 까는 것이 좋다.
③ 한 링에는 백스톱 보드에서 스타트/피니시 라인으로 이어지는 레이스 라인, 스타트존, 엑시트 존이 필요하다.
④ 스타트 라인부터 플라이볼 박스까지의 레이스 라인 길이는 15.525m이다.
⑤ 스타트 라인에서 첫 번째 허들까지의 거리는 1.83m, 두 개의 허들 간격은 3.06m, 마지막 허들부터 플라이볼 박스까지의 거리는 4.57m이다.
⑥ 스타트 라인과 트랙으로 이어진 안전하고 명료한 거리 표시가 있어야 한다.
⑦ 두 레인의 중심선 가격 거리는 5m이다.
⑧ 링 안의 두 개의 레이스 라인은 평행하고 길이가 정확히 같아야 한다.
⑨ 플라이볼 박스 뒷면 공간은 최소 0.60m 높이의 백스톱 보드를 설치한다.
⑩ 박스부터 백스톱 보드까지는 최소 1.52m의 공간이 있어야 하며, 레이스 진행 시 플라이볼 박스와 백스톱 사이에는 어떤 장애물도 없어야 한다.

더 알아보기

■ **플라이볼 장애물**

허들 4개, 플라이볼 박스 1개, 한 경기에는 2개의 세트가 필요

③ 디스크 독(disc dog)

• 대회 종목

구분	내용
디스턴스/어큐리시 (DA, Distance Accuracy)	60초 동안 디스크를 던져 거리에 따라 점수를 획득하는 경기
페어스 디스턴스/어큐리시 (PDA, Pairs Distance Accuracy)	두 사람이 한 팀, 90초 동안 번갈아 가며 디스크를 던져 거리에 따라 점수 획득 경기
파워 디스크	디스크를 2번 시도해 멀리 던져 선수견이 잡은 거리를 측정해 순위를 정하는 경기
프리스타일(freestyle)	여러 장의 디스크를 가지고 음악에 맞춰 90초 안에 자유롭게 안무를 구성하여 기술을 보여주는 경기

• 경기별 규정

▸ 한 개의 디스크로 60초 동안 획득해 점수를 합산한다.

▸ 스로잉은 라인 뒤에서 이루어져야 한다. 선수와 선수견은 경기 시작 전 라인 뒤에 있어야 한다.

▸ 경기 시간 종료 전 선수의 손을 떠난 디스크를 선수견이 잡으면 점수에 합산한다.

▸ 채점기준은 선수견의 네 발 모두 한 득점 구역에 착지해야 하며, 두 개의 득점구역에 착지하면 낮은 점수를 획득한다.

▸ 선수견이 디스크를 치고 다시 잡은 경우 마지막 캐치 지점을 기준으로 점수를 채점한다.

▸ 점프하여 캐치한 경우 0.5점의 가산점이 부여된다.

▸ 동점일 경우, 던진 횟수가 적은 팀, 높은 점수가 있는 팀 순으로 승리를 결정한다. 모두 같다면 1라운드의 승부 가리기를 진행한다.

더 알아보기

▣ 디스크 독 경기장 시설기준

① 경기장 최소규격은 27m(가로) × 45m(세로)이다.

② 필드는 평평하고 아무런 장애물이 없어야 한다.

③ 천연잔디 혹은 완충작용이 되고 미끄럽지 않은 인조잔디도 가능하다.

더 알아보기

▣ **디스크 독 경기 디스크 종류**

① 크기와 무게로 종류를 나누며, 경기 진출자는 디스크의 종류를 자유롭게 사용 가능하다.

② 하지만 단일 라운드에서는 다른 종류의 디스크를 혼용하여 사용할 수 없다.

디스크 종류	직영(단위: 인치)	무게(단위:kg)
표준 대형 디스크	9~9.5	115g 이하
표준 중형 디스크	8.5~8.75	115g 이하
대형 무거운 디스크	9~9.5	130~145g
중형 무거운 디스크	8.5~8.75	130~145g
소형	6.25~7	40~90g

3. 반려견 스포츠 용어 정리

(1) 어질리티 용어

① 핸들러(handler): 반려견을 통제하고 핸들링하는 사람

② 핸들링(handling): 핸들러가 코스를 통과하기 위해 반려견에게 몸동작과 명령어 등을 이용하여 지시, 통제하는 기술

③ 체고: 땅에서부터 반려견의 견갑골까지의 거리

④ 접촉구역: 컨택 장애물의 오르막과 내리막 아래쪽 색이 다른 부분으로 장애물 통과 시 접촉해야 하는 구간

⑤ 거부라인: 장애물의 진입부와 일직선이 되는 라인

⑥ 인(in): 핸들러의 안쪽으로 허들을 통과하라는 명령어

⑦ 아웃(out): 반려견이 허들의 반대 방향으로 통과하라는 명령어

(2) 플라이볼 용어

① 링(ring): 플라이볼 레이스가 진행되는 경기장

② 히트(heat): 네 마리의 선수견이 각각 코스를 왕복한 후 경기가 끝나는 세트가 한 히트

③ 레이스(race): 여러 차례로 구성되며 한 링에서 출진 팀이 경기를 시작하여 끝날 때까지의 경기

④ 디비전(division): 출진 팀이 기록을 제시하면 사무처가 기록별로 레벨을 편성한 것

⑤ 박스 로더(box loader): 공을 박스에 놓아주는 사람으로, 박스 뒤에서 상대 팀에 방해되지 않을 정도로 말로만 응원이 가능

⑥ 백스톱(backstop): 박스 뒷면 공간에 공이 굴러가는 것을 방지하기 위해 설치하는 보드

⑦ 브레이크 아웃(brake out): 출진 팀의 완주 기록이 팀이 속한 디비전에 부여된 가장 빠른 시간을 초과했을 때 해당 팀에 내려지는 파울 규정

⑧ 헤이트 독(height dog): 해당 팀 소속의 가장 작은 선수견으로, 헤이트 독을 기준으로 해당 팀의 점프 높이를 결정

(3) 디스크 독 용어

① 오버(over): 반려견이 공중에 있는 디스크를 물기 위해 핸들러의 신체를 뛰어넘는 동작 및 완전히 지나가는 동작

② 볼팅(vaulting): 반려견이 디스크를 물기 위해 핸들러의 신체를 점프대로 활용하여 지면에 착지하는 동작으로, 등을 이용하는 백 볼팅, 가슴을 이용하는 프런트 볼팅, 무릎을 이용하는 니 볼팅 등이 있음

③ 독 캐치(dog catch): 점프하는 반려견을 핸들러가 공중에서 잡는 것

④ 팀 무브먼트(team movement): 핸들러와 반려견이 동시에 실행하는 동작으로, 함께 도는 스핀 동작, 다리 사이를 지나가는 위빙 동작, 등위에 올라가는 백 스톨, 발바닥에 올라가는 풋 스톨 등 트릭 동작을 말함

⑤ 플립(flip): 머리 위에 떠 있는 디스크를 오른쪽이나 왼쪽으로 돌면서 잡는 기술

⑥ 저글링(juggling): 두 개의 디스크를 가지고 반려견과 핸들러가 서로 주고받는 기술

4. 특수목적견

특수 분야 보조견이란 인간보다 뛰어난 후각 및 감각 능력을 활용해 특별한 역할을 수행하는 반려견을 특수목적견이라고 일컬으며, 특수 분야 보조견이라고도 한다. 목적별 훈련 프로그램을 개발해 반려견을 훈련시킴으로써 치료견, 안내견, 탐지견, 구조견 등등으로 세분화 및 전문화되고 있다.

(1) 특수 분야 보조견의 특징

① 특수 분야 보조견은 위험으로부터 인간을 지켜 주기도 하고 신체의 일부가 되기도 한다.

② 특수 분야 보조견은 타고난 자질을 바탕으로 사람과 함께 활동해야 하므로 오랜 기간의 훈련과 엄격한 자격시험을 거쳐야 한다.

③ 특수 분야 보조견은 임무를 수행하기 위해 집중을 하기 때문에 함부로 쓰다듬거나 먹이를 주어서는 안 된다. 또한 집중에 방해가 될 수 있는 행동들을 조심해야 한다.

(2) 특수 분야 보조견의 분류

분류	특징	활용 견종
치유 도우미견	• 인간과의 유대가 강하고 상호작용이 뛰어나다. • 안정감과 심리치유 효과를 주기 때문에 청결함과 온순함, 사회성이 매우 중요하다. • 병원, 학교, 양로원, 각종 사회시설 위주로 활동하고 있다.	리트리버 종, 온순한 성격과 친근한 외모, 비공격성, 청결함, 뛰어난 적응력과 친화력이 있는 반려견
인명 구조견	• 뛰어난 후각과 청각, 어떤 현장에서도 빠르고 정확한 수색을 할 수 있는 능력을 갖추어야 한다. • 복종심과 민첩성, 대담성이 필요하다.	저먼 셰퍼드, 세인트 버나드, 골든리트리버, 스패니얼, 보더 콜리
도우미견	• 높은 지능과 체력, 인내심, 낮은 공격성이 필수적인 요소이다.	90% 이상 래브라도리트리버나 골든리트리버
군견	• 수색, 추적, 경계, 탐지 4가지로 나눌 수 있다. • 선천적인 뛰어난 능력에 따라 군견마다 특성화하여 배치 및 활용한다.	저먼 셰퍼드, 마리노이즈
탐지견	• 좋은 사회성과 환경 적응력, 뛰어난 후각, 집중력이 필수적인 요소이다.	비글, 래브라도리트리버, 코커스패니얼

출처: NCS학습모듈 7. 보조견 훈련.

(3) 치료도우미견의 선발기준

① 수의학적 적합성

② 공격성

③ 사회성

④ 적합성

PART 3

반려동물 훈련학

예 상 문 제

01 **반려견 행동교정 방법 중 '긍정강화(정적 강화)'에 해당하는 방법으로 옳지 않은 것은?**

① 행동을 약화시키는 강화물을 제거함으로써 반려견이 원하는 행동을 증가시키는 방법
② 반려견이 좋아하는 것을 행동 강화물로 제공하는 방법
③ 개선 행동이 발생 빈도와 정확도를 증가시키는 대표적인 방법
④ 적합한 강화물을 선택하여 문제행동 개선 시 즉각적인 보상이 중요하다.

02 **반려견 행동교정 방법 중 '부적 약화(부정 약화)'에 해당하는 방법으로 옳은 것은?**

① 반려견이 기피하는 약화 도구를 사용하여 문제행동의 발생 빈도를 감소시키는 방법
② 문제행동과 반대인 목표 교정 행동을 했을 때 강화시키는 방법
③ 문제행동 원인을 제거하는 방법
④ 문제행동 시 정적 강화 도구를 제거하여 문제행동을 감소시키는 방법

03 **다음의 설명에 해당하는 용어로 옳은 것은?**

정해진 횟수만큼 행동할 때 강화물을 제공하는 방법으로 일정한 횟수마다 규칙적으로 강화물을 제공한다. 예를 들어 카페에 오는 손님을 늘리기 위해 쿠폰을 이용해 10번을 찾아오는 손님에게 무료로 커피를 제공하거나 회사에서 직원에게 성과급으로 상여를 주는 제도가 예이다.

① 고정간격계획
② 변동간격계획
③ 고정비율계획
④ 변동비율계획

04 **반려견의 배변문제행동에 대한 설명으로 옳지 않은 것은?**

① 반려견의 보금자리와 화장실은 분리하여 떨어진 곳으로 정한다.
② 패드를 사용할 경우, 2~3장을 겹치거나 큰 패드를 사용한다.
③ 동물의 본능대로 안전하다고 느낄 수 있는 구석진 곳에 배변 자리를 만들어 준다.
④ 배변 패드나 배변판을 밟기만 해도 칭찬과 보상을 해준다.

05 **다음의 설명에 해당하는 지시방법으로 옳은 것은?**

반려견을 훈련자 옆에 있게 한 상태에서 한 발을 앞으로 떼면서 반려견이 있는 쪽 손으로 행동지도사의 대퇴부를 1회씩 살짝 두드린다.

① 따라　　② 앉아
③ 엎드려　　④ 와

06 **다음 중 훈련 용어에 대한 설명으로 옳지 않은 것은?**

① 성부 명령어 - 목소리에 의한 명령어이다.
② 손짓 - 손으로 지시하는 명령어이다.
③ 초호 - '이리와'에 대한 명령어이다.
④ 헬퍼 - 범인 역할과 훈련자 역할을 겸해서 하는 사람이다.

07 **다음 빈칸에 들어갈 용어로 옳은 것은?**

반려견의 기질과 특성에 따라 사람에 대한 사회성이 부족하거나 (　　)이(가) 강하면 생후 4~5개월령 정도부터 일찍 교육에 들어갈 수 있다.

① 성격　　② 독립심
③ 복종심　　④ 의존성

08 **훈련도구에 대한 설명으로 옳지 않은 것은?**

① 방어소매 - 팔에 착용하는 공격 방어용품
② 덤벨 - 물품 운반 교육 도구
③ 자석공 - 라텍스로 만들어진 말랑한 재질로 반려견이 물면 소리가 나는 공
④ 면혼방 더미 - 대형견이 물어도 잘 망가지지 않아 오랫동안 사용 가능

09 **다음 설명의 빈칸에 들어갈 용어로 옳은 것은?**

> (　　)은(는) 개의 스톱이 긴 저먼 셰퍼드, 벨지안 마리노이즈 등에 방어 시에 사용하는 도구이다.

① 일반 방어소매　　② 바이트 패드
③ 퍼피터그　　④ 나탄 방어소매

10 **다음의 설명에 해당하는 용어로 옳은 것은?**

> 반려견의 퍼즐 장난감을 활용하여 반려견의 능력 정도를 증가시키려 한다.

① 먹이 풍부화　　② 사회 풍부화
③ 인지 풍부화　　④ 환경 풍부화

11 **다음 중 '하우스' 훈련과정에 대한 설명으로 옳지 않은 것은?**

① '하우스' 훈련 시 반려견이 안에 들어간 상태에서 밖으로 나오면 문을 닫고 '기다려' 명령을 한다.
② 반려견이 하우스교육에 적극적이지 않으면 강제로 넣고 문을 잠근다.
③ '하우스' 훈련 시 교육용 켄넬은 적당한 크기를 사용한다.
④ 반려견을 자연스럽게 밀어 넣은 다음 들어가면 간식을 주어 크레이트 안에 들어가는 것을 즐기도록 한다.

12 **다음 중 '하우스' 훈련의 목적으로 옳지 않은 것은?**

① '하우스' 훈련은 반려견의 분리불안을 예방할 수 있다.
② 반려견이 하우스를 가장 편안하게 쉴 수 있는 공간으로 느끼게 한다.
③ '하우스' 훈련의 목적은 반려견을 협소한 공간에 가두는 것이다.
④ '하우스' 훈련이 잘되면 배변 교육에도 효과적이다.

13 **다음 중 '가져와' 훈련에 대한 설명으로 옳지 않은 것은?**

① '가져와' 훈련은 개가 옆에 붙어 앉아 있는 상태에서 '가져와'를 명령한다.
② 장난감을 가져오는 교육은 심부름을 시키는 교육이다.
③ '가져와' 훈련은 놀이 활동으로 보호자와 반려견이 서로 교감을 나눌 수 있다.
④ '가져와' 훈련은 반려견의 인내심을 기르는 데 적합한 훈련이다.

14 다음 중 '손 주기' 훈련에 대한 설명으로 옳지 않은 것은?

① '손'이라는 명령을 내리고 손을 올리면 간식을 준다.
② 반려견의 무게 중심을 옮기면서 보호자의 오른발로 반려견의 앞발을 살짝 건드린다.
③ 왼손의 리드줄로 목을 잡아당기고, 손으로 자극을 주어 손 주기를 하도록 한다.
④ 바른 자세로 앉도록 한다.

15 다음 중 산책예절 교육을 위해 목줄 착용 적응 훈련 시 옳지 않은 것은?

① 목줄을 착용한 상태에서 급식하고 잠을 자도록 한다.
② 리드줄 길이만큼 이동한 후 잘 따라오면 보상한다.
③ 먼저 긴 목줄에 적응하도록 하고 짧은 목끈을 적응시킨다.
④ 반려견을 좌측에 두고 오른손으로 간식을 주며 훈련한다.

16 다음의 설명에 해당하는 명령어로 옳은 것은?

• 흥분한 반려견을 안정시키는 경우 • 차 안에서 안전하게 머물러 있게 하고 싶은 경우 • 다른 반려견이나 사람에게 조용하게 인사하고 휴식을 취하고 싶은 경우

① '앉아' ② '기다려'
③ '엎드려' ④ '와'

17 다음 중 분리불안이 있는 반려견에 대한 행동교정법으로 옳지 않은 것은?

① 반려견에게 '나갔다 올게'라는 말을 하고 '기다려' 훈련을 시킨다.
② 현관에서 가장 먼 곳에서 '기다려' 훈련을 하고 보호자는 현관 쪽으로 움직인다.
③ '기다려' 명령 후 현관을 나간 뒤 3초 후 돌아온다.
④ '기다려' 명령 후 불규칙적으로 시간 변경하며 점차 나가는 시간을 늘린다.

18 다음 중 IGP에 경기 과목으로 옳지 않은 것은?

① A 과목 – 추적시험 ② B 과목 – 복종시험
③ C 과목 – 방호시험 ④ BH 과목

19 **다음 중 반려동물행동지도사의 역할로 옳지 않은 것은?**

① 반려견 개체별 특성과 행동 분석 및 평가
② 반려견 견종별 특성에 적합한 훈련 계획 수립 및 평가
③ 반려견에 대한 훈련, 반려견 문제행동 예방 및 수정
④ 반려견 보호자 교육 및 상담

20 **다음의 설명에 해당하는 용어로 옳은 것은?**

• 자극에 대해 바람직하지 않은 반응과는 양립하지 않은 반응을 하도록 조건화하는 법 • 특정 대상에 두려움을 보이는 반려견의 행동교정에 이용하는 경우가 많다.

① 소거 ② 일반화
③ 길항조건부여 ④ 점진적 조건부여

21 **다음 중 고전적 조건화에 대한 설명으로 옳지 않은 것은?**

① 부수의적, 반사적인 반응을 기초로 하기 때문에 의도적으로 행동을 변화시키는 행동교정법에 응용하는 것이 쉽다.
② 반려견에게 클리커를 이용한 훈련을 계속하면 클리커 소리 후에 간식이 제공될 것이라는 연상을 하게 함으로써 조건화시킨다.
③ 조건자극(예: 클리커)을 먼저 제시하고 무조건자극(예: 간식)을 나중에 준다.
④ 조건자극이 무조건자극과 함께 주어지지 않으면 조건반응은 소실된다.

22 **다음 중 반려견의 보상으로 사용하는 간식으로 견종의 크기와 간식의 크기가 옳지 않은 것은?**

① 소형견: 가로, 세로 0.5㎝씩 ② 중형견: 가로, 세로 0.7㎝씩
③ 대형견: 가로, 세로 1㎝씩 ④ 초대형견: 가로, 세로 1.2㎝씩

23 다음 중 반려견과 친해지기 훈련 방법에 대한 설명으로 옳지 않은 것은?

① 방해 요인이 없는 제한된 환경에서 진행한다. 그 반려견이 좋아하는 강화물을 소지한다.

② 반려견과 만나는 방법으로 훈련자는 지정 장소에서 강화물을 소지하고 반려견을 기다린다. 반려견이 입장하면 무시하고, 반려견이 탐색 활동을 하도록 기회를 준다.

③ 훈련자는 강화물을 휴대하고 반려견과 등진 상태로 바닥에 앉아서 대기한다.

④ 주어진 공간 안에서 이동하면서 반려견이 따라오게 하고, 연속적으로 강화물을 제공한다.

24 다음의 설명에 해당하는 용어로 옳은 것은?

• 선 동작과 후 동작을 연결하여 전체를 구성하는 훈련 방법 • 여러 행동들을 묶어 하나의 행동처럼 표현하도록 하는 방법

① 포착(캡처링, Capturing)　② 연쇄

③ 조형　④ 순차적 행동

25 반려견 훈련 시 보상에 대한 설명으로 옳지 않은 것은?

① 원하는 행동을 했을 때에는 일관성을 가지고 적절한 타이밍에 보상을 해주어야 한다.

② 강화 또는 처벌을 할 때에는 행동을 하고 있을 때 시행해야 한다.

③ 클리커 훈련 시에는 클릭 후 행동을 하고 있을 때 보상해야 한다.

④ 자발적인 조건 부여의 원리들을 효과적으로 실행하기 위해서는 반드시 연습이 필요하다.

26 반려견 훈련 시 본능적인 강화체로 옳은 것은?

① 간식　② 장난감

③ 스킨십　④ 칭찬

27 다양한 냄새를 맡도록 해주는 행동 풍부화 프로그램으로 옳은 것은?

① 환경 풍부화　② 감각 풍부화

③ 사회 풍부화　④ 인지 풍부화

28 배변을 먹는 식분증을 행동교정하는 방법으로 옳지 않은 것은?

① 건강을 체크하고 영양 상태를 확인한다.
② 아침저녁으로 산책을 실시하여 실외 배변을 유도한다.
③ 반려견이 배변 실수를 하거나 먹을 때에는 무관심으로 대체한다.
④ 보호자가 원하는 행동을 하도록 예절교육을 시킨다.

29 반려견이 문제행동을 보일 때 반려견에게 문제행동과 양립할 수 없는 다른 행동을 하도록 하는 문제행동 교정방법으로 옳은 것은?

① 처벌
② 둔감화
③ 대안행동
④ 카운터컨디셔닝(역조건화)

30 반려견 훈련 기술에서 물리적 압박 없이 행동 표시와 강화물을 이용하여 새로운 행동이나 개선된 행동으로 발전시키는 과정으로 옳은 것은?

① 타켓팅
② 캡쳐링
③ 쉐이핑
④ 루어링

31 특정 공간을 알리며 정해진 목표지점 설정을 위해 사용되는 반려견 훈련 보조 도구로 옳은 것은?

① 켄넬
② 크레이트
③ 방석
④ 육각케이지

32 공격성을 보이는 반려견을 진정시킬 때 할 수 있는 명령어로 옳은 것은?

① 와
② 기다려
③ 앉아
④ 엎드려

33 다른 개, 동물, 사람과의 만남, 사물과 환경 등에 관한 적응을 하는 훈련으로 개의 성격 및 사회성을 기르기 위한 반려견 훈련으로 옳은 것은?

① 조기 훈련
② 기초 훈련
③ 중등 훈련
④ 고등 훈련

34 **반려견 훈련 중 '이름 인식' 훈련 방법에 대한 설명으로 옳지 않은_것은?**

① 반려견의 이름을 부른 뒤에는 '잘했어', '좋아' 등의 말을 붙인다.
② 반려견의 이름을 부를 때에는 높고 밝은 목소리로 불러주고, 가까이 오면 간식으로 칭찬한다.
③ 반려견의 이름을 부르고는 개가 싫어하는 행동을 해서는 안 된다.
④ 시간과 장소를 가리지 않고 반려견의 이름을 다정하게 불러준다.

35 **다음 중 반려견 학습 순서로 옳은 것은?**

① 습득 - 유창 - 일반화 - 유지
② 습득 - 일반화 - 유창 - 유지
③ 습득 - 유창 - 유지 - 일반화
④ 유창 - 습득 - 일반화 - 유지

36 **다음 중 반려견의 이상행동에 대한 설명으로 옳지 않은 것은?**

① 동물 종 고유의 행동을 보이지 않는 경우
② 동물 종으로서 본래 갖고 있지 않은 행동을 하는 경우
③ 특정 행동에 대해 보호자가 문제행동이라고 정의한 경우
④ 동물 종 고유의 행동 표현이지만 행동의 빈도와 강도가 비정상적으로 높거나 낮은 경우

37 **다음 중 고전적 조건화의 영향요인으로 옳지 않은 것은?**

① 수반성
② 근접성
③ 자극의 특성
④ 연습의 무효과

정답

01	02	03	04	05	06	07	08	09	10
①	④	③	③	③	④	②	③	④	③
11	12	13	14	15	16	17	18	19	20
②	③	④	③	③	④	①	④	②	③
21	22	23	24	25	26	27	28	29	30
①	④	④	②	③	①	②	④	③	③
31	32	33	34	35	36	37			
③	②	①	①	①	③	④			

Part 4

직업윤리 및 법률

Chapter 01

동물보호법

1. 총칙

제1조 동물보호법의 목적

① 동물의 생명보호, 안전 보장 및 복지 증진

② 건전하고 책임 있는 사육문화 조성

③ 생명존중의 국민 정서 함양

④ 사람과 동물의 조화로운 공존에 이바지

제2조 주요 용어의 정의

1. "동물"이란 고통을 느낄 수 있는 신경체계가 발달한 척추동물로서 다음 각 목의 어느 하나에 해당하는 동물
   가. 포유류
   나. 조류
   다. 파충류 · 양서류 · 어류 중 농림축산식품부장관이 관계 중앙행정기관의 장과의 협의를 거쳐 대통령령으로 정하는 동물

동물보호법 시행령 제2조(동물의 범위)

「동물보호법」(이하 "법"이라 한다) 제2조제1호 다목에서 "대통령령으로 정하는 동물"이란 파충류, 양서류 및 어류를 말한다. 다만, 식용(食用)을 목적으로 하는 것은 제외한다.

3. "유실 · 유기동물"이란 도로 · 공원 등의 공공장소에서 소유자 등이 없이 배회하거나 내버려진 동물
5. "맹견"이란 다음 각 목의 어느 하나에 해당하는 개
   가. 도사견, 핏불테리어, 로트와일러 등 사람의 생명이나 신체 또는 동물에 위해를 가할 우려가 있는 개로서 농림축산식품부령으로 정하는 개
   나. 사람의 생명이나 신체 또는 동물에 위해를 가할 우려가 있어 제24조 제3항에 따라 시 · 도지사가 맹견으로 지정한 개

동물보호법 시행규칙 제2조(맹견의 범위)
「동물보호법」(이하 "법"이라 한다) 제2조제5호 가목에 따른 "농림축산식품부령으로 정하는 개"란 다음 각 호를 말한다.
1. 도사견과 그 잡종의 개
2. 핏불테리어(아메리칸 핏불테리어를 포함한다)와 그 잡종의 개
3. 아메리칸 스태퍼드셔 테리어와 그 잡종의 개
4. 스태퍼드셔 불테리어와 그 잡종의 개
5. 로트와일러와 그 잡종의 개

6. "봉사동물"이란 「장애인복지법」 제40조에 따른 장애인 보조견 등 사람이나 국가를 위하여 봉사하고 있거나 봉사한 동물로서 대통령령으로 정하는 동물

동물보호법 시행령 제3조(봉사동물의 범위)
법 제2조제6호에서 "대통령령으로 정하는 동물"이란 다음 각 호의 어느 하나에 해당하는 동물을 말한다.
1. 「장애인복지법」 제40조에 따른 장애인 보조견
2. 국방부(그 소속 기관을 포함한다)에서 수색 · 경계 · 추적 · 탐지 등을 위해 이용하는 동물
3. 농림축산식품부(그 소속 기관을 포함한다) 및 관세청(그 소속 기관을 포함한다) 등에서 각종 물질의 탐지 등을 위해 이용하는 동물
4. 다음 각 목의 기관(그 소속 기관을 포함한다)에서 수색 · 탐지 등을 위해 이용하는 동물
   가. 국토교통부　　나. 경찰청　　다. 해양경찰청
5. 소방청(그 소속 기관을 포함한다)에서 효율적인 구조 활동을 위해 이용하는 119구조견

7. "반려동물"이란 반려(伴侶)의 목적으로 기르는 개, 고양이 등 농림축산식품부령으로 정하는 동물

동물보호법 시행규칙 제3조(반려동물의 범위)
법 제2조제7호에서 "개, 고양이 등 농림축산식품부령으로 정하는 동물"이란 개, 고양이, 토끼, 페럿, 기니피그 및 햄스터를 말한다.

8. "등록대상동물"이란 동물의 보호, 유실·유기(遺棄) 방지, 질병의 관리, 공중위생상의 위해 방지 등을 위하여 등록이 필요하다고 인정하여 대통령령으로 정하는 동물

동물보호법 시행령 제4조(등록대상동물의 범위)
법 제2조제8호에서 "대통령령으로 정하는 동물"이란 다음 각 호의 어느 하나에 해당하는 월령(月齡) 2개월 이상인 개를 말한다.
1. 「주택법」 제2조제1호에 따른 주택 및 같은 조 제4호에 따른 준주택에서 기르는 개
2. 제1호에 따른 주택 및 준주택 외의 장소에서 반려(伴侶) 목적으로 기르는 개

9. "동물학대"란 동물을 대상으로 정당한 사유 없이 불필요하거나 피할 수 있는 고통과 스트레스를 주는 행위 및 굶주림, 질병 등에 대하여 적절한 조치를 게을리 하거나 방치하는 행위
10. "기질평가"란 동물의 건강상태, 행동양태 및 소유자등의 통제능력 등을 종합적으로 분석하여 평가 대상 동물의 공격성을 판단하는 것
11. "반려동물행동지도사"란 반려동물의 행동분석·평가 및 훈련 등에 전문지식과 기술을 가진 사람으로서 제31조제1항에 따른 자격시험에 합격한 사람
12. "동물실험"이란 「실험동물에 관한 법률」 제2조제1호에 따른 동물실험

실험동물에 관한 법률 제2조(정의)
이 법에서 사용하는 용어의 정의는 다음과 같다.
1. "동물실험"이란 교육·시험·연구 및 생물학적 제제(製劑)의 생산 등 과학적 목적을 위하여 실험동물을 대상으로 실시하는 실험 또는 그 과학적 절차를 말한다.

제3조(동물보호의 기본원칙)

1. 동물이 본래의 습성과 몸의 원형을 유지하면서 정상적으로 살 수 있도록 할 것
2. 동물이 갈증 및 굶주림을 겪거나 영양이 결핍되지 아니하도록 할 것
3. 동물이 정상적인 행동을 표현할 수 있고 불편함을 겪지 아니하도록 할 것
4. 동물이 고통 · 상해 및 질병으로부터 자유롭도록 할 것
5. 동물이 공포와 스트레스를 받지 아니하도록 할 것

2. 동물복지종합계획의 수립 등

제6조(동물복지종합계획)

① 농림축산식품부장관은 동물의 적정한 보호 · 관리를 위하여 5년마다 다음 각 호의 사항이 포함된 동물복지종합계획(이하 "종합계획"이라 한다)을 수립 · 시행

1. 동물복지에 관한 기본방향
2. 동물의 보호 · 복지 및 관리에 관한 사항
3. 동물을 보호하는 시설에 대한 지원 및 관리에 관한 사항
4. 반려동물 관련 영업에 관한 사항
5. 동물의 질병 예방 및 치료 등 보건 증진에 관한 사항
6. 동물의 보호 · 복지 관련 대국민 교육 및 홍보에 관한 사항
7. 종합계획 추진 재원의 조달방안
8. 그 밖에 동물의 보호 · 복지를 위하여 필요한 사항

② 농림축산식품부장관은 종합계획을 수립할 때 관계 중앙행정기관의 장 및 특별시장 · 광역시장 · 특별자치시장 · 도지사 · 특별자치도지사(이하 "시 · 도지사"라 한다)의 의견을 수렴하고, 제7조에 따른 동물복지위원회의 심의를 거쳐 확정

③ 시 · 도지사는 종합계획에 따라 5년마다 특별시 · 광역시 · 특별자치시 · 도 · 특별자치도(이하 "시 · 도"라 한다) 단위의 동물복지계획을 수립하여야 하고, 이를 농림축산식품부장관에게 통보

제7조(동물복지위원회)

① 농림축산식품부장관의 다음 각 호의 자문에 응하도록 하기 위하여 농림축산식품부에 동물복지위원회(이하 이 조에서 "위원회"라 한다)를 둔다. 다만, 제1호는 심의사항

1. 종합계획의 수립에 관한 사항
2. 동물복지정책의 수립, 집행, 조정 및 평가 등에 관한 사항
3. 다른 중앙행정기관의 업무 중 동물의 보호 · 복지와 관련된 사항
4. 그 밖에 동물의 보호 · 복지에 관한 사항

② 위원회는 공동위원장 2명을 포함하여 20명 이내의 위원으로 구성

③ 공동위원장은 농림축산식품부차관과 호선(互選)된 민간위원으로 하며, 위원은 관계 중앙행정기관의 소속 공무원 또는 다음 각 호에 해당하는 사람 중에서 농림축산식품부장관이 임명 또는 위촉

1. 수의사로서 동물의 보호 · 복지에 대한 학식과 경험이 풍부한 사람
2. 동물복지정책에 관한 학식과 경험이 풍부한 사람으로서 제4조제3항에 따른 민간단체의 추천을 받은 사람
3. 그 밖에 동물복지정책에 관한 전문지식을 가진 사람으로서 농림축산식품부령으로 정하는 자격기준에 맞는 사람

④ 위원회는 위원회의 업무를 효율적으로 수행하기 위하여 위원회에 분과위원회를 둘 수 있음

⑤ 제1항부터 제4항까지의 규정에 따른 사항 외에 위원회 및 분과위원회의 구성 · 운영 등에 관한 사항은 대통령령으로 정함

3. 동물의 보호 및 관리

(1) 동물의 보호 등

제9조(적정한 사육 · 관리)

① 소유자등은 동물에게 적합한 사료와 물을 공급하고, 운동 · 휴식 및 수면이 보장되도록 노력

② 소유자등은 동물이 질병에 걸리거나 부상당한 경우에는 신속하게 치료하거나 그 밖에 필요한 조치를 하도록 노력

③ 소유자등은 동물을 관리하거나 다른 장소로 옮긴 경우에는 그 동물이 새로운 환경에 적응하는 데에 필요한 조치를 하도록 노력

④ 소유자등은 재난 시 동물이 안전하게 대피할 수 있도록 노력

⑤ 제1항부터 제3항까지에서 규정한 사항 외에 동물의 적절한 사육 · 관리 방법 등에 관한 사항은 농림축산식품부령으로 정함

동물보호법 시행규칙 [별표 1] 동물의 적절한 사육 · 관리 방법 등(제5조 관련)

1. 일반기준
   - 가. 동물의 소유자등은 최대한 동물 본래의 습성에 가깝게 사육 · 관리하고, 동물의 생명과 안전을 보호하며, 동물의 복지를 증진해야 한다.
   - 나. 동물의 소유자등은 동물이 갈증 · 배고픔, 영양불량, 불편함, 통증 · 부상 · 질병, 두려움 및 정상적으로 행동할 수 없는 것으로 인하여 고통을 받지 않도록 노력해야 하며, 동물의 특성을 고려하여 전염병 예방을 위한 예방접종을 정기적으로 실시해야 한다.
   - 다. 동물의 소유자등은 동물의 사육환경을 다음의 기준에 적합하도록 해야 한다.
     - 1) 동물의 종류, 크기, 특성, 건강상태, 사육목적 등을 고려하여 최대한 적절한 사육환경을 제공할 것
     - 2) 동물의 사육 공간 및 사육시설은 동물이 자연스러운 자세로 일어나거나 눕고 움직이는 등의 일상적인 동작을 하는 데에 지장이 없는 크기일 것
2. 개별기준
   - 가. 동물의 소유자등은 다음 각 호의 동물에 대해서는 동물 본래의 습성을 유지하기 위해 낮 시간 동안 축사 내부의 조명도를 다음의 기준에 맞게 유지해야 한다.
   - 라. 개는 분기마다 1회 이상 구충(驅蟲)을 하되, 구충제의 효능 지속기간이 있는 경우에는 구충제의 효능 지속기간이 끝나기 전에 주기적으로 구충을 해야 한다.

제10조(동물학대 등의 금지)

① 누구든지 동물을 죽이거나 죽음에 이르게 하는 다음 각 호의 행위를 하여서는 안 됨

1. 목을 매다는 등의 잔인한 방법으로 죽음에 이르게 하는 행위
2. 노상 등 공개된 장소에서 죽이거나 같은 종류의 다른 동물이 보는 앞에서 죽음에 이르게 하는 행위
3. 동물의 습성 및 생태환경 등 부득이한 사유가 없음에도 불구하고 해당 동물을 다른 동물의 먹이로 사용하는 행위
4. 그 밖에 사람의 생명 · 신체에 대한 직접적인 위협이나 재산상의 피해 방지 등 농림축산식품부령으로 정하는 정당한 사유 없이 동물을 죽음에 이르게 하는 행위

동물보호법 시행규칙 제6조 동물학대 등의 금지

① 법 제10조제1항제4호에서 "사람의 생명, 신체에 대한 직접적인 위협이나 재산상의 피해방지등 농림축산식품부령으로 정하는 정당한 사유"란 다음 각 호의 어느 하나에 해당하는 경우를 말한다.

1. 사람의 생명 · 신체에 대한 직접적인 위협이나 재산상의 피해를 방지하기 위하여 다른 방법이 없는 경우
2. 허가, 면허 등에 다른 행위를 하는 경우
3. 동물의 처리에 관한 명령, 처분 등을 이행하기 위한 경우

② 누구든지 동물에 대하여 다음 각 호의 행위를 하여서는 안 됨

1. 도구 · 약물 등 물리적 · 화학적 방법을 사용하여 상해를 입히는 행위. 다만, 해당 동물의 질병 예방이나 치료 등 농림축산식품부령으로 정하는 경우는 제외

동물보호법 시행규칙 제6조 동물학대 등의 금지

② 법 제10조제2항제1호 단서에서 "해당 동물의 질병 예방이나 치료 등 농림축산식품부령으로 정하는 경우"란 다음 각 호의 어느 하나에 해당하는 경우를 말한다.

1. 질병의 예방이나 치료를 위한 행위인 경우
2. 법 제47조에 따라 실시하는 동물실험인 경우
3. 긴급 사태가 발생하여 해당 동물을 보호하기 위해 필요한 행위인 경우

2. 살아 있는 상태에서 동물의 몸을 손상하거나 체액을 채취하거나 체액을 채취하기 위한 장치를 설치하는 행위. 다만, 해당 동물의 질병 예방 및 동물실험 등 농림축산식품부령으로 정하는 경우는 제외
3. 도박 · 광고 · 오락 · 유흥 등의 목적으로 동물에게 상해를 입히는 행위. 다만, 민속경기 등 농림축산식품부령으로 정하는 경우는 제외
4. 동물의 몸에 고통을 주거나 상해를 입히는 다음 각 목에 해당하는 행위
   가. 사람의 생명 · 신체에 대한 직접적 위협이나 재산상의 피해를 방지하기 위하여 다른 방법이 있음에도 불구하고 동물에게 고통을 주거나 상해를 입히는 행위
   나. 동물의 습성 또는 사육환경 등의 부득이한 사유가 없음에도 불구하고 동물을 혹서 · 혹한 등의 환경에 방치하여 고통을 주거나 상해를 입히는 행위
   다. 갈증이나 굶주림의 해소 또는 질병의 예방이나 치료 등의 목적 없이 동물에게 물이나 음식을 강제로 먹여 고통을 주거나 상해를 입히는 행위
   라. 동물의 사육 · 훈련 등을 위하여 필요한 방식이 아님에도 불구하고 다른 동물과 싸우게 하거나 도구를 사용하는 등 잔인한 방식으로 고통을 주거나 상해를 입히는 행위

③ 누구든지 소유자등이 없이 배회하거나 내버려진 동물 또는 피학대동물 중 소유자등을 알 수 없는 동물에 대하여 다음 각 호의 어느 하나에 해당하는 행위를 하여서는 안 됨

1. 포획하여 판매하는 행위
2. 포획하여 죽이는 행위
3. 판매하거나 죽일 목적으로 포획하는 행위
4. 소유자등이 없이 배회하거나 내버려진 동물 또는 피학대동물 중 소유자등을 알 수 없는 동물임을 알면서 알선 · 구매하는 행위

④ 소유자등은 다음 각 호의 행위를 하여서는 안 됨

1. 동물을 유기하는 행위

2. 반려동물에게 최소한의 사육 공간 및 먹이 제공, 적정한 길이의 목줄, 위생 · 건강관리를 위한 사항 등 농림축산식품부령으로 정하는 사육 · 관리 또는 보호 의무를 위반하여 상해를 입히거나 질병을 유발하는 행위
3. 제2호의 행위로 인하여 반려동물을 죽음에 이르게 하는 행위

⑤ 누구든지 다음 각 호의 행위를 하여서는 안 됨

1. 제1항부터 제4항까지(제4항제1호는 제외한다)의 규정에 해당하는 행위를 촬영한 사진 또는 영상물을 판매 · 전시 · 전달 · 상영하거나 인터넷에 게재하는 행위. 다만, 동물보호 의식을 고양하기 위한 목적이 표시된 홍보 활동 등 농림축산식품부령으로 정하는 경우에는 그러하지 아니함
2. 도박을 목적으로 동물을 이용하는 행위 또는 동물을 이용하는 도박을 행할 목적으로 광고 · 선전하는 행위. 다만, 「사행산업통합감독위원회법」 제2조제1호에 따른 사행산업은 제외
3. 도박 · 시합 · 복권 · 오락 · 유흥 · 광고 등의 상이나 경품으로 동물을 제공하는 행위
4. 영리를 목적으로 동물을 대여하는 행위. 다만, 「장애인복지법」 제40조에 따른 장애인 보조견의 대여 등 농림축산식품부령으로 정하는 경우는 제외

제11조(동물의 운송)

① 동물을 운송하는 자 중 농림축산식품부령으로 정하는 자는 다음 각 호의 사항을 준수

1. 운송 중인 동물에게 적합한 사료와 물을 공급하고, 급격한 출발 · 제동 등으로 충격과 상해를 입지 아니하도록 할 것
2. 동물을 운송하는 차량은 동물이 운송 중에 상해를 입지 아니하고, 급격한 체온 변화, 호흡곤란 등으로 인한 고통을 최소화할 수 있는 구조로 되어 있을 것
3. 병든 동물, 어린 동물 또는 임신 중이거나 포유 중인 새끼가 딸린 동물을 운송할 때에는 함께 운송 중인 다른 동물에 의하여 상해를 입지 아니하도

록 칸막이의 설치 등 필요한 조치를 할 것

4. 동물을 싣고 내리는 과정에서 동물 또는 동물이 들어있는 운송용 우리를 던지거나 떨어뜨려서 동물을 다치게 하는 행위를 하지 아니할 것
5. 운송을 위하여 전기(電氣) 몰이도구를 사용하지 아니할 것

② 농림축산식품부장관은 제1항제2호에 따른 동물 운송 차량의 구조 및 설비기준을 정하고 이에 맞는 차량을 사용하도록 권장

③ 농림축산식품부장관은 제1항 및 제2항에서 규정한 사항 외에 동물 운송에 관하여 필요한 사항을 정하여 권장

제12조(반려동물의 전달방법)

반려동물을 다른 사람에게 전달하려는 자는 직접 전달하거나 제73조제1항에 따라 동물운송업의 등록을 한 자를 통하여 전달

제15조(등록대상동물의 등록 등)

① 등록대상동물의 소유자는 동물의 보호와 유실 · 유기 방지 및 공중위생상의 위해 방지 등을 위하여 특별자치시장 · 특별자치도지사 · 시장 · 군수 · 구청장에게 등록대상동물을 등록하여야 한다. 다만, 등록대상동물이 맹견이 아닌 경우로서 농림축산식품부령으로 정하는 바에 시 · 도의 조례로 정하는 지역에서는 그러하지 아니함

동물보호법 시행규칙 제9조(동물등록 제외지역)
법 제15조제1항 단서에 따라 특별시 · 광역시 · 특별자치시 · 도 · 특별자치도(이하 "시 · 도"라 한다)의 조례로 동물을 등록하지 않을 수 있는 지역으로 정할 수 있는 지역의 범위는 다음 각 호와 같다.
1. 도서[도서, 제주특별자치도 본도(本島) 및 방파제 또는 교량 등으로 육지와 연결된 도서는 제외한다]
2. 영 제12조제1항에 따라 동물등록 업무를 대행하게 할 수 있는 자가 없는 읍 · 면

② 제1항에 따라 등록된 등록대상동물(이하 "등록동물"이라 한다)의 소유자는 다음 각 호의 어느 하나에 해당하는 경우에는 해당 각 호의 구분에 따른 기간에

특별자치시장 · 특별자치도지사 · 시장 · 군수 · 구청장에게 신고

1. 등록동물을 잃어버린 경우: 등록동물을 잃어버린 날부터 10일 이내
2. 등록동물에 대하여 대통령령으로 정하는 사항이 변경된 경우: 변경사유 발생일부터 30일 이내

③ 등록동물의 소유권을 이전받은 자 중 제1항 본문에 따른 등록을 실시하는 지역에 거주하는 자는 그 사실을 소유권을 이전받은 날부터 30일 이내에 자신의 주소지를 관할하는 특별자치시장 · 특별자치도지사 · 시장 · 군수 · 구청장에게 신고

④ 특별자치시장 · 특별자치도지사 · 시장 · 군수 · 구청장은 대통령령으로 정하는 자(이하 이 조에서 "동물등록대행자"라 한다)로 하여금 제1항부터 제3항까지의 규정에 따른 업무를 대행하게 할 수 있으며 이에 필요한 비용을 지급 가능

⑤ 특별자치시장 · 특별자치도지사 · 시장 · 군수 · 구청장은 다음 각 호의 어느 하나에 해당하는 경우 등록을 말소 가능

1. 거짓이나 그 밖의 부정한 방법으로 등록대상동물을 등록하거나 변경 신고한 경우
2. 등록동물 소유자의 주민등록이나 외국인등록사항이 말소된 경우
3. 등록동물의 소유자인 법인이 해산한 경우

⑥ 국가와 지방자치단체는 제1항에 따른 등록에 필요한 비용의 일부 또는 전부를 지원 가능

⑦ 등록대상동물의 등록 사항 및 방법 · 절차, 변경신고 절차, 등록 말소 절차, 동물등록대행자 준수사항 등에 관한 사항은 대통령령으로 정하며, 그 밖에 등록에 필요한 사항은 시 · 도의 조례로 정함

제16조(등록대상동물의 관리 등)

① 등록대상동물의 소유자등은 소유자등이 없이 등록대상동물을 기르는 곳에서 벗어나지 아니하도록 관리

② 등록대상동물의 소유자등은 등록대상동물을 동반하고 외출할 때에는 다음

각 호의 사항을 준수

1. 농림축산식품부령으로 정하는 기준에 맞는 목줄 착용 등 사람 또는 동물에 대한 위해를 예방하기 위한 안전조치를 할 것
2. 등록대상동물의 이름, 소유자의 연락처, 그 밖에 농림축산식품부령으로 정하는 사항을 표시한 인식표를 등록대상동물에게 부착할 것
3. 배설물(소변의 경우에는 공동주택의 엘리베이터 · 계단 등 건물 내부의 공용공간 및 평상 · 의자 등 사람이 눕거나 앉을 수 있는 기구 위의 것으로 한정한다)이 생겼을 때에는 즉시 수거할 것

③ 시 · 도지사는 등록대상동물의 유실 · 유기 또는 공중위생상의 위해 방지를 위하여 필요할 때에는 시 · 도의 조례로 정하는 바에 따라 소유자등으로 하여금 등록대상동물에 대하여 예방접종을 하게 하거나 특정 지역 또는 장소에서의 사육 또는 출입을 제한하게 하는 등 필요한 조치 가능

(2) 맹견의 관리 등

제18조(맹견사육허가 등)

① 등록대상동물인 맹견을 사육하려는 사람은 다음 각 호의 요건을 갖추어 시 · 도지사에게 맹견사육허가를 받아야 함

1. 제15조에 따른 등록을 할 것
2. 제23조에 따른 보험에 가입할 것
3. 중성화(中性化) 수술을 할 것. 다만, 맹견의 월령이 8개월 미만인 경우로서 발육상태 등으로 인하여 중성화 수술이 어려운 경우에는 대통령령으로 정하는 기간 내에 중성화 수술을 한 후 그 증명서류를 시 · 도지사에게 제출하여야 한다.

② 공동으로 맹견을 사육 · 관리 또는 보호하는 사람이 있는 경우에는 제1항에 따른 맹견사육허가를 공동으로 신청할 수 있음

③ 시 · 도지사는 맹견사육허가를 하기 전에 제26조에 따른 기질평가위원회가 시행하는 기질평가를 거쳐야 함

④ 시 · 도지사는 맹견의 사육으로 인하여 공공의 안전에 위험이 발생할 우려가 크다고 판단하는 경우에는 맹견사육허가를 거부하여야 한다. 이 경우 기질평가위원회의 심의를 거쳐 해당 맹견에 대하여 인도적인 방법으로 처리할 것을 명할 수 있음

⑤ 제4항에 따른 맹견의 인도적인 처리는 제46조제1항 및 제2항 전단을 준용

제19조(맹견사육허가의 결격사유)

다음 각 호의 어느 하나에 해당하는 사람은 제18조에 따른 맹견사육허가를 받을 수 없음

1. 미성년자(19세 미만의 사람을 말한다. 이하 같다)
2. 피성년후견인 또는 피한정후견인
3. 「정신건강증진 및 정신질환자 복지서비스 지원에 관한 법률」 제3조제1호에 따른 정신질환자 또는 「마약류 관리에 관한 법률」 제2조제1호에 따른 마약류의 중독자. 다만, 정신건강의학과 전문의가 맹견을 사육하는 것에 지장이 없다고 인정하는 사람은 그러하지 아니함
4. 제10조 · 제16조 · 제21조를 위반하여 벌금 이상의 실형을 선고받고 그 집행이 종료(집행이 종료된 것으로 보는 경우를 포함한다)되거나 집행이 면제된 날부터 3년이 지나지 아니한 사람
5. 제10조 · 제16조 · 제21조를 위반하여 벌금 이상의 형의 집행유예를 선고받고 그 유예기간 중에 있는 사람

제20조(맹견사육허가의 철회 등)

① 시 · 도지사는 다음 각 호의 어느 하나에 해당하는 경우에 맹견사육허가를 철회할 수 있음

1. 제18조에 따라 맹견사육허가를 받은 사람의 맹견이 사람 또는 동물을 공격하여 다치게 하거나 죽게 한 경우
2. 정당한 사유 없이 제18조제1항제3호 단서에서 규정한 기간이 지나도록

중성화 수술을 이행하지 아니한 경우

3. 제18조제6항에 따른 교육이수명령 또는 허가대상 맹견의 훈련 명령에 따르지 아니한 경우

② 시 · 도지사는 제1항제1호에 따라 맹견사육허가를 철회하는 경우 기질평가위원회의 심의를 거쳐 해당 맹견에 대하여 인도적인 방법으로 처리할 것을 명할 수 있음. 이 경우 제46조제1항 및 제2항 전단을 준용함

제21조(맹견의 관리)

① 맹견의 소유자등은 다음 각 호의 사항을 준수해야 함

1. 소유자등이 없이 맹견을 기르는 곳에서 벗어나지 아니하게 할 것. 다만, 제18조에 따라 맹견사육허가를 받은 사람의 맹견은 맹견사육허가를 받은 사람 또는 대통령령으로 정하는 맹견사육에 대한 전문지식을 가진 사람 없이 맹견을 기르는 곳에서 벗어나지 아니하게 할 것
2. 월령이 3개월 이상인 맹견을 동반하고 외출할 때에는 농림축산식품부령으로 정하는 바에 따라 목줄 및 입마개 등 안전장치를 하거나 맹견의 탈출을 방지할 수 있는 적정한 이동장치를 할 것
3. 그 밖에 맹견이 사람 또는 동물에게 위해를 가하지 못하도록 하기 위하여 농림축산식품부령으로 정하는 사항을 따를 것

② 시 · 도지사와 시장 · 군수 · 구청장은 맹견이 사람에게 신체적 피해를 주는 경우 농림축산식품부령으로 정하는 바에 따라 소유자등의 동의 없이 맹견에 대하여 격리조치 등 필요한 조치를 취할 수 있음

③ 제18조제1항 및 제2항에 따라 맹견사육허가를 받은 사람은 맹견의 안전한 사육 · 관리 또는 보호에 관하여 농림축산식품부령으로 정하는 바에 따라 정기적으로 교육 받아야 함

제22조(맹견의 출입금지 등)

맹견의 소유자등은 다음 각 호의 어느 하나에 해당하는 장소에 맹견이 출입하지 못함

1. 「영유아보육법」 제2조제3호에 따른 어린이집
2. 「유아교육법」 제2조제2호에 따른 유치원
3. 「초·중등교육법」 제2조제1호 및 제4호에 따른 초등학교 및 특수학교
4. 「노인복지법」 제31조에 따른 노인복지시설
5. 「장애인복지법」 제58조에 따른 장애인복지시설
6. 「도시공원 및 녹지 등에 관한 법률」 제15조제1항제2호나목에 따른 어린이공원
7. 「어린이놀이시설 안전관리법」 제2조제2호에 따른 어린이놀이시설
8. 그 밖에 불특정 다수인이 이용하는 장소로서 시·도의 조례로 정하는 장소

제24조(맹견 아닌 개의 기질평가)

① 시·도지사는 제2조제5호가목에 따른 맹견이 아닌 개가 사람 또는 동물에게 위해를 가한 경우 그 개의 소유자에게 해당 동물에 대한 기질평가를 받을 것을 명할 수 있음

② 맹견이 아닌 개의 소유자는 해당 개의 공격성이 분쟁의 대상이 된 경우 시·도지사에게 해당 개에 대한 기질평가를 신청할 수 있음

③ 시·도지사는 제1항에 따른 명령을 하거나 제2항에 따른 신청을 받은 경우 기질평가를 거쳐 해당 개의 공격성이 높은 경우 맹견으로 지정

④ 시·도지사는 제3항에 따라 맹견 지정을 하는 경우에는 해당 개의 소유자의 신청이 있으면 제18조에 따른 맹견사육허가 여부를 함께 결정할 수 있음

⑤ 시·도지사는 제3항에 따라 맹견 지정을 하지 아니하는 경우에도 해당 개의 소유자에게 대통령령으로 정하는 바에 따라 교육이수 또는 개의 훈련을 명할 수 있음

제26조(기질평가위원회)

① 시 · 도지사는 다음 각 호의 업무를 수행하기 위하여 시 · 도에 기질평가위원회를 둠

1. 제2조제5호가목에 따른 맹견 종(種)의 판정
2. 제18조제3항에 따른 맹견의 기질평가
3. 제18조제4항에 따른 인도적인 처리에 대한 심의
4. 제24조제3항에 따른 맹견이 아닌 개에 대한 기질평가
5. 그 밖에 시 · 도지사가 요청하는 사항

② 기질평가위원회는 위원장 1명을 포함하여 3명 이상의 위원으로 구성

③ 위원은 다음 각 호의 어느 하나에 해당하는 사람 중에서 시 · 도지사가 위촉하며, 위원장은 위원 중에서 호선

1. 수의사로서 동물의 행동과 발달 과정에 대한 학식과 경험이 풍부한 사람
2. 반려동물행동지도사
3. 동물복지정책에 대한 학식과 경험이 풍부하다고 시 · 도지사가 인정하는 사람

④ 제1항부터 제3항까지의 규정에 따른 사항 외에 기질평가위원회의 구성 · 운영 등에 관한 사항은 대통령령으로 정함

(3) 반려동물행동지도사

제30조(반려동물행동지도사의 업무)

① 반려동물행동지도사는 다음 각 호의 업무를 수행

1. 반려동물에 대한 행동분석 및 평가
2. 반려동물에 대한 훈련
3. 반려동물 소유자등에 대한 교육
4. 그 밖에 반려동물행동지도에 필요한 사항으로 농림축산식품부령으로 정하는 업무

제31조(반려동물행동지도사 자격시험)

① 반려동물행동지도사가 되려는 사람은 농림축산식품부장관이 시행하는 자격시험에 합격하여야 함

② 반려동물의 행동분석·평가 및 훈련 등에 전문지식과 기술을 갖추었다고 인정되는 대통령령으로 정하는 기준에 해당하는 사람에게는 제1항에 따른 자격시험 과목의 일부를 면제할 수 있음

③ 농림축산식품부장관은 다음 각 호의 어느 하나에 해당하는 사람에 대해서는 해당 시험을 무효로 하거나 합격 결정을 취소하여야 함

1. 거짓이나 그 밖에 부정한 방법으로 시험에 응시한 사람
2. 시험에서 부정한 행위를 한 사람

④ 다음 각 호의 어느 하나에 해당하는 사람은 그 처분이 있은 날부터 3년간 반려동물행동지도사 자격시험에 응시하지 못함

1. 제3항에 따라 시험의 무효 또는 합격 결정의 취소를 받은 사람
2. 제32조제2항에 따라 반려동물행동지도사의 자격이 취소된 사람

제32조(반려동물행동지도사의 결격사유 및 자격취소 등)

① 다음 각 호의 어느 하나에 해당하는 사람은 반려동물행동지도사가 될 수 없음

1. 피성년후견인
2. 「정신건강증진 및 정신질환자 복지서비스 지원에 관한 법률」 제3조제1호에 따른 정신질환자 또는 「마약류 관리에 관한 법률」 제2조제1호에 따른 마약류의 중독자. 다만, 정신건강의학과 전문의가 반려동물행동지도사 업무를 수행할 수 있다고 인정하는 사람은 그러하지 아니함
3. 이 법을 위반하여 벌금 이상의 실형을 선고받고 그 집행이 종료(집행이 종료된 것으로 보는 경우를 포함한다)되거나 집행이 면제된 날부터 3년이 지나지 아니한 경우
4. 이 법을 위반하여 벌금 이상의 형의 집행유예를 선고받고 그 유예기간 중에 있는 경우

② 농림축산식품부장관은 반려동물행동지도사가 다음 각 호의 어느 하나에 해당하면 그 자격을 취소하거나 2년 이내의 기간을 정하여 그 자격을 정지시킬 수 있음. 다만, 제1호부터 제4호까지 중 어느 하나에 해당하는 경우에는 그 자격을 취소

1. 제1항 각 호의 어느 하나에 해당하게 된 경우
2. 거짓이나 그 밖의 부정한 방법으로 자격을 취득한 경우
3. 다른 사람에게 명의를 사용하게 하거나 자격증을 대여한 경우
4. 자격정지기간에 업무를 수행한 경우
5. 이 법을 위반하여 벌금 이상의 형을 선고받고 그 형이 확정된 경우
6. 영리를 목적으로 반려동물의 소유자등에게 불필요한 서비스를 선택하도록 알선·유인하거나 강요한 경우

제33조(명의대여 금지 등)

① 제31조에 따른 자격시험에 합격한 자가 아니면 반려동물행동지도사의 명칭을 사용하지 못함

② 반려동물행동지도사는 다른 사람에게 자기의 명의를 사용하여 제30조제1항에 따른 업무를 수행하게 하거나 그 자격증을 대여하여서는 안 됨

③ 누구든지 제1항이나 제2항에서 금지된 행위를 알선하여서는 안 됨

(4) 동물의 구조 등

제34조(동물의 구조 · 보호)

① 시 · 도지사와 시장 · 군수 · 구청장은 다음 각 호의 어느 하나에 해당하는 동물을 발견한 때에는 그 동물을 구조하여 제9조에 따라 치료 · 보호에 필요한 조치(이하 "보호조치"라 한다)를 하여야 하며, 제2호 및 제3호에 해당하는 동물은 학대 재발 방지를 위하여 학대행위자로부터 격리하여야 함. 다만, 제1호에 해당하는 동물 중 농림축산식품부령으로 정하는 동물은 구조 · 보호조치의 대상에서 제외

1. 유실 · 유기동물
2. 피학대동물 중 소유자를 알 수 없는 동물
3. 소유자등으로부터 제10조제2항 및 같은 조 제4항제2호에 따른 학대를 받아 적정하게 치료 · 보호받을 수 없다고 판단되는 동물

동물보호법 시행규칙 제14조(구조 · 보호조치 제외 동물)

① 법 제34조제1항 각 호 외의 부분 단서에서 "농림축산식품부령으로 정하는 동물"이란 도심지나 주택가에서 자연적으로 번식하여 자생적으로 살아가는 고양이로서 개체수 조절을 위해 중성화(中性化)하여 포획장소에 방사(放飼)하는 등의 조치 대상이거나 조치가 된 고양이를 말한다.

② 시 · 도지사와 시장 · 군수 · 구청장이 제1항제1호 및 제2호에 해당하는 동물에 대하여 보호 조치 중인 경우에는 그 동물의 등록 여부를 확인하여야 하고, 등록된 동물인 경우에는 지체 없이 동물의 소유자에게 보호조치 중인 사실을 통보

③ 시 · 도지사와 시장 · 군수 · 구청장이 제1항제3호에 따른 동물을 보호할 때에는 농림축산식품부령으로 정하는 바에 따라 수의사의 진단과 제35조제1항 및 제36조제1항에 따른 동물보호센터의 장 등 관계자의 의견 청취를 거쳐 기간을 정하여 해당 동물에 대한 보호조치

동물보호법 시행규칙 제15조(보호조치 기간)

시 · 도지사와 시장 · 군수 · 구청장은 법 제34조제3항에 따라 소유자등에게 학대받은 동물을 보호할 때에는 「수의사법」 제2조제1호에 따른 수의사(이하 "수의사"라고 한다)의 진단에 따라 기간을 정하여 보호조치 하되, 5일 이상 소유자등으로부터 격리조치를 해야 한다. 〈개정 2024. 5. 27.〉

④ 시 · 도지사와 시장 · 군수 · 구청장은 제1항 각 호 외의 부분 단서에 해당하는 동물에 대하여도 보호 · 관리를 위하여 필요한 조치 가능

제36조(동물보호센터의 지정 등)

① 시 · 도지사 또는 시장 · 군수 · 구청장은 농림축산식품부령으로 정하는 시설 및 인력 기준에 맞는 기관이나 단체 등을 동물보호센터로 지정하여 제35조제3항에 따른 업무를 위탁할 수 있음. 이 경우 동물보호센터로 지정받은 기관이나 단체 등은 동물의 보호조치를 제3자에게 위탁하여서는 안 됨

② 제1항에 따른 동물보호센터로 지정받으려는 자는 농림축산식품부령으로 정하는 바에 따라 시 · 도지사 또는 시장 · 군수 · 구청장에게 신청

③ 시 · 도지사 또는 시장 · 군수 · 구청장은 제1항에 따른 동물보호센터에 동물의 구조 · 보호조치 등에 드는 비용(이하 "보호비용"이라 한다)의 전부 또는 일부를 지원할 수 있으며, 보호비용의 지급절차와 그 밖에 필요한 사항은 농림축산식품부령으로 정함

④ 시 · 도지사 또는 시장 · 군수 · 구청장은 제1항에 따라 지정된 동물보호센터가 다음 각 호의 어느 하나에 해당하는 경우에는 그 지정을 취소할 수 있음 다만, 제1호 및 제4호에 해당하는 경우에는 그 지정을 취소

1. 거짓이나 그 밖의 부정한 방법으로 지정을 받은 경우
2. 제1항에 따른 지정기준에 맞지 아니하게 된 경우
3. 보호비용을 거짓으로 청구한 경우
4. 제10조제1항부터 제4항까지의 규정을 위반한 경우
5. 제46조를 위반한 경우
6. 제86조제1항제3호의 시정명령을 위반한 경우
7. 특별한 사유 없이 유실 · 유기동물 및 피학대동물에 대한 보호조치를 3회 이상 거부한 경우
8. 보호 중인 동물을 영리를 목적으로 분양한 경우

⑤ 시 · 도지사 또는 시장 · 군수 · 구청장은 제4항에 따라 지정이 취소된 기관이나 단체 등을 지정이 취소된 날부터 1년 이내에는 다시 동물보호센터로 지정하여서는 안 됨. 다만, 제4항제4호에 따라 지정이 취소된 기관이나 단체는 지정이 취소된 날부터 5년 이내에는 다시 동물보호센터로 지정하여서는 안 됨

⑥ 제1항에 따른 동물보호센터 지정절차의 구체적인 내용은 시 · 도의 조례로 정하고, 지정된 동물보호센터에 대하여는 제35조제5항부터 제7항까지의 규정을 준용

제40조(공고)

시 · 도지사와 시장 · 군수 · 구청장은 제34조제1항제1호 및 제2호에 따른 동물을 보호하고 있는 경우에는 소유자등이 보호조치 사실을 알 수 있도록 대통령령으로 정하는 바에 따라 지체 없이 7일 이상 그 사실을 공고

제41조(동물의 반환 등)

① 시 · 도지사와 시장 · 군수 · 구청장은 다음 각 호의 어느 하나에 해당하는 사유가 발생한 경우에는 제34조에 해당하는 동물을 그 동물의 소유자에게 반환

1. 제34조제1항제1호 및 제2호에 해당하는 동물이 보호조치 중에 있고, 소유자가 그 동물에 대하여 반환을 요구하는 경우
2. 제34조제3항에 따른 보호기간이 지난 후, 보호조치 중인 같은 조 제1항제3호의 동물에 대하여 소유자가 제2항에 따른 사육계획서를 제출한 후 제42조제2항에 따라 보호비용을 부담하고 반환을 요구하는 경우

② 시 · 도지사와 시장 · 군수 · 구청장이 보호조치 중인 제34조제1항제3호의 동물을 반환받으려는 소유자는 농림축산식품부령으로 정하는 바에 따라 학대행위의 재발 방지 등 동물을 적정하게 보호 · 관리하기 위한 사육계획서를 제출

③ 시 · 도지사와 시장 · 군수 · 구청장은 제1항제2호에 해당하는 동물의 반환과 관련하여 동물의 소유자에게 보호기간, 보호비용 납부기한 및 면제 등에 관한 사항을 알려야 함

④ 시 · 도지사와 시장 · 군수 · 구청장은 제1항제2호에 따라 동물을 반환받은 소유자가 제2항에 따라 제출한 사육계획서의 내용을 이행하고 있는지를 제88조제1항에 따른 동물보호관에게 점검

제42조(보호비용의 부담)

① 시 · 도지사와 시장 · 군수 · 구청장은 제34조제1항제1호 및 제2호에 해당하는 동물의 보호비용을 소유자 또는 제45조제1항에 따라 분양을 받는 자에게 청구할 수 있음

② 제34조제1항제3호에 해당하는 동물의 보호비용은 농림축산식품부령으로 정하는 바에 따라 납부기한까지 그 동물의 소유자가 내야 함. 이 경우 시 · 도지사와 시장 · 군수 · 구청장은 동물의 소유자가 제43조제2호에 따라 그 동물의 소유권을 포기한 경우에는 보호비용의 전부 또는 일부를 면제할 수 있음

③ 제1항 및 제2항에 따른 보호비용의 징수에 관한 사항은 대통령령으로 정하고, 보호비용의 산정 기준에 관한 사항은 농림축산식품부령으로 정하는 범위에서 해당 시 · 도의 조례로 정함

제43조(동물의 소유권 취득)

시 · 도 및 시 · 군 · 구가 동물의 소유권을 취득할 수 있는 경우

1. 「유실물법」 제12조 및 「민법」 제253조에도 불구하고 제40조에 따라 공고한 날부터 10일이 지나도 동물의 소유자등을 알 수 없는 경우
2. 제34조제1항제3호에 해당하는 동물의 소유자가 그 동물의 소유권을 포기한 경우
3. 제34조제1항제3호에 해당하는 동물의 소유자가 제42조제2항에 따른 보호비용의 납부기한이 종료된 날부터 10일이 지나도 보호비용을 납부하지 아니하거나 제41조제2항에 따른 사육계획서를 제출하지 아니한 경우
4. 동물의 소유자를 확인한 날부터 10일이 지나도 정당한 사유 없이 동물의 소유자와 연락이 되지 아니하거나 소유자가 반환받을 의사를 표시하지 아니한 경우

제44조(사육포기 동물의 인수 등)

① 소유자등은 시 · 도지사와 시장 · 군수 · 구청장에게 자신이 소유하거나 사육 · 관리 또는 보호하는 동물의 인수를 신청할 수 있음

② 시 · 도지사와 시장 · 군수 · 구청장이 제1항에 따른 인수신청을 승인하는 경우에 해당 동물의 소유권은 시 · 도 및 시 · 군 · 구에 귀속

③ 시 · 도지사와 시장 · 군수 · 구청장은 제1항에 따라 동물의 인수를 신청하는 자에 대하여 농림축산식품부령으로 정하는 바에 따라 해당 동물에 대한 보호비용 등을 청구

④ 시 · 도지사와 시장 · 군수 · 구청장은 장기입원 또는 요양, 「병역법」에 따른 병역 복무 등 농림축산식품부령으로 정하는 불가피한 사유가 없음에도 불구하고 동물의 인수를 신청하는 자에 대하여는 제1항에 따른 동물인수신청을 거부

동물보호법 시행규칙 제27조(사육포기 동물의 인수 등)

③ 법 제44조제4항에서 "장기입원 또는 요양, 「병역법」에 따른 병역 복무 등 농림축산식품부령으로 정하는 불가피한 사유"란 다음 각 호의 어느 하나에 해당하여 소유자등이 다른 방법으로는 정상적으로 동물을 사육하기 어려운 경우를 말한다.

1. 소유자등이 6개월 이상의 장기입원 또는 요양을 하는 경우
2. 소유자등이 「병역법」에 따른 병역 복무를 하는 경우
3. 태풍, 수해, 지진 등으로 소유자등의 주택 또는 보호시설이 파손되거나 유실되어 동물을 보호하는 것이 불가능한 경우
4. 소유자등이 「가정폭력방지 및 피해자보호 등에 관한 법률」 제7조에 따른 가정폭력피해자 보호시설에 입소하는 경우
5. 그 밖에 제1호부터 제4호까지에 준하는 불가피한 사유가 있다고 시 · 도지사 또는 시장 · 군수 · 구청장이 인정하는 경우

제46조(동물의 인도적인 처리 등)

① 제35조제1항 및 제36조제1항에 따른 동물보호센터의 장은 제34조제1항에 따라 보호조치 중인 동물에게 질병 등 농림축산식품부령으로 정하는 사유가 있는 경우에는 농림축산식품부장관이 정하는 바에 따라 마취 등을 통하여 동물의 고통을 최소화하는 인도적인 방법으로 처리

동물보호법 시행규칙 제28조(동물의 인도적인 처리 등)

① 법 제46조제1항에서 "질병 등 농림축산식품부령으로 정하는 사유가 있는 경우"란 다음 각 호의 어느 하나에 해당하는 경우를 말한다.

1. 동물이 질병 또는 상해로부터 회복될 수 없거나 지속적으로 고통을 받으며 살아야 할 것으로 수의사가 진단한 경우
2. 동물이 사람이나 보호조치 중인 다른 동물에게 질병을 옮기거나 위해를 끼칠 우려가 매우 높은 것으로 수의사가 진단한 경우
3. 법 제45조에 따른 기증 또는 분양이 곤란한 경우 등 시·도지사 또는 시장·군수·구청장이 부득이한 사정이 있다고 인정하는 경우

② 법 제46조제2항 후단에 따라 동물보호센터의 장은 별지 제13호서식의 보호동물 개체관리카드에 인도적 처리 약제 사용기록을 작성하여 3년간 보관해야 한다. 다만, 약제 사용기록은 「수의사법」 제13조에 따른 진료부로 대체할 수 있으며, 진료부로 대체하는 경우에는 그 사본을 보호동물 개체관리카드에 첨부해야 한다.

② 제1항에 따라 시행하는 동물의 인도적인 처리는 수의사가 하여야 함. 이 경우 사용된 약제 관련 사용기록의 작성·보관 등에 관한 사항은 농림축산식품부령으로 정하는 바에 따름

③ 동물보호센터의 장은 제1항에 따라 동물의 사체가 발생한 경우 「폐기물관리법」에 따라 처리하거나 제69조제1항제4호에 따른 동물장묘업의 허가를 받은 자가 설치·운영하는 동물장묘시설 및 제71조제1항에 따른 공설동물장묘시설에서 처리

4. 동물실험의 관리 등

제47조(동물실험의 원칙)

① 동물실험은 인류의 복지 증진과 동물 생명의 존엄성을 고려하여 실시

② 동물실험을 하려는 경우에는 이를 대체할 수 있는 방법을 우선적으로 고려

③ 동물실험은 실험동물의 윤리적 취급과 과학적 사용에 관한 지식과 경험을 보유한 자가 시행하여야 하며 필요한 최소한의 동물을 사용

④ 실험동물의 고통이 수반되는 실험을 하려는 경우에는 감각능력이 낮은 동물을 사용하고 진통제 · 진정제 · 마취제의 사용 등 수의학적 방법에 따라 고통을 덜어주기 위한 적절한 조치

⑤ 동물실험을 한 자는 그 실험이 끝난 후 지체 없이 해당 동물을 검사하여야 하며, 검사 결과 정상적으로 회복한 동물은 기증하거나 분양할 수 있음

⑥ 제5항에 따른 검사 결과 해당 동물이 회복할 수 없거나 지속적으로 고통을 받으며 살아야 할 것으로 인정되는 경우에는 신속하게 고통을 주지 아니하는 방법으로 처리

⑦ 제1항부터 제6항까지에서 규정한 사항 외에 동물실험의 원칙과 이에 따른 기준 및 방법에 관한 사항은 농림축산식품부장관이 정하여 고시

제49조(동물실험의 금지 등)

누구든지 다음 각 호의 동물실험을 하여서는 아니 된다. 다만, 인수공통전염병 등 질병의 확산으로 인간 및 동물의 건강과 안전에 심각한 위해가 발생될 것이 우려되는 경우 또는 봉사동물의 선발 · 훈련방식에 관한 연구를 하는 경우로서 제52조에 따른 공용동물실험윤리위원회의 실험 심의 및 승인을 받은 때에는 그러하지 아니함

1. 유실 · 유기동물(보호조치 중인 동물을 포함한다)을 대상으로 하는 실험
2. 봉사동물을 대상으로 하는 실험

제50조(미성년자 동물 해부실습의 금지)

누구든지 미성년자에게 체험 · 교육 · 시험 · 연구 등의 목적으로 동물(사체를 포함한다) 해부실습을 하게 하여서는 안 됨. 다만, 「초 · 중등교육법」 제2조에 따른 학교 또는 동물실험시행기관 등이 시행하는 경우 등 농림축산식품부령으로 정하는 경우에는 그러하지 아니함

5. 반려동물 영업

제69조(영업의 허가)

① 반려동물(이하 이 장에서 "동물"이라 한다. 다만, 동물장묘업 및 제71조제1항에 따른 공설동물장묘시설의 경우에는 제2조제1호에 따른 동물로 한다)과 관련된 다음 각 호의 영업을 하려는 자는 농림축산식품부령으로 정하는 바에 따라 특별자치시장 · 특별자치도지사 · 시장 · 군수 · 구청장의 허가

1. 동물생산업
2. 동물수입업
3. 동물판매업
4. 동물장묘업

동물보호법 시행규칙 제38조(허가영업의 세부 범위)
법 제69조제2항에 따른 허가영업의 세부 범위는 다음 각 호의 구분에 따른다.
1. 동물생산업: 반려동물을 번식시켜 판매하는 영업
2. 동물수입업: 반려동물을 수입하여 판매하는 영업
3. 동물판매업: 반려동물을 구입하여 판매하거나, 판매를 알선 또는 중개하는 영업
4. 동물장묘업: 다음 각 목 중 어느 하나 이상의 시설을 설치 · 운영하는 영업
   가. 동물 전용의 장례식장: 동물 사체의 보관, 안치, 염습 등을 하거나 장례의식을 치르는 시설
   나. 동물화장시설: 동물의 사체 또는 유골을 불에 태우는 방법으로 처리하는 시설
   다. 동물건조장시설: 동물의 사체 또는 유골을 건조 · 멸균분쇄의 방법으로 처리하는 시설
   라. 동물수분해장시설: 동물의 사체를 화학용액을 사용해 녹이고 유골만 수습하는 방법으로 처리하는 시설
   마. 동물 전용의 봉안시설: 동물의 유골 등을 안치 · 보관하는 시설

③ 제1항에 따른 허가를 받으려는 자는 영업장의 시설 및 인력 등 농림축산식품부령으로 정하는 기준을 갖추어야 함

동물보호법 시행규칙 [별표 11] 등록영업의 시설 및 인력 기준(제44조 관련)
1. 공통 기준
   가. 영업장은 독립된 건물이거나 다른 용도로 사용되는 시설과 같은 건물에 있을 경우에는 해당 시설과 분리(벽이나 층 등으로 나누어진 경우를 말한다. 이하 같다)되어야 한다. 다만,

다음의 경우에는 분리하지 않을 수 있다.
1) 영업장과 동물병원의 시설이 함께 있는 경우
2) 영업장과 금붕어, 앵무새, 이구아나 및 거북이 등을 판매하는 시설이 함께 있는 경우
나. 영업시설은 동물의 습성 및 특징에 따라 채광 및 환기가 잘 되어야 하고, 동물을 위생적으로 건강하게 관리할 수 있도록 온도와 습도 조절이 가능해야 한다.
다. 청결 유지와 위생 관리에 필요한 급수시설 및 배수시설을 갖춰야 하고, 바닥은 청소와 소독을 쉽게 할 수 있고 동물들이 다칠 우려가 없는 재질이어야 한다.
라. 설치류나 해충 등의 출입을 막을 수 있는 설비를 해야 하고, 소독약과 소독장비를 갖추고 정기적으로 청소 및 소독을 실시해야 한다.
마. 영업장에는 「소방시설 설치 및 관리에 관한 법률」 제12조에 따라 소방시설을 화재안전기준에 적합하게 설치 또는 유지관리해야 한다.
2. 개별 기준
나. 동물위탁관리업
1) 동물의 위탁관리실과 고객응대실은 분리, 구획 또는 구분되어야 한다. 다만, 동물판매업, 동물전시업 또는 동물병원을 같이 하는 경우에는 고객응대실을 공동으로 이용 가능
2) 위탁관리하는 동물을 위한 개별 휴식실이 있어야 하며 사료와 물을 주기 위한 설비
3) 위탁관리하는 동물이 영업장 밖으로 나가지 않도록 출입구에 이중문과 잠금장치를 설치
4) 동물병원을 같이 하는 경우 동물의 위탁관리실과 동물병원의 입원실은 분리 또는 구획
5) 개 또는 고양이 20마리당 1명 이상의 관리인력을 확보해야 한다.
6) 영 별표 3에 따라 고정형 영상정보처리기기를 설치관리할 것

④ 제1항에 따라 영업의 허가를 받은 자가 허가받은 사항을 변경하려는 경우에는 변경허가를 받아야 함. 다만, 농림축산식품부령으로 정하는 경미한 사항을 변경하는 경우에는 특별자치시장 · 특별자치도지사 · 시장 · 군수 · 구청장에게 신고

제70조(맹견취급영업의 특례)

① 제2조제5호가목에 따른 맹견을 생산 · 수입 또는 판매(이하 "취급"이라 한다)하는 영업을 하려는 자는 제69조제1항에 따른 동물생산업, 동물수입업 또는 동물판매업의 허가 외에 대통령령으로 정하는 바에 따라 맹견 취급에 대하여 시 · 도지사의 허가(이하 "맹견취급허가"라 한다)를 받아야 함. 허가받은 사항을 변경하려는 때에도 허가를 받아야 함

② 맹견취급허가를 받으려는 자의 결격사유에 대하여는 제19조를 준용

제19조(맹견사육허가의 결격사유)
다음 각 호의 어느 하나에 해당하는 사람은 제18조에 따른 맹견사육허가를 받을 수 없다.
1. 미성년자(19세 미만의 사람을 말한다. 이하 같다)
2. 피성년후견인 또는 피한정후견인
3. 「정신건강증진 및 정신질환자 복지서비스 지원에 관한 법률」 제3조제1호에 따른 정신질환자 또는 「마약류 관리에 관한 법률」 제2조제1호에 따른 마약류의 중독자. 다만, 정신건강의학과 전문의가 맹견을 사육하는 것에 지장이 없다고 인정하는 사람은 그러하지 아니하다.
4. 제10조 · 제16조 · 제21조를 위반하여 벌금 이상의 실형을 선고받고 그 집행이 종료(집행이 종료된 것으로 보는 경우를 포함한다)되거나 집행이 면제된 날부터 3년이 지나지 아니한 사람
5. 제10조 · 제16조 · 제21조를 위반하여 벌금 이상의 형의 집행유예를 선고받고 그 유예기간 중에 있는 사람

③ 맹견취급허가를 받은 자는 다음 각 호의 어느 하나에 해당하는 경우 농림축산식품부령으로 정하는 바에 따라 시 · 도지사에게 신고

1. 맹견을 번식시킨 경우
2. 맹견을 수입한 경우
3. 맹견을 양도하거나 양수한 경우
4. 보유하고 있는 맹견이 죽은 경우

제72조(동물장묘시설의 설치 제한)

다음 각 호의 어느 하나에 해당하는 지역에는 제69조제1항제4호의 동물장묘업을 영위하기 위한 동물장묘시설 및 공설동물장묘시설을 설치할 수 있음

1. 「장사 등에 관한 법률」 제17조에 해당하는 지역

장사 등에 관한 법률 제17조(묘지 등의 설치 제한)
다음 각 호의 어느 하나에 해당하는 지역에는 묘지 · 화장시설 · 봉안시설 또는 자연장지를 설치 · 조성할 수 없다.
1. 「국토의 계획 및 이용에 관한 법률」 제36조제1항제1호라목에 따른 녹지지역 중 대통령령으로 정하는 지역
2. 「수도법」 제7조제1항에 따른 상수원보호구역. 다만, 기존의 사원 경내에 설치하는 봉안시설 또는 대통령령으로 정하는 지역주민이 설치하거나 조성하는 일정규모 미만의 개인, 가족 및 종중 · 문중의 봉안시설 또는 자연장지인 경우에는 그러하지 아니하다.
3. 「문화유산의 보존 및 활용에 관한 법률」 제27조 · 제70조제3항 및 「자연유산의 보존 및 활용에

관한 법률」 제13조 · 제41조제1항에 따른 보호구역. 다만, 대통령령으로 정하는 규모 미만의 자연장지로서 국가유산청장의 허가를 받은 경우에는 그러하지 아니하다.

4. 그 밖에 대통령령으로 정하는 지역

2. 20호 이상의 인가밀집지역, 학교, 그 밖에 공중이 수시로 집합하는 시설 또는 장소로부터 300미터 이내. 다만, 해당 지역의 위치 또는 지형 등의 상황을 고려하여 해당 시설의 기능이나 이용 등에 지장이 없는 경우로서 특별자치시장 · 특별자치도지사 · 시장 · 군수 · 구청장이 인정하는 경우에는 적용을 제외

제73조(영업의 등록)

① 동물과 관련된 다음 각 호의 영업을 하려는 자는 농림축산식품부령으로 정하는 바에 따라 특별자치시장 · 특별자치도지사 · 시장 · 군수 · 구청장에게 등록

1. 동물전시업
2. 동물위탁관리업
3. 동물미용업
4. 동물운송업

동물보호법 시행규칙 [별표 11] 등록영업의 시설 및 인력 기준(제44조 관련)

1. 공통 기준
   가. 영업장은 독립된 건물이거나 다른 용도로 사용되는 시설과 같은 건물에 있을 경우에는 해당 시설과 분리(벽이나 층 등으로 나누어진 경우를 말한다. 이하 같다)되어야 한다. 다만, 다음의 경우에는 분리하지 않을 수 있다.
      1) 영업장과 동물병원의 시설이 함께 있는 경우
      2) 영업장과 금붕어, 앵무새, 이구아나 및 거북이 등을 판매하는 시설이 함께 있는 경우
   나. 영업시설은 동물의 습성 및 특징에 따라 채광 및 환기가 잘 되어야 하고, 동물을 위생적으로 건강하게 관리할 수 있도록 온도와 습도 조절이 가능해야 한다.
   다. 청결 유지와 위생 관리에 필요한 급수시설 및 배수시설을 갖춰야 하고, 바닥은 청소와 소독을 쉽게 할 수 있고 동물들이 다칠 우려가 없는 재질이어야 한다.
   라. 설치류나 해충 등의 출입을 막을 수 있는 설비를 해야 하고, 소독약과 소독장비를 갖추고 정기적으로 청소 및 소독을 실시해야 한다.
   마. 영업장에는 「소방시설 설치 및 관리에 관한 법률」 제12조에 따라 소방시설을 화재안전기준에 적합하게 설치 또는 유지관리해야 한다.

2. 개별 기준
   나. 동물위탁관리업
      1) 동물의 위탁관리실과 고객응대실은 분리, 구획 또는 구분되어야 한다. 다만, 동물판매업, 동물전시업 또는 동물병원을 같이 하는 경우에는 고객응대실을 공동으로 이용 가능
      2) 위탁관리하는 동물을 위한 개별 휴식실이 있어야 하며 사료와 물을 주기 위한 설비
      3) 위탁관리하는 동물이 영업장 밖으로 나가지 않도록 출입구에 이중문과 잠금장치를 설치
      4) 동물병원을 같이 하는 경우 동물의 위탁관리실과 동물병원의 입원실은 분리 또는 구획
      5) 개 또는 고양이 20마리당 1명 이상의 관리인력을 확보해야 한다.
      6) 영 별표 3에 따라 고정형 영상정보처리기기를 설치관리할 것

제74조(허가 또는 등록의 결격사유)

다음 각 호의 어느 하나에 해당하는 사람은 제69조제1항에 따른 영업의 허가를 받거나 제73조제1항에 따른 영업의 등록을 할 수 없음

1. 미성년자
2. 피성년후견인
3. 파산선고를 받은 자로서 복권되지 아니한 사람
4. 제82조제1항에 따른 교육을 이수하지 아니한 사람
5. 제83조제1항에 따라 허가 또는 등록이 취소된 후 1년이 지나지 아니한 상태에서 취소된 업종과 같은 업종의 허가를 받거나 등록을 하려는 사람(법인인 경우에는 그 대표자를 포함한다)
6. 이 법을 위반하여 벌금 이상의 실형을 선고받고 그 집행이 종료(집행이 종료된 것으로 보는 경우를 포함한다)되거나 집행이 면제된 날부터 3년(제10조를 위반한 경우에는 5년으로 한다)이 지나지 아니한 사람
7. 이 법을 위반하여 벌금 이상의 형의 집행유예를 선고받고 그 유예기간 중에 있는 사람

제78조(영업자 등의 준수사항)

① 영업자(법인인 경우에는 그 대표자를 포함한다)와 그 종사자는 다음 각 호의 사항을 준수

1. 동물을 안전하고 위생적으로 사육·관리 또는 보호할 것
2. 동물의 건강과 안전을 위하여 동물병원과의 적절한 연계를 확보할 것
3. 노화나 질병이 있는 동물을 유기하거나 폐기할 목적으로 거래하지 아니할 것
4. 동물의 번식, 반입·반출 등의 기록 및 관리를 하고 이를 보관할 것
5. 동물에 관한 사항을 표시·광고하는 경우 이 법에 따른 영업허가번호 또는 영업등록번호와 거래금액을 함께 표시할 것
6. 동물의 분뇨, 사체 등은 관계 법령에 따라 적정하게 처리할 것
7. 농림축산식품부령으로 정하는 영업장의 시설 및 인력 기준을 준수할 것
8. 제82조제2항에 따른 정기교육을 이수하고 그 종사자에게 교육을 실시할 것
9. 농림축산식품부령으로 정하는 바에 따라 동물의 취급 등에 관한 영업실적을 보고할 것
10. 등록대상동물의 등록 및 변경신고의무(등록·변경신고방법 및 위반 시 처벌에 관한 사항 등을 포함한다)를 고지할 것
11. 다른 사람의 영업명의를 도용하거나 대여받지 아니하고, 다른 사람에게 자기의 영업명의 또는 상호를 사용하도록 하지 아니할 것

② 동물생산업자는 제1항에서 규정한 사항 외에 다음 각 호의 사항을 준수

1. 월령이 12개월 미만인 개·고양이는 교배 또는 출산시키지 아니할 것
2. 약품 등을 사용하여 인위적으로 동물의 발정을 유도하는 행위를 하지 아니할 것
3. 동물의 특성에 따라 정기적으로 예방접종 및 건강관리를 실시하고 기록할 것

④ 동물판매업자(동물생산업자 및 동물수입업자가 동물을 판매하는 경우를 포함한다)는 제1항에서 규정한 사항 외에 다음 각 호의 사항을 준수

1. 월령이 2개월 미만인 개 · 고양이를 판매(알선 또는 중개를 포함한다)하지 아니할 것
2. 동물을 판매 또는 전달을 하는 경우 직접 전달하거나 동물운송업자를 통하여 전달할 것

⑤ 동물장묘업자는 제1항에서 규정한 사항 외에 다음 각 호의 사항을 준수

1. 살아 있는 동물을 처리(마취 등을 통하여 동물의 고통을 최소화하는 인도적인 방법으로 처리하는 것을 포함한다)하지 아니할 것
2. 등록대상동물의 사체를 처리한 경우 농림축산식품부령으로 정하는 바에 따라 특별자치시장 · 특별자치도지사 · 시장 · 군수 · 구청장에게 신고할 것
3. 자신의 영업장에 있는 동물장묘시설을 다른 자에게 대여하지 아니할 것

⑥ 제1항부터 제5항까지의 규정에 따른 영업자의 준수사항에 관한 구체적인 사항 및 그 밖에 동물의 보호와 공중위생상의 위해 방지를 위하여 영업자가 준수하여야 할 사항은 농림축산식품부령으로 정함

제79조(등록대상동물의 판매에 따른 등록신청)

① 동물생산업자, 동물수입업자 및 동물판매업자는 등록대상동물을 판매하는 경우에 구매자(영업자를 제외한다)에게 동물등록의 방법을 설명하고 구매자의 명의로 특별자치시장 · 특별자치도지사 · 시장 · 군수 · 구청장에게 동물등록을 신청한 후 판매하여야 함

② 제1항에 따른 등록대상동물의 등록신청에 대해서는 제15조를 준용

제81조(표준계약서의 제정 · 보급)

① 농림축산식품부장관은 동물보호 및 동물영업의 건전한 거래질서 확립을 위하여 공정거래위원회와 협의하여 표준계약서를 제정 또는 개정하고 영업자에게 이를 사용하도록 권고

② 농림축산식품부장관은 제1항에 따른 표준계약서에 관한 업무를 대통령령으로 정하는 기관에 위탁할 수 있음

③ 제1항에 따른 표준계약서의 구체적인 사항은 농림축산식품부령으로 정함

동물보호법 시행규칙 [별표 12] 영업자의 준수사항 (제49조 관련)

1. 공통 준수사항
   가. 영업장 내부에는 다음의 구분에 따른 사항을 게시 또는 부착해야 한다. 다만, 전자상거래 방식으로 영업을 하는 경우에는 영업자의 인터넷 홈페이지 등에 해당 내용을 게시해야 한다.
      1) 동물장묘업, 동물판매업, 동물수입업, 동물생산업, 동물전시업, 동물위탁관리업 및 동물미용업: 영업등록(허가)증 및 요금표
      2) 동물운송업: 영업등록증, 자동차등록증, 운전자 성명 및 요금표
   나. 동물을 안전하고 위생적으로 사육·관리해야 한다.
   다. 동물은 종류별, 성별(어리거나 중성화된 동물은 제외한다) 및 크기별로 분리하여 관리해야 하며, 질환이 있거나 상해를 입은 동물, 공격성이 있는 동물, 늙은 동물, 어린 동물(어미와 함께 있는 경우는 제외한다) 및 새끼를 배거나 새끼에게 젖을 먹이는 동물은 분리하여 관리해야 한다.
   라. 영업장에 새로 들어온 동물에 대해서는 체온의 적정 여부, 외부 기생충과 피부병의 존재 여부 및 배설물의 상태 등 건강상태를 확인해야 한다.
   마. 영업장이나 동물운송차량에 머무는 시간이 4시간 이상인 동물에 대해서는 항상 깨끗한 물과 사료를 공급하고, 물과 사료를 주는 용기를 청결하게 유지해야 한다.
   바. 시정명령이나 시설개수명령 등을 받은 경우에는 그 명령에 따른 사후조치를 이행한 후 그 결과를 지체 없이 보고해야 한다.
   사. 영업장에서 발생하는 동물 소음을 최소화하기 위해서 노력해야 한다.
   아. 동물판매업자, 동물수입업자, 동물생산업자, 동물전시업자 및 동물위탁관리업자는 각각 판매, 수입, 생산, 전시 및 위탁관리하는 동물에 대해 별지 제36호서식 또는 별지 제37호서식의 개체관리카드를 작성하여 갖춰 두어야 하며, 우리 또는 개별사육시설에 개체별 정보(품종, 암수, 출생일, 예방접종 및 진료사항등)를 표시해야 한다. 다만, 기니피그와 햄스터의 경우 무리별로 개체관리카드를 작성할 수 있다.
   자. 동물판매업자, 동물수입업자 및 동물생산업자는 입수하거나 판매한 동물에 대해 그 내역을 기록한 거래내역서와 개체관리카드를 2년간 보관해야 한다.
   차. 동물장묘업자, 동물위탁관리업자 및 동물미용업자는 고정형 영상정보처리기기로 촬영하거나 녹화·기록한 정보를 촬영 또는 녹화·기록한 날부터 30일간 보관해야 하며, 동물운송업자는 3일간 보관해야 한다.
   카. 동물생산업자 및 동물전시업자가 폐업하는 경우에는 폐업 시 처리계획서에 따라 동물을 기증하거나 분양하는 등 적절하게 처리하고, 그 결과를 시장·군수·구청장에게 보고해야 한다.
   타. 동물전시업자, 동물위탁관리업자, 동물미용업자 및 동물운송업자는 각각 전시, 위탁관리, 미용 및 운송하는 동물이 등록대상동물인 경우에는 해당 동물의 소유자등에게 등록대상동물의 등록사항 및 등록방법을 알려주어야 한다.
   파. 동물생산업자, 동물수입업자 및 동물판매업자 중 맹견을 취급하는 영업을 하는 자는 맹견이 영업장에서 이탈하지 않도록 관리해야 하며, 영업장 밖으로 탈출 시에는 지방자치단체, 동물보호센터, 경찰관서 및 소방관서 등에 즉시 신고하는 등 필요한 조치를 해야 한다.
2. 개별 준수사항
   가. 동물생산업자

1) 사육하는 동물에게 주 1회 이상 정기적으로 운동할 기회를 제공해야 한다.
2) 사육실 내 질병의 발생 및 확산에 주의해야 하고, 백신 접종 등 질병에 대한 예방적 조치를 한 후 개체관리카드에 이를 기입하여 관리해야 한다.
3) 사육 · 관리하는 동물에 대해 털 관리, 손 · 발톱 깎기 및 이빨 관리 등을 연 1회 이상 실시하여 동물을 건강하고 위생적으로 관리해야 하며, 그 내역을 기록해야 한다.
4) 월령이 12개월 미만인 개 · 고양이는 교배 및 출산시킬 수 없고, 출산 후 다음 출산 사이에 10개월 이상의 기간을 두어야 한다.
5) 개체관리카드에 출산 날짜, 출산동물 수, 암수 구분 등 출산에 관한 정보를 포함하여 작성 · 관리해야 한다.
6) 노화 등으로 번식능력이 없는 동물은 보호하거나 입양되도록 노력해야 하고, 동물을 유기하거나 폐기를 목적으로 거래해서는 안 된다.
7) 질병이 있거나 상해를 입은 동물은 즉시 격리하여 치료받도록 하고, 해당 동물이 회복될 수 없거나 다른 동물에게 질병을 옮기거나 위해를 끼칠 우려가 높다고 수의사가 진단한 경우에는 수의사가 인도적인 방법으로 처리하도록 해야 한다. 이 경우, 안락사 처리내역, 사유 및 수의사의 성명 등을 개체관리카드에 기록해야 한다.
8) 별지 제38호서식의 영업자 실적 보고서를 다음 연도 1월 31일까지 특별자치시장 · 특별자치도지사 · 시장 · 군수 · 구청장에게 제출해야 한다.
9) 동물을 직접 판매하는 경우 동물판매업자의 준수사항을 지켜야 한다.

나. 동물수입업자
1) 동물수입업자는 수입국과 수입일 등 검역과 관련된 서류 등을 수입일부터 2년 이상 보관해야 한다.
2) 별지 제38호서식의 영업자 실적 보고서를 다음 연도 1월 31일까지 특별자치시장 · 특별자치도지사 · 시장 · 군수 · 구청장에게 제출해야 한다.
3) 동물수입업자가 동물을 직접 판매하는 경우에는 동물판매업자의 준수사항을 지켜야 한다.

다. 동물판매업자
1) 동물을 실물로 보여주지 않고 판매해서는 안 된다.
2) 다음의 월령(月齡) 이상인 동물을 판매, 알선 또는 중개해야 한다.
   가) 개 · 고양이: 2개월
   나) 그 외의 동물: 젖을 뗀 후 스스로 사료 등 먹이를 먹을 수 있는 월령
3) 미성년자에게는 동물을 판매, 알선 또는 중개해서는 안 된다.
4) 동물 판매, 알선 또는 중개 시 해당 동물에 관한 다음의 사항을 구입자에게 반드시 알려주어야 한다.
   가) 동물의 습성, 특징 및 사육방법
   나) 등록대상동물을 판매하는 경우에는 등록 및 변경신고 방법 · 기간 및 위반 시 과태료 부과에 관한 사항 등 동물등록제도의 세부 내용
   다) 맹견을 판매하는 경우에는 맹견사육허가 방법 · 기간 및 위반 시 벌칙 부과에 관한 사항 등 맹견사육허가제도의 세부 내용(시 · 도지사가 맹견사육허가를 하기 전에 거쳐야 하는 기질평가에 소요되는 비용 및 절차에 관한 사항을 포함한다)
5) 「소비자기본법 시행령」 제8조제3항에 따른 소비자분쟁해결기준에 따라 다음의 내용이 포함된 계약서와 해당 내용을 증명하는 서류를 판매할 때 제공해야 하며, 계약서를 제공

할 의무가 있음을 영업장 내부(전자상거래 방식으로판매하는 경우에는 인터넷 홈페이지 또는 휴대전화에서 사용되는 응용프로그램을 포함한다)의 잘 보이는 곳에 게시해야 한다.
가) 동물판매업 등록번호, 업소명, 주소 및 전화번호
나) 동물의 출생일자 및 판매업자가 입수한 날
다) 동물을 생산(수입)한 동물생산(수입)업자 업소명 및 주소
라) 동물의 종류, 품종, 색상 및 판매 시의 특징
마) 예방접종, 약물 투여 등 수의사의 치료기록 등
바) 판매 시의 건강상태와 그 증명서류
사) 판매일 및 판매금액
아) 판매한 동물에게 질병 또는 사망 등 건강상의 문제가 생긴 경우의 처리방법
자) 등록된 동물인 경우 그 등록내역

6) 5)에 따른 계약서의 예시는 다음과 같고, 동물판매업자는 다음 계약서의 기재사항을 추가하거나 순서를 변경하는 등 수정해서 사용할 수 있다.

제82조(교육)

① 제69조제1항에 따른 허가를 받거나 제73조제1항에 따른 등록을 하려는 자는 허가를 받거나 등록을 하기 전에 동물의 보호 및 공중위생상의 위해 방지 등에 관한 교육을 받아야 함

② 영업자는 정기적으로 제1항에 따른 교육을 받아야 함

③ 제83조제1항에 따른 영업정지처분을 받은 영업자는 제2항의 정기교육 외에 동물의 보호 및 영업자 준수사항 등에 관한 추가교육을 받아야 함

④ 제1항부터 제3항까지의 규정에 따라 교육을 받아야 하는 영업자로서 교육을 받지 아니한 자는 그 영업을 하여서는 안 됨

동물보호법 시행규칙 제51조(영업자 교육)

① 법 제82조제1항부터 제3항까지 및 제5항의 규정에 따른 교육의 종류, 교육 시기 및 교육시간은 다음 각 호의 구분에 따른다. 〈개정 2024. 5. 27.〉

1. 영업 신청 전 교육: 영업허가 신청일 또는 등록 신청일 이전 1년 이내 3시간. 다만, 법 제70조제1항에 따른 맹견 취급 허가를 추가로 받으려는 경우에는 맹견 취급 허가 신청일 이전 1년 이내에 4시간을 받아야 한다.
2. 영업자 정기교육: 영업 허가 또는 등록을 받은 날부터 기산하여 1년이 되는 날이 속하는 해의 1월 1일부터 12월 31일까지의 기간 중 매년 3시간. 다만, 법 제70조제1항에 따른 맹견 취급 허가를 받은 영업자의 경우에는 맹견 취급 허가를 받은 해의 다음 해부터는 4시간의 정기교육을 받아야 한다.
3. 영업정지처분에 따른 추가교육: 영업정지처분을 받은 날부터 6개월 이내 3시간

> ② 법 제82조에 따른 교육에는 다음 각 호의 내용이 포함되어야 한다. 다만, 교육대상 영업자 중 두 가지 이상의 영업을 하는 자에 대해서는 다음 각 호의 교육내용 중 중복된 사항을 제외할 수 있다. 〈개정 2024. 5. 27.〉
> 1. 동물보호 관련 법령 및 정책에 관한 사항
> 2. 동물의 보호 · 복지에 관한 사항
> 3. 동물의 사육 · 관리 및 질병예방에 관한 사항
> 4. 영업자 준수사항에 관한 사항
> 5. 맹견의 안전관리 및 사고 방지에 관한 사항(법 제70조제1항에 따른 맹견 취급 허가를 받은 영업자만 해당한다)

제83조(허가 또는 등록의 취소 등)

① 특별자치시장 · 특별자치도지사 · 시장 · 군수 · 구청장은 영업자가 다음 각 호의 어느 하나에 해당하는 경우에는 농림축산식품부령으로 정하는 바에 따라 그 허가 또는 등록을 취소하거나 6개월 이내의 기간을 정하여 그 영업의 전부 또는 일부의 정지를 명할 수 있음. 다만, 제1호, 제7호 또는 제8호에 해당하는 경우에는 허가 또는 등록을 취소하여야 함

1. 거짓이나 그 밖의 부정한 방법으로 허가를 받거나 등록을 한 것이 판명된 경우
2. 제10조제1항부터 제4항까지의 규정을 위반한 경우
3. 허가를 받은 날 또는 등록을 한 날부터 1년이 지나도록 영업을 개시하지 아니한 경우
4. 제69조제1항 또는 제73조제1항에 따른 허가 또는 등록 사항과 다른 방식으로 영업을 한 경우
5. 제69조제4항 또는 제73조제4항에 따른 변경허가를 받거나 변경등록을 하지 아니한 경우
6. 제69조제3항 또는 제73조제3항에 따른 시설 및 인력 기준에 미달하게 된 경우
7. 제72조에 따라 설치가 금지된 곳에 동물장묘시설을 설치한 경우
8. 제74조 각 호의 어느 하나에 해당하게 된 경우

9. 제78조에 따른 준수사항을 지키지 아니한 경우

제84조(과징금의 부과)

① 특별자치시장 · 특별자치도지사 · 시장 · 군수 · 구청장은 영업자가 제83조제1항제4호부터 제6호까지 또는 제9호의 어느 하나에 해당하여 영업정지처분을 하여야 하는 경우로서 그 영업정지처분이 해당 영업의 동물 또는 이용자에게 곤란을 주거나 공익에 현저한 지장을 줄 우려가 있다고 인정되는 경우에는 영업정지처분에 갈음하여 1억 원 이하의 과징금을 부과할 수 있음

제85조(영업장의 폐쇄)

① 특별자치시장 · 특별자치도지사 · 시장 · 군수 · 구청장은 제69조 또는 제73조에 따른 영업이 다음 각 호의 어느 하나에 해당하는 때에는 관계 공무원으로 하여금 농림축산식품부령으로 정하는 바에 따라 해당 영업장을 폐쇄하게 할 수 있음

1. 제69조제1항에 따른 허가를 받지 아니하거나 제73조제1항에 따른 등록을 하지 아니한 때
2. 제83조에 따라 허가 또는 등록이 취소되거나 영업정지명령을 받았음에도 불구하고 계속하여 영업을 한 때

② 특별자치시장 · 특별자치도지사 · 시장 · 군수 · 구청장은 제1항에 따라 영업장을 폐쇄하기 위하여 관계 공무원에게 다음 각 호의 조치를 하게 할 수 있음

1. 해당 영업장의 간판이나 그 밖의 영업표지물의 제거 또는 삭제
2. 해당 영업장이 적법한 영업장이 아니라는 것을 알리는 게시문 등의 부착
3. 영업을 위하여 꼭 필요한 시설물 또는 기구 등을 사용할 수 없게 하는 봉인(封印)

6. 보칙

제87조(고정형 영상정보처리기기의 설치 등)

① 다음 각 호의 어느 하나에 해당하는 자는 동물학대 방지 등을 위하여 「개인정보 보호법」 제2조제7호에 따른 고정형 영상정보처리기기를 설치하여야 함

1. 제35조제1항 또는 제36조제1항에 따른 동물보호센터의 장
2. 제37조에 따른 보호시설운영자
3. 제63조제1항제1호다목에 따른 도축장 운영자
4. 제69조제1항에 따른 영업의 허가를 받은 자 또는 제73조제1항에 따라 영업의 등록을 한 자

② 제1항에 따른 고정형 영상정보처리기기의 설치 대상, 장소 및 기준 등에 필요한 사항은 대통령령으로 정함

③ 제1항에 따라 고정형 영상정보처리기기를 설치 · 관리하는 자는 동물보호센터 · 보호시설 · 영업장의 종사자, 이용자 등 정보주체의 인권이 침해되지 아니하도록 다음 각 호의 사항을 준수하여야 함

1. 설치 목적과 다른 목적으로 고정형 영상정보처리기기를 임의로 조작하거나 다른 곳을 비추지 아니할 것
2. 녹음기능을 사용하지 아니할 것

④ 제1항에 따라 고정형 영상정보처리기기를 설치 · 관리하는 자는 다음 각 호의 어느 하나에 해당하는 경우 외에는 고정형 영상정보처리기기로 촬영한 영상기록을 다른 사람에게 제공하여서는 안 됨

1. 소유자등이 자기 동물의 안전을 확인하기 위하여 요청하는 경우
2. 「개인정보 보호법」 제2호제6호가목에 따른 공공기관이 제86조 등 법령에서 정하는 동물보호 업무 수행을 위하여 요청하는 경우
3. 범죄의 수사와 공소의 제기 및 유지, 법원의 재판업무 수행을 위하여 필요한 경우

⑤ 이 법에서 정하는 사항 외에 고정형 영상정보처리기기의 설치, 운영 및 관리 등에 관한 「개인정보 보호법」에 따름

제88조(동물보호관)

① 농림축산식품부장관(대통령령으로 정하는 소속 기관의 장을 포함한다), 시 · 도지사 및 시장 · 군수 · 구청장은 동물의 학대 방지 등 동물보호에 관한 사무를 처리하기 위하여 소속 공무원 중에서 동물보호관을 지정
② 제1항에 따른 동물보호관(이하 "동물보호관"이라 한다)의 자격, 임명, 직무 범위 등에 관한 사항은 대통령령으로 정한다.
③ 동물보호관이 제2항에 따른 직무를 수행할 때에는 농림축산식품부령으로 정하는 증표를 지니고 이를 관계인에게 보여주어야 함
④ 누구든지 동물의 특성에 따른 출산, 질병 치료 등 부득이한 사유가 있는 경우를 제외하고는 제2항에 따른 동물보호관의 직무 수행을 거부 · 방해 또는 기피하여서는 안 됨

제90조(명예동물보호관)

① 농림축산식품부장관, 시 · 도지사 및 시장 · 군수 · 구청장은 동물의 학대 방지 등 동물보호를 위한 지도 · 계몽 등을 위하여 명예동물보호관을 위촉
② 제10조를 위반하여 제97조에 따라 형을 선고받고 그 형이 확정된 사람은 제1항에 따른 명예동물보호관(이하 "명예동물보호관"이라 한다)이 될 수 없음
③ 명예동물보호관의 자격, 위촉, 해촉, 직무, 활동 범위와 수당의 지급 등에 관한 사항은 대통령령으로 정함
④ 명예동물보호관은 제3항에 따른 직무를 수행할 때에는 부정한 행위를 하거나 권한을 남용하여서는 안 됨
⑤ 명예동물보호관이 그 직무를 수행하는 경우에는 신분을 표시하는 증표를 지니고 이를 관계인에게 보여주어야 함

제92조(청문)

농림축산식품부장관, 시 · 도지사 또는 시장 · 군수 · 구청장은 다음 각 호의 어느 하나에 해당하는 처분을 하려면 청문하여야 함

1. 제20조제1항에 따른 맹견사육허가의 철회
2. 제32조제2항에 따른 반려동물행동지도사의 자격취소
3. 제36조제4항에 따른 동물보호센터의 지정취소
4. 제38조제2항에 따른 보호시설의 시설폐쇄
5. 제61조제1항에 따른 인증기관의 지정취소
6. 제65조제1항에 따른 동물복지축산농장의 인증취소
7. 제83조제1항에 따른 영업허가 또는 영업등록의 취소

7. 벌칙

제97조(벌칙)

① 다음 각 호의 어느 하나에 해당하는 자는 3년 이하의 징역 또는 3천만원 이하의 벌금

1. 제10조제1항 각 호의 어느 하나를 위반한 자
   동물학대 등의 금지조항을 위반하여 죽음에 이르게 하는 행위를 한 자
2. 제10조제3항제2호 또는 같은 조 제4항제3호를 위반한 자
   배회하거나 버려진 동물 또는 피학대동물 중 소유자 등을 알 수 없는 동물을 포획하여 죽이는 행위 또는 반려동물 보호 의무를 위반하여 죽음에 이르게 한 자
3. 제16조제1항 또는 같은 조 제2항제1호를 위반하여 사람을 사망에 이르게 한 자
   등록대상동물의 관리 또는 목줄 착용을 위반하여 사람을 사망에 이르게

한 자

4. 제21조제1항 각 호를 위반하여 사람을 사망에 이르게 한 자
맹견의 관리를 위반하여 사람을 사망에 이르게 한 자

② 다음 각 호의 어느 하나에 해당하는 자는 2년 이하의 징역 또는 2천만 원 이하의 벌금

1. 제10조제2항 또는 같은 조 제3항제1호 · 제3호 · 제4호의 어느 하나를 위반한 자
상해를 입히는 등의 학대행위 또는 포획하여 판매하거나 죽일 목적으로 포획하는 행위, 버려진 동물임을 알면서 알선, 구매하는 행위 중 어느 하나를 위반한 자
2. 제10조제4항제1호를 위반하여 맹견을 유기한 소유자등
3. 제10조제4항제2호를 위반한 소유자등
반려동물에게 사육, 관리 또는 보호 의무를 위반하여 상해를 입히거나 질병을 유발하는 행위를 한 소유자등
4. 제16조제1항 또는 같은 조 제2항제1호를 위반하여 사람의 신체를 상해에 이르게 한 자
등록대상동물의 관리 또는 목줄 착용을 위반하여 사람의 신체를 상해에 이르게 한 자
5. 제21조제1항 각 호의 어느 하나를 위반하여 사람의 신체를 상해에 이르게 한 자
맹견 관리의 어느 하나를 위반하여 사람의 신체를 상해에 이르게 한 자
6. 제67조제1항제1호를 위반하여 거짓이나 그 밖의 부정한 방법으로 인증농장 인증을 받은 자
7. 제67조제1항제2호를 위반하여 인증을 받지 아니한 축산농장을 인증농장으로 표시한 자
8. 제67조제1항제3호를 위반하여 거짓이나 그 밖의 부정한 방법으로 인증심사 · 재심사 및 인증갱신을 하거나 받을 수 있도록 도와주는 행위를 한 자
9. 제69조제1항 또는 같은 조 제4항을 위반하여 허가 또는 변경허가를 받지

아니하고 영업을 한 자

10. 거짓이나 그 밖의 부정한 방법으로 제69조제1항에 따른 허가 또는 같은 조 제4항에 따른 변경허가를 받은 자
11. 제70조제1항을 위반하여 맹견취급허가 또는 변경허가를 받지 아니하고 맹견을 취급하는 영업을 한 자
12. 거짓이나 그 밖의 부정한 방법으로 제70조제1항에 따른 맹견취급허가 또는 변경허가를 받은 자
13. 제72조를 위반하여 설치가 금지된 곳에 동물장묘시설을 설치한 자
14. 제85조제1항에 따른 영업장 폐쇄조치를 위반하여 영업을 계속한 자

③ 다음 각 호의 어느 하나에 해당하는 자는 1년 이하의 징역 또는 1천만 원 이하의 벌금

1. 제18조제1항을 위반하여 맹견사육허가를 받지 아니한 자
2. 제33조제1항을 위반하여 반려동물행동지도사의 명칭을 사용한 자
3. 제33조제2항을 위반하여 다른 사람에게 반려동물행동지도사의 명의를 사용하게 하거나 그 자격증을 대여한 자 또는 반려동물행동지도사의 명의를 사용하거나 그 자격증을 대여 받은 자
4. 제33조제3항을 위반한 자 - 명의대여 금지 행위를 알선한 자
5. 제73조제1항 또는 같은 조 제4항을 위반하여 등록 또는 변경등록을 하지 아니하고 영업을 한 자
6. 거짓이나 그 밖의 부정한 방법으로 제73조제1항에 따른 등록 또는 같은 조 제4항에 따른 변경등록을 한 자
7. 제78조제1항제11호를 위반하여 다른 사람의 영업명의를 도용하거나 대여받은 자 또는 다른 사람에게 자기의 영업명의나 상호를 사용하게 한 영업자

7의2. 제78조제5항제3호를 위반하여 자신의 영업장에 있는 동물장묘시설을 다른 자에게 대여한 영업자

8. 제83조를 위반하여 영업정지 기간에 영업을 한 자
9. 제87조제3항을 위반하여 설치 목적과 다른 목적으로 고정형 영상정보처리기기를 임의로 조작하거나 다른 곳을 비춘 자 또는 녹음기능을 사용한 자

10. 제87조제4항을 위반하여 영상기록을 목적 외의 용도로 다른 사람에게 제공한 자

④ 다음 각 호의 어느 하나에 해당하는 자는 500만 원 이하의 벌금
1. 제29조제1항을 위반하여 업무상 알게 된 비밀을 누설한 기질평가위원회의 위원 또는 위원이었던 자
2. 제37조제1항에 따른 신고를 하지 아니하고 보호시설을 운영한 자
3. 제38조제2항에 따른 폐쇄명령에 따르지 아니한 자
4. 제54조제3항을 위반하여 비밀을 누설하거나 도용한 윤리위원회의 위원 또는 위원이었던 자(제52조제3항에서 준용하는 경우를 포함한다)
5. 제78조제2항제1호를 위반하여 월령이 12개월 미만인 개 · 고양이를 교배 또는 출산시킨 영업자
6. 제78조제2항제2호를 위반하여 동물의 발정을 유도한 영업자
7. 제78조제5항제1호를 위반하여 살아있는 동물을 처리한 영업자
8. 제95조제5항을 위반하여 요청 목적 외로 정보를 사용하거나 다른 사람에게 정보를 제공 또는 누설한 자

⑤ 다음 각 호의 어느 하나에 해당하는 자는 300만원 이하의 벌금
1. 제10조제4항제1호를 위반하여 동물을 유기한 소유자등(맹견을 유기한 경우는 제외한다)
2. 제10조제5항제1호를 위반하여 사진 또는 영상물을 판매 · 전시 · 전달 · 상영하거나 인터넷에 게재한 자
3. 제10조제5항제2호를 위반하여 도박을 목적으로 동물을 이용한 자 또는 동물을 이용하는 도박을 행할 목적으로 광고 · 선전한 자
4. 제10조제5항제3호를 위반하여 도박 · 시합 · 복권 · 오락 · 유흥 · 광고 등의 상이나 경품으로 동물을 제공한 자
5. 제10조제5항제4호를 위반하여 영리를 목적으로 동물을 대여한 자
6. 제18조제4항 후단에 따른 인도적인 방법에 의한 처리 명령에 따르지 아니한 맹견의 소유자
7. 제20조제2항에 따른 인도적인 방법에 의한 처리 명령에 따르지 아니한 맹

견의 소유자

8. 제24조제1항에 따른 기질평가 명령에 따르지 아니한 맹견 아닌 개의 소유자
9. 제46조제2항을 위반하여 수의사에 의하지 아니하고 동물의 인도적인 처리를 한 자
10. 제49조를 위반하여 동물실험을 한 자
11. 제78조제4항제1호를 위반하여 월령이 2개월 미만인 개 · 고양이를 판매(알선 또는 중개를 포함한다)한 영업자
12. 제85조제2항에 따른 게시문 등 또는 봉인을 제거하거나 손상시킨 자

⑥ 상습적으로 제1항부터 제5항까지의 죄를 지은 자는 그 죄에 정한 형의 2분의 1까지 가중한다.

제98조(벌칙)

제100조제1항에 따라 이수명령을 부과받은 사람이 보호관찰소의 장 또는 교정시설의 장의 이수명령 이행에 관한 지시에 따르지 아니하여 「보호관찰 등에 관한 법률」 또는 「형의 집행 및 수용자의 처우에 관한 법률」에 따른 경고를 받은 후 재차 정당한 사유 없이 이수명령 이행에 관한 지시를 따르지 아니한 경우에는 다음 각 호에 따름

1. 벌금형과 병과된 경우에는 500만 원 이하의 벌금
2. 징역형 이상의 실형과 병과된 경우에는 1년 이하의 징역 또는 1천만 원 이하의 벌금

제101조(과태료)

① 다음 각 호의 어느 하나에 해당하는 자에게는 500만 원 이하의 과태료를 부과

1. 제51조제1항을 위반하여 윤리위원회를 설치 · 운영하지 아니한 동물실험시행기관의 장
2. 제51조제3항을 위반하여 윤리위원회의 심의를 거치지 아니하고 동물실험을 한 동물실험시행기관의 장

3. 제51조제4항을 위반하여 윤리위원회의 변경심의를 거치지 아니하고 동물실험을 한 동물실험시행기관의 장(제52조제3항에서 준용하는 경우를 포함한다)
4. 제55조제1항을 위반하여 심의 후 감독을 요청하지 아니한 경우 해당 동물실험시행기관의 장(제52조제3항에서 준용하는 경우를 포함한다)
5. 제55조제3항을 위반하여 정당한 사유 없이 실험 중지 요구를 따르지 아니하고 동물실험을 한 동물실험시행기관의 장(제52조제3항에서 준용하는 경우를 포함한다)
6. 제55조제4항을 위반하여 윤리위원회의 심의 또는 변경심의를 받지 아니하고 동물실험을 재개한 동물실험시행기관의 장(제52조제3항에서 준용하는 경우를 포함한다)
7. 제58조제2항을 위반하여 개선명령을 이행하지 아니한 동물실험시행기관의 장
8. 제67조제1항제4호가목을 위반하여 동물복지축산물 표시를 한 자
9. 제78조제1항제7호를 위반하여 영업별 시설 및 인력 기준을 준수하지 아니한 영업자

② 다음 각 호의 어느 하나에 해당하는 자에게는 300만 원 이하의 과태료를 부과

1. 제17조제1항을 위반하여 맹견수입신고를 하지 아니한 자
2. 제21조제1항 각 호를 위반한 맹견의 소유자등
3. 제21조제3항을 위반하여 맹견의 안전한 사육 및 관리에 관한 교육을 받지 아니한 자
4. 제22조를 위반하여 맹견을 출입하게 한 소유자등
5. 제23조제1항을 위반하여 보험에 가입하지 아니한 소유자
6. 제24조제5항에 따른 교육이수명령 또는 개의 훈련 명령에 따르지 아니한 소유자
7. 제37조제4항(보호시설 및 운영기준)을 위반하여 시설 및 운영 기준 등을 준수하지 아니하거나 시설정비 등의 사후 관리를 하지 아니한 자
8. 제37조제5항에 따른 신고를 하지 아니하고 보호시설의 운영을 중단하거나 보호시설을 폐쇄한 자

9. 제38조제1항에 따른 중지명령이나 시정명령을 3회 이상 반복하여 이행하지 아니한 자
10. 제48조제1항을 위반하여 전임수의사를 두지 아니한 동물실험시행기관의 장
11. 제67조제1항제4호나목 또는 다목을 위반하여 동물복지축산물 표시를 한 자
12. 제70조제3항을 위반하여 맹견 취급의 사실을 신고하지 아니한 영업자
13. 제76조제1항을 위반하여 휴업 · 폐업 또는 재개업의 신고를 하지 아니한 영업자
14. 제76조제2항을 위반하여 동물처리계획서를 제출하지 아니하거나 같은 조 제3항에 따른 처리결과를 보고하지 아니한 영업자
15. 제78조제1항제3호를 위반하여 노화나 질병이 있는 동물을 유기하거나 폐기할 목적으로 거래한 영업자
16. 제78조제1항제4호를 위반하여 동물의 번식, 반입 · 반출 등의 기록, 관리 및 보관을 하지 아니한 영업자
17. 제78조제1항제5호를 위반하여 영업허가번호 또는 영업등록번호를 명시하지 아니하고 거래금액을 표시한 영업자
18. 제78조제3항제1호를 위반하여 수입신고를 하지 아니하거나 거짓이나 그 밖의 부정한 방법으로 수입신고를 한 영업자

③ 다음 각 호의 어느 하나에 해당하는 자에게는 100만 원 이하의 과태료를 부과

1. 제11조제1항제4호 또는 제5호를 위반하여 동물을 운송한 자
2. 제11조제1항을 위반하여 제69조제1항의 동물을 운송한 자
3. 제12조를 위반하여 반려동물을 전달한 자
4. 제15조제1항을 위반하여 등록대상동물을 등록하지 아니한 소유자
5. 제27조제4항을 위반하여 정당한 사유 없이 출석, 자료제출요구 또는 기질평가와 관련한 조사를 거부한 자
6. 제36조제6항에 따라 준용되는 제35조제5항을 위반하여 교육을 받지 아니한 동물보호센터의 장 및 그 종사자
7. 제37조제2항에 따른 변경신고를 하지 아니하거나 같은 조 제5항에 따른 운영재개신고를 하지 아니한 자

8. 제50조를 위반하여 미성년자에게 동물 해부실습을 하게 한 자
9. 제57조제1항을 위반하여 교육을 이수하지 아니한 윤리위원회의 위원
10. 정당한 사유 없이 제66조제3항에 따른 조사를 거부 · 방해하거나 기피한 자
11. 제68조제2항을 위반하여 인증을 받은 자의 지위를 승계하고 그 사실을 신고하지 아니한 자
12. 제69조제4항 단서 또는 제73조제4항 단서를 위반하여 경미한 사항의 변경을 신고하지 아니한 영업자
13. 제75조제3항을 위반하여 영업자의 지위를 승계하고 그 사실을 신고하지 아니한 자
14. 제78조제1항제8호를 위반하여 종사자에게 교육을 실시하지 아니한 영업자
15. 제78조제1항제9호를 위반하여 영업실적을 보고하지 아니한 영업자
16. 제78조제1항제10호를 위반하여 등록대상동물의 등록 및 변경신고의무를 고지하지 아니한 영업자
17. 제78조제3항제2호를 위반하여 신고한 사항과 다른 용도로 동물을 사용한 영업자
18. 제78조제5항제2호를 위반하여 등록대상동물의 사체를 처리한 후 신고하지 아니한 영업자
19. 제78조제6항에 따라 동물의 보호와 공중위생상의 위해 방지를 위하여 농림축산식품부령으로 정하는 준수사항을 지키지 아니한 영업자
20. 제79조를 위반하여 등록대상동물의 등록을 신청하지 아니하고 판매한 영업자
21. 제82조제2항 또는 제3항을 위반하여 교육을 받지 아니하고 영업을 한 영업자
22. 제86조제1항제1호에 따른 자료제출 요구에 응하지 아니하거나 거짓 자료를 제출한 동물의 소유자등
23. 제86조제1항제2호에 따른 출입 · 검사를 거부 · 방해 또는 기피한 동물의 소유자등
24. 제86조제2항에 따른 보고 · 자료제출을 하지 아니하거나 거짓으로 보

고 · 자료제출을 한 자 또는 같은 항에 따른 출입 · 조사 · 검사를 거부 · 방해 · 기피한 자

25. 제86조제1항제3호 또는 같은 조 제7항에 따른 시정명령 등의 조치에 따르지 아니한 자

26. 제88조제4항을 위반하여 동물보호관의 직무 수행을 거부 · 방해 또는 기피한 자

④ 다음 각 호의 어느 하나에 해당하는 자에게는 50만 원 이하의 과태료를 부과

1. 동물등록을 위반하여 정해진 기간 내에 신고를 하지 아니한 소유자
2. 동물등록을 위반하여 소유권을 이전받은 날부터 30일 이내에 신고를 하지 아니한 자
3. 소유자등 없이 등록대상동물을 기르는 곳에서 벗어나게 한 소유자등
4. 등록대상동물을 동반하고 외출할 때 목줄착용 등 안전조치를 하지 아니한 소유자등
5. 등록대상동물을 동반하고 외출할 때 인식표를 부착하지 아니한 소유자등
6. 등록대상동물을 동반하고 외출할 때 위반하여 배설물을 수거하지 아니한 소유자등
7. 정당한 사유 없이 자료 및 정보의 제공을 하지 아니한 자

❀ 「동물보호법」 전문을 부록에 수록하였습니다. 참고해 주세요.

Chapter 01

동물보호법

단 답 형 문 제

01 동물보호법 제2조(정의) 5호의 농림축산식품부령으로 정한 맹견의 종류를 답하세요.

02 동물보호법 제2조(정의) 6호의 대통령령으로 정한 봉사동물의 종류를 답하세요.

03 동물보호법 제2조(정의) 7호의 농림축산식품부령으로 정한 반려동물의 종류를 답하세요.

04 동물보호법 제2조(정의) 1호의 동물이란 어떤 동물을 말하는가?

05 동물보호법 제2조(정의) 8호의 등록대상동물이란 동물의 보호, 유실 · 유기 방지, 질병의 관리, 공중위생상의 위해 방지 등을 위하여 등록이 필요하다고 인정하여 대통령령으로 정하는 동물을 답하세요.

06~08 다음 빈칸에 들어갈 용어를 답하세요.

06 (   )이란 동물의 소유자와 일시적 또는 영구적으로 동물을 사육 · 관리 또는 보호하는 사람을 말한다.

07 (   )이란 도로 · 공원 등의 공공장소에서 소유자등이 없이 배회하거나 내버려진 동물을 말한다.

08 (   )란 동물의 건강상태, 행동양태 및 소유자등의 통제능력 등을 종합적으로 분석하여 평가 대상 동물의 공격성을 판단하는 것을 말한다.

09 동물보호법 제3조(동물보호의 기본원칙)를 답하세요.

10 농림축산식품부장관은 동물의 적정한 보호 · 관리를 위하여 몇 년마다 동물복지종합계획을 수립 · 시행하여야 하는가?

11 동물보호법 제15조(등록대상동물의 등록 등)에서 등록동물을 잃어버린 경우 잃어버린 날부터 며칠 이내에 특별자치시장 · 특별자치도지사 · 시장 · 군수 · 구청장에게 신고하여야 하는가? 등록동물의 소유권을 이전받은 자는 이전받은 날부터 며칠 이내에 자신의 주소지를 관할하는 특별자치시장 · 특별자치도지사 · 시장 · 군수 · 구청장에게 신고하여야 하는가?

12 맹견수입신고는 어느 기관장에게 신고하여야 하는가?

13 동물보호법 제17조 맹견수입신고 시 농림식품부장관에게 신고서에 기재하여 제출하여 할 5가지 사항을 답하세요.

14 맹견사육허가를 신청하려는 자는 맹견의 소유권을 취득한 날(월령이 2개월 미만인 맹견을 소유하고 있거나 소유권을 취득한 경우에는 해당 맹견의 월령이 2개월이 된 날을 말한다)부터 며칠 이내에 농림축산식품부령으로 정하는 맹견사육허가신청서에 다음 각 호의 서류를 첨부하여 특별시장 · 광역시장 · 특별자치시장 · 도지사 · 특별자치도지사(이하"시 · 도지사"라 한다)에게 제출해야 하는가?

15 동물보호법 제18조(맹견사육허가 등)에서 맹견사육허가를 받기 위해서는 중성화수술을 하여야 한다. 다만 맹견의 월령이 8개월 미만인 경우로서 발육상태 등으로 인하여 중성화수술이 어려운 경우에는 대통령령으로 정하는 기간 내에 중성화 수술을 한 후에 증명서류를 시 · 도지사에게 제출하여야 한다. 대통령령으로 정한 기간은 며칠인가?

16 시 · 도지사는 맹견사육허가를 받은 자(제2항에 따라 공동으로 맹견사육허가를 신청한 경우 공동 신청한 자를 포함한다)에게 농림축산식품부령으로 정하는 바에 따라 교육이수 또는 허가대상 맹견의 훈련을 명할 수 있다. 몇 시간을 명할 수 있는가?

17 맹견사육허가를 받은 사람은 맹견의 안전한 사육·관리 또는 보호에 관하여 농림축산식품부령으로 정하는 바에 따라 정기적으로 교육을 받아야 한다. 신규교육 및 보수교육에 관한 시간을 답하세요.

18 맹견 아닌 개의 기질평가는 누가 명할 수 있는가?

19 동물보호법 제34조(동물의 구조·보호)에서 시·도지사와 시장·군수·구청장이 제1항제3호에 따른 동물을 보호할 때에는 농림축산식품부령으로 정하는 바에 따라 기간을 정하여 해당 동물에 대한 보호조치를 하여야 한다. 보호기간은 며칠인가?

20~22 다음 빈칸에 들어갈 내용을 답하세요.

> **20** 동물보호센터의 장은 동물의 구조보호조치, 반환 또는 인수 등 동물보호센터의 업무를 수행하기 위하여 센터 여건에 맞게 동물보호센터의 장을 포함하여 보호동물 (　　)마리당 1명 이상의 보호관리 인력을 확보해야 한다.
>
> **21** 동물보호법 제40조(공고) 시·도지사와 시장·군수·구청장은 제34조제1항제1호 및 제2호에 따른 동물을 보호하고 있는 경우에는 소유자등이 보호조치 사실을 알 수 있도록 대통령령으로 정하는 바에 따라 지체 없이 (　　)일 이상 그 사실을 공고하여야 한다.
>
> **22** 동물보호법 제59조(동물복지축산농장의 인증)의 인증의 유효기간은 인증을 받은 날부터 (　　)년으로 한다.

23 동물보호법 제47조(동물실험이 원칙)에 대해 답하세요.

24 동물보호법 제69조(영업의 허가)의 영업을 하려는 자는 허가를 받는 반려동물 업종 4개를 답하세요.

25 동물보호법 제73조(영업의 등록)의 영업을 하려는 자는 등록을 해야 하는 반려동물 업종 4개를 답하세요.

정답

01 ① 도사견과 그 잡종의 개
② 핏불테리어(아메리칸 핏불테리어 포함)와 그 잡종의 개
③ 아메리칸 스태퍼드셔 테리어와 그 잡종의 개
④ 스태퍼드셔 불테리어와 그 잡종의 개
⑤ 로트와일러와 그 잡종의 개
⑥ 사람의 생명이나 신체 또는 동물에 위해를 가할 우려가 있어 제24조 제3항에 따라 시 · 도지사가 맹견으로 지정한 개

02 ① 「장애인복지법」 제40조에 따른 장애인 보조견
② 국방부(그 소속 기관을 포함)에서 수색 · 경계 · 추적 · 탐지 등을 위해 이용하는 동물
③ 농림축산식품부(그 소속 기관을 포함) 및 관세청(그 소속 기관을 포함한다) 등에서 각종 물질의 탐지 등을 위해 이용하는 동물
④ 다음 각 목의 기관(그 소속 기관을 포함한다)에서 수색 · 탐지 등을 위해 이용하는 동물
가. 국토교통부 나. 경찰청
다. 해양경찰청
⑤ 소방청(그 소속 기관을 포함한다)에서 효율적인 구조활동을 위해 이용하는 119구조견

03 "개, 고양이 등 농림축산식품부령으로 정하는 동물"이란 개, 고양이, 토끼, 페럿, 기니피그 및 햄스터를 말한다.

04 가. 포유류 나. 조류
다. 파충류, 양서류, 어류(단 식용은 제외)

05 2개월령 이상의 개

06 소유자등

07 유실 · 유기동물

08 기질평가

09 ① 동물이 본래의 습성과 몸의 원형을 유지하면서 정상적으로 살 수 있도록 할 것
② 동물이 갈증 및 굶주림을 겪거나 영양이 결핍되지 아니하도록 할 것
③ 동물이 정상적인 행동을 표현할 수 있고 불편함을 겪지 아니하도록 할 것
④ 동물이 고통 · 상해 및 질병으로부터 자유롭도록 할 것
⑤ 동물이 공포와 스트레스를 받지 아니하도록 할 것

10 5년

11 10일, 30일

12 농림축산식품부장관

13 ① 품종 ② 수입 목적 ③ 사육예정 장소
④ 검역증명서 발급일 ⑤ 동물등록번호

14 30일 이내

15 8개월령이 된 날로부터 30일 이내, 진단서가 제출된 날로부터 30일 이내

16 제1호에 따른 교육시간과 제2호에 따른 훈련시간을 더한 시간은 총 20시간 이내로 한다.
① 맹견사육허가를 받은 자의 교육이수: 맹견의 사육 · 관리 · 보호 및 사고방지 등에 관한 이론교육 및 실습교육을 받을 것
② 허가 대상 맹견의 훈련: 해당 개의 특성과 법 제18조제3항에 따른 기질평가의 결과를 고려한 개체별 특성화 훈련을 시킬 것

17 ① 신규교육: 법 제18조제1항 및 제2항에 따라 맹견사육허가를 받은 날부터 6개월 이내에 3시간의 신규교육을 받을 것. 다만, 맹견사육허가를 받은 날부터 6개월 이내에 제12조의4제1항제1호에 따라 3시간 이상의 교육을 이수한 경우는 제외한다.
② 보수교육: 신규교육 또는 직전의 보수교육을 받은 날이 속하는 연도의 다음 연도 12월 31일까지 매년 3시간의 교육을 받을 것

18 시 · 도지사

19 5일 이상

20 20

21 7

22 3

23 ① 동물실험은 인류의 복지 증진과 동물 생명의 존엄성을 고려하여 실시되어야 한다.
② 동물실험을 하려는 경우에는 이를 대체할 수 있는 방법을 우선적으로 고려하여야 한다.
③ 동물실험은 실험동물의 윤리적 취급과 과학적 사용에 관한 지식과 경험을 보유한 자가 시행하여야 하며 필요한 최소한의 동물을 사용하여야 한다.
④ 실험동물의 고통이 수반되는 실험을 하려는 경우에는 감각능력이 낮은 동물을 사용하고 진통제 · 진정제 · 마취제의 사용 등 수의학적 방법에 따라 고통을 덜어주기 위한 적절한 조치를 하여야 한다.
⑤ 동물실험을 한 자는 그 실험이 끝난 후 지체 없이 해당 동물을 검사하여야 하며, 검사 결과 정상적으로 회복한 동물은 기증하거나 분양할 수 있다.
⑥ 제5항에 따른 검사 결과 해당 동물이 회복할 수 없거나 지속적으로 고통을 받으며 살아야 할 것으로 인정되는 경우에는 신속하게 고통을 주지 아니하는 방법으로 처리하여야 한다.

24 동물생산업, 동물수입업, 동물판매업, 동물장묘업

25 동물전시업, 동물위탁관리업, 동물미용업, 동물운송업

Chapter 02

소비자기본법

1. 총칙

제1조(목적)

① 소비자의 권익을 증진

② 소비자의 권리와 책무, 국가 · 지방자치단체 및 사업자의 책무, 소비자단체의 역할 및 자유시장경제에서 소비자와 사업자 사이의 관계를 규정

③ 소비자정책의 종합적 추진을 위한 기본적인 사항을 규정

④ 소비생활의 향상과 국민경제의 발전에 이바지

제2조(정의)

1. "소비자"라 함은 사업자가 제공하는 물품 또는 용역(시설물을 포함한다. 이하 같다)을 소비생활을 위하여 사용(이용을 포함한다. 이하 같다)하는 자 또는 생산 활동을 위하여 사용하는 자로서 대통령령이 정하는 자

소비자기본법 시행령 제2조(소비자의 범위)

「소비자기본법」(이하 "법"이라 한다) 제2조제1호의 소비자 중 물품 또는 용역(시설물을 포함한다. 이하 같다)을 생산 활동을 위하여 사용(이용을 포함한다. 이하 같다)하는 자의 범위

1. 제공된 물품 또는 용역(이하 "물품 등"이라 한다)을 최종적으로 사용하는 자. 다만, 제공된 물품 등을 원재료(중간재를 포함한다), 자본재 또는 이에 준하는 용도로 생산 활동에 사용하는 자는 제외
2. 제공된 물품 등을 농업(축산업을 포함한다. 이하 같다) 및 어업활동을 위하여 사용하는 자. 다만, 「원양산업발전법」 제6조제1항에 따라 해양수산부장관의 허가를 받아 원양어업을 하는 자는 제외

2. "사업자"라 함은 물품을 제조(가공 또는 포장을 포함한다. 이하 같다) · 수입 · 판매하거나 용역을 제공하는 자
3. "소비자단체"라 함은 소비자의 권익을 증진하기 위하여 소비자가 조직한 단체
4. "사업자단체"라 함은 2 이상의 사업자가 공동의 이익을 증진할 목적으로 조직한 단체

2. 소비자의 권리와 책무

제4조(소비자의 기본적 권리)

1. 물품 또는 용역(이하 "물품 등"이라 한다)으로 인한 생명 · 신체 또는 재산에 대한 위해로부터 보호받을 권리
2. 물품 등을 선택함에 있어서 필요한 지식 및 정보를 제공받을 권리
3. 물품 등을 사용함에 있어서 거래상대방 · 구입 장소 · 가격 및 거래조건 등을 자유로이 선택할 권리
4. 소비생활에 영향을 주는 국가 및 지방자치단체의 정책과 사업자의 사업 활동 등에 대하여 의견을 반영시킬 권리
5. 물품 등의 사용으로 인하여 입은 피해에 대하여 신속 · 공정한 절차에 따라 적절한 보상을 받을 권리
6. 합리적인 소비생활을 위하여 필요한 교육을 받을 권리
7. 소비자 스스로의 권익을 증진하기 위하여 단체를 조직하고 이를 통하여 활동할 수 있는 권리
8. 안전하고 쾌적한 소비생활 환경에서 소비할 권리

제5조(소비자의 책무)

① 소비자는 사업자 등과 더불어 자유시장경제를 구성하는 주체임을 인식하여 물품 등을 올바르게 선택하고, 제4조의 규정에 따른 소비자의 기본적 권리를 정당하게 행사하여야 함

② 소비자는 스스로의 권익을 증진하기 위하여 필요한 지식과 정보를 습득하도록 노력해야 함

③ 소비자는 자주적이고 합리적인 행동과 자원절약적이고 환경친화적인 소비생활을 함으로써 소비생활의 향상과 국민경제의 발전에 적극적인 역할을 다하여야 함

3. 국가 · 지방자치단체 및 사업자의 책무

(1) 국가 및 지방자치단체의 책무 등

제6조(국가 및 지방자치단체의 책무)

국가 및 지방자치단체는 제4조의 규정에 따른 소비자의 기본적 권리가 실현되도록 하기 위하여 다음 각 호의 책무

1. 관계 법령 및 조례의 제정 및 개정 · 폐지
2. 필요한 행정조직의 정비 및 운영 개선
3. 필요한 시책의 수립 및 실시
4. 소비자의 건전하고 자주적인 조직 활동의 지원 · 육성

(2) 사업자의 책무 등

제19조(사업자의 책무)

① 사업자는 물품 등으로 인하여 소비자에게 생명 · 신체 또는 재산에 대한 위해가 발생하지 아니하도록 필요한 조치를 강구

② 사업자는 물품 등을 공급함에 있어서 소비자의 합리적인 선택이나 이익을 침해할 우려가 있는 거래조건이나 거래방법을 사용하여서는 안 됨
③ 사업자는 소비자에게 물품 등에 대한 정보를 성실하고 정확하게 제공
④ 사업자는 소비자의 개인정보가 분실 · 도난 · 누출 · 변조 또는 훼손되지 아니하도록 그 개인정보를 성실하게 취급
⑤ 사업자는 물품 등의 하자로 인한 소비자의 불만이나 피해를 해결하거나 보상하여야 하며, 채무불이행 등으로 인한 소비자의 손해를 배상

4. 소비자단체

제28조(소비자단체의 업무 등)

① 소비자단체는 다음 각 호의 업무

1. 국가 및 지방자치단체의 소비자의 권익과 관련된 시책에 대한 건의
2. 물품 등의 규격 · 품질 · 안전성 · 환경성에 관한 시험 · 검사 및 가격 등을 포함한 거래조건이나 거래방법에 관한 조사 · 분석
3. 소비자문제에 관한 조사 · 연구
4. 소비자의 교육
5. 소비자의 불만 및 피해를 처리하기 위한 상담 · 정보제공 및 당사자 사이의 합의의 권고

5. 소비자 분쟁의 해결

제66조(분쟁조정의 기간)

① 조정위원회는 제58조 또는 제65조제1항의 규정에 따라 분쟁조정을 신청 받은 때에는 그 신청을 받은 날부터 30일 이내에 그 분쟁조정을 마쳐야 함

소비자 분쟁 해결 기준

1조(목적)

이 고시는 소비자기본법 제16조 제2항과 같은 법 시행령 제8조제3항의 규정에 의해 일반적 소비자분쟁해결기준에 따라 품목별 소비자분쟁해결기준을 정함으로써 소비자와 사업자(이하 "분쟁당사자"라 한다) 간에 발생한 분쟁이 원활하게 해결될 수 있도록 구체적인 합의 또는 권고의 기준을 제시하는 데 그 목적

번호 29. 애완동물판매업 (개, 고양이에 한함)		
분 쟁 유 형	해 결 기 준	비 고
1) 구입 후 15일 이내 폐사 시	동종의 애완동물로 교환 또는 구입가 환급(단, 소비자의 중대한 과실로 인하여 피해가 발생한 경우에는 배상을 요구할 수 없음)	
2) 구입 후 15일 이내 질병 발생	판매업소(사업자)가 제반비용을 부담하여 회복시켜 소비자에게 인도. 다만, 업소 책임하의 회복기간이 30일을 경과하거나, 판매업소 관리 중 폐사 시에는 동종의 애완동물로 교환 또는 구입가 환급	
3) 계약서 미교부 시	계약해제(단, 구입 후 7일 이내)	

※ 판매업자는 애완동물을 판매할 때 다음의 사항이 기재된 계약서를 소비자에게 제공하여야 함
- ① 분양업자의 성명과 주소
- ② 애완동물의 출생일과 판매업자가 입수한 날
- ③ 혈통, 성, 색상과 판매 당시의 특징사항
- ④ 면역 및 기생충 접종기록
- ⑤ 수의사의 치료기록 및 약물투여기록 등
- ⑥ 판매 당시의 건강상태
- ⑦ 구입 시 구입금액과 구입날짜

Chapter 03

기타 생활법률

1. 폐기물관리법 관련 조항

제2조(정의)

1. "폐기물"이란 쓰레기, 연소재(燃燒滓), 오니(汚泥), 폐유(廢油), 폐산(廢酸), 폐알칼리 및 동물의 사체(死體) 등으로서 사람의 생활이나 사업활동에 필요하지 아니하게 된 물질
2. "생활폐기물"이란 사업장폐기물 외의 폐기물
3. "사업장폐기물"이란 「대기환경보전법」, 「물환경보전법」 또는 「소음 · 진동관리법」에 따라 배출시설을 설치 · 운영하는 사업장이나 그 밖에 대통령령으로 정하는 사업장에서 발생하는 폐기물
5. "의료폐기물"이란 보건 · 의료기관, 동물병원, 시험 · 검사기관 등에서 배출되는 폐기물 중 인체에 감염 등 위해를 줄 우려가 있는 폐기물과 인체 조직 등 적출물(摘出物), 실험 동물의 사체 등 보건 · 환경보호상 특별한 관리가 필요하다고 인정되는 폐기물로서 대통령령으로 정하는 폐기물

폐기물관리법 시행령 제4조

2. 위해의료폐기물
   가. 조직물류폐기물 : 인체 또는 동물의 조직 · 장기 · 기관 · 신체의 일부, 동물의 사체, 혈액 · 고름 및 혈액생성물(혈청, 혈장, 혈액제제)

제8조(폐기물의 투기 금지 등)

① 누구든지 특별자치시장, 특별자치도지사, 시장 · 군수 · 구청장이나 공원 · 도로 등 시설의 관리자가 폐기물의 수집을 위하여 마련한 장소나 설비 외의 장소에 폐기물을 버리거나, 특별자치시, 특별자치도, 시 · 군 · 구의 조례로 정하는 방법 또는 공원 · 도로 등 시설의 관리자가 지정한 방법을 따르지 아니하고 생활폐기물을 버려서는 안 됨

② 누구든지 이 법에 따라 허가 또는 승인을 받거나 신고한 폐기물처리시설이 아닌 곳에서 폐기물을 매립하거나 소각하여서는 안 됨. 다만, 제14조제1항 단서에 따른 지역에서 해당 특별자치시, 특별자치도, 시 · 군 · 구의 조례로 정하는 바에 따라 소각하는 경우 예외

폐기물관리법 시행규칙 제15조(생활폐기물관리 제외지역의 지정)

① 특별자치시장, 특별자치도지사, 시장 · 군수 · 구청장은 법 제14조제1항 단서에 따라 생활폐기물을 처리하여야 하는 구역에서 제외할 수 있는 지역(이하 "생활폐기물관리 제외지역"이라 한다)을 지정하는 경우

1. 가구 수가 50호 미만인 지역
2. 산간 · 오지 · 섬지역 등으로서 차량의 출입 등이 어려워 생활폐기물을 수집 · 운반하는 것이 사실상 불가능한 지역

더 알아보기

▣ 사체투기 금지, 소각 금지, 임의 매립 금지 위반 시 100만 원 이하의 과태료 부과

▸ 폐기물관리법 제66조 과태료

③ 다음 각 호의 어느 하나에 해당하는 자에게는 100만 원 이하의 과태료를 부과

1. 제8조제1항 또는 제2항을 위반하여 생활폐기물을 버리거나 매립 또는 소각한 자

2. 주택법 관련 조항

동물보호법 시행령 제4조(등록대상동물의 범위)

① 법 제2조제8호에서 "대통령령으로 정하는 동물"이란 다음 각 호의 어느 하나에 해당하는 월령(月齡) 2개월 이상인 개를 말한다.

1. 「주택법」 제2조제1호에 따른 주택 및 같은 조 제4호에 따른 준주택에서 기르는 개
2. 제1호에 따른 주택 및 준주택 외의 장소에서 반려(伴侶) 목적으로 기르는 개

주택법 제2조(정의)

1. "주택"이란 세대(世帶)의 구성원이 장기간 독립된 주거생활을 할 수 있는 구조로 된 건축물의 전부 또는 일부 및 그 부속토지를 말하며, 단독주택과 공동주택으로 구분
4. "준주택"이란 주택 외의 건축물과 그 부속토지로서 주거시설로 이용 가능한 시설 등을 말하며, 그 범위와 종류는 대통령령으로 정한다.

주택법 시행령 제4조(준주택의 종류와 범위)

1. 기숙사 2. 다중생활시설 3. 노인복지주택 4. 오피스텔

3. 장애인복지법 관련 조항

■ 장애인복지법

제40조(장애인 보조견의 훈련 · 보급 지원 등)

① 국가와 지방자치단체는 장애인의 복지 향상을 위하여 장애인을 보조할 장애인 보조견(補助犬)의 훈련 · 보급을 지원하는 방안을 강구하여야 함

② 보건복지부장관은 장애인 보조견에 대하여 장애인 보조견표지(이하 "보조견표지"라 한다)를 발급할 수 있음

동물보호법 제2조 정의

6. "봉사동물"이란 「장애인복지법」 제40조에 따른 장애인 보조견 등 사람이나 국가를 위하여 봉사하고 있거나 봉사한 동물로서 대통령령으로 정하는 동물

동물보호법 시행령 제3조(봉사동물의 범위)

법 제2조제6호에서 "대통령령으로 정하는 동물"이란 다음 각 호의 어느 하나에 해당하는 동물을 말한다.

1. 「장애인복지법」 제40조에 따른 장애인 보조견
2. 국방부(그 소속 기관을 포함한다)에서 수색 · 경계 · 추적 · 탐지 등을 위해 이용하는 동물
3. 농림축산식품부(그 소속 기관을 포함한다) 및 관세청(그 소속 기관을 포함한다) 등에서 각종 물질의 탐지 등을 위해 이용하는 동물
4. 다음 각 목의 기관(그 소속 기관을 포함한다)에서 수색 · 탐지 등을 위해 이용하는 동물
   가. 국토교통부　나. 경찰청　다. 해양경찰청
5. 소방청(그 소속 기관을 포함한다)에서 효율적인 구조활동을 위해 이용하는 119구조견

4. 가축전염병 예방법 관련 조항

제1조(목적)

① 가축의 전염성 질병이 발생하거나 퍼지는 것을 막음

② 축산업의 발전, 가축의 건강 유지 및 공중위생의 향상에 이바지

제2조(정의)

1. "가축"이란 소, 말, 당나귀, 노새, 면양 · 염소[유산양(乳山羊: 젖을 생산하기 위해 사육하는 염소)을 포함한다], 사슴, 돼지, 닭, 오리, 칠면조, 거위, 개, 토끼, 꿀벌 및 그 밖에 대통령령으로 정하는 동물

가축전염병 예방법 시행령 제2조(가축의 범위)

「가축전염병 예방법」(이하 "법"이라 한다) 제2조제1호에서 "대통령령으로 정하는 동물"이란 다음 각 호의 동물

1. 고양이
2. 타조
3. 메추리
4. 꿩
5. 기러기

5. 대중교통 관련 법률

■ 도로교통법

제39조(승차 또는 적재의 방법과 제한)

⑤ 모든 차의 운전자는 영유아나 동물을 안고 운전 장치를 조작하거나 운전석 주위에 물건을 싣는 등 안전에 지장을 줄 우려가 있는 상태로 운전하여서는 안 됨

제156조(벌칙)

다음 각 호의 어느 하나에 해당하는 사람은 20만 원 이하의 벌금이나 구류 또는 과료(科料)에 처함

1. 제39조제5항, 반려동물을 안은 상태에서 운전한 경우

6. 반려동물 사료 관련 법률

■ 사료관리법

제13조(사료의 표시사항)

① 제조업자 · 수입업자 또는 판매업자는 제조 또는 수입한 사료를 판매하려는 경우에는 용기나 포장에 성분등록을 한 사항, 유통기한, 그 밖의 사용상 주의사항 등 농림축산식품부령으로 정하는 사항을 표시하여야 함

② 제조업자 · 수입업자 또는 판매업자는 제1항에 따른 표시사항을 거짓으로 표시하거나 과장하여 표시하여서는 안 됨

사료관리법 시행규칙 [별표 4] 용기 및 포장에의 표시사항 및 표시방법(제14조 관련)

1. 배합사료의 표시사항과 표시방법
   가. 표시사항
      1) 사료의 성분등록번호
      2) 사료의 명칭 및 형태
      3) 등록성분량
      4) 사용한 원료의 명칭
      5) 동물용의약품 첨가 내용
      6) 주의사항
      7) 사료의 용도
      8) 실제 중량 (kg 또는 톤)
      9) 제조(수입) 연월일 및 유통기간 또는 유통기한
      10) 제조(수입)업자의 상호(공장 명칭)주소 및 전화번호
      11) 재포장 내용
      12) 사료공정에서 정하는 사항, 사료의 절감품질관리 및 유통개선을 위하여 농림축산식품부장관이 정하는 사항

제25조(제조업의 등록취소 등)

① 시 · 도지사는 제조업자 또는 수입업자가 다음 각 호의 어느 하나에 해당하는 경우에는 그 등록을 취소하거나 6개월 이내의 기간을 정하여 영업의 전부 또는 일부의 정지를 명할 수 있음. 다만, 제1호 · 제2호 또는 제4호의2에 해당하는 경우에는 그 등록을 취소

10. 제13조제1항을 위반하여 표시사항을 표시하지 아니하고 제조 또는 수입한 사료를 판매한 경우

제26조(과징금처분)

① 시 · 도지사는 제조업자 또는 수입업자가 제25조제1항제3호부터 제19호까지의 어느 하나에 해당하는 경우에는 영업정지처분을 갈음하여 1억원 이하의 과징금을 부과

제34조(벌칙)

다음 각 호의 어느 하나에 해당하는 자는 1년 이하의 징역 또는 1천만 원 이하의 벌금

7. 제13조제1항을 위반하여 표시사항을 표시하지 아니하고 사료를 판매한 자

7. 민법 제759조 '동물의 점유자의 책임'

제759조(동물의 점유자의 책임)

① 동물의 점유자는 그 동물이 타인에게 가한 손해를 배상할 책임이 있음. 그러나 동물의 종류와 성질에 따라 그 보관에 상당한 주의를 해태하지 아니한 때에는 그러하지 아니함

② 점유자에 갈음하여 동물을 보관한 자도 전항의 책임이 있음

8. 형법 제266조 '과실치상', '과실치사죄'

제266조(과실치상)

① 과실로 인하여 사람의 신체를 상해에 이르게 한 자는 500만 원 이하의 벌금, 구류 또는 과료에 처함

② 제1항의 죄는 피해자의 명시한 의사에 반하여 공소를 제기할 수 없음

제267조(과실치사)

반려견이 타인을 물어 사망에 이르게 한 경우, 2년 이하의 금고 또는 700만 원 이하의 벌금에 처해질 수 있음

* 과실치상죄는 피해자의 명시한 의사에 반하여 공소를 제기할 수 없는 "반의사불벌죄"에 해당하므로 경찰 수사 단계나 검찰에 송치한 단계에서 서로 원만한 합의가 이루어지면 '공소권 없음'으로 사건은 종결된다.

더 알아보기

▣ 개 물림으로 인한 과실치상에 대한 법원 판결

1) 수원지방법원 안산지원 2022. 6. 9. 선고 2021고단4532 판결 [과실치상]
   진돗개 주인이 목줄을 짧게 잡는 등의 안전조치를 취하지 않아 피해자가 물려 약 6주간의 치료가 필요한 상해를 입은 사건에서 법원은 피고인에게 벌금을 선고함
2) 서울북부지방법원 2023. 5. 10. 선고 2023고정249 판결 [과실치상]
   마트 주차장에서 진돗개를 기르던 피고인이 안전조치를 취하지 않아 피해자가 약 10주간의 치료가 필요한 골절 등의 상해를 입은 사건에서 피고인에 벌금을 선고함
3) 합의금 사례
   한 초등학생이 반려견에게 물려 전치 3주 진단을 받았을 때, 부모가 보험사 및 견주에게 제기한 위자료 소송에서 재판부는 위자료 3천만 원과 치료비 2천300만 원을 배상하라는 판결을 내린 바 있다. 이처럼 사고의 경중에 따라 합의금의 액수가 상이해질 수 있다.

▣ 견주가 지켜야 할 의무

개를 키우는 견주는 자신이 키우는 반려견이 타인에게 해를 가하지 않도록 철저히 관리할 의무가 있다. 특히 맹견의 경우 더 엄격한 규제가 적용된다.

- 목줄 착용 의무: 반려견과 외출할 때 항상 목줄을 착용해야 한다.
- 입마개 착용 의무: 맹견일 경우, 목줄과 함께 입마개를 착용해야 한다.
- 의무보험 가입: 반려견의 물림 사고에 대비하여 반드시 보험에 가입해야 한다.

Chapter 04

반려동물행동지도사의 직업윤리

1. 직업

① 경제활동을 통해 경제적 안정
② 타인과의 상호작용을 통해 인정받음
③ 자아실현
④ 공동체에서 구성원으로서의 역할 수행

2. 직업이 갖추어야 할 특징

계속성	지속적으로 직업을 수행할 의지가 있어야 함
경제성	경제활동은 거래관계로 이윤 추구
자발성	자발적으로 경제활동이 되어야 함
사회성	사회 공동체의 구성원으로서의 활동
윤리성	비윤리적이거나 반사회적인 경제활동은 인정 안 됨

3. 직업윤리

하위능력	내용	세부요소
근로 윤리	맡은 업무를 근면하고 성실한 자세로 처리하고, 정직하게 업무에 임하는 자세	• 성실성 • 근면성 • 정직성
공동체 윤리	인간 존중을 바탕으로 봉사하며, 책임감을 가지고 업무를 충실히 수행하며, 직장의 규범을 지키고, 대인관계에서 예의를 지켜 행동할 수 있는 자세	• 준법성 • 봉사정신 • 책임의식 • 직장예절

4. 직업의식

구분	내용
소명의식	직업이 자신에게 부여된 소명이라는 의식
천직의식	직업에 열정을 가지고 성실히 임하려는 의식
직분의식	자신의 직업이 사회나 기업을 위해 중요한 역할을 하고 있다고 믿음
책임의식	자신의 업무에 책임을 다하는 태도
전문가의식	전문가라는 의식을 가지고 자신의 업무를 수행하는 태도
봉사정신	봉사정신을 갖추고 실천하는 태도

5. 직업윤리의 5대 원칙

① 객관성의 원칙

② 공정경쟁의 원칙

③ 전문성의 원칙

④ 고객중심의 원칙

⑤ 정직 및 신용의 원칙

6. 반려동물행동지도사에게 필요한 직업윤리

구분	내용
생명존중	• 반려견의 건강과 안전을 지켜주는 것 • 반려견의 정서를 이해하고 안정 도모 • 다양한 상황에서 개체별 특성에 대한 이해를 바탕으로 훈련 시행
윤리의식과 올바른 태도	• 올바른 반려동물 문화에 일조하기 위한 높은 수준의 인격 요구 • 반려견들의 잠재력을 유인할 수 있는 능력 구비
인성	• 건강한 정신에 바탕을 둔 지도능력 필요 • 강한 의지와 올바른 사고방식 • 조화로운 정서 상태 • 반려견과 원만한 관계 유지할 인성 필요 • 정서적 안정
지식 및 수행능력	• 충분한 지식과 기술 • 관리학, 행동학, 훈련학 등 학문적 지식과 소양을 먼저 습득

PART 4

직업윤리 및 법률

예 상 문 제

01 동물보호법 제9조 5항에 따른 동물의 사육 및 관리방법에 관한 일반기준의 설명으로 옳지 않은 것은?

① 동물의 소유자등은 최대한 동물 본래의 습성에 가깝게 사육·관리하고, 동물의 생명과 안전을 보호하며, 동물의 복지를 증진해야 한다.

② 동물의 소유자등은 동물이 갈증·배고픔, 영양불량, 불편함, 통증·부상·질병, 두려움 및 정상적으로 행동할 수 없는 것으로 인하여 고통을 받지 않도록 노력해야 하며, 동물의 특성을 고려하여 전염병 예방을 위한 예방접종을 정기적으로 실시해야 한다.

③ 개의 경우에는 사람에 대한 공격성을 감소시키기 위하여 복종훈련을 시켜야 한다.

④ 동물의 사육공간 및 사육시설은 동물이 자연스러운 자세로 일어나거나 눕고 움직이는 등의 일상적인 동작을 하는 데에 지장이 없는 크기일 것

02 동물보호법 제7조 동물복지위원회에 대한 설명으로 옳지 않은 것은?

① 농림축산식품부장관은 농림축산식품부에 동물복지위원회를 둔다.

② 동물복지위원회의 심의사항으로 종합계획의 수립·시행에 관한 사항으로 농림축산식품부장관은 5년마다 동물복지종합계획 수립·시행해야 한다.

③ 동물복지정책의 수립, 집행, 조정 및 평가 등에 관한 사항

④ 동물복지위원회는 위원장 1명을 포함하여 10명 이내의 위원으로 구성한다.

03 동물보호법 제15조 동물등록대상 동물에 대한 설명으로 옳지 않은 것은?

① 등록대상동물의 소유자는 동물의 보호와 유실 · 유기방지 등을 위하여 장 · 군수 · 구청장(자치구의 구청장을 말한다. 이하 같다) · 특별자치시장("시장 · 군수 · 구청장"이라 한다)에게 등록대상동물을 등록하여야 한다. 다만, 등록대상동물이 맹견이 아닌 경우로서 농림축산식품부령으로 정하는 바에 따라 시 · 도의 조례로 정하는 지역에서는 그러하지 아니하다.
② 등록대상동물을 잃어버린 경우에는 등록대상동물을 잃어버린 날부터 10일 이내 신고하여야 한다.
③ 등록대상동물에 대하여 농림축산식품부령으로 정하는 사항이 변경된 경우에는 변경 사유발생일부터 10일 이내
④ 등록대상동물의 소유권을 이전받은 자 중 제1항에 따른 등록을 실시하는 지역에 거주하는 자는 그 사실을 소유권을 이전받은 날부터 30일 이내에 자신의 주소지를 관할하는 단체장에게 신고하여야 한다.

04 동물보호법 제26조 기질평가위원회의 업무에 대한 설명으로 옳지 않은 것은?

① 맹견 종의 판정
② 맹견의 건강상태 평가
③ 인도적인 처리에 대한 심의
④ 맹견이 아닌 개에 대한 기질평가

05 동물보호법 제43조 동물의 소유권 취득에 내용으로 시 · 도 및 시 · 군 · 구가 동물의 소유권을 취득할 수 있는 경우로 옳지 않은 것은?

① 「유실물법」 제12조 및 「민법」 제253조에도 불구하고 제40조에 따라 공고한 날부터 7일이 지나도 동물의 소유자등을 알 수 없는 경우
② 동물의 소유자가 그 동물의 소유권을 포기한 경우
③ 제34조제1항제3호에 해당하는 동물의 소유자가 제42조제2항에 따른 보호비용의 납부기한이 종료된 날부터 10일이 지나도 보호비용을 납부하지 아니하거나 제41조제2항에 따른 사육계획서를 제출하지 아니한 경우
④ 동물의 소유자를 확인한 날부터 10일이 지나도 정당한 사유 없이 동물의 소유자와 연락이 되지 아니하거나 소유자가 반환받을 의사를 표시하지 아니한 경우

06 동물보호법 제74조 영업의 허가 또는 등록 결격사유로 옳지 않은 것은?

① 동물보호법 제82조제1항에 따른 교육을 이수하지 아니한 사람

② 동물보호법 제83조제1항에 따라 허가 또는 등록이 취소된 후 1년이 지나지 아니한 상태에서 취소된 업종과 같은 업종의 허가를 받거나 등록을 하려는 사람(법인인 경우에는 그 대표자를 포함한다.)

③ 파산선고를 받은 자로서 복권되지 아니한 사람

④ 동물보호법 법을 위반하여 벌금 이상의 실형을 선고받고 그 집행이 종료(집행이 종료된 것으로 보는 경우를 포함한다)되거나 집행이 면제된 날부터 3년(제10조(동물학대)를 위반한 경우에는 7년으로 한다)이 지나지 아니한 사람

07 동물보호법 제101조에서 규정한 50만원 이하의 과태료에 해당하지 않는 것은?

① 등록대상동물을 정해진 기간 내에 신고를 하지 아니한 소유자

② 등록대상동물의 소유권을 이전받은 날부터 30일 이내에 신고를 하지 아니한 자

③ 소유자등 없이 등록대상동물을 기르는 곳에서 벗어나게 한 소유자등

④ 반려동물의 전달방법을 위반하여 반려동물을 전달한 자

08 소비자기본법 제2조 용어의 정의로 옳지 않은 것은?

① "소비자"라 함은 사업자가 제공하는 물품 또는 용역(시설물을 포함한다. 이하 같다)을 소비생활을 위하여 사용(이용을 포함한다. 이하 같다)하는 자 또는 생산 활동을 위하여 사용하는 자로서 대통령령이 정하는 자

② "사업자"라 함은 물품을 제조(가공 또는 포장을 포함한다. 이하 같다) · 수입 · 판매하거나 용역을 제공하는 자. 「원양산업발전법」 제6조제1항에 따라 해양수산부장관의 허가를 받아 원양어업을 하는 자를 포함한다.

③ "소비자단체"라 함은 소비자의 권익을 증진하기 위하여 소비자가 조직한 단체

④ "사업자단체"라 함은 2 이상의 사업자가 공동의 이익을 증진할 목적으로 조직한 단체

09 **소비자기본법 제19조 사업자의 책무로 옳지 않은 것은?**

① 사업자는 물품 등으로 인하여 소비자에게 생명 · 신체 또는 재산에 대한 위해가 발생하지 아니하도록 필요한 조치를 강구
② 소비자의 건전하고 자주적인 조직 활동의 지원 · 육성
③ 사업자는 소비자에게 물품 등에 대한 정보를 성실하고 정확하게 제공
④ 사업자는 소비자의 개인정보가 분실 · 도난 · 누출 · 변조 또는 훼손되지 아니하도록 그 개인정보를 성실하게 취급

10 **소비자 분쟁 유형과 해결기준이 옳지 않은 것은?**

① 구입 15일 이내 폐사 시에는 동종의 애완동물로 교환 또는 구입가 환급
② 구입 후 15일 이내 질병 발생 시 판매업소(사업자)가 제반비용을 부담하여 회복시켜 소비자에게 인도. 다만, 업소 책임하의 회복기간이 30일을 경과하거나, 판매업소 관리 중 폐사 시에는 동종의 애완동물로 교환만 할 수 있다.
③ 구입 후 15일 이내 폐사 시 소비자의 중대한 과실로 인하여 피해가 발생한 경우에는 배상을 요구할 수 없음
④ 계약서 미교부 시 구입 후 7일 이내에 계약해제할 수 있다.

11 **소비자기본법에서 규정하는 사업자기 제공하는 물품 또는 용역을 소비생활을 위하여 사용하는 자 또는 생산활동을 위하여 사용하는 자로서 대통령령이 규정한 자는 누구인가?**

① 소비자　　② 소비자단체
③ 사업자　　④ 사업자단체

12 **동물보호법 제31조 반려동물행동지도사 자격시험에 관한 내용으로 옳지 않은 것은?**

① 반려동물행동지도사가 되려는 사람은 농림축산식품부장관이 시행하는 자격시험에 합격하여야 한다.
② 반려동물의 행동분석 · 평가 및 훈련 등에 전문지식과 기술을 갖추었다고 인정되는 대통령령으로 정하는 기준에 해당하는 사람에게는 제1항에 따른 자격시험 과목의 일부를 면제할 수 있다.
③ 농림축산식품부장관은 제1항에 따른 자격시험의 시행 등에 관한 사항을 대통령령으로 정하는 바에 따라 관계 전문기관에 위탁할 수 있다.
④ 반려동물행동지도사 자격시험의 시험과목, 시험방법, 합격기준 및 자격증 발급 등에 관한 사항은 농림축산식품부장관이 정한다.

13 **다음 중 직업의식에 대한 설명으로 옳지 않은 것은?**

① 직업의식은 시대적 상황에 따라 변할 수 있다.
② 일을 대하는 태도, 관념, 습관 등을 포괄적으로 포함하고 있다.
③ 높은 급여, 일자리 안정성 등은 내재적 가치에 해당한다.
④ 직업과 업무를 개인의 신념으로 판단하여 행동한다.

14 **동물보호법 제47조 동물실험의 원칙에 대한 설명으로 옳지 않은 것은?**

① 동물실험을 한 자는 그 실험이 끝난 후 지체 없이 해당 동물을 검사하여야 하며, 검사 결과 정상적으로 회복한 동물은 기증하거나 분양할 수 있다.
② 동물실험을 하려는 경우에는 이를 대체할 수 있는 방법을 차선책으로 고려하여야 한다.
③ 동물실험은 실험동물의 윤리적 취급과 과학적 사용에 관한 지식과 경험을 보유한 자가 시행하여야 하며 필요한 최소한의 동물을 사용하여야 한다.
④ 실험동물의 고통이 수반되는 실험을 하려는 경우에는 감각능력이 낮은 동물을 사용하고 진통제 · 진정제 · 마취제의 사용 등 수의학적 방법에 따라 고통을 덜어주기 위한 적절한 조치를 하여야 한다.

15 **동물보호법 제90조 명예동물보호관에 대한 내용으로 옳지 않은 것은?**

① 농림축산식품부장관, 시 · 도지사 및 시장 · 군수 · 구청장은 동물의 학대 방지 등 동물 보호를 위한 지도 · 계몽 등을 위하여 명예동물보호관을 위촉할 수 있다.
② 명예동물보호관이 그 직무를 수행하는 경우에는 신분을 표시하는 증표를 지니고 이를 관계인에게 보여주어야 한다.
③ 명예동물보호관의 자격, 위촉, 해촉, 직무, 활동 범위와 수당의 지급 등에 관한 사항은 농림축산식품부장관이 정한다.
④ 명예동물보호관은 제3항에 따른 직무를 수행할 때에는 부정한 행위를 하거나 권한을 남용하여서는 아니 된다.

16 **동물보호법 제6조 농림축산식품부장관은 동물의 적정한 보호 · 관리를 위하여 동물복지종합계획(이하 "종합계획"이라 한다)을 수립 · 시행하여야 한다. 몇 년마다 수립 · 시행하여야 하는가?**

① 2년　② 3년
③ 4년　④ 5년

17 **동물보호법 제2조 정의에 대한 설명으로 옳지 않은 것은?**

① '반려동물'은 반려의 목적으로 기르는 개, 고양이 등 대통령령으로 정하는 동물을 말한다.

② '기질평가'란 동물의 건강상태, 행동양태 및 소유자등의 통제능력 등을 종합적으로 분석하여 평가 대상 동물의 공격성을 판단하는 것을 말한다.

③ '동물실험시행기관'이란 동물실험을 실시하는 법인 · 단체 또는 기관으로서 대통령령으로 정하는 법인 · 단체 또는 기관을 말한다.

④ '소유자등'이란 동물의 소유자와 일시적 또는 영구적으로 동물을 사육 · 관리 또는 보호하는 사람을 말한다.

18 **다음 중 일반적인 직업윤리에 대한 내용으로 옳은 것은?**

① 책임의식은 스스로가 하고 있는 일이 사회나 기업을 위해 중요한 역할을 하고 있다고 믿고 스스로의 활동을 수행하는 태도를 말한다.

② 직분의식은 스스로가 맡은 일은 하늘에 의해 맡긴 소명이라고 생각하는 태도를 말한다.

③ 봉사의식은 직업 활동을 통해 타인과 공동체에 대해 봉사하는 정신을 갖추고 실천하는 태도를 의미한다.

④ 소명의식은 직업에 대한 사회적 역할 및 책무 등을 충실히 수행하고 책임을 다하는 태도를 의미한다.

19 **다음 중 직업윤리의 5대 원칙으로 옳지 않은 것은?**

① 주관성의 원칙　② 고객중심의 원칙
③ 정직 및 신용의 원칙　④ 공정경쟁의 원칙

20 **다음 중 동물보호법 제30조 반려동물행동지도사의 업무로 옳지 않은 것은?**

① 반려동물에 대한 행동분석 및 평가
② 반려동물에 대한 훈련
③ 반려동물 소유자등에 대한 교육
④ 그 밖에 반려동물행동지도에 필요한 사항으로 대통령령으로 정하는 업무

21 **다음 중 동물보호법 제10조 1항 4호의 사람의 생명 · 신체에 대한 직접적인 위협이나 재산상의 방지 등 농림축산식품부령으로 정하는 정당한 사유 없이 죽음에 이르게 하는 행위에서 정당한 사유로 옳지 않은 것은?**

① 사람의 생명, 신체에 대한 직접적인 위협이나 재산상의 피해를 방지하기 위하여 다른 방법이 없는 경우
② 허가, 면허 등에 따른 행위
③ 동물의 처리에 관한 명령, 처분 등을 이행하는 경우
④ 보호기간이 지나 인도처리에 해당하는 경우

22 **다음 중 동물보호법 제7조 동물복지위원회의 심의사항으로 옳은 것은?**

① 종합계획의 수립에 관한 사항
② 동물복지정책의 수립, 집행, 조정 및 평가 등에 관한 사항
③ 다른 중앙행정기관의 업무 중 동물의 보호 · 복지와 관련된 사항
④ 동물복지위원회의 위원의 선임에 관한 사항

23 **동물보호법 제15조(등록대상동물의 등록 등)에서 특별자치시장 · 특별자치도지사 · 시장 · 군수 · 구청장이 등록을 말소할 수 있는 사항으로 옳지 않은 것은?**

① 거짓이나 그 밖의 부정한 방법으로 등록대상동물을 등록하거나 변경 신고한 경우
② 등록동물 소유자의 주민등록이나 외국인등록사항이 말소된 경우
③ 등록동물을 잃어버린 경우
④ 등록동물의 소유자인 법인이 해산한 경우

24 **동물보호법 제15조(등록대상동물의 등록 등)에서 등록동물에 대하여 대통령령으로 정하는 사항이 변경된 경우 30일 이내에 신고하여야 한다. 이 사항으로 옳지 않은 것은?**

① 등록동물을 잃어버린 경우
② 소유자가 변경된 경우
③ 무선식별장치를 잃어버리거나 헐어 못 쓰게 된 경우
④ 등록동물이 죽은 경우

25 **동물보호법 제11조(동물의 운송)과 제12조(반려동물이 전달방법)에 대한 사항으로 옳지 않은 것은?**

① 운송 중인 동물에게 적합한 사료와 물을 공급하고, 급격한 출발 · 제동 등으로 충격과 상해를 입지 아니하도록 할 것

② 동물을 운송하는 차량은 동물이 운송 중에 상해를 입지 아니하고, 급격한 체온 변화, 호흡 곤란 등으로 인한 고통을 최소화할 수 있는 구조로 되어 있을 것

③ 운송을 위하여 전기 몰이도구를 사용할 것

④ 반려동물을 다른 사람에게 전달하려는 자는 직접 전달하거나 동물운송업의 등록을 한 자를 통하여 전달하여야 한다.

26 **동물보호법 제16조(등록대상동물의 관리 등)에 대한 사항으로 옳지 않은 것은?**

① 등록대상동물의 소유자등은 소유자등이 없이 등록대상동물을 기르는 곳에서 벗어나지 아니하도록 관리하여야 한다.

② 농림축산식품부령으로 정하는 기준에 맞는 목줄 착용 등 사람 또는 동물에 대한 위해를 예방하기 위한 안전조치를 할 것

③ 등록대상동물의 이름, 소유자의 연락처, 그 밖에 농림축산식품부령으로 정하는 사항을 표시한 인식표를 등록대상동물에게 부착할 것

④ 배설물(소변을 포함)이 생겼을 때 즉시 수거할 것

27 **동물보호법 제17조(맹견수입신고) 시 농림축산식품부장관에게 신고서에 기재할 사항으로 옳지 않은 것은?**

① 품종과 수입 목적　　② 맹견의 나이

③ 사육예정 장소　　④ 검역증명서 발급일과 동물등록번호

28 **동물보호법 제18조(맹견사육허가 등)에서 시 · 도지사에게 맹견사육허가를 받기 위한 요건으로 옳지 않은 것은?**

① 동물등록을 할 것　　② 보험에 가입할 것

③ 중성화 수술을 할 것　　④ 예방접종을 받을 것

29 **동물보호법 제19조 맹견사육허가의 결격사유로 옳지 않은 것은?**

① 미성년자(19세 미만의 사람을 말한다)

② 피성년후견인 또는 피한정후견인

③ 동물보호법 제10조, 16조, 제21조를 위반하여 벌금 이상의 실형을 선고받고 그 집행이 종료되거나 집행이 면제된 날부터 1년이 지나지 아니한 사람

④ 동물보호법 제10조, 16조, 제21조를 위반하여 벌금 이상의 형의 집행유예를 선고받고 그 유예기간 중에 있는 사람

30 **동물보호법 제20조 맹견사육허가의 철회 등에 대한 설명으로 옳지 않은 것은?**

① 맹견사육허가를 받은 사람의 맹견이 사람 또는 동물을 공격하여 다치게 하거나 죽게 한 경우

② 정당한 사유 없이 규정한 기간이 지나도록 중성화 수술을 이행하지 아니한 경우

③ 교육이수명령 또는 허가대상 맹견의 훈련 명령에 따르지 아니한 경우

④ 보험에 가입하지 않은 경우

31 **동물보호법 제21조 맹견의 관리에 대한 설명으로 옳지 않은 것은?**

① 소유자등이 없이 맹견을 기르는 곳에서 벗어나지 아니하게 할 것

② 맹견사육허가를 받은 사람의 맹견은 맹견사육허가를 받은 사람 또는 대통령령으로 정하는 맹견사육에 대한 전문지식을 가진 사람 없이 맹견을 기르는 곳에서 벗어나지 아니하게 할 것

③ 월령이 2개월 이상인 맹견을 동반하고 외출할 때에는 농림축산식품부령으로 정하는 바에 따라 목줄 및 입마개 등 안전장치를 하거나 맹견의 탈출을 방지할 수 있는 이동장치를 할 것

④ 맹견을 사육하는 곳에 맹견에 대한 경고문을 표시할 것 또한, 맹견을 사육하는 경우에는 맹견으로 인한 위해를 방지할 수 있도록 탈출방지 또는 안전시설을 설치할 것

32 다음 빈칸에 들어갈 내용으로 옳은 것은?

맹견사육허가를 받은 날부터 ( )개월 이내에 ( )시간의 신규교육을 받을 것. 다만, 맹견사육허가를 받은 날부터 6개월 이내에 제12조의4 제1항 제1호(맹견사육허가에 따른 교육 이수 명령)에 에 따라 3시간 이상의 교육을 이수한 경우는 제외한다.

① 3, 3　② 6, 3
③ 3, 4　④ 6, 4

33 동물보호법 제22조(맹견의 출입금지 등)에 따라 맹견이 출입하지 않아야 하는 장소로 옳지 않은 것은?

① 어린이집 및 유치원　② 초등학교 및 특수학교
③ 중학교 및 고등학교　④ 어린이공원 및 어린이놀이시설

34 동물보호법 제24조(맹견 아닌 개의 기질평가)에서 기질 평가를 명할 수 있는 행정기관이나 사람은?

① 시・도지사　② 대통령
③ 농림축산식품부장관　④ 국무총리

35 동물보호법 제24조(맹견 아닌 개의 기질평가)에 대한 내용으로 옳지 않은 것은?

① 시・도지사는 제2조제5호가목에 따른 맹견이 아닌 개가 사람 또는 동물에게 위해를 가한 경우 그 개의 소유자에게 해당 동물에 대한 기질평가를 받을 것을 명할 수 있다.
② 맹견이 아닌 개의 소유자는 해당 개의 공격성이 분쟁의 대상이 된 경우 시・도지사에게 해당 개에 대한 기질평가를 신청할 수 있다.
③ 시・도지사는 제1항에 따른 명령을 하거나 제2항에 따른 신청을 받은 경우 기질평가를 거쳐 해당 개의 공격성이 높은 경우 맹견으로 지정하여야 한다.
④ 시・도지사는 제3항에 따라 맹견 지정을 하지 아니하는 경우에는 해당 개의 소유자에게 대통령령으로 정하는 바에 따라 교육이수 또는 개의 훈련을 명할 수 없다.

36 **동물보호법 제26조(기질평가위원회)에서 기질평가위원회의 업무에 대한 내용으로 옳지 않은 것은?**

① 동물등록 종의 판정　② 맹견의 기질평가
③ 인도적인 처리에 대한 심의　④ 맹견이 아닌 개에 대한 기질평가

37 **동물보호법 제26조(기질평가위원회)에서 기질평가위원회에 대한 내용으로 옳지 않은 것은?**

① 기질평가위원회는 위원장 1명을 포함하여 5명 이상의 위원으로 구성한다.
② 맹견의 기질평가 및 맹견이 아닌 개에 대한 기질 평가
③ 위원은 시· 도지사가 위촉하며, 위원장은 위원 중에서 호선한다.
④ 위원은 수의사로서 동물의 행동과 발달 과정에 대한 학식과 경험이 풍부한 사람과 반려동물행동지도사 또는 동물복지정책에 대한 학식과 경험이 풍부하다고 시· 도지사가 인정하는 사람으로 한다.

38 **동물보호법 제30조(반려동물행동지도사의 업무)에서 반려동물행동지도사의 업무로 볼 수 없는 것은?**

① 반려동물에 대한 행동분석 및 평가
② 맹견의 기질평가 및 맹견이 아닌 개에 대한 기질평가
③ 반려동물에 대한 교육
④ 반려동물 소유자등에 대한 교육

39 **동물보호법 제32조(반려동물행동지도사의 결격사유 및 자격취소 등)에서 결격사유로 옳은 것은?**

① 미성년자(19세 미만의 사람을 말한다)
② 피성년후견인 또는 피한정후견인
③ 동물보호법 제10조, 제16조, 제21조를 위반하여 벌금 이상의 실형을 선고받고 그 집행이 종료되거나 집행이 면제된 날부터 3년이 지나지 아니한 사람
④ 동물보호법 위반하여 벌금 이상의 형의 집행유예를 선고받고 그 유예기간 중에 있는 사람

40 **동물보호법 제32조(반려동물행동지도사의 결격사유 및 자격취소 등)에서 자격을 취소하여야만 하는 경우로 옳지 않은 것은?**

① 자격정지기간에 업무를 수행한 경우
② 거짓이나 그 밖의 부정한 방법으로 자격을 취득한 경우
③ 다른 사람에게 명의를 사용하게 하거나 자격증을 대여한 경우
④ 이 법을 위반하여 벌금 이상의 형을 선고받고 그 형이 확정된 경우

41 **동물보호법 제34조(동물의 구조 · 보호)에 해당하는 동물은 치료 · 보호에 필요한 조치와 격리하여야 한다. 제34조에 해당하는 동물로 옳지 않은 것은?**

① 유실 · 유기동물
② 피학대동물 중 소유자를 알 수 없는 동물
③ 소유자등으로부터 학대를 받아 적정하게 치료 · 보호받을 수 없다고 판단되는 동물
④ 도심지나 주택가에서 자연적으로 번식하여 자생적으로 살아가는 고양이로서 개체수 조절을 위해 중성화(中性化)하여 포획장소에 방사(放飼)하는 등의 조치 대상이거나 조치가 된 고양이

42 **동물보호법 제43조(동물의 소유권 취득)에 대한 내용으로 옳지 않은 것은?**

① 제40조에 따라 공고한 날부터 7일이 지나도 동물의 소유자등을 알 수 없는 경우
② 제34조제1항제3호에 해당하는 동물의 소유자가 그 동물의 소유권을 포기한 경우
③ 제34조제1항제3호에 해당하는 동물의 소유자가 제42조제2항에 따른 보호비용의 납부기한이 종료된 날부터 10일이 지나도 보호비용을 납부하지 아니하거나 제41조제2항에 따른 사육계획서를 제출하지 아니한 경우
④ 동물의 소유자를 확인한 날부터 10일이 지나도 정당한 사유 없이 동물의 소유자와 연락이 되지 아니하거나 소유자가 반환받을 의사를 표시하지 아니한 경우

43 동물보호법 제47조(동물실험의 원칙)에 내용으로 옳지 않은 것은?

① 동물실험을 하려는 경우에는 이를 대체할 수 있는 방법을 우선적으로 고려하여야 한다.
② 동물실험은 실험동물의 윤리적 취급과 과학적 사용에 관한 지식과 경험을 보유한 자가 시행하여야 하며, 필요한 최소한의 동물을 사용하여야 한다.
③ 실험동물의 고통이 수반되는 실험을 하려는 경우에는 감각능력이 낮은 동물을 사용하고 진통제·진정제·마취제의 사용 등 수의학적 방법에 따라 고통을 덜어주기 위한 적절한 조치를 하여야 한다.
④ 동물실험을 한 자는 그 실험이 끝난 후 지체 없이 해당 동물을 검사하여야 하며, 검사 결과 정상적으로 회복한 동물은 다시 동물실험에 이용해야 한다.

44 동물보호법 제59조(동물복지축산농장의 인증)에 해당하는 동물로 옳지 않은 것은?

① 소
② 돼지
③ 양
④ 염소

45 동물보호법 제64조(인증농장에 대한 지원 등)에 대한 내용으로 옳지 않은 것은?

① 동물의 보호·복지 증진을 위하여 축사시설 개선에 필요한 비용
② 인증농장의 비용 감소를 위한 인력지원
③ 인증농장의 환경개선 및 경영에 관한 지도·상담 및 교육
④ 인증농장에서 생산한 축산물의 판로개척을 위한 상담·자문 및 판촉

46 동물보호법 제69조(영업의 허가)에서 반려동물 영업을 위해 허가를 받아야 하는 업종으로 옳지 않은 것은?

① 동물위탁관리업
② 동물생산업
③ 동물판매업
④ 동물수입업

47 동물보호법 제73조(영업의 등록)에서 반려동물 영업을 위해 등록을 해야 하는 업종으로 옳지 않은 것은?

① 동물위탁관리업
② 동물전시업
③ 동물운송업
④ 동물장묘업

48 **동물보호법 제74조(허가 또는 등록의 결격 사유)에서 결격사유로 옳지 않은 것은?**

① 미성년자
② 피성견후견인 및 피한정후견인
③ 파산선고를 받은 자로서 복권되지 아니한 사람
④ 제82조제1항에 따른 교육을 이수하지 아니한 사람

49 **동물보호법 제78조(영업자 등의 준수사항)에 대한 내용으로 옳지 않은 것은?**

① 동물생산업자는 월령이 14개월 미만인 개 · 고양이는 교배 또는 출산시키지 아니할 것
② 동물수입업자는 수입의 목적으로 신고한 사항과 다른 용도로 동물을 사용하지 아니할 것
③ 동물장묘업자는 살아 있는 동물을 처리하지 아니할 것
④ 동물판매업자는 월령이 2개월 미만인 개 · 고양이를 판매하지 아니할 것

50 **동물보호법 제83조(허가 또는 등록의 취소 등)에 대한 내용으로 반드시 영업의 허가 또는 등록을 취소해야 하는 사항으로 옳지 않은 것은?**

① 거짓이나 그 밖의 부정한 방법으로 허가를 받거나 등록을 한 것이 판명된 경우
② 동물학대의 금지의 규정을 위반한 경우
③ 설치가 금지된 곳에 동물장묘시설을 설치한 경우
④ 허가 또는 등록의 결격사유에 따른 준수사항을 지키지 아니한 경우

정답

01	02	03	04	05	06	07	08	09	10
③	④	③	②	①	④	④	②	②	②
11	12	13	14	15	16	17	18	19	20
①	④	③	②	③	④	①	③	①	④
21	22	23	24	25	26	27	28	29	30
④	①	③	①	③	④	②	④	③	④
31	32	33	34	35	36	37	38	39	40
③	②	③	①	④	①	①	②	④	④
41	42	43	44	45	46	47	48	49	50
④	①	④	③	②	①	④	②	①	④

Part 5

보호자 교육 및 상담

Chapter 01

반려동물 보호자의 개념과 역할

1. 보호자의 개념

- 동물보호법 제2조 2호에 의하면 "소유자등"이란 동물의 소유자와 일시적 또는 영구적으로 동물을 사육·관리 또는 보호하는 사람으로 정의하고 있다.
- 반려동물 보호자는 반려견을 보호할 책임을 가지고 있는 사람으로 해석
- 개를 동물이 아닌 가족 내의 구성원으로 인식

(1) 반려견 주(main)보호자

① 반려견과 생활하고 있는 가족은 반려견 보호자

② 가족 중 반려견을 좋아하고 시간을 내어 충분히 함께 놀아주거나 관리할 수 있는 가족을 주보호자라고 부름

③ 보호자교육에는 모든 가족이 참여가 이상적, 그러나 모든 가족이 참여 곤란 시 주보호자 반드시 참여 필요

(2) 반려견 보호자의 역할(동물보호법 제3조 동물보호의 기본원칙)

① 동물이 본래의 습성과 몸의 원형을 유지하면서 정상적으로 살 수 있도록 할 것

② 동물이 갈증 및 굶주림을 겪거나 영양이 결핍되지 아니하도록 할 것

③ 동물이 정상적인 행동을 표현할 수 있고 불편함을 겪지 아니하도록 할 것

④ 동물이 고통·상해 및 질병으로부터 자유롭도록 할 것

⑤ 동물이 공포와 스트레스를 받지 아니하도록 할 것

2. 반려견 보호자 변화의 필요성

(1) 반려견 보호자 교육 및 변화의 필요성

① 반려견 보호자 교육 필요성, 질병예방의 중요성, 반려견 보호자의 책임에 대한 이해 부족

② 개마다, 가구마다 사정이 모두 다르므로 완벽한 방법 없음. 모든 개와 주인은 시간이 지남에 따라 변함

③ 보호자 교육을 통한 반려견 지식의 증가가 반드시 행동의 변화가 생기는 것은 아님

(2) 반려견 보호자 교육 및 변화의 유익

가정에서의 유익	가정 내에서 보호자와 반려견이 건강하고 행복하게 공존 • 보호자와 반려견의 공간 부분 – 하우스 – 화장실 • 기초 예절교육 – 충동 억제 교육
사회에서의 유익	반려견 교육을 통해 주위 사람들에게 불편함이나 불쾌감 감소

(3) 보호자 교육

① 보호자 교육의 의미

- 보호자란 문제행동 교정을 한 반려견을 직접적으로 관리하며 함께 생활하는 사람
- 보호자의 범주는 가족과 반려견의 생활 장소에서 함께 생활하는 사람까지 포함
- 보호자 스스로가 본인의 잘못된 생활방식과 행동을 인식하고 개선하기 위해 노력하여 자신의 삶과 반려견과의 생활을 변화시킬 수 있는 주체가 될 수 있도록 돕는 과정

- 반려견과 보호자, 보호자 가족과의 관계를 단절시키지 않고 반려견의 복귀를 위해 노력하는 과정

② 보호자 교육의 원칙

- 보호자 교육의 주 교육 대상자는 반려견의 보호자
- 보호자 교육은 일방적인 전달방식이 아닌 보호자가 주체가 되어 참여하는 방식으로 이루어져야 함
- 반려견의 문제행동 교정 정도와 연계하여 지속적으로 이루어짐
- 보호자와 반려견이 좋은 유대감을 가질 수 있도록 반려견의 신체적, 심리적 변화를 충분하게 반영

③ 보호자 교육의 목표

- 반려견과 보호자 및 가족들과의 관계 개선 방안을 찾고, 유대감을 형성하는 것
- 보호자가 반려견에 책임감을 가지고 긍정적인 관계를 형성할 수 있도록 하는 것
- 반려견의 문제행동 교정에 보호자가 참여할 수 있는 기회를 제공하는 것
- 반려견 전문가의 방침을 이해하고 전문가와의 연대감을 조성
- 문제행동을 보이는 반려견과 보호자, 전문가가 서로 협력하여 반려견과 보호자가 함께할 수 있는 방법을 찾는 것이 보호자 교육의 목표

④ 보호자 교육의 내용

- 해당 반려견의 긍정적인 문제행동 교정 방법에 대한 내용
- 반려견과 관계를 형성하는 방법과 의사소통을 하는 방법
- 반려견의 복지와 스트레스 관리 방법

(5) 반려견 보호자 유형

유형	내용
주도형	주도형 보호자의 경우 단도직입적이거나 무시당하는 기분이 드는 상황을 싫어하므로 주의가 필요하다.
사교형	사교형 보호자는 사람을 사귀는 것을 즐기며 타인의 칭찬이나 남들의 인정을 받는 상황을 좋아하며 자랑하는 것을 즐긴다.
안정형	안정형 보호자는 주위와 원만한 인간관계를 유지하며 비평, 대립, 투쟁 등을 피하는 경향이 있다. 언행이 정중하며 주위 사람의 언행에 민감하므로 주의하도록 한다.
신중형	신중형 보호자는 불확실한 것을 기피하며 신중하게 대처한다. 질문이 많고 분석적이며 눈에 보이는 정확한 정보를 신뢰한다.

3. 보호자 변화의 필요성 설득하기

(1) 수행 순서

① 반려견 보호자 요구사항을 재확인한다.

- 반려견 기초 정보를 재확인한다.
- 반려견 보호자의 요구사항을 재확인한다.

② 반려견 행동 분석서를 활용하여 행동 분석 결과를 설명한다.

- 질병적 원인에 의한 문제행동을 설명한다.
- 환경적 원인에 의한 문제행동을 설명한다.
- 견종 특성에 따른 고유 행동을 설명한다.
- 개체 특성에 따른 행동 교정을 설명한다.
- 보호자 특성을 설명한다.

③ 반려견 보호자 교육을 통한 보호자 변화의 필요성을 설명한다.

- 재발 방지를 위해 보호자 교육의 필요성을 설명한다.
- 교정 행동 유지를 위해 보호자 교육의 필요성을 설명한다.

④ 반려견 보호자 교육 참여 서약서를 작성한다.

4. 반려견 입양 전 보호자 교육

(1) 입양 시 고려 사항

① 올바른 반려견 선택

- 반려견을 입양하기 전에 먼저 어떤 환경에서 양육할 것인지 생각해야 한다.
- 환경은 외부 환경을 포함한 폭넓은 의미의 환경을 의미한다.
- 입양 후 파양 없이 반려견과의 삶을 지속할 수 있는 환경을 의미한다.

② 반려견 입양 시 주의 사항

- 환경, 가족 구성, 보호자의 성격, 견종의 특성과 성격 등을 고려하여야 한다.
- 충동적인 이유로 강아지를 입양하는 것을 주의해야 한다.

③ 반려견 선택 시 고려 사항

- 환경: 현재 환경 조건과 견종적 특성에 따라 반려견을 선택해야 한다.
- 가족구성원: 집안 전체적인 분위기를 고려하여 선택해야 한다.
  예) 어르신들이 계시는 가족은 침착한 견종

(2) 입양 전 준비물

① 사료

- 가급적 강아지를 분양받을 때 먹던 사료를 주는 것이 좋다.
- 만일 사료를 바꾼다면 서서히 바꿔 주는 것이 좋다.
  (기존 사료:새로운 사료) 8:2, 7:3, 6:4, 5:5, 4:6, 3:7 나중에 100%로 바꾸어 준다.

② 크레이트(보금자리)

- 잠자리 영역을 확실하게 구분하기 위해 잠금장치가 있는 크레이트를 준비한다.
- 사각철장이나 육각철장을 준비한다.
- 개집은 어려서부터 반려인과 떨어지는 교육, 일정한 공간에서 생활하여 대소변 가리기 등 많은 문제를 해결할 수 있다.

③ 밥그릇, 물그릇

- 강아지 시기부터 밥그릇과 물그릇을 정하는 것이 좋다.
- 가급적 일정 공간을 정하여 강아지가 자기의 영역 공간을 숙지하도록 하는 것이 식습관 교육에 도움이 된다.

④ 주요 훈련 용품

- 목줄(리드줄, leash)

구분	세부 내용
30cm	보통 줄을 잡고 훈련하는 과정에서 줄 없이 훈련하기 위한 전 과정이다. 처음에는 긴 줄로 진행하다 점차 줄여간다.
150cm	일반적으로 가장 많이 이용하는 길이로 산책에 적당하다. 반려견이 차도에 뛰어들려 하는 등의 위험한 상황에서 통제하기에 좋다.
2m	반려견을 보호자 곁으로 부르는 훈련에서 사용한다.
5m	부르기 훈련의 난이도를 높여 먼 곳에서 부를 때 사용하며, 도망가는 행동을 교정하기위해 사용한다.
10m	원거리에서 기다리는 훈련을 할 때 사용한다.

- 더미

구분	내용
면혼방 더미	대형견이 물어도 잘 망가지지 않아 오래 사용 가능
순면 더미	어린 반려견들의 놀이를 위해 만들어진 더미
황마 더미	황마 재질로 되어 있어 무는 힘이 강한 반려견에게 사용하면 일회용이 될 수 있고, 무는 힘이 약한 반려견에게는 무는 힘을 키울 수 있으나 잘못 사용하면 이빨이 벌어질 수 있음

구분	내용
회수용 더미	더미 안에 간식을 넣을 수 있는 주머니
실 더미	실을 꼬아서 길게 만든 더미
털 더미	동물 털을 사용해 만든 더미
가죽 더미	가죽으로 만든 더미

• 공

구분	내용
가죽공	가죽으로 만들어져 무는 힘이 약한 반려견을 훈련 시킬 때 사용하기 용이
자석공	옷에 붙여 사용할 수 있고, 옆으로 나란히 걷기를 할 때 반려견의 위치와 시선을 고정시키기 위해 사용
찰고무공	표면에 돌기가 있어 던졌을 때 어디로 튈지 몰라 기대감을 증가시키며 공에 줄이 달려 있어 공을 사용해 더미 놀이를 할 수 있고 공을 컨트롤하기 용이
라텍스공	라텍스로 만들어진 말랑한 재질이며, 반려견이 물면 소리가 남
실공	실을 꼬아서 만든 공 장난감

• 원반

구분	내용
고무 원반	말랑한 고무로 만들어진 원반
천 원반	천으로 만들어진 놀이용 원반
플라스틱 원반	원반 대회에 참여 할 수 있는 플라스틱 재질로 만들어진 원반

(3) 긴급상황 대비 용품

① 반려견 비상 키트

- 음식과 물
- 보호장비(인식표 및 사진, 목줄, 하네스, 리드줄, 입마개)
- 배변용품(봉투, 패드와 일회용 쓰레기통)
- 응급처치 용품(붕대, 방부제, 소독약)
- 담요 또는 수건
- 크레이트

Chapter 01

반려동물 보호자의 개념과 역할 단답형문제

01 가족 중 반려견을 좋아하고 시간을 내어 충분히 함께 놀아주거나 관리할 수 있는 가족을 무엇이라 부르는가?

02~03 다음에서 설명하는 반려견 보호자 유형을 답하세요.

> **02** 불확실한 것을 기피하며 신중하게 대처한다. 질문이 많고 분석적이며 눈에 보이는 정확한 정보를 신뢰한다. (　　　)
>
> **03** 주위와 원만한 인간관계를 유지하며 비평, 대립, 투쟁 등을 피하는 경향이 있다. 언행이 정중하며 주위 사람의 언행에 민감하므로 주의하도록 한다. (　　　)

04 반려견 보호자 4가지 유형을 답하세요.

05 보호자 변화의 필요성 설득하기의 수행 순서 4단계를 답하세요.

06~08 다음에서 설명하는 리드줄(목줄, 견줄, leash)의 종류를 답하세요.

> **06** 보통 줄을 잡고 훈련하는 과정에서 줄 없이 훈련하기 위한 전 단계 과정이다. 처음에는 긴 줄로 진행하다 점차 줄여간다. (　　　)
>
> **07** 원거리에서 기다리는 훈련을 할 때 사용된다. (　　　)
>
> **08** 부르기 훈련의 난이도를 높여 먼 곳에서 부를 때 사용하며, 도망가는 행동을 교정하기 위해 사용한다. (　　　)

09~11 다음에서 설명하는 더미의 종류를 답하세요.

09 무는 힘이 강한 반려견에게 사용하면 일회용이 될 수 있고, 무는 힘이 약한 반려견에게는 무는 힘을 키울 수 있으나 잘못 사용하면 이빨이 벌어질 수 있다. (　　　)

10 대형견이 물어도 잘 망가지지 않아 오래 사용 가능한 더미이다. (　　　)

11 어린 반려견들의 놀이를 위해 만들어진 더미이다. (　　　)

정답

01 주보호자
02 신중형 보호자
03 안정형 보호자
04 주도형, 사교형, 안정형, 신중형
05 ① 반려견 보호자 요구사항 재확인
② 반려견 행동 분석 결과 설명
③ 보호자 변화의 필요성 설명
④ 반려견 보호자 교육 참여 서약서 작성
06 30cm
07 10m
08 5m
09 황마 더미
10 면혼방 더미
11 순면 더미

Chapter 02

반려동물 보호자 교육 계획 수립

1. 교육계획 시 고려사항

- 보호자와 반려견의 관계, 지속력과 실행 가능성, 과정별 구체적인 교육방법 등을 고려
- 수립된 계획서를 보호자에게 충실하게 설명
- 문제행동의 구체적이고 정확한 분석을 바탕으로 보호자에게 교육 목적과 계획을 이해시킴
- 보호자가 적극적으로 참여하도록 유도

(1) 교육계획 준거

① 교육계획은 목표를 달성할 수 있도록 타당성을 가져야 함

② 교육목표는 보호자의 환경에서 반려견과 함께 효율적으로 달성할 수 있는 방법과 절차여야 함

③ 반려견의 문제행동 교육계획은 특정 방향으로 편향되지 않아야 함

④ 보호자와 합의된 교육계획은 학문적 분석을 기반으로 명확성을 가져야 함

⑤ 행동지도사는 반려견 교육을 보호자의 일상과 연계되도록 계획해야 함

(2) 교육계획 작성 – 타당성 점검, 반려견의 문제행동에 대한 정보 수집

① 행동지도사는 보호자와 반려견의 성향을 기초로 문제행동의 원인을 분석하고 교육 목표 설정

② 보호자의 특성으로 파악할 내용은 나이, 성별, 반려견에 대한 경험과 선수학습 수준 등

③ 보호자교육의 목적에 부합하는 목표를 설정하고 문제행동 교정에 대한 기대효과를 작성

④ 보호자교육 일정 및 순서와 기간을 결정하며 그에 따른 소요 경비를 산출

⑤ 교육 진행 중 보호자와 반려견에게 발생할 수 있는 위험요인을 파악하고 대책을 준비

더 알아보기

▣ 보호자 교육 계획 작성 방법

① 반려견의 이름과 보호자 이름, 교육 시간과 교육 횟수를 작성한다.
② 반려견의 주요 문제행동에 대해 작성한다.
③ 문제행동 원인에 대한 보호자의 이해도를 작성한다.
④ 보호자 교육에 대한 행동 교정 수행 원리를 제시한다.
⑤ 행동 교정 교육을 위한 준비물을 파악한다.
⑥ 보호자 교육 후 반려견의 행동 변화에 대한 예상 결과를 작성한다.
⑦ 반려견의 개선된 행동에 대한 지속성을 위해 보호자가 실천해야 할 사항을 작성한다.
⑧ 보호자의 성향을 기반으로 실천사항과 주의사항을 작성한다.

2. 반려동물 관련 교육 기획

반려동물 관련 교육 기획은 반려동물 문화 및 시장 환경의 변화에 따른 학습자의 요구 및 필요를 충족시키기 위한 방법과 절차를 설계하는 과정

(1) 교육 기획의 원리와 접근방법

① 교육 기획의 원리

타당성의 원리	교육 기획을 통해 의도하는 교육 목표를 달성할 수 있는 적절한 방법과 절차가 있어야 함
효율성의 원리	교육 기획을 통해 의도하는 교육 목표를 주어진 환경에서 효과적으로 달성할 수 있는 방법과 절차가 있어야 함
중립성의 원리	타당하고 효율적으로 수립된 교육 기획이 이해관계에 따라 특정 방향으로 편향되지 않도록 하여야 함
계획된 변화의 원리	교육 기획은 교육을 통해서 학습자에게 기대하는 것에 대한 명확성을 가지고 있어야 함
연계성의 원리	반려동물과 관련된 교육 기획이 반려동물 보호자의 일상과 연계하여 구성되어야 함
민주성의 원리	교육 기획은 학습자가 자유롭고 민주적인 방식으로 참여할 수 있도록 구성되어야 함

② 교육 기획의 접근 방법

국제 비교 접근법	선진국 또는 반려동물 분야의 발전이 유사한 다른 국가를 비교 연구함으로써 우리나라 반려동물 분야의 발전을 위한 방향과 전략을 수립하려는 접근방법
사회 수요 접근법	반려동물 교육에 대한 개인적 · 사회적 수요를 기초로 하여 방향과 전략을 수렴하려는 접근방법
인력 수요 접근법	반려동물 산업의 성장 및 발전에 필요한 인적자원의 중요성에 대한 인식을 전제로 반려동물 산업의 성장과 발전을 뒷받침할 수 있는 전문 인력의 수요공급을 조절하기 위한 접근방법

(2) 교육 기획에 따른 세부 주제 선정

① 반려동물 사회 · 제도적 인식 개선을 위한 주제 선정

- 사회적 인식 개선: 시대에 따라 조금씩 변화하고 있으며 그러한 사회적 인식에 대한 동의 또는 변화를 목적으로 세부 주제를 선정할 수 있음
- 제도 인식 개선: 법과 제도 변화에 대한 사회적 이해도와 보호자들의 적극적 참여를 독려하기 위해 교육 주제 선택 가능
  예) 배설물 처리, 유실 · 유기동물 증가, 동물학대 등

② 사회적 수요에 대한 주제 선정

- 보호자의 양육 경험, 개인적 상황, 시대적 상황 등에 따라 다양한 요구가 존재. 이러한 요구에 대한 교육 해소를 위해서 주제를 선정하여 교육 진행
  예) 신종 코로나바이러스에 대한 올바른 반려동물 양육 방법 등

③ 인력 수요에 따른 주제 선정

- 전문 인력의 수요공급을 조절하기 위해 필요 인력을 양성하기 위한 목적으로 주제를 선정
  예) 반려동물 관련 자격증 취득을 목적으로 하는 주제

3. 교수 · 학습 방법

교육 기획 의도에 따라 교육목적을 달성하기 위해 교육 내용을 교수자가 학습자에게 어떻게 전달할 것인지에 대한 구체적인 실천 방법을 의미

(1) 좋은 교수 · 학습 방법의 요소

효과성	교육 기획에 의해 학습자가 학습 목표를 성취하면, 학습자는 그 학습 내용을 오랜 시간 동안 기억하고 일상의 다양한 지식과 연합하고, 변화시키고 응용할 수 있어야 함
매력성	재미나 흥미를 느끼지 못하면 교육 기획에서 의도하는 교육 목표를 달성할 수 없기 때문에 교육 목표를 달성하기 위하여 흥미와 동기를 유발할 수 있도록 매력적으로 구성해야 함

(2) 교수 · 학습 방법의 유형(수업 진행 방법)

강의법	장점	제한된 시간 안에 전달하고자 하는 지식을 많은 학습자에게 동시에 전달할 수 있음. 학습자가 경직되어 있거나 융통성이 없는 경우에 편안함을 느낌
	단점	학습자가 적극적으로 수업에 참여할 수 없음 교수자와 학습자의 상호작용을 기대하기 어려움
토의법	장점	자유로운 의사소통과 분위기 속에서 학습자가 적극적으로 참여함으로써 학습자에게 동기와 흥미를 유발
	단점	집단의 크기가 크면 효율적인 토론이 이루어지기 어려움 많은 시간이 요구됨
협동학습	장점	상호작용을 통한 문제해결 능력과 의사결정 능력을 향상시킬 수 있음 학습자가 개인의 잠재력을 이끌어 내도록 유도 가능
	단점	학습자 간에 문제 또는 갈등이 있는 경우에는 학습 진행이 어렵거나 학습 효과와 효율이 떨어짐
문제 중심 학습	장점	학습 내용에 대한 흥미와 자기주도 학습 능력이 향상
	단점	자료를 검색하는 데 많은 시간이 걸림

Chapter 02 반려동물 보호자 교육 계획 수립

단 답 형 문 제

01 반려동물 관련 교육 기획 원리 6가지 준거를 답하세요.

02~07 다음에서 설명하는 반려동물 교육 기획원리를 답하세요.

02 교육 기획은 학습자가 자유롭고 민주적인 방식으로 참여할 수 있도록 구성되어야 한다. (　　　)

03 반려동물과 관련된 교육 기획이 반려동물 보호자의 일상과 연계하여 구성되어야 한다. (　　　)

04 교육을 통해서 학습자에게 기대하는 것에 대한 명확성을 가지고 있어야 한다. (　　　)

05 교육 기획을 통해 의도하는 교육 목표를 주어진 환경에서 효과적으로 달성할 수 있는 방법과 절차가 있어야 한다. (　　　)

06 교육 기획을 통해 의도하는 교육 목표를 달성할 수 있는 적절한 방법과 절차가 있어야 한다. (　　　)

07 타당하고 효율적으로 수립된 교육 기획이 이해관계에 따라 특정 방향으로 편향되지 않도록 하여야 한다. (　　　)

08 반려동물 교육 기획의 접근 방법 3가지를 답하세요.

09~11 다음에서 설명하는 반려동물 교육 기획 접근 방법을 답하세요.

09 반려동물 산업의 성장 및 발전에 필요한 인적자원의 중요성에 대한 인식을 전제로 반려동물 산업의 성장과 발전을 뒷받침할 수 있는 전문 인력의 수요공급을 조절하기 위한 접근 방법이다. (   )

10 반려동물 교육에 대한 개인적/사회적 수요를 기초로 하여 방향과 전략을 수렴하려는 접근 방법이다. (   )

11 선진국 또는 반려동물 분야의 발전이 유사한 다른 국가를 비교 연구함으로써 우리나라 반려동물 분야의 발전을 위한 방향과 전략을 수립하려는 접근 방법이다. (   )

12 좋은 교수·학습 방법의 2가지 요소를 답하세요.

13~16 다음에서 설명하는 교육 방법의 유형을 답하세요.

13 학습 내용에 대한 흥미와 자기주도 학습 능력을 향상시킬 수 있다. 단점은 자료를 검색하는 데 많은 시간이 걸린다. (   )

14 자유로운 의사소통과 분위기 속에서 학습자가 적극적으로 참여함으로써 학습자에게 동기와 흥미를 유발하는 교육방법이다. 단점은 집단의 크기가 크면 효율적인 토론이 이루어지기 어렵고, 많은 시간이 요구된다. (   )

15 상호작용을 통한 문제해결 능력과 의사결정 능력을 향상시킬 수 있다. 학습자가 개인의 잠재력을 이끌어 내도록 유도 가능하다. 단점은 학습자 간에 문제 또는 갈등이 있는 경우에는 학습 진행이 어렵거나 학습 효과와 효율이 떨어진다. (   )

16 제한된 시간 안에 전달하고자 하는 지식을 많은 학습자에게 동시에 전달할 수 있다. 학습자가 경직되어 있거나 융통성이 없는 경우에 편안함을 느낄 수 있다. 단점은 학습자가 적극적으로 수업에 참여할 수 없고, 교수자와 학습자 간 상호작용을 기대하기 어렵다. (   )

정답

01 타당성의 원리, 효율성의 원리, 중립성의 원리, 계획된 변화의 원리, 연계성의 원리, 민주성의 원리
02 민주성의 원리
03 연계성의 원리
04 계획된 변화의 원리
05 효율성의 원리
06 타당성의 원리
07 중립성의 원리
08 국제 비교 접근법, 사회 수요 접근법, 인력 수요 접근법
09 인력 수요 접근법
10 사회 수요 접근법
11 국제 비교 접근법
12 효과성과 매력성
13 문제 중심 학습
14 토의법
15 협동학습
16 강의법

Chapter 03

반려동물 보호자 교육방법

1. 교육 과정 지도

(1) 교육 과정 지도

① 교육 과정은 교육의 목적에 적합하도록 교육 내용을 종합하여 계획한 것을 말함

② 교육 과정의 목적이나 방향에 맞도록 가르치고 이루게 하는 것을 지도라고 함

(2) 교육 지도의 원리

개별화의 원리	• 학습자 개인차를 고려하여 학습의 내용과 진도 등을 학습자의 능력, 수준, 개인적 특성에 맞추어 지도
목적의 원리	• 학습의 목적을 명확히 이해하게 되면 자발적이고 적극적으로 학습에 참여. 따라서 교수자는 학습자가 이해할 수 있도록 적절한 학습 목적 및 목표를 제시해 주고, 학습활동을 지도
자발성의 원리	• 학습의 주체는 학습자이다. 따라서 학습자는 학습의 주체가 자신임을 인식하고 자발적으로 학습에 참여하도록 지도
직접경험의 원리	• 강의 위주의 설명보다는 직접적인 체험을 통해 학습의 효과를 얻음 • 학습 내용에 대한 구체적인 실체나 체험활동을 통해 학습 내용을 습득하도록 지도
사회화의 원리	• 학습자의 일상생활 문제와 직접 연결될 때 학습자에게 효과적으로 전달됨 • 학습내용이 학습자의 일생 생활과 관련될 수 있도록 지도
자연성의 원리	• 학습은 자유로운 분위기에서 진행되어야 함 • 학습자에게 부담을 주지 않는 범위에서 지도

2. 교육 형태

(1) 개인 중심 교육

① 필요성

- 학습자 욕구와 특성의 다양성: 각각의 학습자는 욕구와 특성이 다양하므로 개별적 특성을 바탕으로 요구를 최대한 반영하여 지도
- 사회의 다양화: 각각의 학습자는 처한 상황이 다르므로 그 상황을 고려하여 학습 지도
- 정보의 재구성: 다양한 지식 및 정보 중에서 학습자에게 유용하고 효과적인 학습 내용임을 스스로 판단할 수 있는 능력을 배양하도록 지도

② 개인 중심 교육 방법

도제제도	• 경험이 있는 전문가로부터 개별적인 기술 또는 기능을 습득하는 형태 • 특별한 기술 습득을 위한 교육 방법
인턴십	• 단순히 기술을 습득하기보다는 전문적인 역할에 대한 내용 습득 방법
상담	• 특정 개인 문제에 대해서 자문을 통해서 전달하는 교육 방법
개인지도	• 교수와 학습을 일대일로 진행하는 교육 방법 • 가장 일반적인 방법으로 보호자의 특별한 사정이나 반려견과의 관계 형성이 어려워 집중교육이 필요할 때 효과적 • 반려견의 경우 공격성 또는 극단적인 내성적 성격으로 일반적인 교육이 어려울 경우 사용 • 문제행동이 고착화되어 심도 있는 지도가 필요할 경우 적합

(2) 그룹지도

① 그룹지도는 반려견의 행동교정 효과 및 사회화도 동시에 이루어지는 좋은 형태의 교육

② 보호자의 교육에 대한 이해, 반려견의 성향, 크기, 품종 등을 고려하여 그룹 편성 필요

③ 특정 문제행동에 대한 집중적 교정을 필요로 하는 교육보다 예방교육이나 사회화 교육에 효과적

④ 참여자 간의 협조와 배려가 중요하며 비슷한 체형이나 성격 또는 수준이 비슷한 반려견들이 그룹이 되어야 교육의 일관성과 집중력에 더욱 효과적

(3) 가정 방문교육

① 보호자와 반려견이 생활하는 곳에 행동지도사가 찾아가 실행하는 형태

② 보호자의 교육에 대한 열의가 중요. 환경이 바뀌지 않는 익숙한 장소에서 교정이 이루어지므로 의존적 반려견에 특히 효과를 보임

(4) 교육장 방문교육

① 보호자가 교육장을 방문하는 방법으로 환경이 변화된 낯선 장소에서 교정이 이루어지므로 반려견의 우위성이 감소함. 반려견이 보호자보다 우위를 점하는 경우 효과적. 의존적 반려견의 경우 불안감으로 인하여 교육효과 감소

② 환경적응이나 사회성이 부족한 경우에는 행동지도사의 방문교육을 통해 신뢰를 형성한 후 실시

3. 교육 운영

- 보호자교육은 반려견의 행동에 대한 정확한 이해와 행동변화를 유도할 수 있고, 그에 따른 가정 생활의 안정으로 상호 삶의 질을 향상
- 반려견 유기나 분실 등을 예방하는 기능
- 비반려인들에게 불편함이나 불쾌감을 주지 않아 반려견의 사회적 위치를 공고히 해줌
- 보호자교육은 반려견에게 해줄 수 있는 가장 큰 배려
- 보호자의 의식개선을 위한 교육과정 지도는 교육목적과 방향에 적합하도록 진행

(1) 운영 원칙

① 보호자교육은 반려견에 대한 이해도와 수준, 능력을 고려한 개별성을 가져야 함

② 보호자는 교육목적에 공감하면 자발적이고 적극적으로 교육에 참여하게 되므로 합목적적이어야 함

③ 행동지도사는 보호자의 반려견 교육에 대한 주도적인 역할을 인식하고 자발적 참여를 유도해야 함

④ 반려견 교육은 직접적인 행동을 통해 이루어지므로 보호자에게 직접경험의 기회를 제공하며, 문제행동이 유발되는 생활 방식이나 행동에 변화를 주어야 하므로 자연스러운 조건에서 진행해야 함

(2) 보호자 교육 운영 지침

① 교육기간 및 시간은 보호자의 참여에 중요한 요소이므로 충분한 상의를 거쳐 정함

② 교육 장소는 보호자의 여건을 고려

③ 교육계획 및 내용에 부합하는 교정범위를 기술

④ 교육내용을 표 형태로 작성하여 보호자가 쉽게 이해할 수 있도록 함

⑤ 교육비를 명시하여 교육 후 문제가 없도록 함

(3) 교육계약서 작성

① 보호자와 반려견의 정보와 같은 일반사항과 보호자 교육형태 및 보호자의 요구에 따른 특별사항으로 작성

② 계약서의 일반적 구성은 기본정보, 문제행동 원인과 적용 실행원리, 행동지도사의 의무사항, 교육비, 연락 두절 및 계약 파기 시 사항 등

③ 행동지도사는 해당 계약서에 작성된 내용을 검토한 후 보호자에게 설명

4. 교육평가

- 행동지도사는 보호자와 계약에 의해 진행된 교육에 대하여 평가를 실시
- 평가는 보호자와 반려견의 훈련결과를 대상으로 함
- 보호자에 대한 내용은 교육 만족도와 효과
- 보호자 입장에서 불편사항이나 개선사항을 직접 대면이 아닌 이메일 등의 간접적인 방법으로 작성
- 반려견의 훈련결과는 문제행동의 최초 계획된 목표에 대한 성과를 평가

(1) 평가의 목적

① 행동지도사와 보호자가 정했던 목표가 이루어졌는지 확인하기 위하여 실시

② 보호자교육 내용의 현실성 등을 파악하기 위해 수행

③ 보호자교육 참여자의 교육내용에 대한 만족도를 파악하기 위해 실시

④ 보호자교육과 관련된 교육 요소를 종합적으로 확인하고 점검하기 위해서 실시

(2) 평가의 영역

① 보호자교육 참여자들의 교육내용에 대한 만족도를 평가

② 보호자교육 참여자들의 교육 습득내용과 이로 인한 효과 정도를 평가

③ 반려견의 문제행동 교정에 교육내용 활용도를 평가

④ 교육 참여자의 투자 대비 성과를 분석하여 효율성을 평가

표 5-1. 교수 · 학습 상황에 따른 교수 · 학습 방법의 선택

<table>
<tr><th>교수 · 학습 상황</th><th>교수 · 학습 방법</th></tr>
<tr><td>50인 이상의 학습 집단</td><td rowspan="4">설명식 강의법
팀티칭</td></tr>
<tr><td>전형적인 교실 공간</td></tr>
<tr><td>개념, 원리 학습</td></tr>
<tr><td>새로운 지식 습득</td></tr>
<tr><td>20인 이상의 학습 집단</td><td rowspan="4">역할극
모의실험
게임
토론법</td></tr>
<tr><td>전형적인 교실 공간</td></tr>
<tr><td>태도 영역</td></tr>
<tr><td>이미 습득한 지식 강화</td></tr>
<tr><td>20인 이상의 학습 집단</td><td rowspan="4">발견학습
탐구학습</td></tr>
<tr><td>융통성 있는 교실 공간</td></tr>
<tr><td>개념, 원리 학습</td></tr>
<tr><td>새로운 지식 습득</td></tr>
<tr><td>30~40명 정도의 학습 집단</td><td rowspan="4">동료교수법
시범-실습</td></tr>
<tr><td>융통성 있는 학습 공간</td></tr>
<tr><td>심리적 영역</td></tr>
<tr><td>새로운 지식 습득 및 전달</td></tr>
<tr><td>30~40명 정도의 학습 집단, 소집단 형성 가능</td><td rowspan="4">소집단 협동학습
문제중심 학습
사례기반 학습</td></tr>
<tr><td>융통성 있는 학습 공간</td></tr>
<tr><td>인지적 영역</td></tr>
<tr><td>새로운 지식 창출</td></tr>
<tr><td>개별 학습 가능</td><td rowspan="4">컴퓨터 보조수업
웹 기반 수업
개인교수법</td></tr>
<tr><td>융통성 있는 학습 공간</td></tr>
<tr><td>개념 원리, 절차 학습</td></tr>
<tr><td>새로운 지식 습득 중심</td></tr>
</table>

출처: 김민경(2005). 『초등교육방법 탐구』. 교육과학사.

Chapter 03 반려동물 보호자 교육방법

단답형문제

01~06 다음에서 설명하는 교육 지도의 운영 원리를 답하세요.

01 학습자의 일상생활 문제와 직접 연결될 때 학습자에게 효과적으로 전달될 수 있다. 학습내용이 학습자의 일상생활과 관련될 수 있도록 지도하는 원리이다. (　　　)

02 학습은 자유로운 분위기에서 진행되어야 한다. 학습자에게 부담을 주지 않는 범위에서 지도하는 원리이다. (　　　)

03 강의 위주의 설명보다는 직접적인 체험을 통해 학습의 효과를 얻는다. 학습 내용에 대한 구체적인 실체나 체험활동을 통해 학습 내용을 습득하도록 지도하는 원리이다. (　　　)

04 학습자 개인차를 고려하여 학습의 내용과 진도 등을 학습자의 능력, 수준, 개인적 특성에 맞추어 지도하는 원리이다. (　　　)

05 학습의 목적을 명확히 이해하게 되면 자발적이고 적극적으로 학습에 참여한다. 교수자는 학습자가 이해할 수 있도록 적절한 학습 목적 및 목표를 제시해 주고 학습활동을 지도하는 원리이다. (　　　)

06 학습의 주체는 학습자이다. 학습자는 학습의 주체가 자신임을 인식하고 자발적으로 학습에 참여하도록 지도하는 원리이다. (　　　)

07 교육 지도의 원리 6가지를 답하세요.

08~11 다음에서 설명하는 교육형태를 답하세요.

08 가장 일반적인 방법으로 보호자의 특별한 사정이나 반려견과의 관계 형성이 어려워 집중교육이 필요할 때 효과적이다. 반려견의 경우 공격성 또는 극단적인 내성적 성격으로 일반적인 교육이 어려울 때 사용한다. 문제행동이 고착화되어 심도 있는 지도가 필요한 경우 적합한 교육 형태이다. (　　　)

09 반려견의 행동교정 효과 및 사회화가 동시에 이루어지는 좋은 형태의 교육이다. 특정 문제행동에 대한 집중적 교정을 하는 교육보다 예방교육이나 사회화 교육에 효과적이다. (　　　)

10 보호자의 교육에 대한 열의가 중요하며 환경이 바뀌지 않는 익숙한 장소에서 교정이 이루어지므로 의존적 반려견에 특히 효과적인 교육 형태이다. (　　　)

11 변화된 낯선 장소에서 교정이 이루어지므로 반려견의 우위성이 감소된다. 반려견이 보호자보다 우위를 점하는 경우 효과적이다. 의존적 반려견의 경우 불안감으로 인해 교육효과가 감소할 수 있다. 환경적응이나 사회성이 부족한 경우에는 방문교육을 통해 신뢰를 형성한 후 실시하는 형태이다. (　　　)

12~17 다음에서 설명하는 교수 · 학습 상황에 따른 교수 · 학습 방법을 답하세요.

12 50인 이상의 학습 집단으로 전형적인 교실 공간에서 이루어지며 개념 및 원리 학습과 새로운 지식습득에 적합한 교수 · 학습 방법이다. (　　　)

13 20인 이상의 학습 진단으로 전형적인 교실 공간에서 이루어지며 태도 영역 및 이미 습득한 지식을 강화시키는 교수 · 학습 방법이다. (　　　)

14 20인 이상의 학습 진단으로 융통성 있는 교실 공간에서 이루어지면 개념, 원리 학습에 적합하며 새로운 지식 습득을 하는 교수·학습 방법이다. (　　　)

15 30~40명 정도의 학습 집단으로 융통성 있는 학습 공간에서 이루어지며 심리적 영역에 적합하며 새로운 지식 습득 및 전달에 적합한 교수·학습 방법이다. (　　　)

16 30~40명 정도의 학습 집단 또는 소집단으로 형성 가능하며, 융통성 있는 학습 공간에서 이루어진다. 인지적 영역과 새로운 지식 창출에 적합한 교수·학습 방법이다. (　　　)

17 개별학습이 가능하며 융통성 있는 학습 공간에서 이루어진다. 개념 원리 및 절차 학습과 새로운 지식 습득 중심에 적합한 교수·학습 방법이다. (　　　)

정답

01 사회화의 원리
02 자연성의 원리
03 직접경험의 원리
04 개별화의 원리
05 목적의 원리
06 자발성의 원리
07 개별화의 원리, 목적의 원리, 자발성의 원리, 직접경험의 원리, 사회화의 원리, 자연성의 원리
08 개인지도
09 그룹지도
10 가정방문교육
11 교육장 방문교육
12 설명식 강의법, 팀티칭
13 역할극, 모의실험, 게임, 토론법
14 탐구학습, 발견학습
15 동료교수법, 시범-실습
16 소집단 협동학습, 문제중심 학습, 사례기반 학습
17 컴퓨터 보조수업, 웹 기반 수업, 개인교수법

Chapter 04

반려동물 문제행동 예방교육

1. 보호자 교육 내용

(1) 문제행동 예방

① 적절한 견종 선택

- 반려견 입양 시 외모보다는 현재의 환경과 더불어 장래의 생활조건 등을 종합적으로 고려하여 견종 선택
- 순종은 유전적 질환이나 저항력이 약하지만 체격이나 행동특성을 예측할 수 있는 장점, 반면 혼종은 질병에 대한 저항력이 상대적으로 강하지만 체격이나 행동특성을 예측하는 것이 어려움
- 전문 브리더는 견종 특성과 성장 과정에서 나타난 개체별 특성에 대한 정보를 충분히 제공
- 알맞은 입양 시기는 8주 정도 모견, 동배형제들과 생활해야 종 특유의 보디랭귀지나 사회규칙을 배울 수 있음

② 사회화

- 반려견은 사회화기에 종 특유의 커뮤니케이션 방법과 무리에서 해야 할 행동요령을 학습
- 반려견이 장래 접할 환경이나 대상물에 대해 이 시기에 충분히 경험하는 것이 중요

③ 예방교육

- 반려견의 문제행동 예방교육은 반려견의 행동발달단계를 고려하여 실시하는 것이 효과적
- 행동지도사는 보호자와 반려견의 특성을 고려하여 교육내용을 편성, 반려견의 문제행동이 발생되지 않도록 보호자가 반드시 실천해야 할 행동을 중심으로 구성

(2) 문제행동 교정

① 문제행동 파악

- 행동지도사가 중점을 두고 문제행동의 원인을 파악할 부분은 보호자와 반려견의 성향과 생활환경
- 보호자의 문제행동 원인에 대한 이해도는 행동교정에 중요한 요소
- 행동지도사는 전문지식을 활용하여 보호자가 간과하거나 알기 어려운 요인을 발견할 수 있어야 함
- 행동지도사는 먼저 보호자가 작성한 설문지를 바탕으로 발생 주체와 주요 원인을 파악
- 반려견의 생활환경, 관리형태, 본능적 특성, 견종별 성향, 사회화 정도 등을 파악

표 5-2. 반려견 문제행동 예방교육 과제

구분		세부내용
보호자 의무	동물등록	• 반려견 등록 여부를 확인하고 미등록 시 등록방법 교육
	건강	• 반려견의 감염성 질병에 대하여 교육 • 반려견 주요 질병 및 내·외부 기생충에 대해 교육 • 일일 건강점검 요령을 교육
생활교육	산책	• 보호자와 일정한 간격을 유지하면서 개방 공간 50m 범위를 안정되게 걷도록 교육 • 타인에 대한 주의 분산 시 보호자의 요구에 포기할 수 있도록 교육 • 건물 혹은 터널 출입 시 거부하지 않도록 교육

구분		세부내용
	스택	• 스택 교육으로 20초 이상 자세를 유지할 수 있도록 교육 • 미용 및 동물병원 진료상황을 조성하여 교육 • 등, 견갑, 발바닥, 머리, 꼬리 접촉에도 스택 자세를 유지할 수 있도록 교육
	기본 교육	• '앉아'와 '기다려'를 교육 • '앉아' 교육은 음식과 수신호를 사용하나 점차 실행어에 수행하도록 교육 • '기다려' 교육은 방석이나 해먹과 같은 특정 물품에 영역 개념을 설정해 줌 • 보호자와 3m 이상 떨어져 3분 이상 대기할 수 있도록 교육 • 하우스, 이리와, 함께 걷기(따라)
	입마개	• 입마개 착용에 대한 거부감을 없앰. 익숙해지면 동행 교육
	차량탑승	• 승차 시 거부감을 없애고 탑승 후에도 안정감을 갖도록 교육
사회성 및 안전사고	공격성	• 산책 시 2m 이내의 타인에 대한 공격성이 보호자의 제지로 제어되도록 교육
	타인접촉	• 타인에 대한 흥분과 거부감이 없도록 교육 • 흥분도가 높은 반려견은 보호자가 제어함 • 거부감이 심한 반려견은 접촉 부위를 단순화하여 교육
	소유욕	• 반려견의 음식이나 장난감 등에 대한 욕구가 보호자의 제어에 억제되도록 교육
	제한상황	• 크레이트로 들어가라는 요구 시 따르도록 교육 • 크레이트에서 보호자와 3m 이상으로 떨어진 상태로 5분 이상 기다리도록 교육

더 알아보기

▣ 보호자 설문조사에서 파악할 수 있는 것

1. 보호자의 반려견에 대한 본능과 이성에 대한 이해도를 파악
2. 반려견의 연령별 변화에 대한 보호자의 이해도를 알 수 있음
3. 보호자의 카밍시그널에 대한 이해도를 알 수 있음
4. 반려견의 문제행동 교정에 대한 보호자의 적극성을 파악할 수 있음
5. 보호자의 문제행동 교정 지식 배경 파악
6. 보호자의 문제행동 교정 방법에 대한 생각을 파악
7. 반려견에게 사용되었을 칭찬 방법을 알 수 있음
8. 반려견에서 사용되었을 처벌 방법을 알 수 있음

표 5-3. 반려견 기본예절 교육

1. 이름에 반응하기 (dog's name)	훈련자가 반려견의 이름을 불렀을 때, 반려견은 훈련자의 눈을 쳐다보거나, 반응해야 한다. 이 교육의 목적 및 기대 효과는 반려견과 대화의 첫 단추로서 순조로운 생활, 교육을 진행하는 데 필요한 교육 항목이다.
2. 앉아 (sit)	훈련자가 반려견에게 "앉아"라고 지시하면 반려견은 엉덩이를 바닥에 대고 앉는 자세를 취해야 한다. 이 동작을 통해 반려견의 행동을 통제하기가 쉬워지고, 부적절한 행동을 예방하는 기대 효과가 있다.
3. 엎드려 (down)	훈련자가 반려견에게 "엎드려"라고 지시하면 반려견은 복부를 바닥에 대고 엎드리는 자세를 취해야 한다. 이 동작을 통해 반려견의 행동 통제가 쉬워지고, 부적절한 행동을 예방하는 기대 효과가 있다.
4. 기다려 (stay)	훈련자가 반려견에게 "기다려"라고 지시하면 반려견은 지시받은 장소에서, 지시받은 동작 그대로 해제할 때까지 기다려야 한다. "기다려" 훈련의 수준에 따라 훈련자의 활동성이 넓어지고, 반려견의 안전을 확보하기가 쉬워진다.
5. 와 (come)	훈련자가 반려견을 부르면 반려견은 훈련자에게 다가오게 한다. 이 항목을 통해 훈련자에 대한 집중력이 향상되어 원활한 소통이 가능해진다. 부적절한 행동을 억제 및 예방할 수 있고, 반려견의 안전을 확보해야 하는 상황에 적용할 수 있다.
6. 따라 걷기 (walking)	반려견은 훈련자의 왼쪽 또는 오른쪽 무릎 옆 지정 위치에서 훈련자가 움직이는 방향과 나란히 걸을 수 있어야 한다. 따라 걷기를 통해 반려견의 행동반경이 넓어진다.

② 문제행동 발생의 주요 원인

- 반려견 본능의 발현
- 보호자의 관리 부족
- 사회화 부족 – 행동풍부화 프로그램 시행

  (환경풍부화, 먹이풍부화, 감각풍부화, 인지풍부화, 사회풍부화)
- 건강 – 질병으로 인한 거부감, 공격성 표출
- 견종적 특성 – 육종선발 과정 중 행동 특성이 문제행동으로 발현

(3) 보호자 상담을 통해 행동지도사가 찾아내야 할 것

① 문제행동의 정체를 명확히 파악하는 것

② 문제행동이 시작된 시기를 알아내는 것

③ 문제행동이 발생되는 시간을 알아내는 것

④ 문제행동이 발생하는 장소를 파악하는 것

(4) 문제행동 분석

① 반려견 생활환경

- 문제행동이 특정 가족 구성원에게 표현되는지 등을 파악하여 발현 범위를 분석
- 행동 교정 시 보상 물품과 소유욕 등을 파악하기 위해 급식에 관한 사항을 작성
- 배변상태를 통해 문제행동과 연관성을 파악
- 분리불안과 같은 반려견의 감정을 파악하기 위해 보금자리에 대해 파악 보금자리는 반려견이 정한 것인지, 보호자가 정해준 것인지 파악
- 반려견과 관련된 하루일과를 문제행동과 연관성에 중점을 두고 파악

② 반려견 문제행동 발생 시기 및 발생 전 특이 사항

- 문제행동을 나열한 후 가장 근본적인 문제를 주요 목표로 정함
- 최초 발생 시기를 파악하여 문제행동의 고착화를 알 수 있고 교정기간을 예상
- 발생빈도를 파악하여 문제행동의 수준을 파악
- 발생장소를 개방적 공간과 제한적 공간, 익숙한 공간, 낯선 공간으로 비교하여 파악
- 문제행동 발생 전 특이사항을 파악, 견종 고유의 특성인지, 개체적 성격인지, 환경에 대한 반응인지 등을 점검

(5) 문제행동 교정

① 문제행동 교정 시 반려견의 저항

- 적극적 저항: 짖기, 물기, 으르렁거리기, 끌어당기기 등 보호자와 직접적으로 대립
- 소극적 저항: 엎드려 꼼짝 않기, 멀뚱멀뚱 쳐다보기, 보호자에게 무조건 달라붙기, 못 들은 척하기, 배를 하늘로 향하기 등

- 반려견이 보호자의 행동에 강하게 저항하면 분위기를 바꿔 다시 시도. 이때 반려견이 저항하던 이유를 잊어버리도록 한 후 원래의 행동 요구. 중요한 것은 반려견이 저항하던 자리를 떠나 다른 장소로 이동하는 것

② 문제행동 분석결과가 교정교육 이후 반려견의 자동회복인 경우

- 자동회복이란 행동 교정 이후 문제행동을 유발했던 환경을 경험하거나, 시간이 지나면 문제행동이 다시 발생하는 현상을 의미
- 자동회복이 발생되는 이유는 그 행동이 과거에 좋은 결과에 의해서 강화. 또는 개선행동에 대한 연습 부족으로 발생. 따라서 지속적으로 연습을 통한 강화 필요

③ 교정방법

- 풍부화: 환경, 먹이, 인지, 사회성, 감각
- 선행통제: 문제행동을 표현하지 않도록 유발자극을 사전에 통제하는 절차, 근본 원인을 제거하는 것이 가장 좋음. 선행통제는 부작용을 피하면서 문제를 해결하는 좋은 방법
- 상반행동 강화: 동시에 수행하기 어려운 동작을 요구하는 방법. 문제행동과 양립할 수 없는 다른 행동 요구하는 것
- 차별강화: 강화해야 할 행동과 약화해야 할 행동을 정하고, 그 과정에 적절한 방법을 택함

구분	내용
선택행동차별강화 (Operant Discrimination Training)	• 특정 상황에서 특정 행동을 선택적으로 발생시키도록 학습하는 과정을 의미 • 특정 자극(상황)이나 조건이 주어졌을 때 어떤 행동을 할 것인지를 배우는 과정을 포함
고율차별강화 (High-Rate Discrimination Training)	• 특정 행동이 발생하는 빈도나 속도를 높이기 위해 적용되는 훈련 기법을 의미 • 특히 동물 행동학에서 많이 사용되며, 특정 상황에서 특정 행동을 빠르고 정확하게 수행할 수 있도록 학습시키는 과정을 포함 • 고율차별강화는 특정 행동의 효율성과 정확성을 향상시키는 데 중요한 역할

구분	내용
무반응차별강화 (Non-Response Discrimination)	• 특정 행동이나 반응을 발생시키지 않는 상태를 강화하는 방법을 의미 • 이 기법은 주로 특정 상황에서 특정 행동을 하지 않도록 학습시키는 데 적용

구분		내용
선택행동 차별강화 (Operant Discrimination Training)	상황적 차별 (Discriminative Stimulus)	특정 행동이 발생하기 위해 필요한 상황적 요인, '차별 자극이라고 함 예) 개가 주인에게 앉아서 핸드신호(손의 동작)를 받았을 때만 밥을 먹을 수 있게 훈련
	행동의 선택성 (Response Discrimination)	특정 상황에서 어떤 행동을 할지 선택 예) 개가 '앉기'와 '엎드리기'라는 두 가지 명령 중 어떤 것을 선택할지를 학습하는 것
	강화의 변화 (Reinforcement Variations)	특정 상황에서는 특정 행동이 강화될 수 있지만, 다른 상황에서는 그렇지 않을 수 있음. 이는 학습의 일부로서 특정 상황에서 특정 행동이 더욱 유리
	학습의 일반화 (Generalization)	특정 상황에서 배운 행동을 다른 유사한 상황에서도 적용 예) 개가 한 사람에게 앉아서 주어지는 신호를 기다릴 때, 다른 사람에게도 같은 행동을 할 수 있도록 함
고율차별강화 (High-Rate Discrimination Training)	빠른 행동 속도	고율차별강화는 특정 상황에서 특정 행동을 빠르게 발생시키도록 학습시킴 예) 개가 특정 신호를 받으면 빠르게 '앉기' 행동을 수행하는 것을 학습 가능
	정확성 증가	훈련 과정에서는 행동의 빠른 속도뿐만 아니라 정확도도 중요 특정 행동이 정확하게 수행되어야만 강화가 일어남
	차별적 자극 활용	고율차별강화는 특정 자극이나 상황이 특정 행동을 유도하도록 학습하는 과정을 포함. 이는 특정 시그널이나 환경 요소가 특정 행동을 유도하도록 도와줌
	반응 시간 감소	훈련 과정을 거치면서 특정 상황에서 특정 행동을 더 빠르게 인지하고 반응할 수 있도록 도움
무반응차별강화 (Non-Response Discrimination)	원하는 행동의 부재 강화	무반응차별강화는 특정 상황에서 원하지 않는 특정 행동이나 반응이 발생하지 않도록 학습 예) 개가 손님들에게 접근할 때 물지 않도록 하는 훈련
	자극의 배제	특정 자극이나 상황에서는 아무런 반응도 하지 않는 것을 배우게 하므로 원하지 않는 행동이나 반응을 억제하는 데 유용
	반응의 불완전성	특정 반응을 유발하지 않고 자극에 반응하는 것을 배우는 데 도움

• 둔감화: 특정 자극에 대해 반응도를 낮추는 것

홍수법 (flooding)	처음부터 강하게 자극을 제시
점진적 둔감화 (systematic desensitization)	문제를 유발하는 자극을 점진적으로 강도에 차이를 두어 제시

• 역조건화(counter-conditioning): 조건화된 행동을 반대로 변환시키는 방법으로 두려움과 같은 정서적인 문제행동에 효과

• 임시 격리: 개가 좋아하는 사람, 장소, 물건으로부터 완전히 격리하는 방법으로 격리 중에는 강화물을 제공하지 않고, 격리시간은 계획된 시간이 지났을 때 해제

Chapter 04

반려동물 문제행동 예방교육

단 답 형 문 제

01 다음 빈칸에 들어갈 용어를 답하세요.

(   )은(는) 유전적 질환이나 저항력에 약하지만 체격이나 행동 특성을 예측할 수 있다. (   )은(는) 질병에 대한 저항력이 상대적으로 강하지만 체격이나 행동 특성을 예측하는 것이 어렵다.

02 반려견 기본예절 교육 6가지를 답하세요.

03 반려견 문제행동 발생의 주요 원인 6가지를 답하세요.

04 보호자 상담을 통해 행동지도사가 찾아내야 하는 4가지를 답하세요.

05 다음 빈칸에 들어갈 용어를 답하세요.

(   )은(는) 행동 교정 이후 문제행동을 유발했던 환경을 경험하거나 시간이 지나면서 문제행동이 다시 발생하는 현상을 의미한다. (   )이(가) 발생되는 이유는 그 행동이 과거에 좋은 결과에 의해서 강화 또는 개선행동에 대한 연습 부족으로 발생될 수 있다. 따라서 지속적인 연습을 통해 강화가 필요하다.

06 행동교정 예방의 행동풍부화의 5가지 방법을 답하세요.

07~16 다음 빈칸에 들어갈 행동교정 방법을 답하세요.

07 (   )은(는) 문제행동을 표현하지 않도록 유발자극을 사전에 통제하는 절차이다. 근본 원인을 제거하는 것이 가장 좋은 방법이다. (   )은(는) 부작용을 피하면서 문제를 해결하는 좋은 방법이다.

08 (　　)은(는) 동시에 수행하기 어려운 동작을 요구하는 방법이다. 문제행동과 양립할 수 없는 다른 행동을 요구하는 것이다.

09 (　　)은(는) 강화해야 할 행동과 약화해야 할 행동을 정하는 것이다. 그 과정에서 적절한 방법을 택하는 것이다.

10 (　　)은(는) 특정 상황에서 특정 행동을 선택적으로 발생시키도록 학습하는 과정을 의미한다. 특정자극(상황)이나 조건이 주어졌을 때 어떤 행동을 할 것인지를 배우는 과정을 포함하고 있다.

11 (　　)은(는) 특정 행동이 발생하는 빈도나 속도를 높이기 위해 적용되는 훈련 기법을 의미한다. 특히 동물행동학에서 많이 사용되며, 특정 상황에서 특정 행동을 빠르고 정확하게 수행할 수 있도록 학습시키는 과정을 포함한다. (　　)는(은) 특정 행동의 효율성과 정확성을 향상시키는 데 중요한 역할을 한다.

12 (　　)은(는) 특정 행동이나 반응을 발생시키지 않는 상태를 강화하는 방법이다. 이 기법은 주로 특정 상황에서 특정 행동을 하지 않도록 학습시키는 데 적용한다.

13 (　　)은(는) 특정 자극에 대한 반응도를 낮추기 위해 처음부터 강하게 자극을 제시하는 방법이다.

14 (　　)은(는) 특정 자극에 대한 반응도를 낮추기 위해 점진적으로 자극의 강도에 차이를 두어 제시하는 방법이다.

15 (　　)은(는) 조건화된 행동을 반대로 변환시키는 방법으로 두려움과 같은 정서적인 문제행동에 효과적인 방법이다.

16 (　　)은(는) 개가 좋아하는 사람, 장소, 물건으로부터 완전하게 격리하는 방법으로 격리 중에는 강화물을 제공하지 않고, 격리시간은 계획된 시간이 지났을 때 해제하는 방법이다.

정답

01 순종, 혼종
02 ① 이름에 반응하기 ② 앉아 ③ 엎드려
④ 기다려 ⑤ 와 ⑥ 따라 걷기
03 ① 반려견 본능의 발현
② 보호자의 관리부족
③ 사회화 부족 ④ 건강 이상
⑤ 견종적 특성 ⑥ 유전
04 ① 문제행동의 정체를 명확히 파악
② 문제행동이 시작된 시기를 파악
③ 문제행동이 발생되는 시간을 파악
④ 문제행동이 발생하는 장소를 파악
05 자동회복
06 ① 환경풍부화 ② 먹이풍부화 ③ 인지풍부화
④ 사회성풍부화 ⑤ 감각풍부화
07 선행통제
08 상반행동(대체행동)
09 차별강화
10 선택행동차별강화
11 고율차별강화
12 무반응차별강화
13 홍수법
14 계통적 탈감각화(감작화)
15 역조건화(길항조건화)
16 임시격리

Chapter 05

고객 상담

1. 상담

상담이란?
도움을 필요로 하는 사람(보호자)이 전문적으로 훈련을 받은 사람(행동지도사)과의 대면관계에서 생활과제의 해결, 사고 · 행동 및 감정 측면의 인간적 성장을 위해 노력하는 학습 과정

(1) 상담의 구성요소

① 보호자: 도움을 받는 사람

② 행동지도사: 도움을 주는 사람

③ 상담관계: 도움을 받는 사람과 주는 사람 간의 관계

(2) 상담 과정의 내용(목표설정 – 상담 계획 – 실행 – 평가의 과정)

① 반려동물 보호자 상담은 단순한 정보를 얻거나 대화를 나누는 것이 아니라 반려동물의 문제행동의 해결 및 행동수정을 하는 것

② 일상생활 속의 문제가 구체적으로 해결되고, 사고방식이나 행동 측면에서도 전보다 더 발전되기 위한 노력을 하는 것

③ 구체적인 상담목표가 달성되기 위해서는 전문가에 의한 체계적인 조력(도움)이 필요

(3) 상담의 목표

① 1차적 목표

대상자(보호자)가 호소하는 심리적 불편이나 증상을 경감시켜 주는 것으로 상담목표를 적응, 치료, 예방, 갈등해소, 문제해결로 나눔

② 2차적 목표

대상자(보호자)가 자신의 문제를 인식하고 그 문제를 해결할 수 있도록 능력을 키우는 것

(4) 상담자의 자질

① 인간적 자질은 인성을 의미하고, 전문적 자질은 전문적 지식, 기술, 태도를 의미

② 윤리적 자질은 대상자의 권리에 대한 이해, 이중 관계의 금지, 비밀보장의 약속과 이행

(5) 상담의 기능

교육적 기능	반려동물의 행동을 바람직한 방향으로 변화시키기 위한 조력 과정
진단 · 예방적 기능	문제행동을 진단하고 그 원인을 제거하기 위한 기능
교정적 기능	보호자의 생각 바꾸기, 마음 고쳐먹기와 같은 교정적 과정
치료적 기능	반려생활을 저해하는 장애물을 제거하여 보호자를 도와주는 것

2. 상담의 기술

(1) 경청 (2) 공감적 이해 (3) 설명과 해석 (4) 질문 (5) 피드백 제공 (6) 문제해결 지향적 접근

(1) 경청(경청의 요소: 청취, 이해, 기억, 반응)

① 상담에서의 경청

- 상담자가 보호자의 말에 귀담아듣는 것을 경청이라 한다.
- 경청은 보호자와 공감대를 형성하기 위해 필수적이다.
- 경청에 있어서는 음성적 · 비음성적 의사소통 모두가 중요하다.
- 상담자는 보호자가 하는 말의 내용뿐만 아니라 몸짓, 표정, 음성 등의 변화에도 주의를 기울인다.
- 상담자는 보호자의 잠재적인 감정과 반응에 주목하면서 보호자의 말에 집중하고 있음을 표시한다.
- 상담에서의 경청은 보호자가 핵심적인 문제에서 벗어난 이야기를 할 때는 주목하지 않고, 현재의 심경과 반려견의 문제행동을 토로할 때 주목하여 경청한다.
- 상담하는 과정에서 보호자는 개방적이며 정직한 표현을 촉진할 수 있다.
- 상담자는 경청을 통해 보호자의 메시지에 구체적으로 초점을 맞출 수 있다.
- 보호자에게 상담자의 관심과 흥미를 보일 수 있다.
- 상담자는 보호자의 의사소통에 대해 완전하고 정확한 이해를 할 수 있다.

② 효과적인 경청을 위한 방안

- 비판하거나 평가하지 않는다.
- 편견을 갖지 않고 보호자의 입장에서 들어야 한다.
- 보호자에게 집중하고, 보호자의 말에 계속 반응해야 한다.
- 보호자의 말을 중간에 막지 않아야 한다.
- 온몸으로 맞장구를 쳐라. 질문하라. 말하지 마라. 인내심을 가져라.

(2) 공감적 이해 – 상담에서의 공감적 이해

① 주관적 내면에 대한 이해

② 공감으로서의 이해

③ 보호자 입장에서 이해

④ 비언어적 메시지의 경청 - 비언어적인 표현에 담긴 의미와 감정 이해

⑤ 궁극적 동의에 대한 이해

(3) 설명 및 해석

새로운 각도에서 이해하도록 보호자의 생활 경험과 행동의 의미를 상담자가 알려주는 것

① 설명 및 해석 시 유의사항

- 상담자와 보호자 간 충분한 라포 형성이 되었을 때 해석 실시
- 보호자의 인지적, 성격적 특성을 고려하여 이루어져야 함
- 단정적, 절대적 표현보다는 잠정적, 탄력적 어투를 사용하는 것이 효과적
- 구체적, 실제적인 정보를 근거로 설명과 해석을 해야 함
- 해석의 내용은 보호자가 통제, 조절할 수 있는 내용이어야 함

(4) 질문

질문을 통해 전달하고자 하는 중요한 부분을 다시 상기시켜 상담의 초점 유지

구분	내용
폐쇄형 질문	'예', '아니요'로 답할 수 있는 질문 방법
개방형 질문	의견, 느낌 등을 자유롭게 답할 수 있는 질문 방법
응답을 되풀이하는 질문	보호자가 말한 것을 다시 서술하여 질문, 보호자가 정확한 응답을 할 수 있도록 하는 질문 방법
보호자의 응답에 의문을 품는 질문	보호자의 응답을 되물어 응답의 진위를 파악하는 질문 방법

(5) 피드백(feedback) 제공

- 타인의 행동에 대한 자신의 반응을 솔직하게 이야기해 주는 과정
- 왜곡된 면과 과거의 실수를 바로잡게 하는 목적
- 피드백을 통해 현실적이고 객관적인 시각을 가지게 됨

① 사실적인 진술을 하지만 가치판단이나 변화를 강요하지 않는다.

② 행동이 일어난 직후 적용하는 것이 효과적이다.

③ 변화 가능한 행동에 대해 피드백해야 하며, 가능한 대안도 함께 제시해 주는 것이 좋다.

④ 보호자가 피드백을 받아들일 마음의 준비가 되어 있는지 충분히 고려한 후 피드백을 제공한다.

⑤ 긍정적 피드백은 보호자가 자신감이나 희망을 품을 수 있도록 한다.

(6) 문제해결 지향적 접근

① 상담자가 적극적 · 능동적 역할 강조와 문제해결적 접근 필요

② 효과가 있다면 계속하고, 효과가 없다면 다른 것을 시도

③ 보호자의 문제해결에 대한 높은 참여 및 노력 요구

3. 보호자 교육상담

- 문제 혹은 목표 파악 → 상담 계획 → 실행 → 평가
- 구체적 상담의 흐름: 요구파악 – 문제파악 – 행동 분석 – 해결책 제안 – 실행 계획 수립 – 계약 실행

(1) 상담의 기본 기술

순서	내용
연결	• 보호자와 친밀감을 형성하고 긍정적 상담 분위기를 조성 • 보호자의 흥미 유발
촉진	• 보호자로 하여금 말하고 싶도록 함 • 편하게 느끼도록 함 • 지속적으로 참여하도록 함
질문	• 보호자의 요구사항 및 정보 획득
확인	• 상담의 내용이나 진전 상황을 명확히 함 • 보호자의 말을 경청하고 있다는 것을 보여줌 • 일 처리를 잘하려고 한다는 것을 보여줌
제공	• 보호자가 긍정적이고 확실한 이미지를 갖도록 정보 제공 • 보호자의 욕구를 충족시킬 수 있다는 것을 분명하고 간결하게 보여줌

(2) 상담의 과정

순서	내용
반려견 보호자 접견	• 상담 준비 및 보호자 응대
교육상담 신청 접수	• 상담 신청을 접수한 후 상담신청서 작성
교육상담 진행	• 상담신청서를 근거로 정보 파악 및 라포 형성 • 반려견 행동 문진표 작성 • 반려견에 대한 질문
문제행동의 요인과 주요 유형 설명	• 반려견의 문제행동 발생 요인 • 주요 및 문제행동 • 문제행동 교정 과정 및 방법
상담 종결	• 상담 내용 기록

(3) 고객 상담 실무

① 상담 기술

- 라포(Rapport, 관계) 형성 – 경청하는 자세로 보호자를 배려하는 자세
- 수용적 태도 – 보호자가 있는 그대로 존중 – 보호자를 비판적 태도를 보이지 않음
- 전문성 – 전문지식과 해결 방법 제시

② 이해 기술

- 보호자의 요구를 정확히 이해
- 명료화 - 보호자의 문제를 정확하게 인식하도록 도움
- 보호자의 문제 파악

③ 듣기 기술

- 수동적 듣기: 침묵의 기술, 침묵은 메시지를 수용하고 있다는 느낌과 신뢰를 전달, 이때 침묵에 대해 불편해하거나 무관심의 표현으로 받아들이지 않도록 주의
- 능동적 듣기: 피드백 제공, 반복하여 확인, 보호자의 메시지를 풀어서 질문하기 등

4. 반려동물 관련 서비스 예절

구분	내용
기본 자세	• 반려동물에 대한 애정과 책임감을 가지고 보호자의 요구에 신속하고 원만한 해결방안 제시와 문제행동 해결에 적극적인 자세
기본 예절	• 고객 존중과 예의 바른 태도, 용모와 복장 단정
인사 예절	• 고객보다 먼저 인사하고 고객과의 대화에 집중하여 타이밍에 맞추어 적절히 응답 • 예의 바르고 정중하게 응대하며 미소와 밝은 표정으로 인사
악수 예절	• 악수는 윗사람이 아랫사람에게 먼저 청하며 일반적으로 오른손을 사용 • 시선은 눈 - 손 - 눈의 순서
전화 예절	• 대면 응대에 비해 경제적이고 고객의 요구를 신속 정확하게 파악하는 것이 장점 • 표정과 동작을 볼 수 없으므로 더욱 상냥하고 즉각적으로 대응 필요
이메일 및 문자 예절	• 이메일 상단에는 보내는 사람의 이름을 적음 • 제목은 명확하고 간단하게 표기하고 본문은 내용을 쉽고 명료하게 작성

(1) 서비스의 특성

무형성	서비스는 물리적으로 실체가 없으며, 경험과 결과물로 제공
변동성 (이질성)	서비스는 제공자와 수요자 간의 상호작용에 따라 경험의 질과 결과가 달라지므로 일관성을 유지하기 어려운 특성을 의미
동시성	서비스는 제공자와 소비자가 동시에 상호작용하는 과정에서 제공
소멸성	서비스는 저장이나 재고화가 어렵고, 한정된 시간 안에 소비되거나 사용
고객 중심성	고객의 요구와 기대를 충족시키기 위해 설계

(2) 서비스 품질

서비스 품질(Service + Quality)은 고객 만족과 직결되며, 서비스 제공자로부터 받은 경험의 만족도를 결정짓는 중요한 요소. 즉 고객의 사전 기대와 주관적인 지각 간의 차이에 의해 결정

SERVQUAL(Service + Quality) 모형 특징(특성)

신뢰성 (Reliability)	약속한 서비스를 일관되고 정확하게 서비스를 제공할 수 있는 능력
반응성 (Responsiveness)	고객의 요구, 불만, 문의에 신속하고 적절하게 대응하는 능력
보장성(확신성) (Assurance)	지식, 공손함, 신용도, 안정성 등 고객에서 믿음을 줄 수 있는 능력
공감성 (Empapthy)	고객의 요구를 이해하고 고객의 감정과 상황을 공감하는 능력, 접근 가능성, 커뮤니케이션, 고객의 이해
유형성 (Tangibility)	시설, 장비, 인력, 인테리어 분위기, 홍보물 등 외형적 요소

(3) 고객 만족 서비스 경영의 요소

고객 만족 서비스 경영이란 기업이 고객과 더불어 지속적으로 성장하기 위한 경영 전략을 의미

인적 요소	• 서비스 제공자의 태도로 전문적인 응대와 친절, 칭찬과 배려, 서비스 매너 등과 고객 중심의 서비스 마인드를 의미
물리적 요소	• 상품의 품질, 물리적 환경 등으로 성능, 기능을 비롯하여 장비, 도구, 인테리어, 표식 등과 같은 이용자에게 편의를 제공하는 부대시설
기능적 서비스	• 효율적이고 효과적인 서비스 전달 시스템을 의미 • 사업장 분위기의 쾌적성, 호감도, 서비스 처리 과정의 체계화, 문제처리 능력, 신속성과 정확성, 의사소통에 의한 공감과 배려

(4) 고객 만족

고객의 구매 행동패턴

문제인식 ➡ 정보탐색 ➡ 대안의 평가 ➡ 구매 ➡ 구매 후 행동

- 고객 만족의 기준은 기대치와 결과치에 대한 관계, 기대치보다 결과치가 높을 때 대만족, 결과치가 기대치에 많이 부족할 때 불만족의 형태를 나타남
- 고객을 만족시킴으로써 고객유지(retention), 연계판매(related sales), 긍정적인 입소문과 추천(주위 권유, referral)로 나타남

① 고객 접점 관리(서비스 과정)

- MOT(Moment of truth, 결정적 순간)
- MOT의 3요소

고객 접점 3요소	훈련소 요소
인적 요소	행동지도사의 전문성이 드러나는 상담 및 훈련 기술
시설적 요소	주차시설, 입구 간판, 쾌적하고 편리한 시설
제도적 요소	필요한 훈련 장비 구비, 안내문, 신속한 업무처리

- MOT의 사례, 고객 접점의 요소 사례

(시작부터 마무리되는 과정의 매 순간을 보여준 도구)

- ▸ 전화가 결려왔을 때 응대
- ▸ 보호자가 매장에 들어오는 순간
- ▸ 보호자와 직원이 시선이 마주치는 순간
- ▸ 직원이 보호자에게 인사하는 순간

- 직원이 보호자와 민원을 상담하는 순간
- 보호자가 대기할 때 다과를 제공하는 순간
- 보호자가 상담실로 이동하는 순간
- 보호자의 민원을 경청하는 순간
- 보호자의 민원의 원인을 파악하는 순간
- 민원 대책을 준비한 순간
- 민원이 해결되고 마무리 순간
- 보호자를 배웅하는 순간

② 불만 고객(보호자) 민원 응대 시, MPT 기법

불만을 해결하기 위해 전담하여 해결해 줄 수 있는 경험 많은 전문가를 찾아 장소를 이동하여 시간적 여유와 변화를 주어 효과를 볼 수 있는 기법

사람(Man)	흥분한 고객을 응대하는 경우, 경험 많은 책임자가 응대
장소(Place)	민원으로 흥분하여 소리치는 고객 응대 시 안정감을 주는 장소로 이동
시간(Time)	흥분한 고객 응대 시 소요 시간 안내

③ 불만 고객(보호자) 민원 응대 7단계

1단계: 사과 – 즉각적인 사과로 고객의 마음을 달램
2단계: 경청 – 고객의 불만 사유를 진심으로 공감하며 듣기
3단계: 원인 파악 – 고객 불만의 원인이 무엇인지 파악
4단계: 해결책 찾기 – 고객의 입장에서 최적의 해결안을 찾기
5단계: 대안 제시 – 고객이 만족할 만한 해결안 제시
6단계: 실행 – 합의한 실행
7단계: 감사표현 – 고객에 대한 감사의 마음 전하기

④ 고객 민원(컴플레인) 응대의 5가지 기본원칙

1. 언어 절제의 원칙
2. 감정 통제의 원칙
3. 역지사지의 원칙
4. 피뢰침의 원칙
   고객은 개인적인 감정이 있어 화를 내는 것이 아닌 기업의 규정, 제도 등에 항의하는 것이므로 감정에 치우치지 말고 본인의 역할을 수행해야 원만한 상담 가능
5. 책임 공감의 원칙

5. 고객관계관리 마케팅(CRM, Customer Relationship Marketing)

① 고객과의 관계를 형성 · 유지 · 발전시키는 것을 강조하는 마케팅

② 고객 관련 정보처리 활동을 통해 개개인의 욕구를 이해

③ 고객관계의 단계에 따라 표적고객에 맞는 가치나 혜택을 차별 제공

④ 고객의 지속적인 재구매를 취한 고객 충성도 제고 및 유지 활동, 구매 활성화, 교차판매를 통한 구매량과 구매 횟수 증가, 장기적인 고객 확장의 극대화

더 알아보기

▣ 관계마케팅을 통한 고객 유지 방법

- 충성도 높이기
- 전환비용 높이기

6. 서비스 회복

실패한 고객 서비스에 대응하여 고객 불만을 해소하기 위한 체계적인 활동

표 5-4. 서비스 회복 방법

구분	세부내용	
문제 인식과 경청	진심 어린 정중한 사과와 경청	
공정한 해결책 제시	이행상의 공정성 (분배 공정성)	서비스 실패에 대한 고객이 받은 유 · 무형 보상에 대한 인식으로 서비스 제공자가 호의적으로 반응해 주기를 원하는 것

구분	세부내용	
	절차상의 공정성	불만을 해결하기 위해 도입된 절차가 공정했는지 여부
	상호작용의 공정성	서비스 직원과 고객과의 인간적인 상호작용 측면에서의 회복으로 직원의 반응, 사과, 공감, 도움 등 즉각적인 심리적 보상을 포함
신속한 문제 해결	접촉 수의 감소	고객을 대하는 직원의 수가 많으면 시간 허비와 심리적 불쾌감을 줌
	명료한 설명 제공	서비스 실패에 대한 보상을 명료하게 전달
	고객 중심의 대화	서비스 제공자는 고객에게 친숙한 용어를 사용해야 함. 고객 입장에서 문제를 신속하게 처리하고 고객의 말에 귀를 기울여야 함

7. 고객 응대

의사소통(커뮤니케이션)의 수단

① 언어적 의사소통(커뮤니케이션): 말이나 문서와 같이 언어나 문자를 통해 전달하는 것

② 비언어적 의사소통(커뮤니케이션): 표정, 제스처, 목소리, 말투, 몸짓, 용모, 거리 등

(1) 커뮤니케이션(의사소통)의 의미와 특징

① 정의

- 정보, 지식, 가치관, 기호, 감정, 태도 등을 음성이나 문자 등을 통해 전달·교환함으로써 공감대를 형성하는 의사결정과정
- 쌍방향으로 진행되는 활동
- 고객으로부터 정확한 정보를 얻는 수단
- 목적은 영향력 행사, 정보 교환, 감정 표현, 의사소통, 관계 유지

② 특징

- 서로의 행동에 영향을 미침

• 오류와 장애 발생 가능
• 수단과 형식은 유동적
• 순기능과 역기능이 존재
• 정보 교환하고 의미 부여

③ 효과적인 커뮤니케이션(GAME)

목적(Goal)	목적을 결정하여 무엇을 얻고자 하는지 명확히 설정
상대(Audience)	상대방의 특성과 감정 상태를 파악하여 소통에 알맞은 방식 사용
정보(Message)	상대방에게 전달하고자 하는 명확한 메시지를 확인
표현(Expression)	상대방 관점에서 이해하고 어떤 식으로 메시지를 전달할 것인지 결정

(2) 언어적 커뮤니케이션

① 언어적 커뮤니케이션의 특징

• 인간의 반응에 역동적으로 작용
• 인간관계 안에서 행하여짐
• 정보와 지식을 다루는 방법을 알 수 있음
• 대상을 보는 안목을 다룸
• 정보의 내적 의미 발견과 내용에 대한 해석 가능

② 화법의 종류: 반려견 보호자 응대 언어적 소통의 활용 예

신뢰 화법	대화를 통하여 상대방에게 신뢰를 얻는 것이다. 예) ○○이는 각질이 많이 생기는 것 같아요. 대체) 맞아요! ○○이는 말씀하신 것처럼 각질이 많이 생겨서 속상해요.
쿠션 화법	부드러운 언어로 감정을 상하지 않게 표현한다. 예) 기다리세요. 대체) 죄송하지만 잠시만 기다려 주시겠어요? 실례합니다만/죄송합니다만/공교롭게도/유감스럽지만/안타깝습니다만
칭찬 화법	상대방의 좋은 점, 잘하는 점을 긍정적으로 표현한다. 예) 왜 선생님은 매일 실없이 웃고 다녀요? 대체) 김 선생님 환한 미소 덕분에 고객님들 기분까지 좋아진다고 하네요! 늘 고마워요!

긍정 화법	대화에서 피드백, 메시지를 긍정적으로 표현한다. 예) 고객님, 여기는 금연구역입니다. 대체) 고객님, 여기는 금연구역입니다. 번거로우시겠지만 1층 흡연구역을 이용해 주시기 바랍니다.
청유형, 의뢰형 화법 (레어드화법, 질문법)	화법을 명령이 아닌 부탁, 공유로 표현한다. 예) 기다리세요! 대체) 잠시만 기다려 주시겠어요?
아론슨 화법	칭찬보다 부정적 피드백을 받은 후 긍정적으로 표현한다. 예) ○○님, ○○전용 샴푸가 너무 비싸요! 대체) ○○전용 샴푸는 ○○이 피모에 좋은 제품입니다. 품질이 최고입니다.
전달 화법 I–Message	상대를 탓하기보다는 나의 감정을 전달한다. 예) 전화를 왜 늦게 받니? 대체) 무슨 일 있었니? 전화를 늦게 받아서 걱정했어.
Yes/But 화법	상대의 의견이나 진술 내용을 존중하고 인정해 주는 화법 예) '틀렸다', '아니다'라고 반박하지 않고 '그 말도 일리가 있지만, 저의 의견은 ——입니다.'
맞장구 화법 (경청 화법)	고객의 이야기를 관심 있게 열심히 듣고 있다는 것을 고객에게 전하는 가장 효과적인 방법 예) 정말요? / 정말 그렇겠군요. 저도 그럴 때가 있어요. / 오호 등

③ 언어적 커뮤니케이션 시 유의사항

- 대화를 시작하는 한마디를 (중요 발언) 기억한다.
- 명료하고 밝은 목소리로 표현한다. 정확한 발음과 적절한 속도로 말하는 습관을 기른다. 중요한 단어에는 강세를 주는 것도 좋은 방법이다.
- 바른 자세와 공손한 표현을 사용한다.

④ 효과적인 화법의 3요소: 성실성, 명료성, 직접성

⑤ 청자의 듣기 핵심 3요소: 파악, 이해, 반응

⑥ 말하기

- 너무 장황하게 설명하지 않는다.
- 보호자가 사용하는 용어를 활용한다.
- 부정적인 단어를 사용하지 않는다.
- 경어를 사용한다.

⑦ 듣기

- 보호자의 발언에 호응하며 부연 설명을 한다.
- 보호자의 말에 내포된 의미를 파악한다.
- 보호자의 의견에서 칭찬할 내용을 찾는다.
- 보호자의 관심사에 공감한다.
- 보호자의 의견을 구한다.

(3) 비언어적 커뮤니케이션

① 비언어적 커뮤니케이션의 특징

- 말로 하는 의사소통을 제외한 모든 수단으로 자세와 동작, 얼굴표정, 눈맞춤, 용모 등
- 자신의 비언어적 의사소통과 언어적 의사소통의 내용이 상반된 메시지를 전달하는지 주의
- 음성의 고저, 표정, 몸짓, 자세, 눈치 등
- 긍정적 행동 단서: 미소 짓기, 짧게 눈 마주치기, 고개를 끄덕이기 등
- 부정적 행동 단서: 손가락 또는 물건으로 지적하기, 팔짱을 끼거나 주머니에 손 넣기 등

② 비언어적 커뮤니케이션의 종류

종류	내용
어조 (의사언어)	• 언어적 내용을 보충하고, 의미를 완결시키는 역할을 함 • 목소리의 톤, 크기, 빠르기, 억양 등이 해당 • 목소리를 통한 언어 단서가 상담에서 중요한 이유는 상호작용을 유지, 보호자의 심리상태, 정서상태를 파악 가능하기 때문
보디랭귀지 (신체언어, 얼굴표정 등)	• 얼굴표정, 몸의 위치, 몸의 자세나 방향, 몸짓, 눈, 고개의 움직임 등 신체적 움직임을 통한 비언어적 신호 • 공감을 나타내는 표현 중 침묵도 포함
공간과 거리	• 자신과 상대방과의 거리는 매우 중요한 요소, 개인별 거리는 친밀감을 표현하는 척도 • 친밀한 거리 45cm 이내로 신체적 접촉 허용거리, 개인별 거리 45cm에서 1m 거리로 가족이나 친한 친구, 사회적 거리는 1m에서 3m 거리로 사회적 · 공식적 · 비공식적 관계를 표현하는 거리, 공적거리 3m 이상으로 연설, 강의 등 대중과의 거리

종류	내용
옷차림 (용모, 외양), 태도	• 긍정적인 이미지와 고객의 태도를 변화시키는 데 중요한 부분 • 상황에 맞는 복장과 깔끔한 외모는 상대방에게 신뢰감을 얻을 수 있음 • 자신의 인격과 근무하는 직장의 이미지를 고려 • 경직되지 않으면서 예의 바른 태도

③ 메라비언의 법칙(The Law of Mehrabian)

미국의 심리학자 앨버트 메라비언(Albert Mehrabian)은 타인과의 커뮤니케이션의 정보량은 다음과 같은 요소에 의해 형성된다고 하였다.

- 시각적(표정, 시선, 자세, 용모, 복장, 동작, 걸음걸이, 태도 등) 요소: 55%
- 청각적(음성, 호흡, 말씨, 억양, 속도 등) 요소: 38%
- 언어적(말의 내용, 전문지식, 숙련된 기술 등) 요소: 7%

④ 다니엘 골먼(Daniel Goleman)의 감성 지능

자아인식력	자신의 감정, 기분, 취향 등이 타인에게 미치는 영향을 인식하고 이해 능력
자기조절력	행동에 앞서 생각하고 판단을 유보하는 능력, 부정적 기분이나 행동을 통제 혹은 전환할 수 있는 능력
동기부여 능력	돈, 명예와 같은 외적 보상이 아니라 스스로의 흥미와 즐거움에 따라 과제를 수행하는 능력
감정이입 능력	다른 사람의 감정을 이해하고 헤아리는 능력
사교성 (대인관계 기술)	인간관계를 형성, 관리 및 타인 감성에 적절히 대처하는 능력

(4) 커뮤니케이션에 대한 송신자/수신자 장애요인

수신자	송신자
선입관	대인감수성 부족
선택적 청취	준거 틀의 차이
신뢰도 결핍	커뮤니케이션 기술의 부족
반응적 피드백의 부족	정보의 여과
평가적 경향	

Chapter 05

고객 상담

단 답 형 문 제

01 다음 빈칸에 들어갈 용어를 답하세요.

( )은(는) 도움을 필요로 하는 사람(보호자)이 전문적으로 훈련을 받은 사람(행동지도사)과의 대면 관계에서 생활과제의 해결, 사고, 행동 및 감정 측면의 인간적 성장을 위해 노력하는 학습 과정이다.

02 상담의 기술 6가지를 답하세요.

03 경청의 요소 4가지를 답하세요.

04~05 다음 빈칸에 들어갈 용어를 답하세요.

04 ( )은(는) '예', '아니요'로 답할 수 있는 질문 방법이다. **05** ( )은(는) 의견, 느낌 등을 자유롭게 답할 수 있는 질문 방법이다.

06 다음 빈칸에 들어갈 용어를 답하세요.

( )은(는) 타인의 행동에 대한 자신의 반응을 솔직하게 이야기해 주는 과정이다. 왜곡된 면과 과거의 실수를 바로잡게 하는 목적이 있다. ( )을(를) 통해 현실적이고 객관적인 시각을 가지게 된다.

07 보호자 교육 상담의 순서로 다음 빈칸에 들어갈 용어를 답하세요.

요구파악 – 문제파악 – ( ) – 해결책 제안 – 실행 계획 수립 – 계약 실행

08~12 다음 빈칸에 들어갈 용어를 답하세요.

08 (　　　)은(는) 보호자와 친밀감을 형성하고 긍정적 상담 분위기를 조성하는 상담의 기본 기술이다. 보호자의 흥미를 유발한다.

09 (　　　)은(는) 보호자로 하여금 말하고 싶도록 하는 상담의 기본 기술이다. 편하게 느끼도록 하고, 지속적으로 참여하도록 한다.

10 (　　　)은(는) 보호자로부터 요구사항 및 정보를 획득하는 상담의 기본 기술이다.

11 (　　　)은(는) 상담의 내용이나 진전 상황을 명확히 하는 상담의 기본 기술이다. 보호자의 말을 경청하고 있다는 것을 보여주며 일처리를 잘하려고 한다는 것을 보여준다.

12 (　　　)은(는) 보호자가 긍정적이고 확실한 이미지를 갖도록 정보를 제공하는 상담의 기본 기술이다. 보호자의 욕구를 충족시킬 수 있다는 것을 분명하고 간결하게 보여준다.

13~14 다음 빈칸에 들어갈 용어를 답하세요.

13 (　　　) 듣기는 침묵의 기술로 침묵은 메시지를 수용하고 있다는 느낌과 신뢰를 전달, 이때 침묵에 대해 불편해하거나 무관심의 표현으로 받아들이지 않도록 주의해야 한다.

14 (　　　) 듣기는 피드백 제공, 반복하여 확인, 보호자의 메시지를 풀어서 질문하기 등이다.

15~19 서비스의 특성으로 빈칸에 알맞은 용어를 답하세요.

15 (　　　) 서비스는 물리적으로 실체가 없으며, 경험과 결과물로 제공

16 (　　　) 서비스는 제공자와 수요자 간의 상호작용에 따라 경험의 질과 결과가 달라지므로 일관성을 유지하기 어려운 특성을 의미

17 (　　　) 서비스는 제공자와 소비자가 동시에 상호작용하는 과정에서 제공

18 (　　　) 서비스는 저장이나 재고화가 어렵고, 한정된 시간 안에 소비되거나 사용

19 (　　　) 고객의 요구와 기대를 충족시키기 위해 설계

20~24 SERVQUAL(Service + Quality) 모형 특징(특성)으로 빈칸에 알맞은 용어를 답하세요.

20 (　　　) 약속한 서비스를 일관되고 정확하게 서비스를 제공할 수 있는 능력

21 (　　　) 고객의 요구, 불만, 문의에 신속하고 적절하게 대응하는 능력

22 (　　　) 지식, 공손함, 신용도, 안정성 등 고객에서 믿음을 줄 수 있는 능력

23 (　　　) 고객의 요구를 이해하고 고객의 감정과 상황을 공감하는 능력, 접근 가능성, 커뮤니케이션, 고객의 이해

24 (　　　) 시설, 장비, 인력, 인테리어 분위기, 홍보물 등 외형적 요소

25~27 고객 접점 관리(서비스 과정)의 MOT(Moment of truth)의 3요소에 대한 설명으로 빈칸에 알맞은 용어를 답하세요.

> **25** (　　　) 행동지도사의 전문성이 드러나는 상담 및 훈련 기술
>
> **26** (　　　) 주차시설, 입구간판, 쾌적하고 편리한 시설
>
> **27** (　　　) 필요한 훈련 장비 구비, 안내문, 신속한 업무처리

28~30 불만 고객(보호자) 민원 응대 시 MPT 기법에 대한 설명으로 빈칸에 알맞은 용어를 답하세요.

> **28** (　　　) 흥분한 고객을 응대하는 경우, 경험 많은 책임자가 응대한다.
>
> **29** (　　　) 민원으로 흥분하여 소리치는 고객 응대 시 안정감을 주는 장소로 이동한다.
>
> **30** (　　　) 흥분한 고객 응대 시 소요 시간을 안내한다.

31 불만 고객(보호자) 민원 응대 7단계의 순서로 빈칸에 알맞은 용어를 답하세요.

> 1단계: 사과 - 2단계: (　　　) - 3단계: 원인 파악 - 4단계: 해결책 찾기 - 5단계: 대안 제시 - 6단계: 실행 - 7단계: 감사표현

32 불만 고객(보호자) 민원 응대의 5가지 기본원칙을 답하세요.

33~34 다음 빈칸에 들어갈 용어를 답하세요.

> **33** (　　　) 의사소통은 말이나 문서와 같이 언어나 문자를 통해 전달하는 것이다.
>
> **34** (　　　) 의사소통은 표정, 제스처, 목소리, 말투, 몸짓, 용모, 공간(거리) 등이다.

35~38 효과적인 커뮤니케이션의 4가지 요소로 빈칸에 알맞은 용어를 답하세요.

> **35** (　　　) 목적을 결정하여 무엇을 얻고자 하는지 명확히 설정한다.
>
> **36** (　　　) 상대방의 특성과 감정 상태를 파악하여 소통에 알맞은 방식을 사용한다.
>
> **37** (　　　) 상대방에게 전달하고자 하는 명확한 메시지를 확인한다.
>
> **38** (　　　) 상대방 관점에서 이해하고 어떤 식으로 메시지를 전달할 것인지 결정한다.

39~45 효과적인 커뮤니케이션의 4가지 요소로 빈칸에 알맞은 용어를 답하세요.

> **39** (　　　) 대화를 통하여 상대방에게 신뢰를 얻는 것이다.
> 예) ○○이는 각질이 많이 생기는 것 같아요.
> 대체) 맞아요! ○○이는 말씀하신 것처럼 각질이 많이 생겨서 속상해요.
>
> **40** (　　　) 부드러운 언어로 감정을 상하지 않게 표현한다.
> 예) 기다리세요.
> 대체) 죄송하지만 잠시만 기다려 주시겠어요?
> 실례합니다만/죄송합니다만/공교롭게도/유감스럽지만/안타깝습니다만

41 (　　　) 상대방의 좋은 점, 잘하는 점을 긍정적으로 표현한다.
예) 왜 선생님은 매일 실없이 웃고 다녀요?
대체) 김 선생님 환한 미소 덕분에 고객님들 기분까지 좋아진다고 하네요! 늘 고마워요!

42 (　　　) 대화에서 피드백, 메시지를 긍정적으로 표현한다.
예) 고객님, 여기는 금연구역입니다.
대체) 고객님, 여기는 금연구역입니다. 번거로우시겠지만 1층 흡연구역을 이용해 주시기 바랍니다.

43 (　　　) 화법 명령이 아닌 부탁, 공유로 표현한다.
예) 기다리세요!
대체) 잠시만 기다려 주시겠어요?

44 (　　　) 칭찬보다 부정적 피드백을 받은 후 긍정적으로 표현한다.
예) ○○님, ○○전용 샴푸가 너무 비싸요!
대체) ○○전용 샴푸는 ○○이 피모에 좋은 제품입니다. 품질이 최고입니다.

45 (　　　) 상대를 탓하기보다는 나의 감정을 전달한다.
예) 전화를 왜 늦게 받니?
대체) 무슨 일 있었니? 전화를 늦게 받아서 걱정했어.

46~48 다음 빈칸에 들어갈 용어를 답하세요.

미국의 심리학자 앨버트 메라비언은 커뮤니케이션의 정보량을 (**46**　　　) 요소가 55%, (**47**　　　) 요소가 38%, (**48**　　　) 요소가 7%라고 주장하였다.

49~53 다음은 다니엘 골먼(Daniel Goleman)의 감성지능에 대한 설명이다. 빈칸에 들어갈 용어를 답하세요.

> **49** (　　　) 자신의 감정, 기분, 취향 등이 타인에게 미치는 영향을 인식, 이해하는 능력
>
> **50** (　　　) 행동에 앞서 생각하고 판단을 유보하는 능력, 부정적 기분이나 행동을 통제 혹은 전환할 수 있는 능력
>
> **51** (　　　) 돈, 명예와 같은 외적 보상이 아니라 스스로의 흥미와 즐거움에 따라 과제를 수행하는 능력
>
> **52** (　　　) 다른 사람의 감정을 이해하고 공감하는 능력
>
> **53** (　　　) 인간관계를 형성, 관리 및 타인 감성에 적절히 대처하는 능력

정답

01 상담
02 ① 경청 ② 공감적 이해 ③ 설명과 해석 ④ 질문 ⑤ 피드백 제공 ⑥ 문제해결 지향적 접근
03 ① 청취 ② 이해 ③ 기억 ④ 반응
04 폐쇄형 질문
05 개방형 질문
06 피드백
07 행동분석
08 연결
09 촉진
10 질문
11 확인
12 제공
13 수동적
14 능동적
15 무형성
16 변동성(이질성)
17 동시성
18 소멸성
19 고객중심성
20 신뢰성
21 반응성
22 보장성(확신성)
23 공감성
24 유형성
25 인적 요소
26 시설적 요소
27 제도적 요소
28 Man(사람)
29 Place(장소)
30 Time(시간)
31 경청
32 ① 언어절제의 원칙 ② 감정통제의 원칙 ③ 역지사지의 원칙 ④ 피뢰침의 원칙 ⑤ 책임 공감의 원칙
33 언어적
34 비언어적
35 목적(Goal)
36 상대(Audience)
37 정보(Message)
38 표현(Expression)
39 신뢰화법
40 쿠션화법
41 칭찬화법
42 긍정화법
43 청유형(의뢰형)화법, 레어드화법
44 아론슨 화법
45 전달화법(I–Message)
46 시각적
47 청각적
48 언어적
49 자아인식력
50 자기조절력
51 동기부여 능력
52 감정이입 능력
53 사교성(대인관계 기술)

Chapter 06

반려견 위탁서비스

1. 반려견 위탁시설 종류 및 서비스

(1) 반려견 훈련소

반려견 기초 훈련 및 사회화 과정이나 문제행동 교정, 독 스포츠, 특수목적견 훈련 등을 하는 위탁시설

① 보호자와 반려견이 방문하는 형태의 훈련

② 훈련소에 일정 기간 반려견을 위탁하는 훈련

③ 고객의 요구에 따라 출장 훈련

(2) 반려견 유치원

반려견 돌봄 및 교육 서비스를 제공하는 위탁시설

① 단순한 돌봄 서비스 제공

② 놀이, 예절교육, 사회화 교육, 기본 복종 교육 등을 제공

(3) 반려견 호텔

보호자의 사정으로 반려견을 돌볼 수 없는 경우, 반려견에게 음식과 보금자리 공간을 제공, 반려견의 운동과 산책을 통해 건강 관리하는 서비스를 제공하는 위탁시설

① 식사, 교육, 산책, 운동, 보디케어, 병원 회진 등의 관리

(4) 반려견 방문 펫시터

반려견을 대상으로 실내 돌봄, 산책, 교육, 호텔 등의 개별 서비스를 방문하여 서비스 제공

(5) 반려견 카페, 반려견 동반 숙박시설

보호자의 관리하에 반려견과 이용할 수 있는 편의시설과 서비스 제공

2. 반려견 위탁시설의 서비스 관리

- 반려견이 위탁시설을 이용할 때는 안정감을 느낄 수 있도록 기본적인 환경 조성 필요
- 반려견의 안전과 건강에 주안점을 두고 시설을 점검하고 준비
- 반려견이 위탁시설에 입소 시 기관에서도 보호자와 충분한 사전 상담을 통해 보호자의 요구사항 및 반려견의 특성, 종류와 성향 등을 파악하여 반려견에게 편안한 환경을 제공하고 안전한 생활을 할 수 있도록 함

(1) 반려견에게 알맞은 위탁 환경시설의 완비

동물보호법 시행규칙에 동물 관련 영업별 시설 및 인력 기준이 제시된 것을 준수

동물보호법 시행규칙 제43조(등록영업의 세부 범위)
법 제73조제2항에 따른 등록영업의 세부 범위는 다음 각 호의 구분에 따른다.
2. 동물위탁관리업: 반려동물 소유자의 위탁을 받아 반려동물을 영업장 내에서 일시적으로 사육, 훈련 또는 보호하는 영업

① 이중 출입문과 잠금장치 설치

반려견의 탈출 방지와 안전을 위해 이중 출입문의 높이는 반려견이 쉽게 넘을 수 없는 높이로 설치하고 잠금장치는 쉽게 밀어서 열 수 없도록 설치

② 위탁 관리실과 고객 응대실의 분리

- 고객 응대실은 방문고객이 편안하게 상담할 수 있도록 깨끗한 환경과 조용한 곳에 위치
- 상담은 보호자와 반려견에게 도움을 주기 위한 과정으로 상담이 가능한 인력을 배치하여 상담 진행
- 다과와 음료를 준비하여 분위기를 부드럽게 조성

③ 반려견 개별 휴식실 설치

- 반려견의 견종, 성향, 체고를 고려하여 주거시설을 준비
- 운동량, 교육 방법, 놀이기구 사용 방법 등을 고려하여 환경시설 조성
- 실외견사와 실내견사로 구성하는 것이 좋으며, 반려견의 체형과 체고에 맞도록 견사 설계
- 실내견사는 벽돌, 목재, 철망, 스테인리스 등 다양한 재질 사용, 냉난방 시설 구비
- 실외견사는 철골, 철망, 목재, 플라스틱, 벽돌 등 다양한 재질 사용, 충분한 운동가능 공간을 확보하여 바닥은 콘크리트, 에폭시, 타일 등 청소에 용이한 재질로 시공

④ 폐쇄회로(CCTV) 설치

- 반려견의 안전과 보안을 위해 CCTV 설치
- 설치 후에는 개인정보보호법 제25조 제4항에 따라 CCTV 설치 안내문을 부착
- 안내문 안에는 설치 목적 및 장소, 촬영범위 및 시간, 관리책임자의 성명과 연락처 포함

⑤ 전문 인력 배치

반려견 관리가 가능한 훈련사, 행동지도사나 전문성을 갖춘 인력을 20마리당 1명 이상 배치

⑥ 동물병원의 위탁시설

동물병원을 같이 운영하는 경우 동물의 위탁 관리실과 동물병원의 입원실을 분리 또는 구획하여야 함. 상담실은 함께 사용하여도 됨

동물보호법 시행규칙 [별표 11] 등록영업의 시설 및 인력 기준(제44조 관련)

1. 공통 기준
   - 가. 영업장은 독립된 건물이거나 다른 용도로 사용되는 시설과 같은 건물에 있을 경우에는 해당 시설과 분리(벽이나 층 등으로 나누어진 경우를 말한다. 이하 같다)되어야 한다. 다만, 다음의 경우에는 분리하지 않을 수 있다.
     - 1) 영업장과 동물병원의 시설이 함께 있는 경우
     - 2) 영업장과 금붕어, 앵무새, 이구아나 및 거북이 등을 판매하는 시설이 함께 있는 경우
   - 나. 영업시설은 동물의 습성 및 특징에 따라 채광 및 환기가 잘 되어야 하고, 동물을 위생적으로 건강하게 관리할 수 있도록 온도와 습도 조절이 가능해야 한다.
   - 다. 청결 유지와 위생 관리에 필요한 급수시설 및 배수시설을 갖춰야 하고, 바닥은 청소와 소독을 쉽게 할 수 있고 동물들이 다칠 우려가 없는 재질이어야 한다.
   - 라. 설치류나 해충 등의 출입을 막을 수 있는 설비를 해야 하고, 소독약과 소독장비를 갖추고 정기적으로 청소 및 소독을 실시해야 한다.
   - 마. 영업장에는 「소방시설 설치 및 관리에 관한 법률」 제12조에 따라 소방시설을 화재안전기준에 적합하게 설치 또는 유지 · 관리해야 한다.
2. 개별 기준
   - 나. 동물위탁관리업
     - 1) 동물의 위탁관리실과 고객응대실은 분리, 구획 또는 구분되어야 한다. 다만, 동물판매업, 동물전시업 또는 동물병원을 같이 하는 경우에는 고객응대실을 공동으로 이용 가능
     - 2) 위탁관리하는 동물을 위한 개별 휴식실 구비, 사료와 물을 주기 위한 설비 구비
     - 3) 위탁관리하는 동물이 영업장 밖으로 나가지 않도록 출입구에 이중문과 잠금장치를 설치
     - 4) 동물병원을 같이 하는 경우 동물의 위탁관리실과 동물병원의 입원실은 분리 또는 구획
     - 5) 개 또는 고양이 20마리당 1명 이상의 관리 인력을 확보
     - 6) 영 별표 3에 따라 고정형 영상정보처리기기를 설치 · 관리할 것

견종 및 성향에 따른 환경 조성

반려견을 소형견, 중소형견, 중형견, 중대형견, 대형견으로 나누고 크기별과 체중별로 세분화하여 환경을 조성

1. 반려견의 크기와 체중별로 집(하우스) 급수량, 식수대, 식사량, 운동 시간 및 운동량 등의 환경을 조성해야 한다.
   - (1) 집(하우스)은 반려견이 편안한 자세로 움직이며 일상적인 동작을 하는 데 지장이 없는 크기
   - (2) 밥그릇과 물그릇은 반려견의 머리가 그릇에 충분히 들어갈 수 있는 크기
   - (3) 물은 상시로 채워주어야 하며, 채울 때에는 그릇 속에 남은 물을 버린 후 채워주어야 함
   - (4) 식사는 견의 크기와 건강 상태, 나이별로 하루 1~3번 정도 주고, 성격이 급한 반려견은 목매임을 방지를 위하여 사료의 알맹이가 큰 것으로 급여

(5) 운동 시간은 반려견의 크기별로 하루 최소 1~3시간 이상이 되어야 하며 운동 시 햇빛에는 최소 2시간 이상을 노출
(6) 배변은 실내, 실외로 나누고 반려견의 크기, 나이에 따라 하루 1~3회 이상 해줘야 하며 실내 배변 시나 야외 운동장에서는 배변 장소를 별도로 마련해 주는 것이 좋음
(7) 반려견이 부상을 당할 경우를 대비하여 구급상자를 항시 비치해야 하고, 신속한 치료와 그 밖의 조치를 취하여야 함

(2) 법정 시설 외 편안한 서비스를 위한 시설 설치

① 반려견의 운동, 교육, 놀이기구 사용 등을 고려하여 환경시설을 조성하며, 필요에 따라 야외 운동장이나 실내 운동장을 설치하도록 한다. 운동장은 잔디나 인조 잔디 등을 깔아 반려견이 편리하게 이용하도록 한다. 이때 울타리를 설치한다.

② 반려견 산책을 위한 반려견의 체형에 맞는 목줄과 목 끈을 준비한다.

③ 반려견 이동 시 필요한 이동장을 준비한다.

④ 맹견이나 사나운 개의 관리를 위해 입마개, 목줄, 엘리자베스 칼라 등을 준비한다.

⑤ 사료 및 음식의 보관은 안전을 위해 반려견별로 관리하여 플라스틱, 고무, 스테인리스 사료 통을 이용하거나 밀봉하도록 하여 변질되는 것을 막는다.

⑥ 반려견의 다양한 놀이와 목적에 맞는 훈련을 위해 적합한 장비를 준비하며, 장비의 위생과 파손 여부를 점검하도록 한다.

⑦ 비상 상황 시 업무분장 작성과 소방시설 점검을 하도록 한다. 화재 시나 응급상황에 대비하여 유관기관의 비상 연락망을 작성해 놓도록 한다.

⑧ 안전관리를 위해 표를 작성하여 관리하도록 한다.

⑨ 미용 시에는 소독기와 자외선 살균기 등 미용도구를 소독하는 장비와 미용 작업대를 준비한다.

⑩ 미용 작업실에 동물의 목욕에 필요한 충분한 크기의 욕조, 급수, 배수시설, 냉온수 설비 및 드라이 룸, 드라이기 등을 준비한다.

3. 고객 상담 환경

(1) 상담 환경

① 상담실 환경조성: 상담실 환경은 서비스 품질에 영향을 미치는 중요한 요인. 위치나 분위기 등은 상담자의 태도 못지않게 서비스 품질에 중요한 비중을 차지

② 상담실의 청소 및 위생상태: 깨끗한 청소상태와 비품 정리, 환기 등이 필요

③ 반려견이 편의를 위한 공간: 반려견 편의를 위한 공간 마련, 배변봉투, 위생용품, 물과 급식대 등 배치 필요

④ 물적 서비스 제공: 관련 서적, 비디오 등 볼거리와 다과 및 음료 제공, 고객이 대기시간이나 상담 후에도 서비스를 받고 있다는 생각이 들도록 함

(2) 서비스 제공자의 준비

① 깔끔한 복장: 예의에 어긋나지 않는 옷차림이 전문가적 신뢰감

② 바른 자세: 상체를 펴고 의자에 바르게 앉도록 함. 얼굴표정과 고개, 손 위치, 아이 콘택트

③ 바른 커뮤니케이션 사용: 말씨, 목소리, 표정 등이 중요

④ 상담 자료 준비: 프로그램 과정, 과정별 일과표, 훈련계획, 가격표 등 필요한 자료 비치

4. 반려견 위탁시설에서 고객만족

- 보호자들은 훈련과 행동교정 서비스의 만족 정도, 교육 서비스 등의 만족 정도를 고려하여 시설 선택
- 고객 만족이 재구매와 구전효과에 지대한 영향을 미침

(1) 반려견 위탁시설 이용의 만족 요소

① 서비스의 가장 중요한 조건은 기대에 맞는 결과를 얻기 위해 전문적인 실력을 갖추는 것이지만 실력의 차이가 거의 나지 않는 동종 업종 및 동일한 시설을 갖춘 곳과 경쟁해야 한다면, 나머지 프로세스 품질에 포커스 필요

② 고객 접점의 순간 훈련(교육)의 과정에서 MOT를 구체적으로 파악하여 순간마다 만족을 결정하는 요소임을 명심

(2) 총체적 고객 만족 경영 시스템 구축

① 반려견 위탁시설은 서비스업의 한 형태로 무형성, 비분리성(동질성), 이질성, 소멸성 등 서비스의 특징이 그대로 적용되는 업종

② 보호자의 요구에 맞는 교육 서비스를 제공하느냐, 부대적인 서비스, 즉 모든 직원의 태도, 감정 상태에 따라 서비스의 질이 결정되기도 함

5. 반려견 위탁시설 고객관리 및 상담

보호자와의 상담을 통해 반려견의 관리 상태를 파악하고 체크리스트에 기록

(1) 보호자와의 상담 기본사항

① 입소 시 주거, 급식에 대해 설명한다.

② 운동 및 산책의 과정을 설명한다.

③ 동물보호법에서 규정한 내용과 준수 방법을 설명한다.

④ 질병 예방에 대한 개념과 필요성을 설명한다.

⑤ 기본 예방접종에 대해 설명한다.

⑥ 내외부 기생충 예방에 대해 설명한다.

⑦ 중성화 수술의 장단점과 개선 방법을 설명한다.

⑧ 목욕 및 털 관리 등의 위생관리 방법을 설명한다.

⑨ 신체검사 후 질병이 의심되는 경우 개선 방법에 대해 보호자에게 설명한다.

⑩ 전염병에 걸리거나 전염병이 의심되면 격리나 귀가 조치할 수 있음을 설명한다.

⑪ 기본예절 교육의 개념과 개선 방법을 설명한다.

⑫ 문제행동 교정의 개념과 개선 방법을 설명한다.

(2) 반려견 위탁 생활관리

① 반려견 안전관리: 시설의 관리와 위생, 안전, 소방시설 관리

시설물 관리	급수와 배수, 냉난방, 환기 등 건축물에 의한 원인과 미끄러운 바닥, 소독제, 손세정제 등과 같은 위험한 물건의 부주의한 관리로 사고 발생 가능
반려견 관리	탈출, 도난, 부상 및 질병 등이 발생 가능

② 위탁 시 반려견 건강관리

- 예방접종 및 기생충 예방
- 신체검사(활력징후(TPR) - 건강 상태 파악)

③ 문서작성 및 문서관리

- 체계적인 서비스의 표준화를 위해 문서의 표준화(상담, 입소, 퇴소, 사후 관리과정)
- 문서관리는 서비스 품질 향상과 분쟁 시 증거자료로 사용 가능

Chapter 06 반려견 위탁서비스

단답형문제

01 다음 빈칸에 들어갈 용어를 답하세요.

> (　　)은(는) 반려동물 소유자의 위탁을 받아 반려동물을 영업장 내에서 일시적으로 사육, 훈련 또는 보호하는 영업을 의미한다.

02 반려견 위탁시설의 서비스 관리에서 전문인력 배치는 개 또는 고양이 몇 마리당 몇 명 이상을 배치해야 하는가?

03 다음 빈칸에 들어갈 내용을 답하세요.

> 반려견의 운동 시간은 반려견의 크기별로 하루 최소 (　　)시간 이상 되어야 하며 운동 시 햇빛에는 최소한 (　　)시간 이상 노출해야 한다.

정답

01 동물위탁관리업
02 20마리당 1명 이상 배치
03 1~3, 2

Chapter 07

사후관리

1. 사후관리 서비스

(1) 사후 일반 관리

① 반려견 보호자에게 정보 전달

- 문자, 전화, 이메일 등을 통해 안부인사 전달
- 2차, 3차 교육 내용 및 정보 안내
- 반려견 건강관리를 위한 정보 전달
- 반려견 관련 행사 프로그램 등 안내

② 보호자 민원 사항 관리

- 반려견 문제행동에 대한 원인 분석
  - ▸ 교육받은 내용을 지속적으로 실행하고 있는지 확인
  - ▸ 반려견과 신뢰관계 지속 여부 확인
  - ▸ 반려견 건강상태 확인
  - ▸ 보호자와의 상담, 기록 등을 바탕으로 원인 분석
- 민원에 대처방법
  - ▸ 보호자를 우선 배려하여 자세하게 설명
  - ▸ 새로운 행동수정법이나 수정방법을 상세하게 설명
  - ▸ 민원의 내용이 행동지도사의 원인이면 보호자에게 적절한 보상방법을

제시

(예: 무상 훈련 제공, 무상 보호자 교육 등)

2. 보호자 사후 불만 대응 자세

① '역지사지'의 태도

예) 보호자님 해결이 안 되어서 속상하시지요!

② 부드럽고 정확한 발음으로 배려하는 태도

예) 보호자님 더 궁금하신 점은 없으신가요?

③ 보호자의식을 가지고 대처하는 태도

예) 보호자님 이러한 방법을 한번 사용해 보시면 어떨까요?

3. 반려견 보호자 민원 유형

유형	내용
잠재 반려견 보호자	앞으로 이용 가능성이 있거나 높은 반려견 보호자
신규 반려견 보호자	서비스를 최초로 이용한 반려견 보호자
일반 반려견 보호자	이용 빈도가 낮고, 다른 곳으로 서비스를 변경할 가능성이 있는 반려견 보호자
VIP 반려견 보호자	지속적으로 기관과 신뢰를 형성하며, 우호적인 반려견 보호자
불량 반려견 보호자	소비자 보호법을 악용하여 제품(반려견 샴푸) 등을 이용해 보고 상습적으로 반품하는 고객으로, 블랙 컨슈머라고 한다.
직접 반려견 보호자	서비스에 직접 참여하여 지속적으로 기관과의 신뢰를 형성하며, 우호적인 태도를 보이는 반려견 보호자
간접 반려견 보호자	최종 소비를 하는 반려견 보호자
의사결정 반려견 보호자	직접 반려견 보호자의 선택에 큰 영향을 미치거나 지불은 하지 않는 반려견 보호자

반려견 보호자로부터 폭언을 들었을 경우 대처

① 정중하고 단호한 어조로 중지 요청
② 녹음 및 녹화 안내
③ 폭력 및 협박 관련 법규 위반 안내
④ 보안요원 호출
⑤ 응대 종료

4. 언어적 소통

언어적 소통	내용
칭찬 화법	상대방의 좋은 점, 잘하는 점 긍정적으로 표현한다.
긍정 화법	대화에서 피드백, 메시지를 긍정적으로 표현한다.
쿠션 화법	부드러운 언어로 감정을 상하지 않게 표현한다.
청유형 화법	명령이 아닌 부탁, 공유로 표현한다.
전달 화법	상대를 탓하기보다는 나의 감정을 전달한다.
아론슨 화법	칭찬보다 부정적 피드백을 받은 후 긍정적으로 표현한다.
신뢰 화법	대화를 통하여 상대방에게 신뢰를 얻는 것이다.
전화 화법	목소리만으로 고객과 대화를 통하여 상대방에게 신뢰를 얻는 것이다.

Chapter 07 사후관리

단답형문제

01~04 다음 빈칸에 들어갈 용어를 답하세요.

잠재 반려견 보호자	앞으로 이용 가능성이 있거나 높은 반려견 보호자
신규 반려견 보호자	서비스를 최초로 이용한 반려견 보호자
(01) 반려견 보호자	이용 빈도가 낮고, 다른 곳으로 서비스를 변경할 가능성이 있는 반려견 보호자
VIP 반려견 보호자	지속적으로 기관과 신뢰를 형성하며, 우호적인 반려견 보호자
불량 반려견 보호자	소비자 보호법을 악용하여 제품 등을 이용해 보고 상습적으로 반품하는 고객으로 블랙컨슈머라고 한다.
(02) 반려견 보호자	서비스에 직접 참여하여 지속적으로 기관과 신뢰를 형성하며, 우호적인 태도를 보이는 반려견 보호자
(03) 반려견 보호자	최종 소비를 하는 반려견 보호자
(04) 반려견 보호자	직접 반려견 보호자의 선택에 큰 영향을 미치거나 지불은 하지 않는 반려견 보호자

정답

01 일반
02 직접
03 간접
04 의사결정

PART 5 보호자 교육 및 상담

예 상 문 제

01 **반려동물의 보호자로서의 동물보호법에서 규정하고 있는 동물보호의 기본 원칙으로 옳지 않은 것은?**

① 동물이 본래의 습성과 몸의 원형을 유지하면서 정상적으로 살 수 있도록 할 것

② 동물이 갈증 및 굶주림을 겪거나 영양이 결핍되지 아니하도록 할 것

③ 동물이 문제행동을 예방하도록 할 것

④ 동물이 고통·상해 및 질병으로부터 자유롭도록 할 것

02 **반려견 보호자 교육 목적에 대한 설명으로 옳지 않은 것은?**

① 반려견과 보호자 및 가족들과의 관계개선 방안을 찾고, 유대감을 형성하는 것

② 보호자가 반려견에 책임감을 가지고 반려견에게 우위적 관계를 형성할 수 있도록 하는 것

③ 반려견의 문제행동 교정에 보호자가 참여할 수 있는 기회를 제공하는 것

④ 문제행동을 보이는 반려견과 보호자, 전문가가 서로 협력하여 반려견과 보호자가 함께할 수 있는 방법을 찾는 것이 보호자 교육의 목표

03 **반려견 보호자 변화의 필요성을 설명하는 순서로 옳은 것은?**

(a) 반려견 보호자 요구사항을 재확인 (b) 반려견 행동 분석서를 활용하여 행동 분석 결과를 설명한다. (c) 반려견 보호자 교육을 통한 보호자 변화의 필요성을 설명한다. (d) 반려견 보호자 교육 참여 서약서를 작성한다.

① (a)-(b)-(c)-(d)
② (a)-(c)-(b)-(d)
③ (b)-(c)-(d)-(a)
④ (a)-(c)-(d)-(b)

04 반려견 보호자 교육계획 작성에 대한 설명으로 옳지 않은 것은?

① 행동지도사는 보호자와 반려견의 성향을 기초로 문제행동의 원인을 분석하고 교육 목표 설정

② 보호자의 특성으로 파악할 내용은 나이, 성별, 학력, 직업, 소득수준, 반려견에 대한 경험과 선수학습 수준 등

③ 보호자교육의 목적에 부합하는 목표를 설정하고 문제행동 교정에 대한 기대효과를 작성

④ 보호자교육 일정 및 순서와 기간을 결정하며 그에 따른 소요 경비를 산출하고, 교육진행 중 보호자와 반려견에게 발생할 수 있는 위험요인을 파악하고 대책을 준비

05 반려견 보호자 교육계획 작성 방법에 대한 순서로 옳은 것은?

(a) 반려견의 이름과 보호자 이름, 교육 시간과 교육 횟수를 작성한다.
(b) 반려견의 주요 문제행동에 대해 작성한다.
(c) 문제행동 원인에 대한 보호자의 이해도를 작성한다.
(d) 보호자교육에 대한 행동 교정 수행 원리를 제시한다.
(e) 행동 교정 교육을 위한 준비물을 파악한다.
(f) 보호자교육 후 반려견의 행동 변화에 대한 예상결과를 작성한다.
(g) 반려견의 개선된 행동에 대한 지속성을 위해 보호자가 실천해야 할 사항을 작성한다.
(h) 보호자의 성향을 기반으로 실천사항과 주의사항을 작성한다.

① (a) - (b) - (c) - (d) - (e) - (f) - (g) - (h)
② (a) - (d) - (e) - (f) - (b) - (c) - (g) - (h)
③ (a) - (d) - (e) - (b) - (c) - (f) - (g) - (h)
④ (a) - (c) - (d) - (b) - (e) - (f) - (g) - (h)

06 반려견 보호자 교육기획 원리에 대한 설명으로 옳지 않은 것은?

① 타당성의 원리: 교육 기획을 통해 의도하는 교육 목표를 달성할 수 있는 적절한 방법과 절차가 있어야 함

② 효율성의 원리: 교육 기획을 통해 의도하는 교육 목표를 주어진 환경에서 효과적으로 달성할 수 있는 방법과 절차가 있어야 함

③ 민주성의 원리: 타당하고 효율적으로 수립된 교육 기획이 이해관계에 따라 특정 방향으로 편향되지 않도록 하여야 함

④ 연계성의 원리: 반려동물과 관련된 교육 기획이 반려동물 보호자의 일상과 연계하여 구성되어야 함

07 **반려견 보호자 교육기획 원리에 대한 설명으로 옳지 않은 것은?**

① 중립성의 원리: 타당하고 효율적으로 수립된 교육 기획이 이해관계에 따라 특정 방향으로 편향되지 않도록 하여야 함
② 계획된 변화의 원리: 교육 기획을 통해 의도하는 교육 목표를 주어진 환경에서 효과적으로 달성할 수 있는 방법과 절차가 있어야 함
③ 민주성의 원리: 교육 기획은 학습자가 자유롭고 민주적인 방식으로 참여할 수 있도록 구성되어야 함
④ 연계성의 원리: 반려동물과 관련된 교육 기획이 반려동물 보호자의 일상과 연계하여 구성되어야 함

08 **반려견 보호자 교육기획 접근방법 설명으로 옳은 것은?**

선진국 또는 반려동물 분야의 발전이 유사한 다른 국가를 비교 연구함으로써 우리나라 반려동물 분야의 발전을 위한 방향과 전략을 수립하려는 접근방법

① 국제 비교 접근법　　② 사회 수요 접근법
③ 인력 수요 접근법　　④ 행동학적 접근법

09 **보호자 교육 시 좋은 교수 · 학습 방법의 요소 설명으로 옳은 것은?**

재미나 흥미를 느끼지 못하면 교육 기획에서 의도하는 교육 목표를 달성할 수 없기 때문에 교육 목표를 달성하기 위하여 흥미와 동기를 유발할 수 있도록 매력으로 구성해야 함

① 효과성　　② 매력성
③ 중립성　　④ 연계성

10 **보호자 교육 시 좋은 교수 · 학습 방법의 유형 설명으로 옳은 것은?**

장점: 상호작용을 통한 문제해결 능력과 의사결정 능력을 향상시킬 수 있음. 학습자가 개인의 잠재력을 이끌어내도록 유도 가능 단점: 학습자 간에 문제 또는 갈등이 있는 경우에는 학습 진행이 어렵거나 학습 효과와 효율이 떨어짐

① 강의법　　② 토의법
③ 협동학습　　④ 문제 중심 학습

[11~13] 반려견 보호자 교육 지도 원리에 대한 설명으로 옳은 것을 고르시오.

11

> 학습의 목적을 명확히 이해하게 되면 자발적이고 적극적으로 학습에 참여. 따라서 교수자는 학습자가 이해할 수 있도록 적절한 학습 목적 및 목표를 제시해주고, 학습활동을 지도한다.

① 개별화의 원리　　② 목적의 원리
③ 직접경험의 원리　　④ 자연성의 원리

12

> 강의 위주의 설명보다는 직접적인 체험을 통해 학습의 효과를 얻음. 학습 내용에 대한 구체적인 실체나 체험활동을 통해 학습 내용을 습득하도록 지도

① 사회화의 원리　　② 자발성의 원리
③ 직접경험의 원리　　④ 자연성의 원리

13

> 학습자의 일상생활의 문제와 직접 연결될 때 학습자에게 효과적으로 전달됨. 학습내용이 학습자의 일생생활과 관련될 수 있도록 지도

① 사회화의 원리　　② 자발성의 원리
③ 직접경험의 원리　　④ 자연성의 원리

14 반려견 보호자 교육 형태에 대한 설명으로 옳은 것은?

> • 보호자와 반려견이 생활하는 곳에 행동지도사가 찾아가 실행하는 형태
> • 보호자의 교육에 대한 열의가 중요, 환경이 바뀌지 않는 익숙한 장소에서 교정이 이루어지므로 의존적 반려견에 특히 효과를 보임

① 개인 지도　　② 그룹 지도
③ 가정 방문교육　　④ 교육장 방문교육

15 **보호자 교육 계약서에 대한 설명으로 옳지 않은 것은?**

① 보호자와 반려견의 정보와 같은 일반사항과 보호자 교육형태 및 보호자의 요구에 따른 특별사항으로 작성한다.
② 계약서의 일반적 구성은 기본정보, 문제행동 원인과 적용 실행원리, 행동지도사의 의무사항, 교육비, 연락두절 및 계약 파기 시 사항 등을 포함해야 한다.
③ 행동지도사는 해당 계약서에 작성된 내용을 검토한 후 보호자에게 설명해야 한다.
④ 보호자의 학습 능력 및 방법에 대해 구체적으로 기술해야 한다.

16 **보호자 교육 평가에 대한 설명으로 옳지 않은 것은?**

① 행동지도사는 보호자와 계약에 의해 진행된 교육에 대하여 평가를 실시
② 평가는 행동지도사와 반려견의 훈련결과를 대상으로 함
③ 보호자에 대한 내용은 교육 만족도와 효과, 보호자 입장에서 불편사항이나 개선사항을 직접 대면이 아닌 이메일 등의 간접적인 방법으로 작성
④ 반려견의 훈련결과는 문제행동의 최초 계획된 목표에 대한 성과를 평가

17 **보호자 교육 평가 영역에 대한 설명으로 옳지 않은 것은?**

① 보호자교육 참여자들의 교육내용에 대한 만족도를 평가
② 보호자교육 참여자들의 교육 습득내용과 이로 인한 효과 정도를 평가
③ 반려견의 문제행동 교정에 교육내용 활용도를 평가
④ 행동지도사의 투자 대비 성과를 분석하여 효율성을 평가

18 **보호자 교육 시 교수·학습 상황에 따른 교수·학습 방법의 선택에 대한 설명으로 옳은 것은?**

20인 이상 학습 집단, 융통성 있는 교실 공간, 개념, 원리 학습, 새로운 지식 습득

① 설명식 강의법, 팀티칭　　② 역할극, 모의실험, 게임, 토론법
③ 발견학습, 탐구학습　　④ 협동학습, 문제중심 학습

19 **보호자 교육 시 교수 · 학습 상황에 따른 교수 · 학습 방법의 선택에 대한 설명으로 옳은 것은?**

30~40명 정도의 학습 집단, 융통성 있는 교실 공간, 심리적 영역, 새로운 지식 습득 및 전달

① 동료교수법, 시범-실습
② 역할극, 모의실험, 게임, 토론법
③ 발견학습, 탐구학습
④ 소집단 협동학습, 문제중심 학습, 사례기반 학습

20 **보호자 교육 시 교수 · 학습 상황에 따른 교수 · 학습 방법의 선택에 대한 설명으로 옳은 것은?**

30~40명 정도의 학습 집단 또는 소집단 형성 가능, 융통성 있는 학습 공간, 인지적 영역, 새로운 지식 창출

① 동료교수법, 시범-실습
② 역할극, 모의실험, 게임, 토론법
③ 발견학습, 탐구학습
④ 소집단 협동학습, 문제중심 학습, 사례기반 학습

21 **보호자 교육 시 교수 · 학습 상황에 따른 교수 · 학습 방법의 선택에 대한 설명으로 옳은 것은?**

개별 학습 가능, 융통성 있는 학습 공간, 개념 원리, 절차학습, 새로운 지식 습득 중심

① 동료교수법, 시범-실습
② 컴퓨터 보조수업, 웹기반 수업, 개인교수법
③ 발견학습, 탐구학습
④ 소집단 협동학습, 문제중심 학습, 사례기반 학습

22 **반려동물 문제행동 예방을 위한 기본예절 교육으로 옳지 않은 것은?**

① '앉아' 교육
② '엎드려' 교육
③ '기다려' 교육
④ 배변교육

23 **반려동물 문제행동 발생의 주요 원인에 대한 설명으로 옳지 않은 것은?**

① 견종적 특성 - 육종선발 과정 중 행동 특성이 문제행동으로 발현
② 보호자의 관리 부족
③ 사회화 부족
④ 반려견의 훈련

24 **반려동물 행동교정방법에 대한 설명으로 옳지 않은 것은?**

① 풍부화 프로그램 적용
② 선행통제: 문제행동을 표현하지 않도록 유발자극을 사전에 통제하는 절차, 근본 원인을 제거하는 것이 가장 좋음. 선행통제는 부작용을 피하면서 문제를 해결하는 좋은 방법
③ 상반행동 강화: 동시에 수행하기 어려운 동작을 요구하는 방법. 문제행동과 양립할 수 없는 다른 행동 요구하는 것
④ 차별약화: 강화해야 할 행동과 약화해야 할 행동을 정하고, 적절한 방법을 택함

25 **반려동물 행동교정방법에 대한 설명으로 옳은 것은?**

① 둔감화: 강화해야 할 행동과 약화해야 할 행동을 정하고, 그 과정에 적절한 방법을 택함
② 역조건화(counter-conditioning): 동시에 수행하기 어려운 동작을 요구하는 방법. 문제행동과 양립할 수 없는 다른 행동 요구하는 것
③ 상반행동 강화: 조건화된 행동을 반대로 변환시키는 방법으로 두려움과 같은 정서적인 문제행동에 효과
④ 임시 격리: 개가 좋아하는 사람, 장소, 물건으로부터 완전히 격리하는 방법으로 격리 중에는 강화물을 제공하지 않고, 격리시간은 계획된 시간이 지났을 때 해제

26 **고객상담 시 상담자의 자질에 대한 설명으로 옳지 않은 것은?**

① 인간적 자질: 인간적 자질은 인성을 의미
② 전문적 자질: 전문적 지식, 기술, 태도를 의미
③ 윤리적 자질: 대상자의 권리에 대한 이해, 이중 관계의 금지, 비밀보장의 약속과 이행
④ 법률적 자질: 동물보호법 이해 등

27 **다음 중 반려견 보호자 상담의 기능으로 옳은 것은?**

① 교육적 기능: 반려동물의 행동을 바람직한 방향으로 변화시키기 위한 조력 과정
② 진단, 예방적 기능: 반려생활을 저해하는 장애물을 제거하여 보호자를 도와주는 것
③ 교정적 기능: 문제행동을 진단하고 그 원인을 제거하기 위한 기능
④ 치료적 기능: 보호자의 생각 바꾸기, 마음 고쳐먹기와 같은 교정적 과정으로 반려생활을 저해하는 장애물을 제거하여 보호자를 도와주는 것

28 **다음 중 반려견 보호자 상담 실무의 기술로 옳지 않은 것은?**

① 상담 기술: 수용적 태도로 보호자가 있는 그대로 존중, 비판적 태도를 보이지 않음
② 이해 기술: 보호자의 요구를 정확히 이해, 명료화(보호자의 문제를 정확하게 인식하도록 도움, 보호자의 문제 파악)
③ 듣기 기술: 능동적 듣기로 피드백 제공, 반복하여 확인, 보호자의 메시지를 풀어서 질문하기 등, 수동적 듣기로는 침묵의 기술, 침묵은 메시지를 수용하고 있다는 느낌과 신뢰를 전달, 이때 침묵에 대해 불편해하거나 무관심의 표현으로 받아들이지 않도록 주의
④ 말하기 기술: 적극적으로 말하기

29 **다음 중 서비스의 특성으로 옳지 않은 것은?**

① 무형성: 서비스는 물리적으로 실체가 없으며, 경험과 결과물로 제공
② 변동성(이질성): 서비스는 제공자와 수요자 간의 상호작용에 따라 경험의 질과 결과가 달라지므로 일관성을 유지하기 어려운 특성을 의미
③ 동시성: 서비스는 제공자와 소비자가 동시에 상호작용하는 과정에서 제공
④ 소멸성: 고객의 요구와 기대를 충족시키기 위해 설계

30 **보호자의 민원 대응을 위한 'MPT 기법'에 대한 설명으로 옳지 않은 것은?**

① MPT 기법의 약자는 Man, Place, Time이다.
② 처음 응대한 사람이 책임감을 가지고 고객의 불만사항을 해결한다.
③ 불만 고객의 화를 진정시키기 위해 장소를 이동하여 응대한다.
④ 고객이 흥분을 가라앉힐 수 있도록 차를 대접하는 등 시간을 만들어 준다.

31 **비언어적 의사소통 방법 중 '보디랭귀지'로 옳은 것은?**

① 관심이 있는 표정으로 보호자와 시선을 맞춘다.
② 보호자와 말하는 속도를 맞춘다.
③ 단정하고 청결하게 외모를 관리한다.
④ 보호자와의 거리는 1m~1.5m 사이를 둔다.

32 **다음 중 메라비언의 법칙(The Law of Mehrabian)에 대한 설명으로 옳은 것은?**

① 미국의 심리학자 앨버트 메라비언(Albert Mehrabian)은 타인과의 커뮤니케이션의 정보량을 분석하였다.
② 시각적(표정, 시선, 자세, 용모, 복장, 동작, 걸음걸이, 태도 등) 요소가 38%
③ 청각적(음성, 호흡, 말씨, 억양, 속도 등) 요소가 7%
④ 언어적(말의 내용, 전문지식, 숙련된 기술 등) 요소가 55%

[33~35] 다음 설명 화법으로 옳은 것을 고르시오.

33

칭찬보다 부정적 피드백을 받은 후 긍정적으로 표현한다. 예) ○○님, ○○전용 샴푸가 너무 비싸요! 대체) ○○전용 샴푸는 ○○이 피모에 좋은 제품입니다. 품질이 최고입니다.

① 칭찬 화법　② 긍정 화법
③ 아론슨 화법　④ 전달 화법

34

부드러운 언어로 감정을 상하지 않게 표현한다. 예) 기다리세요. 대체) 죄송하지만 잠시만 기다려 주시겠어요?

① 칭찬 화법　② 쿠션 화법
③ 아론슨 화법　④ 전달 화법

35

대화를 통하여 상대방에게 신뢰를 얻는 것이다. 예) 반려견 뭉뭉이는 각질이 많이 생기는 것 같아요. 대체) 맞아요! 반려견 뭉뭉이는 말씀하신 것처럼 각질이 많이 생겨서 속상해요.

① 신뢰 화법　② 쿠션 화법
③ 아론슨 화법　④ 전달 화법

36 **다음 중 반려견 보호자 상담카드를 통해 정보를 파악할 수 있는 내용으로 옳지 않은 것은?**

① 보호자의 학습 능력을 파악할 수 있다.
② 보호자와 반려견의 교감수준을 파악할 수 있다.
③ 반려견 성장 단계별 보호자의 관리 상태를 파악할 수 있다.
④ 보호자의 문제행동 해결에 대한 노력을 파악할 수 있다.

37 **다음 중 반려견의 생활환경 분석에 포함되는 항목으로 옳지 않은 것은?**

① 공간 ② 소음
③ 먹이 ④ 기온

38 **반려견 위탁 서비스 환경 조성 시 반려견을 세분화하여야 한다. 세부화 기준으로 옳은 것은?**

① 중성화 수술 여부 ② 견종
③ 연령과 암수 ④ 크기와 체중

39 **반려견 위탁 서비스를 제공할 때 반려견을 차량에 태워 이동하는 경우 수행 내용으로 옳지 않은 것은?**

① 실내에서 실외로 이동할 때는 반드시 이동장을 이용한다.
② 반려견의 차량 탑승 전 반드시 이동장의 잠금장치를 확인한다.
③ 보호자에게 인수인계 시 반드시 보호자 앞에서 반려견의 이상 유무를 확인한다.
④ 보호자에게 인수인계 시 보호자가 직접 이동장을 열고 닫도록 한다.

40 **반려견 서비스 중 사후관리에 대한 설명으로 옳지 않은 것은?**

① 문자, 전화, 이메일 등을 통해 안부인사 전달
② 2차, 3차 교육 내용 및 정보 안내
③ 보호자 건강관리를 위한 정보 전달
④ 반려견 관련 행사 프로그램 등 안내

41 반려견 서비스 중 사후관리 중 민원에 대처방법으로 옳지 않은 것은?

① 행동지도사를 우선 보호하기 위해 계약서를 자세히 설명
② 새로운 행동수정법이나 수정방법을 상세하게 설명
③ 민원의 내용이 행동지도사의 원인이면 보호자에게 적절한 보상방법을 제시 (예: 무상 훈련 제공, 무상 보호자 교육 등)
④ '역지사지'의 태도

42 반려견 보호자 민원 유형에 대한 설명으로 옳은 것은?

직접 반려견 보호자의 선택에 큰 영향을 미치거나 지불은 하지 않는 반려견 보호자

① 의사결정 반려견 보호자　② 일반 반려견 보호자
③ 직접 반려견 보호자　④ 간접 반려견 보호자

43 문제행동에 대한 보호자의 교육 방법에 대한 설명으로 옳지 않은 것은?

① 가족 간 훈련 정보를 공유하도록 한다.
② 보호자 교육 시 문제행동을 교정할 때는 수의학적 검사를 먼저 실시하도록 한다.
③ 보호자 교육 시 사례나 증거를 보여주는 방법이 효과적이다.
④ 문제행동은 잘못된 훈련방법이 대부분이므로 훈련이 반드시 필요하다.

44 보호자 상담 시 질문유형으로 피해야 하는 질문으로 옳은 것은?

① 폐쇄형 질문　② 개방형 질문
③ 응답 되풀이 질문　④ '왜(why)' 질문

45 고객 상담 시 고객 민원(컴플레인) 해결 기본원칙으로 옳지 않은 것은?

① 언어절제의 원칙　② 감정통제의 원칙
③ 진실성의 원칙　④ 피뢰침의 원칙

46 다음 중 개방형 질문에 대한 설명으로 옳지 않은 것은?

① 응답자들의 창의적인 응답으로 인해 상담자가 좋은 정보를 추출할 수 있다.
② 질문을 받고 선택을 해야 하는 문제점이 존재한다.
③ 주관식 형태의 자유로운 답변을 들을 수 있는 질문 형태이다.
④ 질문을 통해 수집한 내용을 정리하고 코딩하기가 어렵다.

47 다음 중 효과적인 화법의 요소로 옳지 않은 것은?

① 직접성 ② 주관성
③ 명료성 ④ 성실성

48 다음 중 효과적인 경청방법으로 옳지 않은 것은?

① 인내심을 가져라.
② 말하지 마라.
③ 말하는 사람에게 동화되도록 노력하라.
④ 온몸으로 하는 맞장구는 삼가라.

49 단호한 표현보다는 감정이 상하지 않도록 미안한 마음을 먼저 표현하는 화법으로 옳은 것은?

① 긍정화법 ② 보상화법
③ 신뢰화법 ④ 쿠션화법

50 다음 중 고객에 대한 민원 대응 순서로 옳은 것은?

① 경청 - 약속 - 모색 - 사과 - 처리 - 공감 - 재사과 - 개선
② 사과 - 경청 - 공감 - 모색 - 약속 - 처리 - 재사과 - 개선
③ 공감 - 약속 - 모색 - 경청 - 처리 - 사과 - 재사과 - 개선
④ 사과 - 경청 - 공감 - 모색 - 처리 - 약속 - 재사과 - 개선

51 **다음 중 문제행동 교정 과정 순서로 옳은 것은?**

① 문제행동의 선별 - 초기목표의 수립 - 약화계획의 설계 - 문제행동 유지조건의 확인 - 교정계획의 실행 - 교정의 완료 및 추후의 평가
② 문제행동의 선별 - 약화계획의 설계 - 초기목표의 수립 - 문제행동 유지조건의 확인 - 교정계획의 실행 - 교정의 완료 및 추후의 평가
③ 초기목표의 수립 - 문제행동의 선별 - 약화계획의 설계 - 문제행동 유지조건의 확인 - 교정계획의 실행 - 교정의 완료 및 추후의 평가
④ 초기목표의 수립 - 약화계획의 설계 - 문제행동의 선별 - 문제행동 유지조건의 확인 - 교정계획의 실행 - 교정의 완료 및 추후의 평가

52 **고객 상담 시 고객의 입장에서 담당자가 자신의 문제를 해결해 줄 것인지 아닌지가 중요하다는 민원(컴플레인) 해결 원칙으로 옳은 것은?**

① 언어절제의 원칙
② 감정통제의 원칙
③ 책임공감의 원칙
④ 피뢰침의 원칙

53 **다음 설명으로 옳은 것은?**

'예' 또는 '아니요' 등으로 답하도록 하는 질문 형태이다.

① 개방형 질문
② 사실형 질문
③ 조건형 질문
④ 폐쇄형 질문

54 **다음 중 커뮤니케이션에 대한 송신자 장애요인으로 옳은 것은?**

① 대인감수성 부족
② 신뢰도의 결핍
③ 선택적 청취
④ 반응적 피드백의 부족

55 **다음 중 커뮤니케이션에 대한 수신자의 장애요인으로 옳은 것은?**

① 정보의 여과
② 신뢰도의 결핍
③ 준거 틀의 차이
④ 커뮤니케이션 기술의 부족

56 **다음 중 서비스 품질 모형에서 5가지 품질 차원으로 옳지 않은 것은?**

① 무형성 ② 신뢰성
③ 대응성 ④ 확신성

57 **다음 설명을 읽고 질문형태에 대한 설명으로 옳지 않은 것은?**

> • 당신의 최근 반려견 유치원에서 발생한 동물학대 사건에 대해 어떻게 생각하시나요?
> • 학대받는 종견에 대해서 당신은 어떻게 생각하시나요?
> • 당신은 유기견 증가에 대해 어떻게 생각하시나요?

① 이분형의 질문 형태이다.
② 자기표현의 기회를 제공해 다양한 의견을 들을 수 있다.
③ 주관식 질문 형태이다.
④ 자유로운 답변이 가능하기 때문에 코딩 및 분석이 어렵다.

58 **상담 기술에서 경청은 매우 중요하다. 가장 높은 수준의 경청 방법은?**

① 공감적 경청 ② 적극적 경청
③ 촉진적 경청 ④ 사실적 경청

59 **상담 기술에서 피드백 제공에 대한 설명으로 옳지 않은 것은?**

① 사실적인 진술을 하지만, 가치판단이나 변화를 강요하지 않는다.
② 행동이 일어난 직후 적용하는 것이 아니라 일정 시간이 경과한 후에 제공하는 것이 효과적이다.
③ 변화 가능한 행동에 대해 피드백해야 하며, 가능한 대안도 함께 제시해 주는 것이 좋다.
④ 보호자가 피드백을 받아들일 마음의 준비가 되어 있는지 충분히 고려한 후 피드백을 제공한다.

정답

01	02	03	04	05	06	07	08	09	10
③	②	①	②	①	③	②	①	②	③
11	12	13	14	15	16	17	18	19	20
②	③	①	④	④	②	④	③	①	④
21	22	23	24	25	26	27	28	29	30
②	④	④	④	④	④	①	④	④	②
31	32	33	34	35	36	37	38	39	40
①	①	③	①	①	①	③	④	②	③
41	42	43	44	45	46	47	48	49	50
①	①	④	④	③	②	②	④	④	②
51	52	53	54	55	56	57	58	59	
①	③	④	①	②	①	①	③	②	

반려동물 행동지도사 2급

- 제1회 모의고사
- 제2회 모의고사
- 정답 및 해설

반려동물행동지도사 2급

제1회 모의고사

반려동물 행동학

01 다음 설명을 읽고 빈칸에 들어갈 말로 옳은 것은?

( )이라는 현상은 거위나 기러기 등의 조성성 조류에서 보이는 현상이다. 태어난 지 얼마 되지 않은 시기에 최초로 본 움직이는 것을 어미로 인식하여 따르거나 그것이 장래의 배우자 선택을 좌우하는 등 장기간에 걸쳐 행동에 영향을 미치는 것을 의미한다.

① 생애적응도
② 포괄적응도
③ 임프린팅(각인)
④ 행동유전

02 다음 설명을 읽고 빈칸에 들어갈 말로 옳은 것은?

( )는(은) 인간이나 동물이 태어나면서부터는 하는 행동으로, 학습이나 훈련 없이 타 개체를 모방하지 않는 환경의 영향도 받지 않고 발달하는 행동을 의미한다.

① 습득적 행동
② 생득적 행동
③ 놀이 행동
④ 사회적 행동

03 다음 설명을 읽고 빈칸에 들어갈 말로 옳은 것은?

• 행동은 선동작, 목표동작, 후동작이 체계적으로 결합되어 하나의 ( )을(를) 이룬다. • 목표동작을 중심으로 선동작과 후동작이 유기적으로 구성된다.

① 행동발달
② 행동기전
③ 행동단위
④ 행동진화

04 다음 설명을 읽고 빈칸에 들어갈 말로 옳은 것은?

( )은(는) 다양한 고차의 뇌기능에 관련되어 있는데 그중에는 과거의 경험에 비추면서 상황에 대응한 적절한 행동을 선택하여 실행하거나, 그 상황에서의 특정결과를 정동반응과 관련지어 학습하거나, 장래의 사건을 예측하여 불안이나 기대를 일으킴으로써 행동패턴에 영향을 주거나 하는 것 등이 포함되어 있다.

① 소뇌신피질 ② 중뇌
③ 대뇌신피질 ④ 뇌 척수

05 다음 중 '행동분석서'에 포함되어야 하는 사항으로 옳지 않은 것은?

① 보호자 및 반려견의 정보 ② 문제행동의 종류와 원인
③ 분석 방법과 내용 ④ 분석 장소와 시간

06 다음 설명을 읽고 반려견의 행동분류로 옳은 것은?

불만족 또는 불안한 상태에서 발생되는 행동으로 생식행동 또는 적대상황에서 많이 발생한다. 문지르기, 물기, 핥기, 몸 흔들기, 하품 등이다.

① 전가행동 ② 전위행동
③ 양가행동 ④ 진공행동

07 다음 중 반려견의 행동관찰에 설명으로 옳지 않은 것은?

① 관찰은 행동단위에서 목표동작을 기준으로 관찰한다.
② 객관적인 관찰을 위해서 2인 이상 관찰 후 교차 검토한다.
③ 보호자의 영향으로 문제행동을 보이는 경우 관찰 환경에 보호자도 참여한다.
④ 적대행동을 보이는 반려견을 관찰하기 위해 다른 반려견을 준비하여 다른 반려견에 대한 반응을 관찰한다.

08 다음 중 반려견의 문제행동 분석 방법으로 옳지 않은 것은?

① 직접관찰적 방법 ② 행동주의적 방법
③ 인지주의적 방법 ④ 생물학적 방법

09 **개의 행동발달 과정 중 이행기(과도기)에 대한 설명으로 옳지 않은 것은?**

① 꼬리를 흔들고, 으르렁거리는 등의 사회적 행동의 표현을 시작한다.
② 생후 4주~12주령의 시기를 말한다.
③ 모견이 음부를 자극하지 않아도 배설이 가능하다.
④ 귓구멍이 열려 소리에 대한 반응을 한다.

10 **개의 발달행동적 공격행동 중 옳지 않은 것은?**

① 개의 문제행동 중 가장 일반적이고 심각한 것이 공격행동이다.
② 개에게 침입자에 대해 명확한 적대행동이 나타나는 것은 3~12주령 무렵이다.
③ 자신이 세력권이나 행동권에 들어온 침입자에 대한 공격성은 개에게 있어 정상적인 행동반응이다.
④ 강한 자극이나 공포심을 부채질하는 자극에 대해 갑자기 강한 감수성을 나타나기 시작하는 시기와 일치한다고 한다.

11 **개의 발정주기 단계로 옳은 것은?**

① 발정기, 발정 전기, 발정 휴지기, 무발정기
② 발정 전기, 발정 휴지기, 무발정기, 발정기
③ 발정 전기, 발정기, 발정 휴지기, 무발정기
④ 무발정기, 발정 유지기, 발정기, 발정 전기

12 **다음 설명을 읽고 반려견의 행동으로 옳은 것은?**

(　　　)는(은) 낯선 대상이 자신의 영역에 침입하거나 접근하면 경계를 높이고 공격하는 공격행동을 말한다.

① 포식성 공격행동　　② 공포성 공격행동
③ 경합적 공격행동　　④ 영역성 공격행동

13 **다음 중 동물이 무리를 이루어 사는 이유로 옳지 않은 것은?**

① 번식하는 데 유리
② 먹이를 잡을 수 있는 가능성 증가
③ 자원의 무한성
④ 적으로부터 몸을 보호

14 개의 감각기관 발달 순서로 옳은 것은?

① 후각, 미각, 촉각, 시각, 청각
② 후각, 시각, 청각, 미각, 촉각
③ 시각, 청각, 후각, 촉각, 미각
④ 후각, 촉각, 시각, 청각, 미각

15 다음 설명으로 옳은 것은?

> 반려견은 자극에 노출되면 놀라거나 불안해한다. 이러한 자극으로 고통이나 상해를 입히는 경우가 아니면 반복해서 노출시킴으로써 점진적으로 익숙해지는 학습 원리이다.

① 순화
② 연상
③ 시행착오
④ 경험

16 다음 설명으로 옳은 것은?

> 특히 장거리에서의 정보전달에 효과적인 커뮤니케이션으로 으르렁거리거나 짖는 소리의 경우 단거리 또는 중거리 커뮤니케이션에 이용된다.

① 시각을 통한 커뮤니케이션
② 청각을 통한 커뮤니케이션
③ 후각을 통한 커뮤니케이션
④ 촉각을 통한 커뮤니케이션

17 다음 설명으로 옳은 것은?

> 무조건반응(반사반응)을 일으키는 무조건자극과 반응과는 반사반응과 무관계한 중립자극이 함께 반복하여 주어지면 곧 중립자극만으로도 반사반응을 일으키게 된다. 이 상태에서 중립자극을 조건자극, 또 반사반응을 조건반응이라 한다.

① 카밍시그널
② 고전적 조건화
③ 조작적 조건화
④ 소거

18 반려견의 행동분류 중 갈등행동으로 옳은 것은?

(a) 전위행동	(b) 상동행동	(c) 변칙행동
(d) 전가행동	(e) 진공행동	(f) 양가행동

① (a), (b), (c)
② (a), (d), (e), (f)
③ (a), (b), (c), (d)
④ (a), (c), (d)

19 다음 설명으로 옳은 것은?

반려견의 행동을 지각, 정보처리, 기억으로 이루어진 사고 과정에 중점을 두고 파악하는 분석방법이다.

① 생물학적 방법 ② 분석주의적 방법
③ 인지주의적 방법 ④ 행동주의적 방법

20 문제행동 진단 순서로 옳은 것은?

(a) 문제행동 명료화	(b) 초기 교정목표 설정
(c) 추후 평가	(d) 표적 행동 설정
(e) 표적 행동 유지조건 확인	(f) 문제행동 교정 계획 실시

① (a), (b), (c), (d), (e), (f) ② (a), (b), (d), (e), (f), (c)
③ (b), (a), (d), (e), (f), (c) ④ (a), (c), (d), (e), (f), (b)

반려동물 관리학

01 다음 중 '반려동물'에 대한 설명으로 옳은 것은?

① 반려동물이란 단어는 1988년 오스트리아 빈에서 열린 '인간과 애완동물의 관계'라는 국제 심포지엄에서 처음 나왔다.
② 특별한 역할을 하지 않고, 인간의 정서적 부분을 달래고 채워주면 인간이 사랑을 쏟는 정도의 단계를 의미한다.
③ 인간이 주로 가까이 두고 귀여워하거나 즐거움을 위해 사육하는 동물을 의미한다.
④ 동물을 소유물이 아니라 생명체, 나아가 친구 또는 가족으로까지 여기는 경향이 짙어지고 있다.

02 다음 중 수용성 비타민으로 옳은 것은?

① 비타민 A ② 비타민 C
③ 비타민 D ④ 비타민 E

03 강아지 먹이 급여 요령으로 옳지 않은 것은?

① 갓 젖 뗀 강아지는 소화가 쉬운 상태의 먹이를 급여해야 한다.
② 어린 강아지에게는 물에 불린 사료, 이유식 형태로 급여해야 한다.
③ 이유 전(6~8주)까지는 건식 상태로 급여한다.
④ 우유는 좋지 않다. 애견전용 우유를 급여해야 한다.

04 다음 설명을 읽고 해당 영양소로 옳은 것은?

- 근육, 뼈, 털, 면역계통 등에 가장 우선시되는 구성 성분
- 1g당 4kcal의 에너지 공급 근육과 생체 대사의 필수물질로 매일 체중 kg당 5g 정도 필요

① 단백질
② 지방
③ 탄수화물
④ 미네랄과 비타민

05 개의 손질(grooming)에 대한 설명으로 옳지 않은 것은?

① 개의 손질을 통해 상처 또는 건강상의 문제를 조기 발견할 수 있다.
② 기생충이 있는지도 개의 손질을 통해 알 수 있다.
③ 개의 손질은 개의 혈액 순환을 도와 개의 수명을 연장할 수 있다.
④ 개의 손질 시 개가 거부함으로써 보호자와 개 간의 강한 유대관계를 손상시킨다.

06 반려견의 대사성 질환으로 옳지 않은 것은?

① 급성신부전
② 갑상선 기능 저하증
③ 부신피질 기능 저하증
④ 당뇨병

07 개의 종합백신(DHPPL)의 최초 접종시기로 옳은 것은?

① 3주령
② 4주령
③ 6주령
④ 10주령

08 **다음 중 반려견의 활력징후 측정에 대한 설명으로 옳지 <u>않은</u> 것은?**

① 체온은 항문의 직장에서 1~2분 정도 측정하고 36.5℃에서 37.5℃ 사이면 정상 체온이다.

② 맥박은 반려견의 뒷다리 안쪽의 넙다리동맥에서 측정한다.

③ 맥박은 1분 동안 60~160회 정도를 정상으로 본다.

④ 반려견이 최대한 편안한 상태에서 가슴과 배 부위의 움직임을 관찰하며 1분 동안 측정한다. 정상 호흡수는 16~32회/분이다.

09 **다음 설명을 읽고 해당 질병으로 옳은 것은?**

일명 개홍역이라고 하며 전염성이 매우 강한 바이러스성 질병이다. 초기에는 콧물, 재채기, 고열 등 감기와 비슷한 증상이 나타난다.

① 디스템퍼
② 파보바이러스 장염
③ 렙토스피라증
④ 코로나바이러스 장염

10 **다음은 반려견의 심폐소생술에 대한 설명으로 옳지 <u>않은</u> 것은?**

① 바르게 눕힌 후 호흡과 심박동을 확인한다.

② 입안에 이물질이 있는지 확인하고 기도를 확보한다. 혀는 입안에서 뺀다.

③ 한 손으로 주둥이를 잡고 콧구멍에 2~3초간 입술을 밀착시켜 공기를 불어 넣으면서 15초 간격으로 실시한다.

④ 심장마사지는 반려견을 바닥에 눕히고 왼쪽 가슴 부위를 양손으로 심장을 1초에 1번씩 압박한다. 심장마사지를 15회 실시하고 인공호흡을 2회 실시한다.

11 **다음 중 소독 및 멸균에 대한 설명으로 옳지 <u>않은</u> 것은?**

① 소독은 질병의 감염이나 전염을 예방하기 위해 아포(spore)를 제외한 대부분의 유해한 미생물을 파괴하거나 불활성화시키는 것을 말한다.

② 소독은 사육환경에 존재하는 병원성 미생물을 제거하는 것을 의미한다.

③ 멸균은 아포를 포함한 모든 미생물을 사멸하는 것을 의미한다.

④ 소독은 물과 세정제를 사용하여 오염물을 씻어내는 것을 말한다.

12 **염소계 소독제로 흔히 알고 있는 '락스'의 주성분으로 알려진 소독제의 종류로 옳은 것은?**

① 1% 크레졸비누액
② 4급 암모늄
③ 차아염소산나트륨
④ 글루타알데하이드

13 **다음 중 동물위탁관리업의 인력 기준으로 옳은 것은?**

① 반려견 20마리당 1명
② 반려견 30마리당 1명
③ 반려견 40마리당 1명
④ 반려견 50마리당 1명

14 **다음 중 반려견 위탁서비스 환경 조성 시 반려견의 세분화 기준으로 옳은 것은?**

① 크기와 체중
② 견종
③ 중성화 여부
④ 연령과 암수

15 **반려견에게 실시되고 있는 반려견 예방 접종으로 옳지 않은 것은?**

① 종합백신(DHPPL)
② 개 인플루엔자
③ 코로나장염
④ 광견병

16 **다음 신체의 구성단계의 순서로 옳은 것은?**

(a) 세포	(b) 기관	(c) 기관계	(d) 개체	(e) 조직

① (a), (d), (e), (b), (c)
② (a), (e), (b), (c), (d)
③ (a), (d), (b), (c), (e)
④ (a), (d), (b), (e), (c)

17 **다음 중 개의 형태학적 특징으로 옳지 않은 것은?**

① 몸통 골격은 척주(척추)와 늑골, 흉골로 구분된다.
② 척추는 경추, 흉추, 요추, 미추로 구성된다.
③ 경추는 6개, 흉추는 13개, 요추는 7개, 천추는 3개, 미추는 20~23개로 구성된다.
④ 늑골은 13개쌍으로 구성되어 있다.

18 다음 중 모기에 의해 감염되며 심장 안에 기생하는 선충으로 옳은 것은?

① 심장사상충 ② 촌충
③ 편충 ④ 회충

19 다음 중 반려견의 관리 상태 체크리스트에 포함 사항으로 옳지 않은 것은?

① 작성자 ② 점검항목
③ 점검사유 ④ 점검시기

20 세계애견연맹(FCI)에서 규정한 그룹별 견종으로 옳은 것은?

① 1그룹 – 보더콜리, 저먼 셰퍼드
② 2그룹 – 자이언트 슈나우저
③ 5그룹 – 사모예드, 시베리안허스키
④ 6그룹 – 그레이하운드, 아프칸하운드

반려동물 훈련학

01 다음 빈칸에 들어갈 용어로 옳은 것은?

> 훈련은 개의 (　　)을(를) 유지시키면서 개가 가지고 있는 잠재력을 살려 생활에 활용하고 인간과 같이 살아가는 데 필요한 예의를 배우는 교육이다.

① 유전 ② 행동
③ 본능 ④ 습관

02 다음 설명을 읽고 해당 훈련법으로 옳은 것은?

> 문제행동을 교정하는 상황에서 올바른 행동을 강화함으로써 문제행동을 감소시키는 교정방법을 의미한다.

① 용암법 ② 긍정강화
③ 상반행동 강화 ④ 프리맥의 원리

03 **반려견과 친해지기 과정에 대한 설명으로 옳지 않은 것은?**

① 훈련자는 강화물을 휴대하고 반려견과 등진 상태로 바닥에 앉아서 대기한다.
② 반려견이 훈련자를 쳐다보거나, 다가오는 등의 관심을 나타내면 강화물을 준다.
③ 반려견이 경계심을 풀고 훈련자에게 관심을 나타내는 행동(쳐다보기, 꼬리 흔들기 등)을 하면 훈련자는 지속적으로 강화물을 준다.
④ 반려견의 품성이 확인된 경우라면 반려견의 신체 접촉도 시도한다.

04 **다음 설명을 읽고 해당 훈련법으로 옳은 것은?**

반려견이 좋아하는 강화물품으로 유도하여 싫지만 해야 하는 행동을 강하시키는 방법이다.

① 용암법 ② 긍정강화
③ 부정강화 ④ 프리맥의 원리

05 **다음 단어를 설명하는 것을 읽고 교육방법으로 옳은 것은?**

- 차에 태우고 반려견의 상태를 지켜본다.
- 짖으면 하차하고 쉬는 시간을 준다.
- 다시 차에 태우고 짖으면 하차시키고 쉬는 시간을 준다.
- 반복해서 진행하고 차에 타서 조용하면 바로 보상을 해준다.

① 홍수법 ② 고전적 조건화
③ 계통적 탈감작법 ④ 조작적 조건화

06 **반려견 행동교정 방법 중 '부적 약화(부정 약화)'에 해당하는 예시로 옳은 것은?**

① 손님이 방문했을 때 현관으로 뛰어나가 짖으려고 하는 반려견에게 '하우스' 명령한다.
② 산책을 나가면 목줄을 당기면서 앞으로 나가는 경우 보호자가 반대 방향으로 바꾼다.
③ 보호자가 던져준 인형을 다리 사이에 두었을 때 반려견이 으르렁거리면서 공격적인 행동을 보일 경우 인형을 다시 회수한다.
④ 사소한 자극에도 짖는 경우 '짖어' 명령어를 먼저 훈련시켜 '짖지 마' 명령어를 가르친다.

07 클리커 훈련에 대한 설명으로 옳지 <u>않은</u> 것은?

① 클리커 훈련은 반려견이 스스로 터득하는 교육의 기초단계이다.
② 반려견이 클릭에 반응하지 않는 것은 큐를 배우지 못한 것이다.
③ 훈련자가 원하는 행동이 자발적으로 일어났을 때만 클릭한다.
④ 훈련을 짧게 한다.

08 다음 설명 빈칸에 들어갈 용어로 옳은 것은?

(　　　)은(는) 개의 스톱이 짧은 로트와일러, 아메리칸 불독 등 방어 시에 사용하는 도구이다.

① 일반 방어소매　② 바이트 패드
③ 퍼피터그　④ 나탄 방어소매

09 행동풍부화에 대한 설명으로 옳지 <u>않은</u> 것은?

① 제한된 생활환경 등으로 인해 발생할 수 있는 반려견의 무기력 증상, 문제행동 예방 등 정상적인 행동을 할 수 있도록 유도하는 것이다.
② 사회 풍부화는 반려견의 적절한 사회적 그룹화를 위한 보호자와 상호관계의 질과 시간 등이 있다.
③ 인지 풍부화는 여러 가지 개인기와 반려견 스포츠에 도전 등을 통해 풍부화할 수 있다.
④ 먹이 풍부화는 가장 잘 볼 수 있는 시력에 의존하여 먹을 것을 찾도록 한다.

10 다음 중 기본예절 훈련으로 옳지 <u>않은</u> 것은?

① '앉아' 훈련　② '엎드려' 훈련
③ '기다려' 훈련　④ '하우스' 훈련

11 다음 중 기본예절 훈련에 대한 설명으로 옳은 것은?

① '엎드려' 훈련 시 반려견의 앞발을 잡고 당긴 후 '엎드려'라고 명령한다.
② '기다려' 훈련은 개가 인내하고 기다릴 수 있도록 하는 데 훈련의 목적이 있다.
③ '앉아-기다려' 훈련 시 초기에는 주변에 유혹하는 장애물을 만들어 놓고 훈련해야 효과적이다.
④ '기다려' 훈련 시 기다려가 완성되면 보호자가 없이 혼잡한 곳으로 이동하여 유혹 훈련을 한다.

12 **다음은 어떠한 행동 교정방법에 대한 설명인가?**

반려견에게 필요한 환경 자극을 주어 정상행동을 증가시키고 비정상적인 행동이나 문제행동을 예방하고 교정하는 방법이다. 정상행동을 하도록 다양한 자극을 주어 행동 욕구를 충족시키면 문제행동을 예방하거나 교정할 수 있다.

① 강화
② 약화
③ 둔감화
④ 환경 풍부화

13 **다음 중 반려견의 행동에 영향을 미치는 요인으로 옳지 <u>않은</u> 것은?**

① 훈련도구
② 견종
③ 과거 경험
④ 동기

14 **다음 중 반려견의 문제행동을 예방하기 위해 행동풍부화 교육을 시작할 적절한 시기로 옳은 것은?**

① 생후 2~3주령
② 생후 7~8주령
③ 생후 5~10개월
④ 생후 1년 이상

15 **다음 중 혐오자극(물리적 처벌, 신체적 처벌)에 대한 설명으로 옳지 <u>않은</u> 것은?**

① 반려견이 혐오자극에 대한 역효과로 공격적인 행동을 보일 수 있다.
② 교육 전반적으로 신뢰관계에 부정적으로 작용할 수 있다.
③ 혐오자극을 사용하기 시작하면 의존도가 점점 커질 가능성이 있다.
④ 훈련효과가 탁월해 혐오자극을 이용해 훈련을 한다.

16 **다음 중 학습의 4단계 순서가 옳은 것은?**

① 습득 - 유창 - 일반화 - 유지
② 습득 - 유창 - 유지 - 일반화
③ 유창 - 습득 - 일반화 - 유지
④ 습득 - 일반화 - 유창 - 유지

17 **다음 중 연습의 법칙에 대한 설명으로 옳지 않은 것은?**

① 연습은 새로운 행동을 습득하여 기억하고 유지할 수 있도록 도와준다.
② 행동을 균일하고 지속적으로 나타내려면 연습이 불필요하다.
③ 연습은 목표와 과정을 관찰하고 그 결과를 평가해야 효과적이다.
④ 연습은 행동의 빈도, 정확도 증가, 오류감소, 속도의 증가로 평가한다.

18 **다음 설명으로 옳은 독 스포츠는?**

반려견이 스타트 지점을 지나 4개의 허들을 통과한 후 박스의 공을 물고 다시 4개의 허들을 넘어 피니시 라인으로 들어오는 경기이다.

① 어질리티　　② 플라이볼
③ 디스크 독　　④ IGP 대회

19 **다음 중 조건자극과 무조건자극을 제시하는 시간 차이에 대한 설명으로 옳은 것은?**

• 조건자극을 먼저 제시하고 잠시 후 무조건 자극을 제시한다. • 조건화의 효과가 가장 높은 방법이다.

① 흔적조건화　　② 지연조건화
③ 동시조건화　　④ 역향조건화

20 **조형 중 다음 설명으로 옳은 용어는?**

목적 동작이 완성된 모습으로 표현될 때 일시에 보상하는 방법

① 포착(캡쳐링, Capturing)　　② 유도(Luring)
③ 단계적 형성　　④ 강제적 형성(Moulding)

직업윤리 및 법률

01 다음 중 동물보호법 제1조의 목적으로 옳지 않은 것은?

① 동물이 생명보호, 안전 보장 및 복지 증진
② 축산업의 발전과 공중위생의 향상에 기여
③ 책임감 있는 사육문화 조성
④ 생명존중의 국민정서 함양

02 동물보호법 제2조에서 정의한 내용에 대한 설명으로 옳지 않은 것은?

① "동물"이란 고통을 느낄 수 있는 신경체계가 발달한 척추동물로서 포유류, 조류, 파충류, 양서류, 어류 중에 농림축산식품부장관이 중앙행정기관의 장과의 협의를 거쳐 대통령령으로 정하는 동물로 하며 파충류, 양서류, 어류의 경우 식용을 목적으로 하는 것을 포함한다.
② "동물학대"란 동물을 대상으로 정당한 사유 없이 불필요하거나 피할 수 있는 신체적 고통과 스트레스를 주는 행위 및 굶주림, 질병 등에 대하여 적절한 조치를 게을리하거나 방치하는 행위
③ "반려동물"이란 반려 목적으로 기른 개, 고양이 등 농림축산식품부령으로 정하는 동물
④ "소유자등"이란 동물의 소유자와 일시적 또는 영구적으로 동물을 사육·관리 또는 보호하는 사람

03 동물보호법상 맹견으로 옳지 않은 것은?

① 도사견과 그 잡종의 개
② 저먼 셰퍼드와 그 잡종의 개
③ 아메리칸 핏불테리어와 그 잡종의 개
④ 아메리칸 스태퍼드셔 테리어와 그 잡종의 개

04 동물보호법 제22조 맹견의 출입금지 장소로 옳지 않은 곳은?

① 어린이집
② 유치원
③ 초등학교와 특수학교
④ 중학교 및 고등학교

05 동물판매업자의 준수사항으로 옳지 않은 것은?

① 동물은 종류별, 성별(어리거나 중성화된 동물은 제외한다), 크기별로 분리하여 관리하고, 질환이 있는 동물(상해를 입은 동물을 포함한다), 공격성이 있는 동물, 늙은 동물, 어린 동물(어미와 함께 있는 경우를 제외한다), 새끼를 배거나 젖을 먹이고 있는 동물은 분리하여 관리하여야 한다.

② 동물을 판매할 때 해당 동물의 습성, 특징 및 사육방법에 대해 구매자에게 상세히 알려주어야 한다.

③ 개, 고양이의 판매 월령은 3개월 이상이어야 하며, 그 외의 동물은 이유 후 스스로 사료 등의 먹이를 먹을 수 있는 연령이어야 한다.

④ 동물을 사육하려는 개인에게 동물을 판매한 경우에는 "소비자기본법 시행령" 제8조제3항에 따른 소비자분쟁해결기준에서 정하는 계약서를 내주어야 하되, 계약서는 동물판매업등록번호, 업소명, 동물의 출생일자가 포함되어야 한다.

06 동물보호법 제19조 맹견사육허가의 결격사유로 옳지 않은 것은?

① 미성년자(18세 미만의 사람을 말한다.)

② 피성년후견인 또는 피한정후견인

③ 정신질환 또는 마약류의 중독자, 다만 정신건강의학과 전문의가 맹견을 사육하는 것에 지장이 없다고 인정하는 사람은 그러하지 아니하다.

④ 제10조(동물의 학대), 제16조(등록대상동물의 관리), 제21조(맹견의 관리)를 위반하여 벌금 이상의 실형을 선고받고 그 집행이 종료되거나 집행이 면제된 날부터 3년이 지나지 아니한 사람

07 동물보호법 제30조 반려동물행동지도사의 업무에 대한 내용으로 옳지 않은 것은?

① 반려동물에 대한 행동분석 및 평가

② 반려동물에 대한 훈련

③ 반려동물 소유자 등에 대한 교육

④ 반려동물에 대한 기질평가

08 **동물보호법 제40조 공고와 관련하여 시·도지사와 시장·군수·구청장은 제34조제1항제1호 및 제2호에 따른 동물을 보호하고 있는 경우에는 소유자등이 보호조치 사실을 알 수 있도록 대통령령으로 정하는 바에 따라 그 사실을 공고하여야 한다. 공고 일수로 옳은 것은?**

① 5일 이상　　② 7일 이상
③ 10일 이상　　④ 30일 이상

09 **동물보호법 제73조 영업의 등록과 관련하여 반려동물과 관련된 영업으로 농림축산식품부령으로 정하는 기준에 맞는 시설과 인력을 갖추고 있으며 등록을 해야 하는 자로 옳지 않은 것은?**

① 동물전시업　　② 동물위탁관리업
③ 동물수입업　　④ 동물운송업

10 **동물보호법 제69조 영업의 허가와 관련하여 허가영업의 시설 및 인력 공통기준으로 옳지 않은 것은?**

① 영업장은 독립된 건물이거나 다른 용도로 사용되는 시설과 같은 건물에 있을 경우에는 해당 시설과 분리(벽이나 층 등으로 나누어진 경우를 말한다. 이하 같다)되어야 한다.
② 영업장(동물장묘업은 제외)과 「수의사법」에 따른 동물병원(이하 "동물병원"이라 한다)의 시설이 함께 있는 경우는 분리하여야 한다.
③ 영업장과 금붕어, 앵무새, 이구아나 및 거북이 등을 판매하는 시설이 함께 있는 경우는 분리하지 않을 수 있다.
④ 영업시설은 동물의 습성 및 특징에 따라 채광 및 환기가 잘 되어야 하고, 동물을 위생적으로 건강하게 관리할 수 있도록 온도와 습도 조절이 가능해야 한다.

11 **동물보호법상 3년 이하의 징역 또는 3천만 원 이하의 벌금으로 옳지 않은 것은?**

① 목을 매다는 등의 잔인한 방법으로 죽음에 이르게 하는 행위
② 노상 등 공개된 장소에서 죽이거나 같은 종류의 다른 동물이 보는 앞에서 죽음에 이르게 하는 행위
③ 고의로 사료 또는 물을 주지 아니하는 행위로 죽음에 이르게 하는 행위
④ 도구 약물 등 물리적 화학적 방법을 사용하여 상해를 입히는 행위

12 소비자기본법 제4조 소비자의 기본적 권리로 옳지 않은 것은?

① 물품 또는 용역(이하 "물품 등"이라 한다)으로 인한 생명 · 신체 또는 재산에 대한 위해로부터 보호받을 권리
② 물품 등을 선택함에 있어서 필요한 지식 및 정보를 제공할 수 있는 권리
③ 소비생활에 영향을 주는 국가 및 지방자치단체의 정책과 사업자의 사업 활동 등에 대하여 의견을 반영시킬 권리
④ 물품 등의 사용으로 인하여 입은 피해에 대하여 신속 · 공정한 절차에 따라 적절한 보상을 받을 권리

13 소비자기본법 제66조 분쟁조정의 기간으로 옳은 것은?

① 30일 이내　② 50일 이내
③ 60일 이내　④ 90일 이내

14 폐기물관리법 제8조의 폐기물 투기금지 사항으로 옳지 않은 것은?

① 임의 매립금지　② 사체 투기금지
③ 임의 소각금지　④ 임의 처분금지

15 직업이 갖추어야 할 특징으로 옳지 않은 것은?

① 계속성　② 경제성
③ 자발성　④ 법률성

16 직업의식에 대한 설명으로 옳은 것은?

① 소명의식: 직업이 자신에게 부여된 소명이라는 의식
② 천직의식: 직업에 열정을 가지고 성실히 임하려는 의식
③ 직분의식: 자신의 직업이 사회나 기업을 위해 중요한 역할을 하고 있다고 믿음
④ 책임의식: 전문가라는 의식을 가지고 자신의 업무를 수행하는 태도

17 소비자 분쟁해결 기준에 의거하여 동물판매업자는 애완동물을 판매할 때 소비자에게 계약서를 제공해야 한다. 계약서에 기재되어야 할 사항으로 옳지 않은 것은?

① 동물생산업자의 성명과 주소
② 애완동물의 출생일과 판매업자가 입수한 날, 구입 시 구입금액과 구입날짜
③ 혈통, 성, 색상과 판매 당시의 특징사항, 판매 당시의 건강상태
④ 면역 및 기생충 접종기록, 수의사의 치료기록 및 약물투여기록 등

18 **동물보호법 제78조 영업자의 준수사항에 대한 설명으로 옳지 <u>않은</u> 것은?**

① 동물생산업자는 월령이 18개월 미만인 개 · 고양이는 교배 또는 출산시키지 아니할 것

② 동물수입업자는 수입의 목적으로 신고한 사항과 다른 용도로 동물을 사용하지 아니할 것

③ 동물판매업자(동물생산업자 및 동물수입업자가 동물을 판매하는 경우를 포함한다)는 월령이 2개월 미만인 개 · 고양이를 판매(알선 또는 중개를 포함한다) 하지 아니할 것

④ 동물장묘업자는 살아있는 동물을 처리(마취 등을 통하여 동물의 고통을 최소화하는 인도적인 방법으로 처리하는 것을 포함한다)하지 아니할 것

19 **동물보호법 제47조 동물실험의 원칙에 대한 설명으로 옳지 <u>않은</u> 것은?**

① 동물실험을 하려는 경우에는 이를 대체할 수 있는 방법을 우선적으로 고려하여야 한다.

② 동물실험은 실험동물의 윤리적 취급과 과학적 사용에 관한 지식과 경험을 보유한 자가 시행하여야 하며 필요한 최대한의 동물을 사용할 수 있다.

③ 실험동물의 고통이 수반되는 실험을 하려는 경우에는 감각능력이 낮은 동물을 사용하고 진통제, 진정제, 마취제의 사용 등 수의학적 방법에 따라 고통을 덜어주기 위한 적절한 조치를 하여야 한다.

④ 동물실험을 한 자는 그 실험이 끝난 후 지체 없이 해당 동물을 검사하여야 하며, 검사 결과 정상적으로 회복한 동물은 기증하거나 분양할 수 있다.

20 **동물보호법 제44조 사육포기 동물의 인수와 관련하여 불가피한 사유로 인정되는 내용으로 옳지 <u>않은</u> 것은?**

① 소유자등이 3개월 이상의 장기입원 또는 요양을 하는 경우

② 소유자등이 「병역법」에 따른 병역 복무를 하는 경우

③ 태풍, 수해, 지진 등으로 소유자등의 주택 또는 보호시설이 파손되거나 유실되어 동물을 보호하는 것이 불가능한 경우

④ 소유자등이 「가정폭력방지 및 피해자보호 등에 관한 법률」 제7조에 따른 가정폭력피해자 보호시설에 입소하는 경우

보호자 교육 및 상담

01 반려견 보호자에 설명으로 옳은 것은?

① 동물보호법 제2조 2호에 '소유자등'이라는 용어를 사용한다.
② 동물보호법에서는 영구적으로 보호하는 사람만을 '소유자등'으로 정의한다.
③ 동물보호법에서는 일시적으로 보호하는 사람만을 '소유자등'으로 정의한다.
④ 동물보호법에서는 법적 소유자만을 보호자로 간주한다.

02 반려견 보호자 교육 내용에 대한 설명으로 옳지 않은 것은?

① 해당 반려견의 긍정적인 문제행동 교정 방법에 대한 내용
② 반려견과 관계 형성하는 방법과 의사소통을 하는 방법
③ 반려견의 복지와 스트레스 관리 방법
④ 반려견에게 생득적 행동을 하도록 하는 방법에 대한 내용

03 반려견 보호자 유형에 대한 설명으로 옳은 것은?

① 주도형: 사람 사귀는 것을 즐기며 타인의 칭찬이나 남들의 인정을 받는 상황을 좋아하며 자랑하는 것을 즐긴다.
② 사교형: 주위와 원만한 인간관계를 유지하며 비평, 대립, 투쟁 등을 피하는 경향이 있다. 언행이 정중하며 주위 사람의 언행에 민감하므로 주의하도록 한다.
③ 안정형: 단도직입적이거나 무시당하는 기분이 드는 상황을 싫어하므로 주의가 필요하다.
④ 신중형: 불확실한 것을 기피하며 신중하게 대처한다. 질문이 많고 분석적이며 눈에 보이는 정확한 정보를 신뢰한다.

04 반려견 보호자 교육계획 수립 시 고려사항으로 옳지 않은 것은?

① 보호자와 반려견의 관계
② 지속력과 실행 가능성
③ 과정별 구체적인 교육방법
④ 보호자와 반려견의 학습능력

05 **반려견 보호자 교육기획 원리에 대한 설명으로 옳은 것은?**

교육 기획을 통해 의도하는 교육 목표를 달성할 수 있는 적절한 방법과 절차가 있어야 함

① 타당성의 원리 ② 효율성의 원리
③ 중립성의 원리 ④ 연계성의 원리

06 **반려견 보호자 교육기획 접근방법 설명으로 옳은 것은?**

반려동물 교육에 대한 개인적 · 사회적 수요를 기초로 하여 방향과 전략을 수렴하려는 접근 방법

① 국제 비교 접근법 ② 사회 수요 접근법
③ 인력 수요 접근법 ④ 행동학적 접근법

07 **보호자 교육 시 좋은 교수 · 학습 방법의 유형 설명으로 옳은 것은?**

장점: 제한된 시간 안에 전달하고자 하는 지식을 많은 학습자에게 동시에 전달할 수 있다. 학습자가 경직되어 있거나 융통성이 없는 경우에 편안함을 느낌 단점: 학습자가 적극적으로 수업에 참여할 수 없음. 교수자와 학습자의 상호작용을 기대하기 어려움

① 강의법 ② 토의법
③ 협동학습 ④ 문제중심 학습

08 **반려동물 보호자 교육 지도 원리에 대한 설명으로 옳지 <u>않은</u> 것은?**

① 개별화의 원리: 학습자 개인차를 고려하여 학습의 내용과 진도 등을 학습자의 능력, 수준, 개인적 특성에 맞추어 지도
② 목적의 원리: 학습의 목적을 명확히 이해하게 되면 자발적이고 적극적으로 학습에 참여. 따라서 교수자는 학습자가 이해할 수 있도록 적절한 학습 목적 및 목표를 제시해 주고, 학습활동을 지도
③ 자발성의 원리: 학습의 주체는 학습자이다. 따라서 학습자는 학습의 주체가 자신임을 인식하고 자발적으로 학습에 참여하도록 지도
④ 직접경험의 원리: 학습자의 일상생활의 문제와 직접 연결될 때 학습자에게 효과적으로 전달됨. 학습내용이 학습자의 일생생활과 관련될 수 있도록 지도

09 **반려견 보호자 교육 지도 원리에 대한 설명으로 옳은 것은?**

학습은 자유로운 분위기에서 진행되어야 함. 학습자에게 부담을 주지 않는 범위에서 지도

① 사회화의 원리
② 자발성의 원리
③ 직접경험의 원리
④ 자연성의 원리

10 **보호자 교육 형태 중 그룹지도에 대한 설명으로 옳지 <u>않은</u> 것은?**

① 그룹지도는 반려견의 행동교정 효과 및 사회화도 동시에 이루어지는 좋은 형태의 교육
② 보호자의 교육에 대한 이해, 반려견의 성향, 크기, 품종 등을 고려하여 그룹 편성 필요
③ 특정 문제행동에 대한 집중적 교정을 필요로 하는 교육보다 예방교육이나 사회화 교육에 효과적
④ 참여자 간의 협조와 배려가 중요하며 다양한 체형이나 성격 또는 수준이 다른 반려견들이 그룹이 되어야 교육의 일관성과 집중력에 더욱 효과적

11 **보호자 교육 운영 원칙에 대한 설명으로 옳지 <u>않은</u> 것은?**

① 보호자교육은 반려견에 대한 이해도와 수준, 능력을 고려한 개별성을 가져야 함
② 보호자는 교육목적에 공감하면 자발적이고 적극적으로 교육에 참여하게 되므로 합목적적이어야 함
③ 행동지도사는 보호자의 반려견 교육에 대한 주도적인 역할을 인식하고 자발적 참여를 유도
④ 반려견 교육은 직접적인 행동을 통해 이루어지므로 보호자에게 직접경험의 기회를 제공하며, 문제행동이 유발되는 생활 방식이나 행동에 변화를 주어야 하므로 통제된 조건에서 진행되어야 효과적

12 **보호자 교육 시 교수 · 학습 상황에 따른 교수 · 학습 방법의 선택에 대한 설명으로 옳은 것은?**

20인 이상 학습 집단, 전형적인 교실 공간, 태도 영역, 이미 습득한 지식 강화

① 설명식 강의법, 팀티칭
② 역할극, 모의실험, 게임, 토론법
③ 발견학습, 탐구학습
④ 협동학습, 문제중심 학습

13 **반려동물 문제행동 예방 중 적절한 견종 선택에 대한 설명으로 옳지 않은 것은?**

① 반려견 입양 시 외모보다는 현재의 환경과 더불어 장래의 생활조건 등을 종합적으로 고려하여 견종 선택

② 혼종은 유전적 질환이나 저항력 약하지만 체격이나 행동특성을 예측할 수 있는 장점, 반면 순종은 질병에 대한 저항력이 상대적으로 강하지만 체격이나 행동특성을 예측하는 것이 어려움

③ 전문 브리더는 견종특성과 성장과정에서 나타난 개체별 특성에 대한 정보를 충분히 제공해야 함

④ 알맞은 입양 시기는 8주 정도 모견, 동배형제들과 생활해야 종 특유의 보디랭귀지나 사회규칙을 배울 수 있음

14 **다음 중 반려견 보호자 상담의 기술로 옳지 않은 것은?**

① 경청 및 공감적 이해
② 설명과 해석
③ 질문 및 피드백 제공
④ 반려견 견종 지향적 접근

15 **다음 중 반려견 보호자 상담의 구체적 흐름에 대한 순서로 옳은 것은?**

① 요구파악 - 문제파악 - 행동분석 - 해결책 제안 - 실행 계획 수립 - 계약 실행
② 요구파악 - 행동분석 - 문제파악 - 해결책 제안 - 실행 계획 수립 - 계약 실행
③ 요구파악 - 문제파악 - 행동분석 - 실행 계획 수립 - 해결책 제안 - 계약 실행
④ 요구파악 - 문제파악 - 해결책 제안 - 행동분석 - 실행 계획 수립 - 계약 실행

16 **다음 중 반려견 보호자 상담의 기본 기술 순서로 옳은 것은?**

① 연결 - 촉진 - 질문 - 확인 - 제공
② 촉진 - 연결 - 질문 - 확인 - 제공
③ 연결 - 질문 - 촉진 - 확인 - 제공
④ 연결 - 촉진 - 확인 - 질문 - 제공

17 다음 중 SERVQUAL(Service + Quality) 모형 특징으로 옳지 않은 것은?

① 신뢰성: 약속한 서비스를 일관되고 정확하게 서비스를 제공할 수 있는 능력
② 반응성: 고객의 요구, 불만, 문의에 신속하고 적절하게 대응하는 능력
③ 보장성(확신성): 지식, 공손함, 신용도, 안정성 등 고객에서 믿음을 줄 수 있는 능력
④ 공감성: 시설, 장비, 인력, 인테리어 분위기, 홍보물 등 외형적 요소

18 다음 중 언어적 소통 화법에 대한 설명으로 옳지 않은 것은?

① 칭찬 화법: 상대방의 좋은 점, 잘하는 점을 긍정적으로 표현한다.
예) 왜 선생님은 매일 실없이 웃고 다녀요?
대체) 김 선생님 환한 미소 덕분에 고객님들 기분까지 좋아진다고 하네요! 늘 고마워요!
② 긍정 화법: 대화에서 피드백, 메시지를 긍정적으로 표현한다.
예) 고객님, 여기는 금연구역입니다.
대체) 고객님, 여기는 금연구역입니다. 번거로우시겠지만 1층 흡연구역을 이용해 주시기 바랍니다.
③ 쿠션 화법: 부드러운 언어로 감정을 상하지 않게 표현한다.
예) 기다리세요.
대체) 죄송하지만 잠시만 기다려 주시겠어요?
④ 청유형 화법: 상대를 탓하기보다는 나의 감정을 전달한다.
예) 전화를 왜 늦게 받니?
대체) 무슨 일 있었니? 전화를 늦게 받아서 걱정했어.

19 반려견 보호자 민원 유형에 대한 설명으로 옳지 않은 것은?

① 불량 반려견 보호자: 소비자 보호법을 악용하여 제품(반려견 샴푸) 등을 이용해 보고 상습적으로 반품하는 고객으로, 블랙 컨슈머라고 한다.
② 일반 반려견 보호자: 이용 빈도가 높고, 다른 곳으로 서비스를 변경할 가능성이 없는 반려견 보호자
③ 직접 반려견 보호자: 서비스에 직접 참여하여 지속적으로 기관과의 신뢰를 형성하며, 우호적인 태도를 보이는 반려견 보호자
④ 간접 반려견 보호자: 최종 소비를 하는 반려견 보호자

20 **반려견 위탁 서비스를 제공할 때 환경조성에 설명으로 옳지 않은 것은?**

① 배변은 실내, 실외로 나뉘고 반려견의 크기, 나이에 따라 하루 1~3회 이상 해줘야 하며, 실내 배변 시나 야외 운동장에서는 배변 장소를 별도로 마련해 주는 것이 좋다.

② 집(하우스)은 반려견이 편안한 자세로 움직이며 일상적인 동작을 하는 데 지장이 없는 크기 구비

③ 식사는 견의 크기와 건강 상태, 나이별로 하루 1~3번 정도 주고, 성격이 급한 반려견의 목매임을 방지를 위하여 사료의 알맹이가 작은 것으로 급여

④ 운동 시간은 반려견의 크기별로 하루 최소 1~3시간 이상이 되어야 하며 운동 시 햇빛에는 최소 2시간 이상 시간 노출

반려동물행동지도사 2급

제2회 모의고사

반려동물 행동학

01 다음 중 동물행동학이라는 학문 분야의 선구자인 사람으로 옳은 것은?

(a) 로렌츠	(b) 파블로프	(c) 틴베르겐	(d) 프리슈	(e) 스키너

① (a), (b), (c)
② (a), (b), (c), (d), (e)
③ (b), (c), (d)
④ (a), (c), (d)

02 다음 설명을 읽고 빈칸에 들어갈 말로 옳은 것은?

> (　　　　)는(은) 어떤 개체가 자신과 혈연관계에 있는 다른 개체의 생존과 번식을 도움으로써 자신과 공유하고 있는 유전자세트가 그 근연개체의 번식성공을 통해 다음 세대로 이어진다는 개념이다.

① 생애적응도
② 행동발달도
③ 포괄적응도
④ 번식유전자 지도

03 동물행동학의 4분야 중 옳지 <u>않은</u> 것은?

① 동물행동의 지근요인
② 동물행동의 궁극요인
③ 동물행동의 전달
④ 동물행동의 진화

04 반려견 행동교정 시 물리적 자극의 특징에 대한 설명으로 옳지 <u>않은</u> 것은?

① 원하는 행동을 교육시키기보다 행동을 일시적으로 억제하는 성향이 강하다.
② 반려견이 감정적으로 반발하거나 공격적인 행동을 나타낼 수 있다.
③ 훈련자의 정서에는 악영향을 주지만 교육전반에는 긍정적으로 작용한다.
④ 반려견 교육에 대한 부정적인 영향을 줄 수 있다.

05 **다음 설명을 읽고 반려견의 행동분류로 옳은 것은?**

만족하지 못한 욕구를 다른 대상에 나타내는 행동이다. 음식물을 전적으로 제공받는 반려견의 경우 섭식의 선동작인 탐색행동이 결여되어 엉뚱한 행동이 나타난다.

① 전가행동 ② 전위행동
③ 양가행동 ④ 진공행동

06 **다음 설명을 읽고 반려견의 문제행동으로 옳은 것은?**

(　　　)는(은) 주인과의 부적절한 애착관계가 그 원인으로 발생하기도 하고, 견종적 차이가 보이는 등 유전적 요소도 추측되고 있으나 발육과정에서 후천적 요소로 발생할 수 있다.

① 공격행동 ② 이기
③ 공포증 ④ 분리불안

07 **개의 임신에 대한 설명으로 옳은 것은?**

① 위임신은 자궁 외 임신으로 되도록 자연스럽게 넘어가도록 유도하는 것이 좋다.
② 유두와 생식기가 단단해지는 것으로 임신 적기로 판단하고 교배를 시킨다.
③ 임신이 되면 모견은 칼슘이 부족하게 되므로 임신 확인이 되면 칼슘을 보충시켜 준다.
④ 입덧이 심한 경우 처음 착상 시기인 몇 주간 그냥 두어도 된다.

08 **다음 설명으로 옳은 것은?**

• 배우자나 새끼를 제외한 다른 개체와 배타적으로 사용하는 공간이다. • 개의 경우 자기 배설물로 흔적을 남긴다.

① 행동권 ② 생활권
③ 세력권 ④ 방어권

09 **다음 중 개의 발달행동 과정 중 후각이 발달하는 시기로 옳은 것은?**

① 생후 1일 ② 생후 14일 전후
③ 생후 20일 전후 ④ 생후 28일 전후

10 **개의 사회화기에 대한 설명으로 옳지 않은 것은?**

① 사회화기에는 무리에서 살아가는 데 필요한 행동을 하기 시작한다.
② 강아지가 신체적 변화와 환경적 변화를 경험하는 시기로 환경의 변화 큰 영향을 받는다.
③ 주변을 탐험하고 자신이 관심 있는 물건이나 사람에 대한 호기심과 애착이 생긴다.
④ 모견으로부터 벗어나 새로운 환경에 노출되는 시기로 경험하지 못했던 환경을 맞이한다.

11 **다음 설명으로 옳은 것은?**

근거리 또는 중거리 커뮤니케이션에 효과적이며 상대의 반응을 보면서 즉시 신호를 바꿀 있는 점에서 유리한 커뮤니케이션 방법이다.

① 시각을 통한 커뮤니케이션　② 청각을 통한 커뮤니케이션
③ 후각을 통한 커뮤니케이션　④ 촉각을 통한 커뮤니케이션

12 **개의 신체부위 중 꼬리의 표현에 대한 설명으로 옳지 않은 것은?**

① 복종 시에는 낮게 내리거나 배 밑으로 말려 들어간다.
② 꼬리를 흔드는 행동이 반드시 우호적인 기분을 의미하는 것은 아니다.
③ 높은 위치에서 꼬리를 흔드는 행동은 우위인 개체에 대한 위협하는 경우도 있다.
④ 복종적인 개가 상대를 진정시키려고 할 때 꼬리를 높은 위치에서 어색하게 흔든다.

13 **다음 중 태어나면서부터 유전적으로 프로그램 되어 있는 생득적 행동(본능행동)으로 옳지 않은 것은?**

① 섭식행동　② 배설행동
③ 성행동　④ 훈련

14 다음 설명으로 옳은 것은?

동물은 특정한 자극상황에서 일어나는 반응에 이어서 보상이 주어지면 다시 같은 상황에서 같은 행동을 할 확률이 증가한다.

① 카밍시그널
② 고전적 조건화
③ 조작적 조건화
④ 소거

15 반려견의 행동분류 중 이상행동으로 옳은 것은?

(a) 전위행동 (b) 상동행동 (c) 변칙행동 (d) 전가행동 (e) 진공행동 (f) 양가행동

① (b), (c)
② (a), (b), (c), (d), (e)
③ (b), (c), (d)
④ (a), (c), (d)

16 다음 설명으로 옳은 것은?

- 행동을 내면의 동기나 과거 경험을 근간으로 접근하는 방법이다.
- 근원적 원인을 충동, 불안, 적대행동, 생식욕과 같은 1차적 동기로 본다.

① 생물학적 방법
② 분석주의적 방법
③ 인지주의적 방법
④ 행동주의적 방법

17 반려견의 문제행동 분석과 관련하여 다음 빈칸에 들어갈 말로 알맞은 것은?

- 반려견은 생리적 기능을 가지고 환경에 적응하므로 ( )로(으로) 인하여 안전에 위협받을 수 있다.
- 과도하고 만성적인 ( )은(는) 경계 단계에서 심박수, 혈압, 체온을 상승시키고, 저항단계에 이르면 무력해지거나 이상행동을 보일 수 있다.

① 환경
② 불안
③ 스트레스
④ 적대행동

18 다음 중 반려견의 문제행동 요인 중 개체적 특성으로 옳지 <u>않은</u> 것은?

① 불안
② 과잉 활동
③ 적응력
④ 영양

19 다음 중 반려동물 행동분석서에 포함될 사항으로 옳지 않은 것은?

① 보호자 정보　　② 반려견 생애 이력
③ 분석 방법과 내용　　④ 분석 장소와 시간

20 반려견의 문제행동 예방방법으로 옳은 것은?

(a) 적절한 반려동물의 선택	(b) 충분한 사회화	(c) 보호자의 학습
(d) 행동풍부화	(e) 강아지 교실 참가	(f) 서열 미정리

① (a), (b), (c)　　② (a), (d), (e), (f), (c)
③ (d), (e), (f), (c)　　④ (a), (b), (c), (d), (e)

반려동물 관리학

01 다음 설명을 읽고 해당 용어로 옳은 것은?

> 키울 능력을 넘어서 과도하게 많을 동물을 키우면서 사육자로서의 의무와 책임을 다하지 못하는 사람을 일컫는다. 동물을 수집하는 행위로 동물 학대의 한 유형으로 분류한다.

① 펫로스 신드롬　　② 소거버스트
③ 애니멀 호더　　④ 프리맥의 원리

02 반려견의 에너지 요구량이 가장 많이 필요한 시기로 옳은 것은?

① 6~8주령　　② 10~15주령
③ 15~24주령　　④ 6개월~1년

03 먹이 습관 길들이기 중에 옳지 않은 것은?

① 식사하면서 사람이 먹는 음식을 주지 않는다.
② 정해진 시간에 정해진 장소에서 먹이를 준다.
③ 먹이를 주었는데 먹지 않을 시 먹이를 언제든지 먹을 수 있도록 그대로 둔다.
④ 가족 모두 규칙에 따라 먹이를 급여한다.

04 **반려견의 빗질 효과로 옳지 <u>않은</u> 것은?**

① 미용 효과: 엉켜진 털 손질
② 위생 효과: 기생충, 먼지, 죽은 털 등 제거
③ 건강 효과: 피부를 자극해 혈액 순환 증진, 피부 통풍을 원활하게 하고 공기층 형성
④ 유대 효과: 빗질을 좋아하지 않으므로 유대관계가 떨어짐

05 **개의 세균성 전염으로 숙주가 쥐인 전염병으로 옳은 것은?**

① 개홍역
② 심장사상충
③ 렙토스피라증
④ 개 파보파이러스

06 **개의 나이에 따른 분류로 옳지 <u>않은</u> 것은?**

① 신생자견 – 갓 태어난 강아지로 6주까지
② 자견 – 강아지로 3주에서 6개월까지
③ 성견 – 어른 개로 생후 1년에서 6년까지
④ 노령견 – 늙은 개로 생후 10년 이후

07 **다음 설명을 읽고 해당 용어로 옳은 것은?**

반려견이 이물질을 섭취하여 기도나 식도에 걸려 정체된 경우 반려견의 복부를 압박하여 이물질을 토하게 하는 방법을 의미한다.

① 심폐소생술
② 인공호흡
③ 하임리히법
④ 압박법

08 **다음 설명을 읽고 해당 소독제로 옳은 것은?**

아포 세균, 진균, 바이러스 등에 대해 높은 수준의 소독제와 멸균제로 사용된다. 살균력이 강하고 오염물이 있는 상태에서도 살균력이 저하되지 않는다. 낮은 온도에서도 빠른 소독 효과가 있다. 환경소득은 2% 농도를 사용한다. 인체 및 동물에 대한 유해성과 독성이 높기 때문에 사용 시 주의해야 한다.

① 1% 크레졸비누액
② 4급 암모늄
③ 차아염소산나트륨
④ 글루타알데하이드

09 다음 중 반려견 위탁서비스 종료 시 보호자에게 인계할 사항으로 옳지 않은 것은?

① 퇴소 후 잘못된 행동이 다시 나타나지 않도록 보호자에게 훈련방법을 교육한다.
② 교육을 통해 변화된 행동을 반복 학습하여 유지하도록 보호자를 교육할 수 있다.
③ 훈련을 받은 경우 사전, 사후 변화된 행동을 보여준다.
④ 보호자에게 가정에서 문제행동을 유발할 수 있는 행동을 하지 않도록 알려준다.

10 다음 중 하임리히법에 대한 설명으로 옳지 않은 것은?

① 반려견의 기도에 이물질이 걸렸을 때 시행한다.
② 육안으로 이물질이 발견되었을 때 시행한다.
③ 성견인 경우 개의 뒷다리를 세운 후 하복부 부분을 감싸 안고 주먹을 쥔 손으로 강하게 밀어 올린다.
④ 압박 추전 횟수는 5회이며 이물질이 제거되지 않았을 때 다시 압박과정을 반복하고, 빠르게 동물병원으로 이송한다.

11 다음 설명을 읽고 해당 영양소로 옳은 것은?

- 1g당 9kcal 에너지 공급
- 일차적인 공급 목적은 활동에 필요한 에너지를 얻는 것, 필수 지방산 제공
- 체구성 요소로서 체 지방 조직의 구성성분, 뇌, 신경계통, 간 등의 존재
- 생체기관의 보호 및 체온조절
- 성견 기준으로 체중 1kg당 1.0~1.5g, 자견은 2.7g 정도가 필요하다.

① 단백질　② 지방
③ 탄수화물　④ 미네랄과 비타민

12 다음 중 개의 치아에 대한 설명으로 옳은 것은?

① 총 이빨 개수는 40개이다.
② 유치는 생후 약 3~8주령이면 나온다.
③ 영구치는 생후 5~7개월이면 갖추게 된다.
④ 개의 종류에 따라 교합의 종류 또한 다르다.

13 **다음 반려견 체크리스트 중 건강관리 항목으로 옳지 않은 것은?**

① 중성화 수술 여부 ② 위생관리 내용
③ 항체가 수치 ④ 예방접종 내역

14 **다음 중 안전사고별 상황 대처법으로 옳지 않은 것은?**

① 피부에 화상을 입었을 경우 상처 부위에 차가운 수건, 아이스팩으로 덮어준다.
② 교상으로 출혈이 생긴 경우 출혈 부위를 지혈하고 세척 후 소독한다.
③ 골절된 경우 어긋난 부위를 맞춘 후 병원으로 이송한다.
④ 낙상이나 교통사고 당한 경우 외관상 이상이 없을 시에는 12시간까지 잘 관찰한 후 이상이 생기면 병원으로 이송한다.

15 **강아지 음식 중 피해야 할 음식으로 옳지 않은 것은?**

① 파나 양파 ② 초콜릿
③ 닭 가슴살 ④ 닭

16 **다음 중 수용성 비타민으로 옳은 것은?**

① 비타민 A ② 비타민 B
③ 비타민 D ④ 비타민 K

17 **세계애견연맹(FCI)에서 견종을 목적과 역할, 특성 등으로 분류한다. 총 몇 개의 그룹으로 분류되어 있는지 옳은 것은?**

① 7개 그룹 ② 8개 그룹
③ 9개 그룹 ④ 10개 그룹

18 **다음 중 개의 전염성 간염의 원인이 되는 바이러스로 옳은 것은?**

① 코로나바이러스 ② 아데노바이러스
③ 광견병바이러스 ④ 파보바이러스

19 **다음 중 일반적인 브러싱 순서로 옳은 것은?**

① 꼬리 - 머리 - 목 - 몸통 - 뒷다리 - 앞다리
② 뒷다리 - 앞다리 - 몸통 - 목 - 머리 - 꼬리
③ 몸통 - 앞다리 - 뒷다리 - 목 - 꼬리 - 머리
④ 몸통 - 뒷다리 - 앞다리 - 목 - 머리 - 꼬리

20 **다음 반려견 체크리스트 중 일반관리 항목으로 옳지 않은 것은?**

① 주거내용
② 급식내용
③ 운동 및 산책 내용
④ 가족 구성 내용

반려동물 훈련학

01 **다음 중 '용암법'에 대한 설명으로 옳은 것은?**

① 보호자가 원하는 행동을 하는 경우 반려견이 좋아하는 강화물을 제공하는 방법
② 원하는 행동을 유도하기 위해 촉진 자극을 제공하고 점차 감소 또는 제거하는 방법
③ 강화물로 유도하여 싫지만 해야 하는 행동을 강화시키는 방법
④ 행동약화 유인 강화물을 제거시켜서 반려견이 원하는 행동을 증가시키는 방법

02 **반려견 행동교정 방법 중 '정적 약화(긍정 약화)'에 해당하는 방법으로 옳은 것은?**

① 반려견이 기피하는 약화 도구를 사용하여 문제행동의 발생 빈도를 감소시키는 방법
② 문제행동과 반대인 목표 교정 행동을 했을 때 강화시키는 방법
③ 문제행동 원인이나 강화 도구를 제거하는 방법
④ 문제행동 시 정적 강화 도구를 제거하여 문제행동을 감소시키는 방법

03 **다음 설명으로 옳은 것은?**

비율이 일정하지 않도록 강화물을 제공하는 방법으로 불규칙적으로 강화물을 제공한다. 예를 들어, 카지노에서 도박하는 이유는 언제 큰돈을 벌지 모르기 때문에 많은 사람이 도박을 한다.

① 고정간격계획　　② 변동간격계획
③ 고정비율계획　　④ 변동비율계획

04 **다음 설명으로 옳은 것은?**

무시나 타임아웃 등과 같이 인간과의 상호관계를 단절함으로써 주는 처벌을 의미한다.

① 직접처벌　　② 원격처벌
③ 신체처벌　　④ 사회처벌

05 **다음 설명으로 옳은 것은?**

반려견이 좋아하는 강화물을 유도하여 싫지만 해야 하는 행동을 강화시키는 방법이다.

① 정적 강화　　② 부적 강화
③ 프리맥의 원리　　④ 조형

06 **반려견의 시각을 통한 의사소통 행동에 대한 설명으로 옳은 것은?**

① 복종적인 개는 꼬리를 아래로 늘어트린다.
② 공격적인 상태는 꼬리가 높이 올라간다.
③ 꼬리를 크게 흔드는 것은 놀이를 유발하는 행동이다.
④ 위협을 할 때는 상대의 눈을 직시한다.

07 **다음 중 반려견 훈련을 시작하는 시기로 옳은 것은?**

① 3~5개월령　　② 6~12개월령
③ 1~2년　　④ 2년 이상

08 **반려견의 문제행동 중 '땅을 파는 행동'에 대한 행동교정방법으로 옳지 않은 것은?**

① 주택의 경우 땅을 파고 놀 수 있는 장소를 마련한다.
② 반려견 혼자 놀이를 할 수 있는 시간을 준다.
③ 산책과 운동 시간을 늘려 에너지를 소비하도록 한다.
④ 파도 괜찮은 장소인 경우 보상물을 두어 찾아내면 보상한다.

09 **다음 설명으로 옳은 것은?**

트레킹(족적 추적) 훈련을 할 때 쓰이며, 훈련 경기 대회의 규정 줄이다.

① 1.2m ② 2m
③ 5m ④ 10m

10 **다음 설명 빈칸에 들어갈 용어로 옳은 것은?**

(　　　)은(는) 개의 직접적인 공격을 받으면 위험하기 때문에 방어소매와 같이 사용한다. 공격 훈련을 할 때 앞발 등에 의한 상처를 방어하기 위해 사람의 몸에 착용을 한다.

① 일반 방어소매 ② 전신 방어복
③ 에프론 ④ 나탄 방어소매

11 **다음 설명은 어떠한 행동풍부화에 대한 요소인가?**

• 보호자와 다양한 더미와 공을 이용한 게임을 진행한다. • '놔' 명령어를 사용하지 않고, 반려견이 자연스럽게 놓을 때까지 기다린 후 놓을 때 보상을 한다.

① 먹이 풍부화 ② 사회 풍부화
③ 인지 풍부화 ④ 환경 풍부화

12 **다음 중 기본예절 훈련에 대한 설명으로 옳지 않은 것은?**

① '앉아' 훈련은 반려견을 컨트롤하기 위한 훈련의 기본으로 '이리와' 훈련의 마무리로 이용할 수 있다.
② '엎드려' 훈련의 목적은 무조건적인 복종이다.
③ '이리와(불러들이기)' 훈련 시 간식이나 장난감에 관심이 없는 반려견에게 리드줄을 착용하고 훈련을 한다.

④ '옆에 붙이기' 훈련 시 보호자 옆에 오면 좋은 일이 생긴다는 것을 알게 하도록 하고, 보상하는 횟수를 불규칙으로 해서 명령어로만 옆에 올 수 있도록 훈련한다.

13 **다음 설명 중 행동교정 방법으로 옳지 않은 것은?**

① 강화는 원하는 행동을 증가시키는 방법이다.
② 약화는 원치 않는 행동을 감소시키거나 소멸시키는 방법이다.
③ 노출은 특정 자극에 노출시킴으로써 자극에 반응하지 않도록 하는 것이다.
④ 대안행동은 자극을 약한 정도에서 시작해 조금씩 자극을 강하게 하여 적응시키는 방법이다.

14 **다음 중 산책예절 교육에 대한 설명으로 옳지 않은 것은?**

① 보호자의 걷는 속도에 맞추어 따라오도록 한다.
② 실내에서 리드줄을 채운 상태에서 산책연습을 한다.
③ 산책 시 반려견이 좋아하는 간식을 이용해 집중시키고 앞으로 나갈 때 간식을 준다.
④ 반려견을 좌측에 두고 오른손으로 간식을 주며 훈련한다.

15 **다음 중 세계애견연맹 대회 경기출전 월령 기준으로 옳지 않은 것은?**

① BH/VT: 15개월
② IGP 1단계: 17개월
③ IGP 2단계: 19개월
④ IGP 3단계: 20개월

16 **다음 중 고전적 조건화의 영향요인에 대한 설명으로 옳지 않은 것은?**

① 수반성: 수반성이란 어떤 것에 뒤따르는 현상이다. 조건자극이 주어지면 뒤이어 무조건자극이 따라오는 경우로, 무조건자극은 조건자극에 수반된 것이다. 고전적 조건화는 조건자극에 무조건자극이 수반되지 않으면 효과를 발휘하기 어렵다.
② 근접성: 조건자극과 무조건자극들의 제공시간이 가깝거나 먼 정도이다.
③ 자극의 특성: 자극의 강도가 높으면 약한 것보다 조건화가 더 잘 이루어지지 않는다.
④ 연습의 효과: 자극의 결합횟수에 비례하여 증감된다. 연습기회가 많을수록 조건화가 높아진다. 연습의 법칙에 따라 시행 초기에 효율이 높고 후반으로 갈수록 낮아진다.

17 다음 중 조작적 조건화의 영향요인에 대한 설명으로 옳지 않은 것은?

① 강화물의 강화력은 포화와 결핍 정도에 따라 달라진다.
② 개의 강화되는 수준은 강화물 제공횟수에 따라 달라진다.
③ 강화스케줄(제공간격)은 즉시성, 일관성이 있어야 한다.
④ 약화물은 초기에 약한 수준으로 제시해야 효과적이다.

18 다음 중 혐오성 자극에 대한 설명으로 옳지 않은 것은?

① 혐오성 자극은 행동지도사의 정서에도 악영향을 미쳐 훈련 전반에 부정적으로 작용한다.
② 혐오성 자극은 개에게 훈련뿐만 아니라 사람을 싫어하게 만든다.
③ 혐오성 자극은 행동지도사를 계속 의존하게 만든다.
④ 혐오성 자극을 통한 강화방법은 감정적으로 반발하거나 공격성을 나타내는 부작용을 초래하지 않는다.

19 다음 중 조형방법에 대한 설명으로 옳지 않은 것은?

① 목표를 향하여 수준을 조금씩 올린다.
② 다음 단계로 이동하기 전에 현재 행동을 고정강화계획으로 확실하게 한다.
③ 현재 진도에 문제가 발생하면 전 단계로 돌아간다.
④ 성과가 좋을 때 마친다. 조형과정 중에는 고정된 교정사가 전담한다.

20 다음 중 반려견 훈련의 영향요인에 대한 설명으로 옳지 않은 것은?

① 개체별 특성에 따라 행동양식이 다르게 표출된다.
② 높은 훈련결과를 위해서는 계획적이고 과학적인 훈련방법을 사용하여야 한다.
③ 반려견 정서상태를 고려하여야 하며, 행동지도사와 반려견의 신뢰관계가 있어야 한다.
④ 훈련은 건강한 상태에서 실시해야 하며, 반려견의 지능이 절대적으로 중요한 요소이다.

직업윤리 및 법률

01 동물보호법 제1조 동물보호법의 목적으로 옳지 않은 것은?

① 학대행위의 방지 등 동물을 적정하게 보호 · 관리
② 동물이 생명 보호, 안전 보장, 복지 증진
③ 건전한 번식 문화
④ 동물의 생명 존중 등 국민 정서 함양

02 다음 중 맹견 관리와 맹견의 출입금지에 대한 설명으로 옳지 않은 것은?

① 3개월령 이상인 맹견을 동반하고 외출 시 목줄과 입마개 등 안전장치를 해야 한다.
② 맹견 소유자는 교육을 받아야 한다.
③ 어린이집, 유치원 등의 장소에는 출입금지된다.
④ 맹견을 기르는 곳에서 벗어나서는 안 된다.

03 동물보호법 제3조 동물보호의 원칙으로 옳지 않은 것은?

① 동물이 본래의 습성과 신체의 원형을 유지하면서 일정한 공간에서만 살 수 있도록 할 것
② 동물이 갈증 및 굶주림을 겪거나 영양이 결핍되지 아니하도록 할 것
③ 동물이 정상적인 행동을 표현할 수 있고 불편함을 겪지 아니하도록 할 것
④ 동물이 고통 · 상해 및 질병으로부터 자유롭도록 할 것

04 동물보호법 제59조 동물복지축산농장의 인증과 관련하여 농림축산식품부령으로 정하는 동물(이하 "농장동물"이라 한다)이 본래의 습성 등을 유지하면서 정상적으로 살 수 있도록 관리하는 축산농장을 동물복지축산농장으로 인증할 수 있다. 농장동물로 옳지 않은 것은?

① 소 ② 염소
③ 오리 ④ 말

05 **동물보호법 제11조 동물의 운송 및 제12조 반려동물의 전달방법으로 옳지 않은 것은?**

① 운송 중인 동물에게 적합한 사료와 물을 공급하고, 급격한 출발, 제동 등으로 충격과 상해를 입지 아니하도록 할 것
② 동물을 운송하는 차량은 동물이 운송 중에 상해를 입지 아니하고, 급격한 체온 변화, 호흡곤란 등으로 인한 고통을 최소화할 수 있는 구조로 되어 있을 것
③ 운송을 위하여 전기(電氣) 몰이도구를 사용하지 아니할 것
④ 반려동물을 다른 사람에게 전달하려는 자는 직접전달하거나 동물운송업 등록을 한 자 또는 택배업을 하는 자를 통하여 전달하여야 한다.

06 **동물보호법 제21조 맹견의 관리에 대한 설명으로 옳지 않은 것은?**

① 소유자등 없이 맹견을 기르는 곳에서 벗어나지 아니하게 할 것
② 월령이 2개월 이상인 맹견을 동반하고 외출할 때에는 농림축산식품부령으로 정하는 바에 따라 목줄 및 입마개 등 안전장치를 하거나 맹견의 탈출을 방지할 수 있는 적정한 이동장치를 할 것
③ 시 · 도지사와 시장 · 군수 · 구청장은 맹견이 사람에게 신체적 피해를 주는 경우 농림축산식품부령으로 정하는 바에 따라 소유자등의 동의 없이 맹견에 대하여 격리조치 등 필요한 조치를 취할 수 있다.(10일간 가능, 결정 못 내릴 시 추가 10일 가능)
④ 맹견의 소유자는 맹견의 안전한 사육 및 관리에 관하여 농림축산식품부령으로 정하는 바에 따라 정기적으로 교육을 받아야 한다. 맹견의 소유권을 최초로 취득한 소유자의 신규교육: 소유권을 취득한 날부터 6개월 이내 3시간, 그 외 맹견 소유자의 정기교육: 매년 3시간

07 **동물보호법 제18조 맹견사육허가 등에서 등록대상동물인 맹견을 사육하려는 사람은 요건을 갖추어 시 · 도지사에게 맹견사육허가를 받아야 한다. 요건에 대한 설명으로 옳지 않은 것은?**

① 등록대상동물에 따른 동물등록을 할 것
② 보험에 가입할 것
③ 중성화(中性化) 수술을 할 것. 다만, 맹견의 월령이 8개월 미만인 경우로서 발육상태 등으로 인하여 중성화 수술이 어려운 경우에는 대통령령으로 정하는 기간 내에 중성화 수술을 한 후 그 증명서류를 시 · 도지사에게 제출하여야 한다.
④ 훈련받은 확인서를 제출할 것

08 동물보호법 제16조 등록대상동물의 관리에 대한 내용으로 옳지 <u>않은</u> 것은?

① 등록대상동물의 소유자등은 소유자등이 없이 등록대상동물을 기르는 곳에서 벗어나지 아니하도록 관리하여야 한다.
② 농림축산식품부령으로 정하는 기준에 맞는 목줄 착용 등 사람 또는 동물에 대한 위해를 예방하기 위한 안전조치를 할 것
③ 등록대상동물의 이름, 소유자의 연락처, 보호자의 이름을 표시한 인식표를 등록대상동물에게 부착할 것
④ 배설물(소변의 경우에는 공동주택의 엘리베이터 · 계단 등 건물 내부의 공용공간 및 평상 · 의자 등 사람이 눕거나 앉을 수 있는 기구 위의 것으로 한정한다)이 생겼을 때에는 즉시 수거할 것

09 동물보호법 제32조 반려동물행동지도사의 결격사유로 옳지 <u>않은</u> 것은?

① 동물보호법을 위반하여 벌금 이상의 형의 집행유예를 선고받고 그 유예기간 중에 있는 경우
② 피성년후견인 및 피한정후견인
③ 정신질환자 또는 마약류의 중독자. 다만 정신건강의학과 전문의가 맹견을 사육하는 것에 지장이 없다고 인정하는 사람은 그러하지 아니하다.
④ 동물보호법을 위반하여 벌금 이상의 실형을 선고받고 그 집행이 종료되거나 집행이 면제된 날부터 3년이 지나지 아니한 사람

10 동물보호법 제34조 동물의 구조 및 보호 조치 대상 동물로 옳지 <u>않은</u> 것은?

① 유실 · 유기동물
② 피학대동물 중 소유자를 알 수 없는 동물
③ 소유자등으로부터 제10조 제2항 및 같은 조 제4항 제2호에 따른 학대를 받아 적정하게 치료, 보호받을 수 없다고 판단되는 동물
④ 도심지나 주택가에서 자연적으로 번식하여 자생적으로 살아가는 고양이

11 **동물보호법 제46조 동물의 인도적 처리와 관련하여 농림축산식품부령으로 정하는 사유로 옳지 않은 것은?**

① 동물이 질병 또는 상해로부터 회복될 수 없거나 지속적으로 고통을 받으며 살아야 할 것으로 수의사가 진단한 경우
② 맹견이 사람이나 동물을 공격했을 경우
③ 동물이 사람이나 보호조치 중인 다른 동물에게 질병을 옮기거나 위해를 끼칠 우려가 매우 높은 것으로 수의사가 진단한 경우
④ 법 제45조에 따른 기증 또는 분양이 곤란한 경우 등 시 · 도지사 또는 시장 · 군수 · 구청장이 부득이한 사정이 있다고 인정하는 경우

12 **동물보호법 제69조 영업의 허가와 관련하여 반려동물과 관련된 영업으로 농림축산식품부령으로 정하는 기준에 맞는 시설과 인력을 갖추고 있으며 허가를 받아야 하는 자로 옳지 않은 것은?**

① 동물판매업　② 동물장묘업
③ 동물수입업　④ 동물운송업

13 **동물보호법 제2조 제6호의 봉사동물로 옳지 않은 것은?**

① 장애인복지법에 따른 시각장애인안내견
② 국방부에서 운용하는 군견
③ 병원에서 환자들을 위해 활동하는 치료도우미견
④ 국토교통부나 경찰청 등에서 운용하는 경찰견

14 **동물판매업자의 준수사항으로 소비자기본법 시행령 제8조제3항에 따른 소비자분쟁해결기준에 따라 계약서에 포함될 내용으로 옳은 것은?**

Ⓐ 동물판매업 등록번호, 업소명, 주소 및 전화번호
Ⓑ 동물의 출생일자 및 판매업자가 입수한 날
Ⓒ 동물을 생산(수입)한 동물생산(수입)업자 업소명 및 주소
Ⓓ 동물의 종류, 품종, 색상 및 판매 시의 특징
Ⓔ 예방접종, 약물 투여 등 수의사의 치료기록 등
Ⓕ 판매 시의 건강상태와 그 증명서류
Ⓖ 판매일 및 판매금액
Ⓗ 판매한 동물에게 질병 또는 사망 등 건강상의 문제가 생긴 경우의 처리방법

① Ⓐ, Ⓑ, Ⓒ, Ⓓ
② Ⓐ, Ⓑ, Ⓒ, Ⓓ, Ⓔ
③ Ⓐ, Ⓑ, Ⓒ, Ⓓ, Ⓔ, Ⓕ
④ Ⓐ, Ⓑ, Ⓒ, Ⓓ, Ⓔ, Ⓕ, Ⓖ, Ⓗ

15 동물보호법 제92조 청문에 해당하는 사항으로 옳지 않은 것은?

① 맹견사육허가의 철회
② 반려동물행동지도사의 자격취소
③ 영업허가 및 영업등록의 취소
④ 동물의 인도적 처리 결정

16 소비자기본법 제1조 목적으로 옳지 않은 것은?

① 소비자의 권익을 증진
② 소비자의 권리와 책무, 국가·지방자치단체 및 사업자의 책무, 소비자단체의 역할 및 자유시장경제에서 소비자와 사업자 사이의 관계를 규정
③ 소비자정책의 종합적 추진을 위한 기본적인 사항을 규정
④ 생산자와 소비자의 원활한 합의 도출

17 반려동물행동지도사로서의 직업윤리로 옳지 않은 것은?

① 생명존중
② 윤리의식과 올바른 태도 및 인성
③ 전문적 지식 및 수행능력
④ 사회변화를 인지하는 능력

18 소비자기본법 제5조 소비자의 책무로 옳지 않은 것은?

① 소비자는 사업자 등과 더불어 자유시장경제를 구성하는 주체임을 인식하여 물품 등을 올바르게 선택하고, 제4조의 규정에 따른 소비자의 기본적 권리를 정당하게 행사하여야 함
② 소비자는 스스로의 권익을 증진하기 위하여 필요한 지식과 정보를 습득하도록 노력해야 함
③ 소비자는 자주적이고 합리적인 행동과 자원절약적이고 환경친화적인 소비생활을 함으로써 소비생활의 향상과 국민경제의 발전에 적극적인 역할을 다하여야 함
④ 소비자 스스로의 권익을 증진하기 위하여 단체를 조직하고 이를 통하여 활동할 수 있는 권리

19 **동물보호법 제32조 반려동물행동지도사의 자격취소 조항에서 반드시 그 자격을 취소해야 할 내용으로 옳지 않은 것은?**

① 자격정지기간에 업무를 수행한 경우
② 거짓이나 그 밖의 부정한 방법으로 자격을 취득한 경우
③ 다른 사람에게 명의를 사용하게 하거나 자격증을 대여한 경우
④ 동물보호법을 벌금 이상의 형을 선고받고 그 형이 확정된 경우

20 **동물보호법상 제2조 반려동물로 옳지 않은 것은?**

① 개　② 고양이
③ 기니피그, 토끼　④ 앵무새

보호자 교육 및 상담

01 **반려동물과 시간을 내어 놀아주고 관리하는 가족 구성원을 무엇이라 하는가?**

① 소유자 등　② 주 보호자
③ 대표 보호자　④ 반려인

02 **반려동물의 보호자에 대한 설명으로 옳지 않은 것은?**

① 동물보호법에서는 '소유자등'으로 표현하고 있으며, 동물의 소유자와 일시적 또는 영구적으로 동물을 사육·관리 또는 보호하는 사람을 말한다.
② 반려견 보호자 가구 유형 변화에 따라 반려동물 보유 1~2인 가구 수도 매년 증가 추세이다.
③ 반려견과 함께 생활하고 있는 가족은 모두 반려견 보호자가 될 수 있다. 그러나 이러한 가족 중에서 반려견을 좋아하고 시간을 내어 충분히 함께 놀아주거나 관리할 수 있는 가족을 반려견 주(main) 보호자라고 부른다.
④ 반려견 보호자교육에는 주보호자만이 참여하는 것이 가장 이상적이고 바람직하다.

03 **반려견 보호자 교육 원칙에 대한 설명으로 옳지 않은 것은?**

① 보호자 교육의 주 교육 대상자는 반려견의 보호자
② 보호자 교육은 일방적인 전달방식이 아닌 교육자가 주체가 되어 참여식으로 이루어져야 함
③ 반려견의 문제행동 교정 정도와 연계하여 지속적으로 이루어져야 함
④ 보호자와 반려견이 좋은 유대감을 가질 수 있도록 반려견의 신체적, 심리적 변화를 충분하게 반영

04 **반려견 보호자 교육에 대한 설명으로 옳지 않은 것은?**

① 보호자란 반려견을 직접적으로 관리하며 함께 생활하는 사람을 말한다.
② 반려견 보호자 교육은 문제행동을 유발하는 생활방식과 행동을 인식하고 개선하기 위해 노력하여 변화를 일으키려는 과정이다.
③ 보호자와 가족, 반려견 관계 복귀를 위해 노력하는 과정이다.
④ 보호자의 범주는 주 보호자만을 의미한다.

05 **반려견 보호자 교육계획 준거사항으로 옳지 않은 것은?**

① 교육계획은 목표를 달성할 수 있도록 타당성을 가져야 함
② 교육목표는 보호자의 환경에서 반려견과 함께 효율적으로 달성할 수 있는 방법과 절차여야 함
③ 반려견의 문제행동 교육계획은 특정 방향으로 편향되지 않아야 함
④ 행동지도사는 반려견 교육을 보호자의 일상과 분리시켜서 계획해야 함

06 **반려견 보호자 교육기획 원리에 대한 설명으로 옳은 것은?**

반려동물과 관련된 교육 기획이 반려동물 보호자의 일상과 연계하여 구성되어야 함

① 타당성의 원리
② 효율성의 원리
③ 민주성의 원리
④ 연계성의 원리

07 **반려견 보호자 교육기획 접근방법 설명으로 옳은 것은?**

반려동물 산업의 성장 및 발전에 필요한 인적자원의 중요성에 대한 인식을 전제로 반려동물 산업의 성장과 발전을 뒷받침할 수 있는 전문 인력의 수요공급을 조절하기 위한 접근방법

① 국제 비교 접근법
② 사회 수요 접근법
③ 인력 수요 접근법
④ 행동학적 접근법

08 **보호자 교육 시 좋은 교수 · 학습 방법의 요소 설명으로 옳은 것은?**

교육 기획에 의해 학습자가 학습 목표를 성취하면, 학습자는 그 학습 내용을 오랜 시간 동안 기억하고 일상의 다양한 지식과 연합하고 변화시키고 응용할 수 있어야 함

① 효과성
② 매력성
③ 중립성
④ 연계성

09 **반려동물 보호자 교육 지도 원리에 대한 설명으로 옳지 않은 것은?**

① 자연성의 원리: 학습은 자유로운 분위기에서 진행되어야 함. 학습자에게 부담을 주지 않는 범위에서 지도
② 사회화의 원리: 학습자의 일상생활의 문제와 직접 연결될 때 학습자에게 효과적으로 전달됨. 학습내용이 학습자의 일생생활과 관련될 수 있도록 지도
③ 자발성의 원리: 학습의 목적을 명확히 이해하게 되면 자발적이고 적극적으로 학습에 참여. 따라서 교수자는 학습자가 이해할 수 있도록 적절한 학습 목적 및 목표를 제시해 주고, 학습활동을 지도
④ 직접경험의 원리: 강의 위주의 설명보다는 직접적인 체험을 통해 학습의 효과를 얻음. 학습 내용에 대한 구체적인 실체나 체험활동을 통해 학습 내용을 습득하도록 지도

10 보호자 교육 형태에 대한 설명으로 옳지 않은 것은?

① 그룹지도는 반려견의 행동교정 효과 및 사회화도 동시에 이루어지는 좋은 형태의 교육
② 그룹지도는 참여자 간의 협조와 배려가 중요하며 비슷한 체형이나 성격 또는 수준이 비슷한 반려견들이 그룹이 되어야 교육의 일관성과 집중력에 더욱 효과적
③ 교육장 방문 교육은 보호자가 교육장을 방문하는 방법으로 환경이 변화된 낯선 장소에서 교정이 이루어지므로 반려견의 우위성이 감소한다. 반려견이 보호자보다 우위를 점하는 경우 효과적. 의존적 반려견의 경우 매우 효과적인 교육 형태이다.
④ 교육장 방문 교육의 경우 반려견이 환경적응이나 사회성이 부족한 경우에는 행동지도사의 방문교육을 통해 신뢰를 형성한 후 실시하는 것이 효과적이다.

11 보호자 교육 평가에 대한 설명으로 옳지 않은 것은?

① 행동지도사는 보호자와 계약에 의해 진행된 교육에 대하여 평가를 실시
② 평가는 행동지도사와 반려견의 훈련결과를 대상으로 함
③ 보호자에 대한 내용은 교육 만족도와 효과, 보호자 입장에서 불편사항이나 개선사항을 직접 대면이 아닌 이메일 등의 간접적인 방법으로 작성
④ 반려견의 훈련결과는 문제행동의 최초 계획된 목표에 대한 성과를 평가

12 보호자 교육 시 교수 · 학습 상황에 따른 교수 · 학습 방법의 선택에 대한 설명으로 옳은 것은?

50인 이상 학습 집단, 전형적인 교실 공간, 개념, 원리 학습, 새로운 지식 습득

① 설명식 강의법, 팀티칭
② 역할극, 모의실험, 게임, 토론법
③ 발견학습, 탐구학습
④ 협동학습, 문제중심 학습

13 보호자 설문조사에서 파악할 수 있는 것으로 옳지 않은 것은?

① 보호자의 학습능력과 반려견에 대한 본능과 이성에 대한 이해도를 파악
② 반려견의 연령별 변화에 대한 보호자의 이해도를 알 수 있음
③ 보호자의 카밍시그널에 대한 이해도를 알 수 있음
④ 반려견에게 사용되었을 칭찬과 처벌 방법을 알 수 있음

14 **반려동물 행동지도사가 상담을 통해 보호자로부터 찾아내야 할 것으로 옳지 않은 것은?**

① 문제행동의 정체를 명확히 파악하는 것이 중요하다.
② 문제행동이 시작된 시기를 알아내는 것이 어려우므로 행동수정법을 찾는 것이 중요하다.
③ 문제행동이 발생되는 시간을 알아내는 것이 중요하다.
④ 문제행동이 발생하는 장소를 파악하는 것이 중요하다.

15 **다음 중 반려견 보호자 상담의 기술 중 효과적인 경청을 위한 방안에 설명으로 옳지 않은 것은?**

① 상담자는 보호자가 하는 말의 내용뿐만 아니라 몸짓, 표정, 음성 등의 변화에도 주의를 기울인다.
② 상담자와 보호자 간 충분한 라포 형성이 되었을 때 해석을 실시한다.
③ 공감적 이해에는 주관적 내면에 대한 이해를 포함하지 않는다.
④ 사실적인 진술을 하지만, 가치판단이나 변화를 강요하지 않는다.

16 **다음 중 반려견 보호자 상담의 기술에 대한 설명으로 옳지 않은 것은?**

① 경청 및 공감적 이해
② 설명과 해석
③ 질문 및 피드백 제공
④ 반려견 견종 지향적 접근

17 **다음 중 고객 접점 관리(서비스 과정) MOT의 3요소로 옳지 않은 것은?**

① 인적 요소: 행동지도사의 전문성이 드러나는 상담 및 훈련 기술
② 시설적 요소: 주차시설, 입구간판, 쾌적하고 편리한 시설
③ 제도적 요소: 필요한 훈련 장비 구비, 안내문, 신속한 업무처리
④ 법률적 요소: 동물보호법의 이해

18 **다음 중 비언어적 의사소통으로 옳지 않은 것은?**

① 목소리의 톤
② 메모
③ 보디랭귀지
④ 복장과 태도

19 **다음 중 언어적 소통 화법에 대한 설명으로 옳지 않은 것은?**

① 칭찬 화법: 상대방의 좋은 점, 잘하는 점을 긍정적으로 표현한다.
예) 왜 선생님은 매일 실없이 웃고 다녀요?
대체) 김 선생님 환한 미소 덕분에 고객님들 기분까지 좋아진다고 하네요! 늘 고마워요!

② 긍정 화법: 대화를 통하여 상대방에게 신뢰를 얻는 것이다.
예) ○○이는 각질이 많이 생기는 것 같아요.
대체) 맞아요! ○○이는 말씀하신 것처럼 각질이 많이 생겨서 속상해요.

③ 아론슨 화법: 칭찬보다 부정적 피드백을 받은 후 긍정적으로 표현한다.
예) ○○님, ○○전용 샴푸가 너무 비싸요!
대체) ○○전용 샴푸는 ○○이 피모에 좋은 제품입니다. 품질이 최고입니다.

④ 청유형 화법: 명령이 아닌 부탁, 공유로 표현한다.
예) 기다리세요!
대체) 잠시만 기다려 주시겠어요?

20 **반려견 위탁 서비스를 제공할 때 반려견에게 알맞은 위탁 환경시설의 완비에 대한 설명으로 옳지 않은 것은?**

① 이중 출입문과 잠금장치 설치
② 위탁 관리실과 고객 응대실의 분리
③ 반려견 개별 휴식실 설치 및 전문 인력 배치 20마리당 1명 이상 배치
④ 녹음기능이 완비된 폐쇄회로(CCTV) 설치

제1회 모의고사

정답 및 해설

반려동물 행동학									
01	02	03	04	05	06	07	08	09	10
③	②	③	③	④	②	①	①	②	②
11	12	13	14	15	16	17	18	19	20
③	④	③	①	①	②	②	②	③	②
반려동물 관리학									
01	02	03	04	05	06	07	08	09	10
④	②	③	①	④	①	③	①	①	③
11	12	13	14	15	16	17	18	19	20
④	③	①	①	②	②	③	①	③	④
반려동물 훈련학									
01	02	03	04	05	06	07	08	09	10
③	③	③	④	①	③	③	①	④	④
11	12	13	14	15	16	17	18	19	20
②	④	①	②	④	①	②	②	①	①
직업윤리 및 법률									
01	02	03	04	05	06	07	08	09	10
②	①	②	④	③	①	④	②	③	②
11	12	13	14	15	16	17	18	19	20
④	②	①	④	④	④	①	①	②	①
보호자 교육 및 상담									
01	02	03	04	05	06	07	08	09	10
①	④	④	④	①	②	①	④	④	④
11	12	13	14	15	16	17	18	19	20
④	②	②	④	①	①	④	④	②	③

반려동물 행동학

01 콘레드 로렌츠가 주장한 이론으로 거위나 기러기 등의 조성성 조류 등에서 보이는 행동으로 최초로 본 움직이는 것을 어미로 인식하여 따르는 행동이 각인되어 보이는 현상을 임프린팅(imprinting, 각인)이라고 한다.

02 생득적 행동은 태어나면서부터 하는 행동으로 선천적 행동이라고 불린다.

03 행동은 선동작, 목표동작, 후동작이 체계적으로 결합되어 하나의 행동단위를 이룬다.

04 중뇌의 경우는 시각 관련 기능 등을 담당하고, 대뇌신피질은 인지능력과 관련한 기능 등을 하는 것으로 알려져 있다.

05 행동분석서를 작성할 때는 다음 사항을 포함한다.
- 분석서에는 반려견 보호자와 반려견의 개별 정보를 기술한다.
- 반려견의 생애 이력을 기술한다.
- 분석에 이용된 방법과 내용을 기술한다.
- 문제행동의 종류 및 원인을 기술한다.

06 **갈등행동**

전위행동	불만족 또는 불안한 상태에서 발생되는 행동으로 생식행동 또는 적대상황에서 많이 발생한다. 문지르기, 물기, 핥기, 몸 흔들기, 하품 등이다. 카밍시그널이 전형적인 전위행동이다.
전가행동	만족하지 못한 욕구를 다른 대상에 나타내는 행동이다. 음식물을 전적으로 제공받는 반려견의 경우 섭식의 선동작인 탐색행동이 결여되어 엉뚱한 행동이 나타난다.
진공행동	욕구 충족이 불만족스러울 때 그 대상이 없는 상태에서 해소하기 위해 하는 행동이다. 마운팅은 대상이 없는 상태에서 표현되는 생식형 진공행동이다.
양가행동	상반된 욕구 또는 정서가 공존하는 상태에서 표현되는 행동이다. 공복 상황에서 음식물이 제공되면 엉덩이를 빼고 머리만 식기를 향한 채 섭식하는 경우이다.

07 반려견의 행동을 행동단위로 면밀히 관찰한다.

관찰목표가 명확하면 반려견의 행동을 심층적으로 볼 수 있다. 관찰자는 목표 동작의 선동작과 후동작을 파악하여 정확한 행동단위를 설정한다. 반려견이 선동작과 후동작을 생략하는 경우가 있으므로 목표 동작의 출현에 주의를 기울인다. 행동은 동일한 자극에 다양하게 표현되고, 다른 자극에 대하여 동일한 행동이 표현되는 특성이 있으므로 섬세하게 관찰한다.

08 문제행동 분석방법은 분석주의적 방법, 행동주의적 방법, 인지주의적 방법, 생물학적 방법이 있다.

09 이행기(과도기)의 시기는 2주령~3주령의 시기를 말한다.

10 3~12주령은 사회화(사교화) 시기로 사회성을 기르는 매우 중요한 시기이다.

11 개의 발정 주기는 발정 전기, 발정기, 발정 휴지기, 무발정기 순이다.

12 공격행동의 종류

- 포식성 공격행동: 사냥감에 보이는 행동. 침 흘림, 주시, 낮은 자세 등 다른 공격행동과 전조증상이 다름, 짖음이 없음
- 경합적 공격행동: 한정된 자원을 두고 경합 시
- 공포성 공격행동: 불안이나 공포 상황 시(가장 많이 보임)
- 수컷 간의 공격행동: 번식기 호르몬(테스토스테론)의 영향
- 아픔에 의한 공격행동: 병원이나 미용 시, 싸움 시
- 영역성 공격행동: 자신의 영역에 낯선 대상 침입 시
- 모성애에 의한 공격행동: 새끼를 돌보는 경우
- 학습에 의한 공격행동: 군견이나 경찰견 훈련에 의해
- 특발성(병적인) 공격행동: 전조 증상 없이 공격하거나 정신적 문제가 원인

13 무리를 이루어 사는 이유는 번식에 유리하고, 포식자로부터 자신을 보호할 수 있고, 포식자 입장에서는 사냥의 성공률을 높일 수 있는 장점이 있다.

14 개의 감각기관은 태어날 때 어미의 젖을 찾기 위해 태어날 때부터 후각과 미각을 가지고 태어나며, 13일 전후에 눈이 열리나 4주에 시각 기능을 완전하게 할 수 있다. 20일 전후에 귀가 열려 청각 기능을 가지게 된다. 따라서 후각, 미각, 촉각, 시각, 청각 순으로 발달한다고 할 수 있다.

15 순화(길들임, 습관화)란 자극에 반복해서 노출시킴으로써 익숙해지는 것을 말한다.

16 시각을 통한 커뮤니케이션은 단거리와 중거리 커뮤니케이션, 청각은 장거리 커뮤니케이션, 후각은 초근접 거리에서 아주 정확한 정보를 전달하는 수단이다.

17 파블로프의 고전적 조건화는 개에게 식사를 급여할 때, 식사(무조건 자극) − 침(무조건반응), 식사(무조건 자극) + 종(중립자극) − 침을 흘리는 것(무조건반응, 조건반응)을 발견하고, 나중에는 종(중립자극) − 침을 흘리는 현상(조건 반응)을 보인다.

18 갈등행동으로는 전위행동, 전가행동, 양가행동, 진동행동이 있다. 문제행동으로는 상동행동, 변칙행동, 이상반응(행동)이 있다.

19 (1) 분석주의적 방법: 행동을 내면의 동기나 과거 경험을 근간으로 접근하는 방법이다. 근원적 원인을 충동, 불안, 적대행동, 생식욕과 같은 1차적 동기로 본다.

(2) 행동주의적 방법: 반려견의 행동을 결과 위주로 바라본다. 이는 객관적으로 관찰 할 수 있는 행동을 중시한다. 유전, 내분비, 동기, 학습과정과 같은 내적인 요인보다 표현된 행동에 주안점을 둔다. 행동주의적 접근은 반복성, 가시성, 재현성 등의 장점이 있다.

(3) 인지주의적 방법: 반려견의 행동을 지각, 정보처리, 기억으로 이루어진 사고 과정에 중점을 두고 파악한다. 반려견을 외부환경에 대한 수동적 수용체로 보지 않고, 정보를 능동적으로 처리하는 유기체로 여긴다. 환경에서 주어지는 자극보다 기억에 의한 동기의 발생이나 내부의 정서가 행동에 크게 영향을 주는 것으로 해석한다.

(4) 생물학적 방법: 반려견의 행동에 대해 신경계나 호르몬의 기능을 배제하고 생각하는 것이 불가능하므로 유전, 신경계, 내분비 등 신체 내부적 배경을 중점적으로 파악한다. 신경계 호르몬은 전신에 영향을 미친다. 반려견의 문제행동의 많은 부분을 차지하는 불안, 적대 행동을 신경이나 호르몬의 부조화에서 비롯된 것으로 인식한다.

20 문제행동의 진단 순서는 문제행동 명료화 − 초기 교정목표 설정 − 추후 평가 − 표적 행동 설정 − 표적 행동 유지조건 확인 − 문제행동 교정 계획 실시 순이다.

반려동물 관리학

01 반려동물이란 용어는 1983년 오스트리아 빈에서 열린 '인간과 애완동물의 관계'라는 국제 심포지엄에서 처음 사용되었다.

02 주요 지용성 비타민은 비타민 A, D, E, K 이다. 수용성 비타민은 비타민 B, C이다.

03 어린 자견에게는 이유 시 물에 불린 사료를 급여하여야 한다.

04 탄수화물 1g당 4kcal, 단백질 1g당 4kcal, 지방은 9kcal의 에너지 공급
탄수화물과 지방은 에너지 공급원으로 사용된다.

05 개의 손질은 보호자와의 유대관계를 증진시킨다.

06 만성적인 대사 장애로 인하여 내당능 장애(당뇨의 전 단계, 공복 혈당이 100mg/dL보다 높은 상태, 적절한 식사요법과 운동요법에 의해 정상으로 회복될 수 있는 상태), 고혈압, 고지혈증, 비만, 심혈관계 죽상동맥 경화증 등의 여러 가지 질환이 한꺼번에 나타나는 것을 대사 증후군이라고 한다.

07 개의 종합백신의 최초 접종 시기는 6주령이다.

08 개의 평균체온은 38.5℃(37.5~39℃)이다.

09 개홍역은 디스템퍼(distemper)이다.

10 심폐소생술(CPR)

① 바르게 눕힌 후 호흡과 심박동을 확인한다.
② 입안에 이물질이 있는지 확인하고 기도를 확보한다. 혀는 입 밖으로 당겨 빼준다.
③ 한 손으로 주둥이를 잡고 콧구멍에 2~3초간 입술을 밀착시켜 공기를 불어 넣으면서 5초 간격으로 실시한다.
④ 심장마사지는 반려견을 바닥에 눕히고 왼쪽 가슴 부위를 양손으로 심장을 1초에 1번씩 압박한다. 심장마사지를 15회 실시하고 인공호흡을 2회 실시한다.

11 소독의 의미

질병의 감염이나 전염을 예방하기 위해 아포(spore)를 제외한 대부분의 유해한 미생물을 파괴하거나 불활성화시키는 것을 말한다. 즉 사육환경에 존재하는 병원성 미생물을 제거하는 것을 의미한다.

12 '락스'의 주성분으로 알려진 소독제는 차아염소산나트륨이다.

13 동물위탁관리업의 인력기준은 반려견 20마리당 1명이다.

14 반려견의 세분화 기준은 크기와 체중이다.

15 개의 예방접종으로는 종합백신(DHPPL), 코로나, 켄넬코프, 광견병이 있다.

16 신체의 구성단계는 세포 – 조직 – 기관 – 기관계 – 개체 순이다.

17 경추는 7개, 흉추는 13개, 요추는 7개, 천추는 3개, 미추는 20~23개로 구성된다.

18 모기에 의해 감염되어 심장에 기생하는 선충은 심장사상충이다.

19 – 체크리스트는 복잡하기보다는 단순하고 간단하게 작성
– 점검항목, 점검시기, 진행현황, 작성일, 작성자 등의 내용으로 구성
– 점검항목에는 일반관리, 건강관리, 예절교육과 문제행동 등

20 FCI 견종 분류

그룹	품종
1그룹	• 쉽독과 캐틀독 견종(스위스 캐틀독 제외) • 견종: 오스트레일리언 캐틀독, 잉글리쉬 쉽독, 저먼 셰퍼드, 벨지안 셰퍼드
2그룹	• 핀셔, 슈나유저(몰로세르 타입)과 스위스 마운틴 독, 캐틀독 견종 • 견종: 아펜 핀셔, 도베르만, 버니즈마운틴독, 그레이트데인, 로트와일러 복서, 불독 등 • 경호견, 경비견, 구조견 등으로 적합
3그룹	• 테리어 견종 • 견종: 에어데일 테리어, 스토티쉬 테리어, 잭 러셀 테리어, 요크셔테리어, 와이어 폭스 테리어, 아메리칸 스태퍼드셔 테리어, 배들링던 테리어 등 • 수렵견 그룹, 굴 등에서 여우나 설치류 사냥하던 견종, 에너지 넘침
4그룹	• 닥스훈트 견종(모질에 따라 3가지 품종으로 총 9가지 품종이 있다.) • 견종: 스무스헤어드, 롱헤어드, 와이어헤어드 닥스훈트/스무스헤어드 카니헨, 롱헤어드 카니헨, 와이어헤어드 카니헨 닥스훈트/스무스헤어드 미니어처, 롱헤어드 미니어처, 와이어헤어드 미니어처 닥스훈트
5그룹	• 스피츠와 프리미티브 타입 견종: 사역견 • 견종: 진도견, 알라스칸 말라뮤트, 시베리안 허스키, 사모예드, 포메라이언, 차우차우, 타이완독, 바센지, 시바, 아키다 등
6그룹	• 센트 하운드와 관련 견종: 수렵견 • 견종: 바셋 하운드, 비글, 달마시안, 로디지안 리지백, 블랙 앤 탄 하운드
7그룹	• 포인팅 견종 • 견종: 브리타니 스패니얼, 잉글리쉬 포인터, 잉글리쉬 세터, 저먼 쇼트헤어드 도인팅 독, 바이마라너, 아이리쉬 레드세터 등
8그룹	• 리트리버, 플러싱독, 워터 독 견종: 조렵견 • 견종: 아메리칸 코커스패니얼, 잉글리쉬 코커스패니얼, 골든리트리버, 래브라도 리트리버, 포르투기 워터 독 등
9그룹	• 컴패니언 토이독 견종: 가장 흔하게 볼 수 있는 가정견 • 견종: 비숑 프리제, 시츄, 말티즈, 페키니즈, 푸들, 퍼그, 치와와, 프렌치불독, 캐벌리어 킹 찰스 스패니얼, 빠삐용(콘티넨탈토이스패니얼) 등
10그룹	• 사이트 하운드 견종 • 견종: 아프칸하운드, 보르조이, 그레이하운드, 이탈리안 그레이하운드, 디어하운드, 아이리쉬 울프하운드, 살루키 등

반려동물 훈련학

01 훈련은 개의 본능을 유지하면서 개가 가지고 있는 잠재력을 살려 생활에 활용하고 인간과 살아가는 데 필요한 예의를 배우는 교육이다.

02 상반행동 강화는 올바른 행동을 강화함으로써 문제행동을 감소시키는 교정방법이다.

03 반려견과 친해지기

방해 요인이 없는 제한된 환경에서 진행한다. 그 반려견이 좋아하는 강화물을 소지한다.

(1) 반려견과 만나는 방법. 훈련자는 지정 장소에서 강화물을 소지하고 반려견을 기다린다. 반려견이 입장하면 무시하고, 반려견이 탐색 활동을 하도록 기회를 준다. 탐색 활동이 끝나면 다음 과정을 진행한다.

(가) 훈련자는 강화물을 휴대하고 반려견과 등진 상태로 바닥에 앉아서 대기한다.

(나) 반려견이 훈련자를 쳐다보거나, 다가오는 등의 관심을 나타내면 강화물을 준다. 음식을 통한 강화물의 경우라면 몇 개를 반려견 근처로 던져서 먹게끔 한다. 장난감을 좋아하는 반려견이라면 장난감을 던져 준다.

(다) 이때 훈련자는 차분하게 동작을 취한다. 갑자기 과격한 행동은 하지 않도록 한다.

(라) 반려견이 경계심을 풀고 훈련자에게 관심을 나타내는 행동(쳐다보기, 꼬리 흔들기 등)을 하면 훈련자는 조심스럽게 일어서서 다른 장소로 천천히 이동한다. 반려견이 따라오면 강화물을 던져 주거나, 손을 통해 직접 준다.

(마) 주어진 공간 안에서 이동하면서 반려견이 따라오게 하고, 간헐적으로 강화물을 제공한다.

(바) 반려견의 품성이 확인된 경우라면 반려견의 신체 접촉도 시도한다. 제한된 공간이 없으면, 야외에서도 같은 방법으로 진행해도 된다.

04 프리맥의 원리는 반려견이 싫어하는 행동을 강화하기 위하여 반려견이 좋아하는 것을 보상하는 것을 의미한다.

05 순화(습관화, 길들임)에는 홍수법과 계통적 탈감작화가 있다. 홍수법은 노출의 강도를 지속적으로 유지하여 습득하도록 하는 방법이다. 계통적 탈감작화는 노출의 강도를 점진적으로 하여 학습하도록 하는 방법이다.

06 부적약화(부정약화)는 원치 않는 행동을 제거하거나 감소하기 위해 좋아하는 것을 빼는 것을 의미한다.

07 반려견이 원하는 행동을 자발적으로나 비자발적으로 했을 때도 클릭한다.

08 일반 방어소매는 개의 스톱이 짧은 로트아일러, 불독 등의 방어 시에 사용하는 도구이다. 나탄 방어소매는 개의 스톱이 긴 저먼 셰퍼드, 마리노이즈 등의 방어 시에 사용한다.

09 행동풍부화

환경 풍부화	• 활동 장소의 크기, 영구적인 구조물, 가구, 놀이터, 수영장 등 • 다양한 물질의 접촉, 다양한 자연환경과 접촉 등
사회 풍부화	• 사회적 그룹화를 위한 보호자와의 상호관계의 질과 시간 • 가족, 지인, 다른 반려견 친구, 다른 반려견과 산책 등 • 여러 가지 사회적 상호작용(놀이, 게임 등)
감각 풍부화	• 5감을 다양하게 사용할 수 있도록 함 • 다양한 촉각, 후각, 시각, 미각, 청각을 사용하도록 함
먹이 풍부화	• 영양적으로 풍부하고 다양한 음식은 수명 연장과 건강에 주요한 요인 • 먹이 급여 방법(뿌려서 주기, 감추어서 주기, 콩장난감 등)
인지 풍부화	• 개는 비교적 높은 인지능력, 인지능력 개발 필요 • 기초예절교육 훈련 프로그램 참여 • 독스포츠 교육

10 기본 예절 훈련은 '앉아', '엎드려', '기다려', '걷기', '와', '이름 부르기'이다.

11 '앉아–기다려' 훈련 시 초기에는 방해물이 없는 조용한 곳에서 실시한다.
'기다려' 훈련이 완성되면 보호자가 함께 방해물이 있는 곳에서 실시한다.

12 환경 풍부화
- 활동 장소의 크기, 영구적인 구조물, 가구, 놀이터, 수영장 등
- 다양한 물질의 접촉, 다양한 자연환경과 접촉 등

13 반려견의 행동에 영향을 미치는 요인으로 견종, 과거 경험, 동기 등이다. 훈련도구는 훈련에 영향에 미치는 요인이다.

14 행동풍부화 교육은 사회화 시기의 생후 7~8주령이 적절하다.

15 훈련효과는 긍정강화 방법을 이용하는 것이 탁월하다.

16 학습의 4단계는 습득 – 유창 – 일반화 – 유지이다.

17 행동을 균일하고 지속적으로 나타내려면 연습이 필요하다.

18 4개의 허들을 통과한 후 박스의 공을 물고 다시 4개의 허들을 넘어 피니시 라인으로 들어오는 릴레이 경기는 플라이볼이다.

19 조건자극과 무조건자극의 시간 차에 의한 분류

흔적 조건화	• 조건자극을 먼저 제시하고 잠시 후 무조건자극을 제시한다. • 조건자극이 흔적으로 남게 하는 방법으로 가장 효과적이다. • 클릭 + 음식
지연 조건화	• 조건자극을 주고 조건자극의 영향력을 가지는 상태에서 무조건자극을 제시하는 방법으로 흔적 조건화와 동시조건화가 합쳐진 형태이다. • 클릭(시간) + 음식
동시 조건화	• 조건자극과 무조건자극을 동시에 주는 방법이다. • 클릭 + 음식
역향 조건화	• 무조건자극을 먼저 제시한 후에 조건자극을 주는 방법으로 비효율적이다. • 음식 + 클릭

20 조형의 종류

조형의 종류	내용
포착(Capture)	목적 동작이 완성된 모습으로 표현될 때 일시에 보상하는 방법
단계적 형성 (step by step)	목적 동작을 세분하여 각 단계에서 보상함으로써 완성된 모습을 향해 가는 방법. 의도하는 행동과 유사한 행동을 보상하여 점차 목표에 가까워지도록 체계적으로 접근하는 방법
유도(Lure/ Magnet)	목적 동작을 유도하여 완성된 모습에서 보상하는 방법
강제적 형성(Moulding)	목적 동작을 강제적으로 표현되게 하는 방법

직업윤리 및 법률

01 축산업의 발전과 공중위생의 향상에 기여는 수의사법 제1조의 목적이다.

02 '동물'의 정의에서 파충류, 양서류, 어류의 경우 식용을 목적으로 하는 것을 제외한다.

03 동물보호법에서 맹견은 도사견과 그 잡종의 개, 아메리칸 핏불테리어와 그 잡종의 개, 아메리칸 스태퍼드셔 테리어와 그 잡종의 개, 스태퍼드셔 불테리어와 그 잡종의 개, 로트와일러와 그 잡종의 개, 맹견 기질 평가를 통해 맹견으로 지정된 개가 동물보호법상 맹견이다.

04 동물보호법 제22조에 의거하여, 맹견의 소유자등은 다음 각 호의 어느 하나에 해당하는 장소에 맹견이 출입하지 못함

1) 「영유아보육법」 제2조제3호에 따른 어린이집
2) 「유아교육법」 제2조제2호에 따른 유치원
3) 「초 · 중등교육법」 제2조제1호 및 제4호에 따른 초등학교 및 특수학교
4) 「노인복지법」 제31조에 따른 노인복지시설
5) 「장애인복지법」 제58조에 따른 장애인복지시설
6) 「도시공원 및 녹지 등에 관한 법률」 제15조제1항제2호나목에 따른 어린이공원
7) 「어린이놀이시설 안전관리법」 제2조제2호에 따른 어린이놀이시설
8) 그 밖에 불특정 다수인이 이용하는 장소로서 시 · 도의 조례로 정하는 장소

05 동물판매업자는 개, 고양이의 판매 월령은 2개월령 이상이어야 한다. 그 외의 동물은 이유 후 스스로 사료 등의 먹이를 먹을 수 있는 연령이어야 한다.

06 동물보호법 제19조(맹견사육허가의 결격사유)

다음 각 호의 어느 하나에 해당하는 사람은 제18조에 따른 맹견사육허가를 받을 수 없음

1) 미성년자(19세 미만의 사람을 말한다. 이하 같다)
2) 피성년후견인 또는 피한정후견인
3) 「정신건강증진 및 정신질환자 복지서비스 지원에 관한 법률」 제3조제1호에 따른 정신질환자 또는 「마약류 관리에 관한 법률」 제2조제1호에 따른 마약류의 중독자. 다만, 정신건강의학과 전문의가 맹견을 사육하는 것에 지장이 없다고 인정하는 사람은 그러하지 아니함
4) 제10조 · 제16조 · 제21조를 위반하여 벌금 이상의 실형을 선고받고 그 집행이 종료(집행이 종료된 것으로 보는 경우를 포함한다)되거나 집행이 면제된 날부터 3년이 지나지 아니한 사람
5) 제10조 · 제16조 · 제21조를 위반하여 벌금 이상의 형의 집행유예를 선고받고 그 유예기간 중에 있는 사람

07 반려동물행동지도사는 다음 각 호의 업무를 수행

1) 반려동물에 대한 행동분석 및 평가
2) 반려동물에 대한 훈련
3) 반려동물 소유자등에 대한 교육
4) 그 밖에 반려동물행동지도에 필요한 사항으로 농림축산식품부령으로 정하는 업무

08 동물보호법 제40조(공고)

시 · 도지사와 시장 · 군수 · 구청장은 제34조제1항제1호 및 제2호에 따른 동물을 보호하고 있는 경우에는 소유자 등이 보호조치 사실을 알 수 있도록 대통령령으로 정하는 바에 따라 지체 없이 7일 이상 그 사실을 공고

09 등록해야 하는 자는 동물전시업, 동물위탁관리업, 동물운송업, 동물미용업이다.

10 동물보호법 시행규칙 [별표 11] 등록영업의 시설 및 인력 기준(제44조 관련)

1. 공통 기준

가. 영업장은 독립된 건물이거나 다른 용도로 사용되는 시설과 같은 건물에 있을 경우에는 해당 시설과 분리(벽이나 층 등으로 나누어진 경우를 말한다. 이하 같다)되어야 한다. 다만, 다음의 경우에는 분리하지 않을 수 있다.

1) 영업장과 동물병원의 시설이 함께 있는 경우

2) 영업장과 금붕어, 앵무새, 이구아나 및 거북이 등을 판매하는 시설이 함께 있는 경우

나. 영업시설은 동물의 습성 및 특징에 따라 채광 및 환기가 잘 되어야 하고, 동물을 위생적으로 건강하게 관리할 수 있도록 온도와 습도 조절이 가능해야 한다.

다. 청결 유지와 위생 관리에 필요한 급수시설 및 배수시설을 갖춰야 하고, 바닥은 청소와 소독을 쉽게 할 수 있고 동물들이 다칠 우려가 없는 재질이어야 한다.

라. 설치류나 해충 등의 출입을 막을 수 있는 설비를 해야 하고, 소독약과 소독장비를 갖추고 정기적으로 청소 및 소독을 실시해야 한다.

마. 영업장에는 「소방시설 설치 및 관리에 관한 법률」 제12조에 따라 소방시설을 화재안전기준에 적합하게 설치 또는 유지관리해야 한다.

2. 개별 기준

나. 동물위탁관리업

1) 동물의 위탁관리실과 고객응대실은 분리, 구획 또는 구분되어야 한다. 다만, 동물판매업, 동물전시업 또는 동물병원을 같이 하는 경우에는 고객응대실을 공동으로 이용 가능

2) 위탁관리하는 동물을 위한 개별 휴식실이 있어야 하며 사료와 물을 주기 위한 설비

3) 위탁관리하는 동물이 영업장 밖으로 나가지 않도록 출입구에 이중문과 잠금장치를 설치

4) 동물병원을 같이 하는 경우 동물의 위탁관리실과 동물병원의 입원실은 분리 또는 구획

5) 개 또는 고양이 20마리당 1명 이상의 관리인력을 확보해야 한다.

6) 영 별표 3에 따라 고정형 영상정보처리기기를 설치관리할 것

11 ① 다음 각 호의 어느 하나에 해당하는 자는 3년 이하의 징역 또는 3천만 원 이하의 벌금

1) 제10조제1항 각 호의 어느 하나를 위반한 자
동물학대 등의 금지조항을 위반하여 죽음에 이르게 하는 행위를 한 자

2) 제10조제3항제2호 또는 같은 조 제4항제3호를 위반한 자
배회하거나 버려진 동물 또는 피학대동물 중 소유자 등을 알 수 없는 동물을 포획하여 죽이는 행위 또는 반려동물 보호 의무를 위반하여 죽음에 이르게 한 자

3) 제16조제1항 또는 같은 조 제2항제1호를 위반하여 사람을 사망에 이르게 한 자
등록대상동물의 관리 또는 목줄 착용을 위반하여 사람을 사망에 이르게 한 자

4) 제21조제1항 각 호를 위반하여 사람을 사망에 이르게 한 자
맹견의 관리를 위반하여 사람을 사망에 이르게 한 자

12 소비자기본법 제4조(소비자의 기본적 권리)

1) 물품 또는 용역(이하 "물품 등"이라 한다)으로 인한 생명 · 신체 또는 재산에 대한 위해로부터 보호받을 권리

2) 물품 등을 선택함에 있어서 필요한 지식 및 정보를 제공받을 권리

3) 물품 등을 사용함에 있어서 거래상대방 · 구입 장소 · 가격 및 거래조건 등을 자유로이 선택할 권리

4) 소비생활에 영향을 주는 국가 및 지방자치단체의 정책과 사업자의 사업 활동 등에 대하여 의견

을 반영시킬 권리

5) 물품 등의 사용으로 인하여 입은 피해에 대하여 신속 · 공정한 절차에 따라 적절한 보상을 받을 권리
6) 합리적인 소비생활을 위하여 필요한 교육을 받을 권리
7) 소비자 스스로의 권익을 증진하기 위하여 단체를 조직하고 이를 통하여 활동할 수 있는 권리
8) 안전하고 쾌적한 소비생활 환경에서 소비할 권리

13 소비자기본법 제66조(분쟁조정의 기간)

① 조정위원회는 제58조 또는 제65조제1항의 규정에 따라 분쟁조정을 신청 받은 때에는 그 신청을 받은 날부터 30일 이내에 그 분쟁조정을 마쳐야 한다.

14 폐기물관리법 제8조(폐기물의 투기 금지 등)

① 누구든지 특별자치시장, 특별자치도지사, 시장 · 군수 · 구청장이나 공원 · 도로 등 시설의 관리자가 폐기물의 수집을 위하여 마련한 장소나 설비 외의 장소에 폐기물을 버리거나, 특별자치시, 특별자치도, 시 · 군 · 구의 조례로 정하는 방법 또는 공원 · 도로 등 시설의 관리자가 지정한 방법을 따르지 아니하고 생활폐기물을 버려서는 안 됨

② 누구든지 이 법에 따라 허가 또는 승인을 받거나 신고한 폐기물처리시설이 아닌 곳에서 폐기물을 매립하거나 소각하여서는 안 됨. 다만, 제14조제1항 단서에 따른 지역에서 해당 특별자치시, 특별자치도, 시 · 군 · 구의 조례로 정하는 바에 따라 소각하는 경우 예외

15 직업이 갖추어야 할 특징

계속성	지속적으로 직업을 수행할 의지가 있어야 함
경제성	경제활동은 거래관계로 이윤 추구
자발성	자발적으로 경제활동이 되어야 함
사회성	사회 공동체의 구성원으로서의 활동
윤리성	비윤리적이거나 반사회적인 경제활동은 인정 안 됨

16 직업의식

소명의식	직업이 자신에게 부여된 소명이라는 의식
천직의식	직업에 열정을 가지고 성실히 임하려는 의식
직분의식	자신의 직업이 사회나 기업을 위해 중요한 역할을 하고 있다고 믿음
책임의식	자신의 업무에 책임을 다하는 태도
전문가의식	전문가라는 의식을 가지고 자신의 업무를 수행하는 태도
봉사정신	봉사정신을 갖추고 실천하는 태도

17 소비자 분쟁해결 기준

번호 29. 애완동물판매업 (개, 고양이에 한함)		
분 쟁 유 형	해 결 기 준	비 고
1) 구입 후 15일 이내 폐사 시	• 동종의 애완동물로 교환 또는 구입가 환급(단, 소비자의 중대한 과실로 인하여 피해가 발생한 경우에는 배상을 요구할 수 없음)	
2) 구입 후 15일 이내 질병 발생	• 판매업소(사업자)가 제반비용을 부담하여 회복시켜 소비자에게 인도. 다만, 업소 책임하의 회복기간이 30일을 경과하거나, 판매업소 관리 중 폐사 시에는 동종의 애완동물로 교환 또는 구입가 환급	
3) 계약서 미교부 시	• 계약해제(단, 구입 후 7일 이내)	

※ 판매업자는 애완동물을 판매할 때 다음의 사항이 기재된 계약서를 소비자에게 제공하여야 함.

① 분양업자의 성명과 주소
② 애완동물의 출생일과 판매업자가 입수한 날
③ 혈통, 성, 색상과 판매당시의 특징사항
④ 면역 및 기생충 접종기록
⑤ 수의사의 치료기록 및 약물투여기록 등
⑥ 판매당시의 건강상태
⑦ 구입 시 구입금액과 구입날짜

18 동물보호법 제78조 영업자의 준수사항

② 동물생산업자는 제1항에서 규정한 사항 외에 다음 각 호의 사항을 준수하여야 한다.
1) 월령이 12개월 미만인 개 · 고양이는 교배 또는 출산시키지 아니할 것
2) 약품 등을 사용하여 인위적으로 동물의 발정을 유도하는 행위를 하지 아니할 것
3) 동물의 특성에 따라 정기적으로 예방접종 및 건강관리를 실시하고 기록할 것

19 동물보호법 제47조(동물실험의 원칙)

① 동물실험은 인류의 복지 증진과 동물 생명의 존엄성을 고려하여 실시
② 동물실험을 하려는 경우에는 이를 대체할 수 있는 방법을 우선적으로 고려
③ 동물실험은 실험동물의 윤리적 취급과 과학적 사용에 관한 지식과 경험을 보유한 자가 시행하여야 하며 필요한 최소한의 동물을 사용
④ 실험동물의 고통이 수반되는 실험을 하려는 경우에는 감각능력이 낮은 동물을 사용하고 진통제 · 진정제 · 마취제의 사용 등 수의학적 방법에 따라 고통을 덜어주기 위한 적절한 조치
⑤ 동물실험을 한 자는 그 실험이 끝난 후 지체 없이 해당 동물을 검사하여야 하며, 검사 결과 정상적으로 회복한 동물은 기증하거나 분양할 수 있음
⑥ 제5항 따른 검사 결과 해당 동물이 회복할 수 없거나 지속적으로 고통을 받으며 살아야 할 것으로 인정되는 경우에는 신속하게 고통을 주지 아니하는 방법으로 처리
⑦ 제1항부터 제6항까지에서 규정한 사항 외에 동물실험의 원칙과 이에 따른 기준 및 방법에 관한 사항은 농림축산식품부장관이 정하여 고시

20 동물보호법 제44조 사육포기 동물의 인수

> **동물보호법 시행규칙 제27조(사육포기 동물의 인수 등)**
> ③ 법 제44조제4항에서 "장기입원 또는 요양, 「병역법」에 따른 병역 복무 등 농림축산식품부령으로 정하는 불가피한 사유"란 다음 각 호의 어느 하나에 해당하여 소유자등이 다른 방법으로는 정상적으로 동물을 사육하기 어려운 경우를 말한다.
> 1. 소유자등이 6개월 이상의 장기입원 또는 요양을 하는 경우
> 2. 소유자등이 「병역법」에 따른 병역 복무를 하는 경우
> 3. 태풍, 수해, 지진 등으로 소유자등의 주택 또는 보호시설이 파손되거나 유실되어 동물을 보호하는 것이 불가능한 경우
> 4. 소유자등이 「가정폭력방지 및 피해자보호 등에 관한 법률」 제7조에 따른 가정폭력피해자 보호시설에 입소하는 경우
> 5. 그 밖에 제1호부터 제4호까지에 준하는 불가피한 사유가 있다고 시·도지사 또는 시장·군수·구청장이 인정하는 경우

보호자 교육과 상담

01 동물보호법 제2조 2호에 의하면 "소유자등"이란 동물의 소유자와 일시적 또는 영구적으로 동물을 사육·관리 또는 보호하는 사람으로 정의하고 있다.

02 보호자 교육의 내용

① 해당 반려견의 긍정적인 문제행동 교정 방법에 대한 내용
② 반려견과 관계를 형성하는 방법과 의사소통을 하는 방법
③ 반려견의 복지와 스트레스 관리 방법

03 반려견 보호자 유형

주도형	주도형 보호자의 경우 단도직입적이거나 무시당하는 기분이 드는 상황을 싫어하므로 주의가 필요하다.
사교형	사교형 보호자는 사람을 사귀는 것을 즐기며 타인의 칭찬이나 남들의 인정을 받는 상황을 좋아하며 자랑하는 것을 즐긴다.
안정형	안정형 보호자는 주위와 원만한 인간관계를 유지하며 비평, 대립, 투쟁 등을 피하는 경향이 있다. 언행이 정중하며 주위 사람의 언행에 민감하므로 주의하도록 한다.
신중형	신중형 보호자는 불확실한 것을 기피하며 신중하게 대처한다. 질문이 많고 분석적이며 눈에 보이는 정확한 정보를 신뢰한다.

04 교육계획 시 고려사항

- 보호자와 반려견의 관계, 지속력과 실행 가능성, 과정별 구체적인 교육방법 등을 고려
- 수립된 계획서를 보호자에게 충실하게 설명
- 문제행동의 구체적이고 정확한 분석을 바탕으로 보호자에게 교육 목적과 계획을 이해시킴
- 보호자가 적극적으로 참여하도록 유도

05 반려견 보호자 교육기획의 원리

타당성의 원리	교육 기획을 통해 의도하는 교육 목표를 달성할 수 있는 적절한 방법과 절차가 있어야 함
효율성의 원리	교육 기획을 통해 의도하는 교육 목표를 주어진 환경에서 효과적으로 달성할 수 있는 방법과 절차가 있어야 함
중립성의 원리	타당하고 효율적으로 수립된 교육 기획이 이해관계에 따라 특정 방향으로 편향되지 않도록 하여야 함
계획된 변화의 원리	교육 기획은 교육을 통해서 학습자에게 기대하는 것에 대한 명확성을 가지고 있어야 함
연계성의 원리	반려동물과 관련된 교육 기획이 반려동물 보호자의 일상과 연계하여 구성되어야 함
민주성의 원리	교육 기획은 학습자가 자유롭고 민주적인 방식으로 참여할 수 있도록 구성되어야 함

06 반려견 보호자 교육기획 접근방법

국제 비교 접근법	선진국 또는 반려동물 분야의 발전이 유사한 다른 국가를 비교 · 연구함으로써 우리나라 반려동물 분야의 발전을 위한 방향과 전략을 수립하려는 접근방법
사회 수요 접근법	반려동물 교육에 대한 개인적 · 사회적 수요를 기초로 하여 방향과 전략을 수렴하려는 접근방법
인력 수요 접근법	반려동물 산업의 성장 및 발전에 필요한 인적자원의 중요성에 대한 인식을 전제로 반려동물 산업의 성장과 발전을 뒷받침할 수 있는 전문 인력의 수요 공급을 조절하기 위한 접근방법

07 교육방법의 유형(수업진행 방법)

① 강의법	장점	제한된 시간 안에 전달하고자 하는 지식을 많은 학습자에게 동시에 전달할 수 있다. 학습자가 경직되어 있거나 융통성이 없는 경우에 편안함을 느낌
	단점	학습자가 적극적으로 수업에 참여할 수 없음 교수자와 학습자의 상호작용을 기대하기 어려움
② 토의법	장점	자유로운 의사소통과 분위기 속에서 학습자가 적극적으로 참여함으로써 학습자에게 동기와 흥미를 유발
	단점	집단의 크기가 크면 효율적인 토론이 이루어지기 어려움 많은 시간이 요구됨
③ 협동학습	장점	상호작용을 통한 문제해결 능력과 의사결정 능력을 향상시킬 수 있음 학습자가 개인의 잠재력을 이끌어 내도록 유도 가능
	단점	학습자 간에 문제 또는 갈등이 있는 경우에는 학습 진행이 어렵거나 학습 효과와 효율이 떨어짐
④ 문제 중심 학습	장점	학습 내용에 대한 흥미와 자기주도 학습 능력이 향상
	단점	자료를 검색하는 데 많은 시간이 걸림

08 반려동물 보호자 교육 지도 원리

개별화의 원리	학습자 개인차를 고려하여 학습의 내용과 진도 등을 학습자의 능력수준, 개인적 특성에 맞추어 지도
목적의 원리	학습의 목적을 명확히 이해하게 되면 자발적이고 적극적으로 학습에 참여. 따라서 교수자는 학습자가 이해할 수 있도록 적절한 학습 목적 및 목표를 제시해 주고, 학습활동을 지도한다.
자발성의 원리	학습의 주체는 학습자이다. 따라서 학습자는 학습의 주체가 자신임을 인식하고 자발적으로 학습에 참여하도록 지도
직접경험의 원리	강의 위주의 설명보다는 직접적인 체험을 통해 학습의 효과를 얻음. 학습 내용에 대한 구체적인 실체나 체험활동을 통해 학습 내용을 습득하도록 지도
사회화의 원리	학습자의 일상생활 문제와 직접 연결될 때 학습자에게 효과적으로 전달됨. 학습 내용이 학습자의 일생생활과 관련될 수 있도록 지도
자연성의 원리	학습은 자유로운 분위기에서 진행되어야 함. 학습자에게 부담을 주지 않는 범위에서 지도

09 자연성의 원리는 학습은 자유로운 분위기에서 진행되어야 한다는 원리이다.

10 그룹지도

① 그룹지도는 반려견의 행동교정 효과 및 사회화도 동시에 이루어지는 좋은 형태의 교육
② 보호자의 교육에 대한 이해, 반려견의 성향, 크기, 품종 등을 고려하여 그룹을 편성 필요
③ 특정 문제행동에 대한 집중적 교정을 필요로 하는 교육보다 예방교육이나 사회화 교육에 효과적
④ 참여자 간의 협조와 배려가 중요하며 비슷한 체형이나 성격 또는 수준이 비슷한 반려견들이 그룹이 되어야 교육의 일관성과 집중력에 더욱 효과적

11 보호자 교육 운영 원칙

① 보호자교육은 반려견에 대한 이해도와 수준, 능력을 고려한 개별성을 가져야 함
② 보호자는 교육목적에 공감하면 자발적이고 적극적으로 교육에 참여하게 되므로 합목적적이어야 함
③ 행동지도사는 보호자의 반려견 교육에 대한 주도적인 역할을 인식하고 자발적 참여를 유도
④ 반려견 교육은 직접적인 행동을 통해 이루어지므로 보호자에게 직접경험의 기회를 제공하며, 문제행동이 유발되는 생활 방식이나 행동에 변화를 주어야 하므로 자연스러운 조건에서 진행

12 교수 · 학습 상황에 따른 교수 · 학습 방법의 선택

교수 · 학습 상황	교수 · 학습 방법
50인 이상의 학습 집단	설명식 강의법 팀티칭
전형적인 교실 공간	
개념, 원리 학습	
새로운 지식 습득	

교수 · 학습 상황	교수 · 학습 방법
20인 이상의 학습 집단 전형적인 교실 공간 태도 영역 이미 습득한 지식 강화	역할극 모의실험 게임 토론법
20인 이상의 학습 집단 융통성 있는 교실 공간 개념, 원리 학습 새로운 지식 습득	발견학습 탐구학습
30~40명 정도의 학습 집단 융통성 있는 학습 공간 심리적 영역 새로운 지식 습득 및 전달	동료교수법 시범-실습
30~40명 정도의 학습 집단, 소집단 형성가능 융통성 있는 학습 공간 인지적 영역 새로운 지식 창출	소집단 협동학습 문제중심 학습 사례기반 학습
개별 학습 가능 융통성 있는 학습 공간 개념 원리, 절차 학습 새로운 지식 습득 중심	컴퓨터 보조수업 웹 기반 수업 개인교수법

13 순종은 유전적 질환이나 저항력이 약하지만 체격이나 행동특성을 예측할 수 있는 장점, 반면 혼종은 질병에 대한 저항력이 상대적으로 강하지만 체격이나 행동특성을 예측하는 것이 어려움

14 반려견 보호자 상담 기술

① 경청 ② 공감적 이해 ③ 설명과 해석 ④ 질문 ⑤ 피드백 제공
⑥ 문제해결 지향적 접근

15 반려견 보호자 상담의 구체적 흐름에 대한 순서

요구파악 – 문제파악 – 행동 분석 – 해결책 제안 – 실행 계획 수립 – 계약 실행

16 반려견 보호자 상담의 기본 기술 순서

순서	내용
연결	– 보호자와 친밀감을 형성하고 긍정적 상담 분위기를 조성 – 보호자의 흥미 유발
촉진	– 보호자로 하여금 말하고 싶도록 함 – 편하게 느끼도록 함 – 지속적으로 참여하도록 함
질문	– 보호자의 요구사항 및 정보 획득
확인	– 상담의 내용이나 진전 상황을 명확히 함 – 보호자의 말을 경청하고 있다는 것을 보여줌 – 일 처리를 잘하려고 한다는 것을 보여줌
제공	– 보호자가 긍정적이고 확실한 이미지를 갖도록 정보 제공 – 보호자의 욕구를 충족시킬 수 있다는 것을 분명하고 간결하게 보여줌

17 서비스 품질(Service + Quality)

신뢰성 (Reliability)	약속한 서비스를 일관되고 정확하게 서비스를 제공할 수 있는 능력
반응성 (Responsiveness)	고객의 요구, 불만, 문의에 신속하고 적절하게 대응하는 능력
보장성(확신성) (Assurance)	지식, 공손함, 신용도, 안정성 등 고객에서 믿음을 줄 수 있는 능력
공감성 (Empapthy)	고객의 요구를 이해하고 고객의 감정과 상황을 공감하는 능력, 접근 가능성, 커뮤니케이션, 고객의 이해
유형성 (Tangibility)	시설, 장비, 인력, 인테리어 분위기, 홍보물 등 외형적 요소

18 청유형, 의뢰형 화법(레어드화법, 질문법)

화법 명령이 아닌 부탁, 공유로 표현한다.
예) "기다리세요!"가 아니고,
대체) 잠시만 기다려 주시겠어요?

19 반려견 보호자 민원 유형

잠재 반려견 보호자	앞으로 이용 가능성이 있거나 높은 반려견 보호자
신규 반려견 보호자	서비스를 최초로 이용한 반려견 보호자
일반 반려견 보호자	이용 빈도가 낮고, 다른 곳으로 서비스를 변경할 가능성이 있는 반려견 보호자
VIP 반려견 보호자	지속적으로 기관과 신뢰를 형성하며, 우호적인 반려견 보호자
불량 반려견 보호자	소비자 보호법을 악용하여 제품(반려견 샴푸) 등을 이용해 보고 상습적으로 반품하는 고객으로, 블랙 컨슈머라고 한다.

직접 반려견 보호자	서비스에 직접 참여하여 지속적으로 기관과의 신뢰를 형성하며, 우호적인 태도를 보이는 반려견 보호자
간접 반려견 보호자	최종 소비를 하는 반려견 보호자
의사결정 반려견 보호자	직접 반려견 보호자의 선택에 큰 영향을 미치거나 지불은 하지 않는 반려견 보호자

20 견종 및 성향에 따른 환경 조성

반려견을 소형견, 중소형견, 중형견, 중대형견, 대형견으로 나뉘고 크기별과 체중별로 세분화하여 환경을 조성

1. 반려견의 크기와 체중별로 집(하우스) 급수량, 식수대, 식사량, 운동 시간 및 운동량 등의 환경을 조성해야 한다.
   (1) 집(하우스)는 반려견이 편안한 자세로 움직이며 일상적인 동작을 하는 데 지장이 없는 크기
   (2) 밥그릇과 물그릇은 반려견의 머리가 그릇에 충분히 들어갈 수 있는 크기
   (3) 물은 상시로 채워주어야 하며, 채울 때에는 그릇 속에 남은 물을 버린 후 채워주어야 함
   (4) 식사는 견의 크기와 건강 상태, 나이별로 하루 1~3번 정도 주고, 성격이 급한 반려견은 목매임을 방지를 위하여 사료의 알맹이가 큰 것으로 급여
   (5) 운동 시간은 반려견의 크기별로 하루 최소 1~3시간 이상이 되어야 하며 운동 시 햇빛에는 최소 2시간 이상을 노출
   (6) 배변은 실내, 실외로 나뉘고 반려견의 크기, 나이에 따라 하루 1~3회 이상 해줘야 하며 실내 배변 시나 야외 운동장에서는 배변 장소를 별도로 마련해 주는 것이 좋다.
   (7) 반려견이 부상을 당할 경우를 대비하여 구급상자를 항시 비치해야 하고, 신속한 치료와 그 밖의 조치를 취하여야 함

제2회 모의고사

정답 및 해설

반려동물 행동학									
01	02	03	04	05	06	07	08	09	10
④	③	③	③	①	④	③	③	①	①
11	12	13	14	15	16	17	18	19	20
①	④	④	③	①	③	③	④	④	④

반려동물 관리학									
01	02	03	04	05	06	07	08	09	10
③	①	③	④	③	④	③	④	①	②
11	12	13	14	15	16	17	18	19	20
②	①	③	③	③	②	④	②	②	④

반려동물 훈련학									
01	02	03	04	05	06	07	08	09	10
②	①	④	④	③	①	②	②	④	③
11	12	13	14	15	16	17	18	19	20
②	②	④	④	②	③	④	④	②	④

직업윤리 및 법률									
01	02	03	04	05	06	07	08	09	10
③	④	①	④	④	②	④	③	②	④
11	12	13	14	15	16	17	18	19	20
②	④	③	④	④	④	④	④	④	④

보호자 교육 및 상담									
01	02	03	04	05	06	07	08	09	10
②	④	②	④	④	④	③	①	③	③
11	12	13	14	15	16	17	18	19	20
②	①	①	②	③	④	④	②	②	④

반려동물 행동학

01 1973년 노벨생의학상을 콘레드 로렌츠, 니콜라스 틴베르겐, 폰 프리슈가 공동으로 수상하였다. 파블로프는 고전적 조건화, 스키너는 조작적 조건화를 정립하였다.

02 적응도(=생애번식성공도)는 새끼 출산수 * 번식연령까지 도달할 확률을 곱하는 것으로 동물들은 적응도를 높이는 방향으로 진화한다고 추장하고 있다.

03 동물행동학의 4분야는 동물행동의 지근요인, 동물행동의 궁극요인, 동물행동의 발달, 동물행동의 진화로 분류한다.

04 행동교정 시 물리적 자극은 교육 전반에 부정적으로 작용한다.

05 전위행동은 불만족 또는 불안한 상태에서 발생되는 행동으로 생식행동 또는 적대상황에서 많이 발생한다. 문지르기, 물기, 핥기, 몸 흔들기, 하품 등이다. 카밍시그널이 전형적인 전위행동이다.
진공행동은 욕구 충족이 불만족스러울 때 그 대상이 없는 상태에서 해소하기 위해 하는 행동이다.
마운팅은 대상이 없는 상태에서 표현되는 생식형 진공행동이다.
양가행동은 상반된 욕구 또는 정서가 공존하는 상태에서 표현되는 행동이다. 공복 상황에서 음식물이 제공되면 엉덩이를 빼고 머리만 식기를 향한 채 섭식하는 경우이다.

06 분리불안은 과도한 애착관계와 유전적 요인으로 발생할 수 있다.

07 임신이 되면 모견은 영양이 부족하게 되므로 영양을 보충해주어야 한다.

08 **행동권과 세력권**

- 행동권: 자원을 획득할 수 있는 공간, 다른 개체와 공유
- 세력권: 다른 개체와 배타적으로 사용하는 공간, 방어해야 하는 공간

09 개의 후각/미각/촉각은 능력은 태어나서부터 발달한다. 시각은 13일 전후, 청각은 20일 발달한다.

10 사회적 행동은 2-3주령의 이행기에서부터 꼬리를 흔들거나 으르렁거리는 행동을 시작한다.

11 시각을 통한 커뮤니케이션은 근거리 및 중거리 커뮤니케이션, 청각은 장거리 커뮤니케이션, 후각은 초근접 거리와 정확한 정보를 전달하는 데 사용한다.

12 복종적인 개가 상대를 진정시키려고 할 때 꼬리를 말아 사타구니 사이로 넣거나 배를 보인다.

13 훈련은 습득적 행동이다.

14 조작적 조건화는 원하는 행동을 증가시키거나 원치 않은 행동을 감소시키거나 제거할 때 강화물을 사용하여 같은 상황에서 같은 행동을 할 확률을 높이거나, 처벌을 사용하여 같은 행동을 할 확률을 낮추는 것을 의미한다.

15 **이상행동**

상동행동	상동행동은 특정한 행동을 지속적으로 반복하는 것이다. 반려견의 생활공간이 부적절하면 - (날뛰기, 짖음, 회피) - (부동, 엎드려 있기) - (씹기) - 상동행동으로 발전한다.
변칙행동	환경의 부적합으로 인해 정상적인 행동양식이 변한 행동이다.
이상반응	단순한 환경이 지속되면 정상적인 반응도가 무너져 무관심이나 과잉반응을 유발한다. 미세자극에 대하여 도주하는 과잉반응, 긴장성 부동화, 식분증 등이 있다.

16 (1) 분석주의적 방법: 행동을 내면의 동기나 과거 경험을 근간으로 접근하는 방법이다. 근원적 원인을 충동, 불안, 적대행동, 생식욕과 같은 1차적 동기로 본다.

(2) 행동주의적 방법: 반려견의 행동을 결과 위주로 바라본다. 이는 객관적으로 관찰할 수 있는 행동을 중시한다. 유전, 내분비, 동기, 학습과정과 같은 내적인 요인보다 표현된 행동에 주안점을 둔다. 행동주의적 접근은 반복성, 가시성, 재현성 등의 장점이 있다.

(3) 인지주의적 방법: 반려견의 행동을 지각, 정보처리, 기억으로 이루어진 사고 과정에 중점을 두고 파악한다. 반려견을 외부환경에 대한 수동적 수용체로 보지 않고, 정보를 능동적으로 처리하는 유기체로 여긴다. 환경에서 주어지는 자극보다 기억에 의한 동기의 발생이나 내부의 정서가 행동에 크게 영향을 주는 것으로 해석한다.

(4) 생물학적 방법: 반려견의 행동에 대해 신경계나 호르몬의 기능을 배제하고 생각하는 것이 불가능하므로 유전, 신경계, 내분비 등 신체 내부적 배경을 중점적으로 파악한다. 신경계 호르몬은 전신에 영향을 미친다. 반려견의 문제행동의 많은 부분을 차지하는 불안, 적대 행동을 신경이나 호르몬의 부조화에서 비롯된 것으로 인식한다.

17 반려견은 생리적 기능을 가지고 환경에 적응하므로 스트레스로 인하여 안전에 위협받을 수 있다. 과도하고 만성적인 스트레스는 경계 단계에서 심박수, 혈압, 체온을 상승시키고, 저항단계에 이르면 무력해지거나 이상행동을 보일 수 있다.

18 반려견 문제행동의 주요 요인은 개체적 특성, 보호자, 생활환경으로 분류할 수 있다. 영양은 생활환경으로 분류한다.

19 행동분석서를 작성할 때는 다음 사항을 포함한다.

- 분석서에는 반려견 보호자와 반려견의 개별 정보를 기술한다.
- 반려견의 생애 이력을 기술한다.
- 분석에 이용된 방법과 내용을 기술한다.
- 문제행동의 종류 및 원인을 기술한다.

20 반려견의 문제행동을 위해 서열 정리도 필요하다.

반려동물 관리학

01 애니멀 호더는 동물을 수집하는 행위로 동물 학대의 한 유형이다.

03 먹이를 먹지 않으면 10~20분 후에 치운다.

04 미용효과, 위생효과, 건강효과, 유대효과를 얻을 수 있다.

05 렙토스피라는 쥐가 옮기는 세균성 질환이다.

06 노령견은 생후 8년 이후부터이다.

07 기도나 식도에 이물질이 걸릴 경우 복부를 압박하여 토하게 하는 방법은 하임리히법이다.

08 – 차아염소산나트륨: 시판되는 락스는 4% 농도로 물에 희석해서 사용하는 염소계 소독제이다. 가격이 저렴하고 소독효과가 높아서 가구소독, 바닥청소, 세탁, 식기 세척 등의 다양한 용도로 사용한다. 반려동물에게 전염성이 높은 파보, 디스템퍼, 인플루엔자 등과 살모넬라균 등을 불활성화 시킬 수 있다. 넓은 범위의 살균력을 가지고 소독력이 좋다.

- 1% 크레졸비누액: 페놀에 비해 살균력이 4배나 강한 소독효과를 가지고 있다. 피부독성과 부식성은 훨씬 약한 장점이 있다. 냄새가 강하고 오래가는 단점이 있다. 시판되는 크레졸비누액은 50%의 고농도로 일반적인 환경소독은 1~2%로 물에 희석하여 사용한다.
- 4급 암모늄: 주로 세척제로 사용되며 낮은 수준의 소독제로 사용된다. 피부자극과 독성이 낮다는 장점이 있다.

09 훈련방법 교육은 실시하지 않아도 된다.

10 ① 반려견의 기도에 이물질이 걸렸을 때 시행한다.
② 육안으로 이물질이 발견되지 않았을 때 시행한다.
③ 어린 강아지의 경우 뒷다리를 잡고 거꾸로 들어 올려 털어준다.
④ 성견인 경우 개의 뒷다리를 세운 후 하복부 부분을 감싸 안고 주먹을 쥔 손으로 강하게 밀어 올린다.
⑤ 압박 추천 횟수는 5회이며 이물질이 제거되지 않았을 때 다시 압박과정을 반복하고, 빠르게 동물병원으로 이송한다.
⑥ 이물질이 제거된 후에도 하임리히법으로 인해 장기가 손상되었을 가능성이 있으므로 동물병원에 방문하여 진료를 받도록 한다.

11 단백질과 탄수화물은 1g당 4kcal 에너지를 공급한다.

12 개의 치아 개수는 42개이다. 상악 20개, 하악 22개이다.

13 건강관리 항목 구성 시 예방접종 및 기생충 예방, 중성화 수술 여부, 위생관리(치아관리, 목욕 및 미용 등), 신체검사 등에 대한 내용이 포함된다.

14 골절된 경우 나무판자 등 부목을 대고 테이프로 고정한 후 신속하게 병원으로 이송한다.

15 닭가슴살은 단백질 풍부하여 급여하여도 좋다. 파나 양파는 적혈구를 파괴한다. 이로 인해 빈혈을 유발할 수 있다. 초콜릿에 함유된 테오브로민이라는 성분은 심장질환을 일으킬 수 있다. 닭의 경우 뼈가 식도나 위에 상처를 낼 수 있다.

16 비타민 A, D, E, K는 지용성 비타민, 수용성 비타민은 비타민 B, C이다.

17 세계애견연맹은 10개 그룹으로 분류한다. 아메리칸켄넬클럽(AKC)은 7개 그룹으로 분류한다.

18 간염의 원인은 아데노바이러스이다.

19 브러싱 순서는 뒷다리 – 앞다리 – 몸통 – 목 – 머리 – 꼬리 순이다.
목욕 순서는 브러싱 – 샴핑(35도~40도) – 린싱 – 드라잉 – 발톱 손질 – 귀 청소 – 눈 안약 넣어 마무리 순이다.

20 일반관리 항목으로 주거, 급식, 운동 및 산책, 반려동물 관련 법률 준수 등에 대한 내용이 포함된다.

반려동물 훈련학

01 용암(Fade out)
① 용암은 자극이 큰 것에서 작아지는 것으로 점차 희미해지는 효과를 나타낸다.
② 1차 자극보다 조건화된 2차 자극이 사용하기 편리하다. 1차 자극은 조절이 어렵다.
③ 자극이 약하고 작게 변화되는 용암이 이뤄지면 개는 아주 작은 자극에도 행동한다.

④ 용암을 통한 자극이 통제력을 가지면 주의 집중력이 매우 높아진다.
⑤ 처음에는 자극의 크기나 강도가 컸다가 작아진 상태가 되어도 반응이 나오게 된다.

02 정적(긍정, positive)의 의미는 '추가한다, 제공한다, 더한다'의 의미이다. 강화의 의미는 어떤 행동의 빈도를 증가시키고 반복적으로 일으키도록 하는 것이다.

03 비율이 일정하도록 계획하는 것을 고정비율계획, 비율이 일정하지 않는 것을 변동비율계획이라고 한다.

04 무시나 타임아웃 등과 같이 인간과의 상호작용을 단절하는 것을 사회처벌이라고 한다.

05 프리맥의 원리

발생 확률이 높은 행동을 이용해서 상대적으로 빈도가 낮은 행동을 유발하는 원리
개가 하고 싶어 하는 행동(빈도가 높은 행동)과 잘하지 않는 행동(빈도가 낮은 행동)을 짝지어 낮은 빈도의 행동에 대한 수행능력을 키운다.

예시 1) 개가 줄을 당기며 앞으로 나가면 행동지도사는 멈추어 절대 움직이지 않는다. 이때 개는 나갈 수 없게 되므로 행동지도사를 쳐다보고 돌아본다. 행동지도사는 줄이 느슨해지면 앞으로 같이 나간다. 이러한 행동을 반복하면 개는 리드줄이 느슨해야(빈도가 낮은 행동) 앞으로 나갈 수 있다(빈도가 높은 행동)는 사실을 알게 되고 줄을 당기는 버릇을 스스로 고친다.

07 훈련을 시작하는 시기는 약령기 시기이다. 6개월 이후에 시작하는 것이 좋다.

08 땅을 파는 행동은 상호작용의 부족으로 나타나는 경우가 많다.

09 10m 리드줄은 원거리에서 기다리는 훈련을 할 때 사용한다.

10 일반 방어소매는 로트와일러 등 주둥이가 짧은 견종에 착용하며, 나탄 방어소매는 저먼 셰퍼드, 마리노이즈와 같은 주둥이가 긴 견종에 작용한다. 에프론은 개의 앞발 등에 의한 상처를 방어하기 위해 사람의 몸에 착용한다.

11 행동풍부화

환경 풍부화	– 활동 장소의 크기, 영구적인 구조물, 가구, 놀이터, 수영장 등 – 다양한 물질의 접촉, 다양한 자연환경과 접촉 등
사회 풍부화	– 사회적 그룹화를 위한 보호자와의 상호관계의 질과 시간 – 가족, 지인, 다른 반려견 친구, 다른 반려견과 산책 등 – 여러 가지 사회적 상호작용(놀이, 게임 등)
감각 풍부화	– 5감을 다양하게 사용할 수 있도록 함 – 다양한 촉각, 후각, 시각, 미각, 청각을 사용하도록 함
먹이 풍부화	– 영양적으로 풍부하고 다양한 음식은 수명 연장과 건강에 주요한 요인 – 먹이 급여 방법(뿌려서 주기, 감추어서 주기, 콩장난감 등)
인지 풍부화	– 개는 비교적 높은 인지능력, 인지능력 개발 필요 – 기초예절교육 훈련 프로그램 참여 – 독스포츠 교육

12 엎드려(down)

훈련자가 반려견에게 "엎드려"라고 지시하면 반려견은 복부를 바닥에 대고 엎드리는 자세를 취해야 한다. 이 동작을 통해 반려견의 행동 통제가 쉬워지고, 부적절한 행동을 예방하는 기대 효과가 있다.

13 체계적 탈감각화(계통적 탈감작화)

자극을 약한 정도에서 시작해 조금씩 자극을 강하게 하여 적응시키는 방법이다.

14 따라 걷기(walking) 훈련방법이다.

반려견은 훈련자의 왼쪽 또는 오른쪽 무릎 옆 지정 위치에서 훈련자가 움직이는 방향과 나란히 걸을 수 있어야 한다. 따라 걷기를 통해 반려견의 행동반경이 넓어진다.

15 세계애견연맹 경기출전 월령 기준

종목	연령(월령)
BH/VT	15개월
IGP 1단계	18개월
IGP 2단계	19개월
IGP 3단계	20개월
FH 1단계	18개월
FH 2단계	20개월
IGP-FH	20개월

16 고전적 조건화의 영향 요인

영향 요인	내용
수반성	- 수반성이란 어떤 것에 뒤따르는 현상이다. - 조건자극이 주어지면 뒤이어 무조건자극이 따라오는 경우로, 무조건자극은 조건자극에 수반된 것이다. 고전적 조건화는 조건자극에 무조건자극이 수반되지 않으면 효과를 발휘하기 어렵다
근접성	- 조건자극과 무조건자극들의 제공시간이 가깝거나 먼 정도이다. - 일반적으로 조건자극과 무조건자극 사이의 제공시간이 짧을수록 조건화가 쉽고 빠르게 나타난다. 제시 간격이 멀면 수반성을 상실하여 조건화가 이루어지지 않는다.
자극의 특성	- 자극의 강도가 높으면 약한 것보다 조건화가 더 잘 이루어진다. 조건자극이 지나치게 강하면 자극이 되지 못하고, 무조건자극으로 작용할 수 있다. 예를 들어 너무 큰 소리는 조건자극이 되지 못하고, 두려움을 유발하는 무조건자극이 되는 것이다. - 자극의 특성에 따라 차폐현상, 뒤덮기, 잠재적 억제 등이 나타난다.
연습의 효과	- 자극의 결합횟수에 비례하여 증감된다. 연습기회가 많을수록 조건화 수준이 높아진다. 연습의 법칙에 따라 시행 초기에 효율이 높고 후반으로 갈수록 낮아진다.
개체별 특성	- 나이, 성격, 경험요소, 민감도, 준비성 등은 조건화에 영향을 준다.
환경적 요인	- 훈련이 이루어지는 환경은 조건화에 영향을 주며 집중할 수 있는 환경이 조건화에 유리하다.

17 약화물은 초기부터 강한 수준으로 일관성을 가지고 제시해야 효과적이다.

18 혐오성 자극은 공격성을 유발하는 역효과를 낼 수 있다.

19 조형방법으로 변동강화계획을 이용하여 확실하게 한다.

20 반려견의 지능이 절대적으로 중요한 요소는 아니다.

직업윤리 및 법률

01 **동물보호법의 목적**

① 동물의 생명보호, 안전 보장 및 복지 증진
② 건전하고 책임 있는 사육문화 조성
③ 생명존중의 국민 정서 함양
④ 사람과 동물의 조화로운 공존에 이바지

02 맹견을 기르는 곳에서 벗어날 때는 입마개를 착용하여야 한다.

03 일정한 공간에서만 살 수 있도록 하는 것은 옳지 않다.

▸ 동물보호의 기본원칙

1) 동물이 본래의 습성과 몸의 원형을 유지하면서 정상적으로 살 수 있도록 할 것
2) 동물이 갈증 및 굶주림을 겪거나 영양이 결핍되지 아니하도록 할 것
3) 동물이 정상적인 행동을 표현할 수 있고 불편함을 겪지 아니하도록 할 것
4) 동물이 고통 · 상해 및 질병으로부터 자유롭도록 할 것
5) 동물이 공포와 스트레스를 받지 아니하도록 할 것

04 소, 돼지, 오리, 닭, 염소, 양이다.

05 ④ 반려동물을 다른 사람에게 전달하려는 자는 직접 전달하거나 동물운송업 등록을 한 자 또는 택배업을 하는 자를 통하여 전달하여야 한다.

택배업을 하는 자가 아니라 동물운송업을 하는 자를 통하여 전달하여야 한다.

06 월령이 3개월 이상인 맹견을 동반하고 외출할 때 반드시 목줄 및 입마개를 착용하여야 한다.

07 훈련받은 확인서는 제출할 사항이 아니다.

08 ③ 등록대상동물의 이름, 소유자의 연락처, 보호자의 이름을 표시한 인식표를 등록대상동물에게 부착할 것

등록대상동물의 이름, 소유자의 연락처, 등록대상동물등록번호를 인식표에 표시하여야 한다.

09 **동물보호법 제32조(반려동물행동지도사의 결격사유 및 자격취소 등)**

① 다음 각 호의 어느 하나에 해당하는 사람은 반려동물행동지도사가 될 수 없음

1. 피성년후견인
2. 「정신건강증진 및 정신질환자 복지서비스 지원에 관한 법률」 제3조제1호에 따른 정신질환자 또는 「마약류 관리에 관한 법률」 제2조제1호에 따른 마약류의 중독자. 다만, 정신건강의학과 전문의가 반려동물행동지도사 업무를 수행할 수 있다고 인정하는 사람은 그러하지 아니함
3. 이 법을 위반하여 벌금 이상의 실형을 선고받고 그 집행이 종료(집행이 종료된 것으로 보는 경우를 포함한다)되거나 집행이 면제된 날부터 3년이 지나지 아니한 경우
4. 이 법을 위반하여 벌금 이상의 형의 집행유예를 선고받고 그 유예기간 중에 있는 경우

10 동물보호법 제34조(동물의 구조 · 보호)

① 시 · 도지사와 시장 · 군수 · 구청장은 다음 각 호의 어느 하나에 해당하는 동물을 발견한 때에는 그 동물을 구조하여 제9조에 따라 치료 · 보호에 필요한 조치(이하 "보호조치"라 한다)를 하여야 하며, 제2호 및 제3호에 해당하는 동물은 학대 재발 방지를 위하여 학대행위자로부터 격리하여야 한다. 다만, 제1호에 해당하는 동물 중 농림축산식품부령으로 정하는 동물은 구조 · 보호조치의 대상에서 제외

1. 유실 · 유기동물
2. 피학대동물 중 소유자를 알 수 없는 동물
3. 소유자 등으로부터 제10조제2항 및 같은 조 제4항제2호에 따른 학대를 받아 적정하게 치료 · 보호받을 수 없다고 판단되는 동물

④ <u>도심지나 주택가에서 자연적으로 번식하여 자생적으로 살아가는 고양이는 구조대상 동물이 아니다.</u>

11 동물보호법 시행규칙 제28조(동물의 인도적인 처리 등)

① 법 제46조제1항에서 "질병 등 농림축산식품부령으로 정하는 사유가 있는 경우"란 다음 각 호의 어느 하나에 해당하는 경우를 말한다.

1. 동물이 질병 또는 상해로부터 회복될 수 없거나 지속적으로 고통을 받으며 살아야 할 것으로 수의사가 진단한 경우
2. 동물이 사람이나 보호조치 중인 다른 동물에게 질병을 옮기거나 위해를 끼칠 우려가 매우 높은 것으로 수의사가 진단한 경우
3. 법 제45조에 따른 기증 또는 분양이 곤란한 경우 등 시 · 도지사 또는 시장 · 군수 · 구청장이 부득이한 사정이 있다고 인정하는 경우

12 허가제 업종: 동물판매업, 장묘업, 수입업, 생산업
등록제 업종: 동물운송업, 미용업, 위탁관리업, 전시업

13 동물보호법 시행령 제3조(봉사동물의 범위)

법 제2조제6호에서 "대통령령으로 정하는 동물"이란 다음 각 호의 어느 하나에 해당하는 동물을 말한다.

1. 「장애인복지법」 제40조에 따른 장애인 보조견
2. 국방부(그 소속 기관을 포함한다)에서 수색 · 경계 · 추적 · 탐지 등을 위해 이용하는 동물
3. 농림축산식품부(그 소속 기관을 포함한다) 및 관세청(그 소속 기관을 포함한다) 등에서 각종 물질의 탐지 등을 위해 이용하는 동물
4. 다음 각 목의 기관(그 소속 기관을 포함한다)에서 수색 · 탐지 등을 위해 이용하는 동물
   가. 국토교통부 나. 경찰청 다. 해양경찰청
5. 소방청(그 소속 기관을 포함한다)에서 효율적인 구조 활동을 위해 이용하는 119구조견

14 소비자분쟁해결기준에 따라 계약서 포함 내용

Ⓐ 동물판매업 등록번호, 업소명, 주소 및 전화번호
Ⓑ 동물의 출생일자 및 판매업자가 입수한 날
Ⓒ 동물을 생산(수입)한 동물생산(수입)업자 업소명 및 주소
Ⓓ 동물의 종류, 품종, 색상 및 판매 시의 특징
Ⓔ 예방접종, 약물 투여 등 수의사의 치료기록 등
Ⓕ 판매 시의 건강상태와 그 증명서류
Ⓖ 판매일 및 판매금액
Ⓗ 판매한 동물에게 질병 또는 사망 등 건강상의 문제가 생긴 경우의 처리방법

15 동물보호법 제92조(청문)

농림축산식품부장관, 시 · 도지사 또는 시장 · 군수 · 구청장은 다음 각 호의 어느 하나에 해당하는 처분을 하려면 청문을 하여야 한다.

1. 제20조제1항에 따른 맹견사육허가의 철회
2. 제32조제2항에 따른 반려동물행동지도사의 자격취소
3. 제36조제4항에 따른 동물보호센터의 지정취소
4. 제38조제2항에 따른 보호시설의 시설폐쇄
5. 제61조제1항에 따른 인증기관의 지정취소
6. 제65조제1항에 따른 동물복지축산농장의 인증취소
7. 제83조제1항에 따른 영업허가 또는 영업등록의 취소

16 소비자기본법 제1조(목적)

① 소비자의 권익을 증진

② 소비자의 권리와 책무, 국가 · 지방자치단체 및 사업자의 책무, 소비자단체의 역할 및 자유시장경제에서 소비자와 사업자 사이의 관계를 규정

③ 소비자정책의 종합적 추진을 위한 기본적인 사항을 규정

④ 소비생활의 향상과 국민경제의 발전에 이바지

17 직업윤리

하위능력	내용	세부요소
근로 윤리	맡은 업무를 근면하고 성실한 자세로 처리하고, 정직하게 업무에 임하는 자세	– 성실성 – 근면성 – 정직성
공동체 윤리	인간 존중을 바탕으로 봉사하며, 책임감을 가지고 업무를 충실히 수행하며, 직장의 규범을 지키고, 대인관계에서 예의를 지켜 행동할 수 있는 자세	– 준법성 – 봉사정신 – 책임의식 – 직장예절

18 소비자기본법 제5조(소비자의 책무)

① 소비자는 사업자 등과 더불어 자유시장경제를 구성하는 주체임을 인식하여 물품 등을 올바르게 선택하고, 제4조의 규정에 따른 소비자의 기본적 권리를 정당하게 행사하여야 함

② 소비자는 스스로의 권익을 증진하기 위하여 필요한 지식과 정보를 습득하도록 노력해야 함

③ 소비자는 자주적이고 합리적인 행동과 자원 절약적이고 환경 친화적인 소비생활을 함으로써 소비생활의 향상과 국민경제의 발전에 적극적인 역할을 다하여야 함

19 ② 동물보호법 제32조에 의해 농림축산식품부장관은 반려동물행동지도사가 다음 각 호의 어느 하나에 해당하면 그 자격을 취소하거나 2년 이내의 기간을 정하여 그 자격을 정지시킬 수 있다. 다만, 제1호부터 제4호까지 중 어느 하나에 해당하는 경우에는 그 자격을 취소

1. 제1항 각 호의 어느 하나에 해당하게 된 경우
2. 거짓이나 그 밖의 부정한 방법으로 자격을 취득한 경우
3. 다른 사람에게 명의를 사용하게 하거나 자격증을 대여한 경우
4. 자격정지기간에 업무를 수행한 경우
5. 이 법을 위반하여 벌금 이상의 형을 선고받고 그 형이 확정된 경우
6. 영리를 목적으로 반려동물의 소유자 등에게 불필요한 서비스를 선택하도록 알선 · 유인하거나 강요한 경우

20 개, 고양이, 햄스터, 패럿, 기니피그, 토끼이다.

보호자 교육 및 상담

01 반려견 주(main)보호자

① 반려견과 생활하고 있는 가족은 반려견 보호자
② 가족 중 반려견을 좋아하고 시간을 내어 충분히 함께 놀아주거나 관리할 수 있는 가족을 주보호자라고 부름
③ 보호자교육에는 모든 가족이 참여가 이상적, 그러나 모든 가족이 참여 곤란 시 주보호자 반드시 참여 필요

02 보호자교육에는 모든 가족이 참여가 이상적, 그러나 모든 가족이 참여 곤란 시 주보호자 반드시 참여 필요

03 보호자 교육의 원칙

① 보호자 교육의 주 교육 대상자는 반려견의 보호자
② 보호자 교육은 일방적인 전달방식이 아닌 보호자가 주체가 되어 참여식으로 이루어져야 함
③ 반려견의 문제행동 교정 정도와 연계하여 지속적으로 이루어짐
④ 보호자와 반려견이 좋은 유대감을 가질 수 있도록 반려견의 신체적, 심리적 변화를 충분하게 반영

04 보호자 교육의 의미

① 보호자란 문제행동 교정을 한 반려견을 직접적으로 관리하며 함께 생활하는 사람
② 보호자의 범주는 가족과 반려견의 생활 장소에서 함께 생활하는 사람까지 포함
③ 보호자 스스로가 본인의 잘못된 생활방식과 행동을 인식하고 개선하기 위해 노력하여 자신의 삶과 반려견과의 생활을 변화시킬 수 있는 주체로 할 수 있도록 돕는 과정
④ 반려견과 보호자, 보호자 가족과의 관계를 단절시키지 않고 반려견의 복귀를 위해 노력하는 과정

05 교육계획 준거

① 교육계획은 목표를 달성할 수 있도록 타당성을 가져야 함
② 교육목표는 보호자의 환경에서 반려견과 함께 효율적으로 달성할 수 있는 방법과 절차여야 함
③ 반려견의 문제행동 교육계획은 특정 방향으로 편향되지 않아야 함
④ 보호자와 합의된 교육계획은 학문적 분석을 기반으로 명확성을 가져야 함
⑤ 행동지도사는 반려견 교육을 보호자의 일상과 연계되도록 계획해야 함

06 교육 기획의 원리

타당성의 원리	교육 기획을 통해 의도하는 교육 목표를 달성할 수 있는 적절한 방법과 절차가 있어야 함
효율성의 원리	교육 기획을 통해 의도하는 교육 목표를 주어진 환경에서 효과적으로 달성할 수 있는 방법과 절차가 있어야 함

중립성의 원리	타당하고 효율적으로 수립된 교육 기획이 이해관계에 따라 특정방향으로 편향되지 않도록 하여야 함
계획된 변화의 원리	교육 기획은 교육을 통해서 학습자에게 기대하는 것에 대한 명확성을 가지고 있어야 함
연계성의 원리	반려동물과 관련된 교육 기획이 반려동물 보호자의 일상과 연계하여 구성되어야 함
민주성의 원리	교육 기획은 학습자가 자유롭고 민주적인 방식으로 참여할 수 있도록 구성되어야 함

07 교육 기획의 접근 방법

국제 비교 접근법	선진국 또는 반려동물 분야의 발전이 유사한 다른 국가를 비교 · 연구함으로써 우리나라 반려동물 분야의 발전을 위한 방향과 전략을 수립하려는 접근방법
사회 수요 접근법	반려동물 교육에 대한 개인적 · 사회적 수요를 기초로 하여 방향과 전략을 수렴하는 접근방법
인력 수요 접근법	반려동물 산업의 성장 및 발전에 필요한 인적자원의 중요성에 대한 인식을 전제로 반려동물 산업의 성장과 발전을 뒷받침할 수 있는 전문 인력의 수요 공급을 조절하기 위한 접근방법

08 좋은 교수 · 학습 방법의 요소

효과성	교육 기획에 의해 학습자가 학습 목표를 성취하면, 학습자는 그 학습 내용을 오랜 시간 동안 기억하고 일상의 다양한 지식과 연합하고, 변화시키고 응용할 수 있어야 함
매력성	재미나 흥미를 느끼지 못하면 교육 기획에서 의도하는 교육 목표를 달성할 수 없기 때문에 교육 목표를 달성하기 위하여 흥미와 동기를 유발할 수 있도록 매력적으로 구성해야 함

09 교육 지도의 원리

개별화의 원리	학습자 개인차를 고려하여 학습의 내용과 진도 등을 학습자의 능력, 수준, 개인적 특성에 맞추어 지도
목적의 원리	학습의 목적을 명확히 이해하게 되면 자발적이고 적극적으로 학습에 참여. 따라서 교수자는 학습자가 이해할 수 있도록 적절한 학습 목적 및 목표를 제시해주고, 학습활동을 지도
자발성의 원리	학습의 주체는 학습자이다. 따라서 학습자는 학습의 주체가 자신임을 인식하고 자발적으로 학습에 참여하도록 지도
직접경험의 원리	강의 위주의 설명보다는 직접적인 체험을 통해 학습의 효과를 얻음 학습 내용에 대한 구체적인 실체나 체험활동을 통해 학습 내용을 습득하도록 지도
사회화의 원리	학습자의 일상생활 문제와 직접 연결될 때 학습자에게 효과적으로 전달됨. 학습내용이 학습자의 일생생활과 관련될 수 있도록 지도
자연성의 원리	학습은 자유로운 분위기에서 진행되어야 함 학습자에게 부담을 주지 않는 범위에서 지도

10 교육장 방문교육

- 보호자가 교육장을 방문하는 방법으로 환경이 변화된 낯선 장소에서 교정이 이루어지므로 반려견의 우위성이 감소한다. 반려견이 보호자보다 우위를 점하는 경우 효과적. 의존적 반려견의 경우 불안감으로 인하여 교육효과 감소
- 환경적응이나 사회성이 부족한 경우에는 행동지도사의 방문교육을 통해 신뢰를 형성한 후 실시

11 교육평가

- 행동지도사는 보호자와 계약에 의해 진행된 교육에 대하여 평가를 실시
- 평가는 보호자와 반려견의 훈련결과를 대상으로 함
- 보호자에 대한 내용은 교육 만족도와 효과
- 보호자 입장에서 불편사항이나 개선사항을 직접 대면이 아닌 이메일 등의 간접적인 방법으로 작성
- 반려견의 훈련결과는 문제행동의 최초 계획된 목표에 대한 성과를 평가

12 교수 · 학습 상황에 따른 교수 · 학습 방법의 선택

교수 · 학습 상황	교수 · 학습 방법
50인 이상의 학습 집단 전형적인 교실 공간 개념, 원리 학습 새로운 지식 습득	설명식 강의법 팀티칭
20인 이상의 학습 집단 전형적인 교실 공간 태도 영역 이미 습득한 지식 강화	역할극 모의실험 게임 토론법
20인 이상의 학습 집단 융통성 있는 교실 공간 개념, 원리 학습 새로운 지식 습득	발견학습 탐구학습
30~40명 정도의 학습 집단 융통성 있는 학습 공간 심리적 영역 새로운 지식 습득 및 전달	동료교수법 시범–실습
30~40명 정도의 학습 집단, 소집단 형성가능 융통성 있는 학습 공간 인지적 영역 새로운 지식 창출	소집단 협동학습 문제중심 학습 사례기반 학습

교수 · 학습 상황	교수 · 학습 방법
개별 학습 가능	컴퓨터 보조수업 웹 기반 수업 개인교수법
융통성 있는 학습 공간	
개념 원리, 절차 학습	
새로운 지식 습득 중심	

13 보호자 설문조사에서 파악할 수 있는 것

1. 보호자의 반려견에 대한 본능과 이성에 대한 이해도를 파악
2. 반려견의 연령별 변화에 대한 보호자의 이해도를 알 수 있음
3. 보호자의 카밍시그널에 대한 이해도를 알 수 있음
4. 반려견의 문제행동 교정에 대한 보호자의 적극성을 파악할 수 있음
5. 보호자의 문제행동 교정 지식 배경 파악
6. 보호자의 문제행동 교정 방법에 대한 생각을 파악
7. 반려견에게 사용되었을 칭찬 방법을 알 수 있음
8. 반려견에서 사용되었을 처벌 방법을 알 수 있음

14 보호자 상담을 통해 행동지도사가 찾아내야 할 것

① 문제행동의 정체를 명확히 파악하는 것
② 문제행동이 시작된 시기를 알아내는 것
③ 문제행동이 발생되는 시간을 알아내는 것
④ 문제행동이 발생하는 장소를 파악하는 것

15 공감적 이해에는 주관적 내면에 대한 이해를 포함한다.

16 반려견 보호자 상담 기술

① 경청 ② 공감적 이해 ③ 설명과 해석 ④ 질문 ⑤ 피드백 제공
⑥ 문제해결 지향적 접근

17 MOT의 3요소

고객접점 3요소	훈련소 요소
인적 요소	행동지도사의 전문성이 드러나는 상담 및 훈련 기술
시설적 요소	주차시설, 입구간판, 쾌적하고 편리한 시설
제도적 요소	필요한 훈련 장비 구비, 안내문, 신속한 업무처리

18 의사소통(커뮤니케이션)의 수단

① 언어적 의사소통(커뮤니케이션): 말이나 문서와 같이 언어나 문자를 통해 전달하는 것
② 비언어적 의사소통(커뮤니케이션): 표정, 제스처, 목소리, 말투, 몸짓, 용모, 거리 등

19 화법의 종류

신뢰 화법	대화를 통하여 상대방에게 신뢰를 얻는 것이다. 예) ○○이는 각질이 많이 생기는 것 같아요. 대체) 맞아요! ○○이는 말씀하신 것처럼 각질이 많이 생겨서 속상해요.
쿠션 화법	부드러운 언어로 감정을 상하지 않게 표현한다. 예) 기다리세요. 대체) 죄송하지만 잠시만 기다려 주시겠어요? 실례합니다만/죄송합니다만/공교롭게도/유감스럽지만/안타깝습니다만

칭찬 화법	상대방의 좋은 점, 잘하는 점을 긍정적으로 표현한다. 예) 왜 선생님은 매일 실없이 웃고 다녀요? 대체) 김 선생님 환한 미소 덕분에 고객님들 기분까지 좋아진다고 하네요! 늘 고마워요!
긍정 화법	대화에서 피드백, 메시지를 긍정적으로 표현한다. 예) 고객님, 여기는 금연구역입니다. 대체) 고객님, 여기는 금연구역입니다. 번거로우시겠지만 1층 흡연구역을 이용해 주시기 바랍니다.
청유형, 의뢰형 화법 (레어드화법, 질문법)	명령이 아닌 부탁, 공유로 표현한다. 예) 기다리세요! 대체) 잠시만 기다려 주시겠어요?
아론슨 화법	칭찬보다 부정적 피드백을 받은 후 긍정적으로 표현한다. 예) ○○님, ○○전용 샴푸가 너무 비싸요! 대체) ○○전용 샴푸는 ○○이 피모에 좋은 제품입니다. 품질이 최고입니다.
전달 화법 I-Message	상대를 탓하기보다는 나의 감정을 전달한다. 예) 전화를 왜 늦게 받니? 대체) 무슨 일 있었니? 전화를 늦게 받아서 걱정했어.
Yes/But 화법	상대의 의견이나 진술 내용을 존중하고 인정해주는 화법 예) '틀렸다', '아니다'라고 반박하지 않고 '그 말도 일리가 있지만, 저의 의견은 ——입니다.'
맞장구 화법 (경청 화법)	고객의 이야기를 관심 있게 열심히 듣고 있다는 것을 고객에게 가장 효과적인 방법 예) 정말요?/ 정말 그렇겠군요. 저도 그럴 때가 있어요./오호 등

20 녹음기능은 개인정보보호법에 의거하여 필요하지 않음

(1) 이중 출입문과 잠금장치 설치

(2) 위탁 관리실과 고객 응대실의 분리

(3) 반려견 개별 휴식실 설치

(4) 폐쇄회로(CCTV) 설치

- 반려견의 안전과 보안을 위해 CCTV 설치
- 설치 후에는 개인정보보호법 제25조 4항에 따라 CCTV 설치 안내문을 부착
- 안내문 안에는 설치 목적 및 장소, 촬영범위 및 시간, 관리책임자의 성명과 연락처 포함

(5) 전문 인력 배치 20마리당 1명 이상 배치

(6) 동물병원의 위탁시설

- 동물병원을 같이 운영하는 경우 동물의 위탁 관리실과 동물병원의 입원실을 분리 또는 구획하여야 함. 상담실은 함께 사용하여도 됨

부 록

▸ 동물보호법

동물보호법

[시행 2025. 6. 21.] [법률 제20581호, 2024. 12. 20., 타법개정]

제1장 총칙

제1조(목적) 이 법은 동물의 생명보호, 안전 보장 및 복지 증진을 꾀하고 건전하고 책임 있는 사육문화를 조성함으로써, 생명 존중의 국민 정서를 기르고 사람과 동물의 조화로운 공존에 이바지함을 목적으로 한다.

제2조(정의) 이 법에서 사용하는 용어의 뜻은 다음과 같다.

1. "동물"이란 고통을 느낄 수 있는 신경체계가 발달한 척추동물로서 다음 각 목의 어느 하나에 해당하는 동물을 말한다.
   가. 포유류
   나. 조류
   다. 파충류 · 양서류 · 어류 중 농림축산식품부장관이 관계 중앙행정기관의 장과의 협의를 거쳐 대통령령으로 정하는 동물
2. "소유자등"이란 동물의 소유자와 일시적 또는 영구적으로 동물을 사육 · 관리 또는 보호하는 사람을 말한다.
3. "유실 · 유기동물"이란 도로 · 공원 등의 공공장소에서 소유자등이 없이 배회하거나 내버려진 동물을 말한다.
4. "피학대동물"이란 제10조제2항 및 같은 조 제4항제2호에 따른 학대를 받은 동물을 말한다.
5. "맹견"이란 다음 각 목의 어느 하나에 해당하는 개를 말한다.
   가. 도사견, 핏불테리어, 로트와일러 등 사람의 생명이나 신체 또는 동물에 위해를 가할 우려가 있는 개로서 농림축산식품부령으로 정하는 개
   나. 사람의 생명이나 신체 또는 동물에 위해를 가할 우려가 있어 제24조제3항에 따라 시 · 도지사가 맹견으로 지정한 개
6. "봉사동물"이란 「장애인복지법」 제40조에 따른 장애인 보조견 등 사람이나 국가를 위하여 봉사하고 있거나 봉사한 동물로서 대통령령으로 정하는 동물을 말한다.
7. "반려동물"이란 반려(伴侶)의 목적으로 기르는 개, 고양이 등 농림축산식품부령으로 정하는 동물을 말한다.
8. "등록대상동물"이란 동물의 보호, 유실 · 유기(遺棄) 방지, 질병의 관리, 공중위생상의 위해 방지 등을 위하여 등록이 필요하다고 인정하여 대통령령으로 정하는 동물을 말한다.
9. "동물학대"란 동물을 대상으로 정당한 사유 없이 불필요하거나 피할 수 있는 고통과 스트레스를 주는 행위 및 굶주림, 질병 등에 대하여 적절한 조치를 게을리하거나 방치하는 행위를 말한다.
10. "기질평가"란 동물의 건강상태, 행동양태 및 소유자등의 통제능력 등을 종합적으로 분석하여 평가 대상 동물의 공격성을 판단하는 것을 말한다.

11. "반려동물행동지도사"란 반려동물의 행동분석 · 평가 및 훈련 등에 전문지식과 기술을 가진 사람으로서 제31조제1항에 따른 자격시험에 합격한 사람을 말한다.
12. "동물실험"이란 「실험동물에 관한 법률」 제2조제1호에 따른 동물실험을 말한다.
13. "동물실험시행기관"이란 동물실험을 실시하는 법인 · 단체 또는 기관으로서 대통령령으로 정하는 법인 · 단체 또는 기관을 말한다.

제3조(동물보호의 기본원칙) 누구든지 동물을 사육 · 관리 또는 보호할 때에는 다음 각 호의 원칙을 준수하여야 한다.
1. 동물이 본래의 습성과 몸의 원형을 유지하면서 정상적으로 살 수 있도록 할 것
2. 동물이 갈증 및 굶주림을 겪거나 영양이 결핍되지 아니하도록 할 것
3. 동물이 정상적인 행동을 표현할 수 있고 불편함을 겪지 아니하도록 할 것
4. 동물이 고통 · 상해 및 질병으로부터 자유롭도록 할 것
5. 동물이 공포와 스트레스를 받지 아니하도록 할 것

제4조(국가 · 지방자치단체 및 국민의 책무) ① 국가와 지방자치단체는 동물학대 방지 등 동물을 적정하게 보호 · 관리하기 위하여 필요한 시책을 수립 · 시행하여야 한다.

② 국가와 지방자치단체는 제1항에 따른 책무를 다하기 위하여 필요한 인력 · 예산 등을 확보하도록 노력하여야 하며, 국가는 동물의 적정한 보호 · 관리, 복지업무 추진을 위하여 지방자치단체에 필요한 사업비의 전부 또는 일부를 예산의 범위에서 지원할 수 있다.

③ 국가와 지방자치단체는 대통령령으로 정하는 민간단체에 동물보호운동이나 그 밖에 이와 관련된 활동을 권장하거나 필요한 지원을 할 수 있으며, 국민에게 동물의 적정한 보호 · 관리의 방법 등을 알리기 위하여 노력하여야 한다.

④ 국가와 지방자치단체는 「초 · 중등교육법」 제2조에 따른 학교에 재학 중인 학생이 동물의 보호 · 복지 등에 관한 사항을 교육받을 수 있도록 동물보호교육을 활성화하기 위하여 노력하여야 한다. 〈신설 2023. 6. 20.〉

⑤ 국가와 지방자치단체는 제4항에 따른 교육을 활성화하기 위하여 예산의 범위에서 지원할 수 있다. 〈신설 2023. 6. 20.〉

⑥ 모든 국민은 동물을 보호하기 위한 국가와 지방자치단체의 시책에 적극 협조하는 등 동물의 보호를 위하여 노력하여야 한다. 〈개정 2023. 6. 20.〉

⑦ 소유자등은 동물의 보호 · 복지에 관한 교육을 이수하는 등 동물의 적정한 보호 · 관리와 동물학대 방지를 위하여 노력하여야 한다. 〈개정 2023. 6. 20.〉

제4조의2(동물보호의 날) ① 동물의 생명보호 및 복지 증진의 가치를 널리 알리고 사람과 동물이 조화롭게 공존하는 문화를 조성하기 위하여 매년 10월 4일을 동물보호의 날로 한다.

② 국가와 지방자치단체는 동물보호의 날의 취지에 맞는 행사와 교육 및 홍보를 실시할 수 있다.

[본조신설 2024. 1. 2.]

제5조(다른 법률과의 관계) 동물의 보호 및 이용 · 관리 등에 대하여 다른 법률에 특별한 규정이 있는 경우를 제외하고는 이 법에서 정하는 바에 따른다.

제2장 동물복지종합계획의 수립 등

제6조(동물복지종합계획) ① 농림축산식품부장관은 동물의 적정한 보호 · 관리를 위하여 5년마다 다음 각 호의 사항이 포함된 동물복지종합계획(이하 "종합계획"이라 한다)을 수립 · 시행하

여야 한다.

1. 동물복지에 관한 기본방향
2. 동물의 보호·복지 및 관리에 관한 사항
3. 동물을 보호하는 시설에 대한 지원 및 관리에 관한 사항
4. 반려동물 관련 영업에 관한 사항
5. 동물의 질병 예방 및 치료 등 보건 증진에 관한 사항
6. 동물의 보호·복지 관련 대국민 교육 및 홍보에 관한 사항
7. 종합계획 추진 재원의 조달방안
8. 그 밖에 동물의 보호·복지를 위하여 필요한 사항

② 농림축산식품부장관은 종합계획을 수립할 때 관계 중앙행정기관의 장 및 특별시장·광역시장·특별자치시장·도지사·특별자치도지사(이하 "시·도지사"라 한다)의 의견을 수렴하고, 제7조에 따른 동물복지위원회의 심의를 거쳐 확정한다.

③ 시·도지사는 종합계획에 따라 5년마다 특별시·광역시·특별자치시·도·특별자치도(이하 "시·도"라 한다) 단위의 동물복지계획을 수립하여야 하고, 이를 농림축산식품부장관에게 통보하여야 한다.

제7조(동물복지위원회) ① 농림축산식품부장관의 다음 각 호의 자문에 응하도록 하기 위하여 농림축산식품부에 동물복지위원회(이하 이 조에서 "위원회"라 한다)를 둔다. 다만, 제1호는 심의사항으로 한다.

1. 종합계획의 수립에 관한 사항
2. 동물복지정책의 수립, 집행, 조정 및 평가 등에 관한 사항
3. 다른 중앙행정기관의 업무 중 동물의 보호·복지와 관련된 사항
4. 그 밖에 동물의 보호·복지에 관한 사항

② 위원회는 공동위원장 2명을 포함하여 20명 이내의 위원으로 구성한다.

③ 공동위원장은 농림축산식품부차관과 호선(互選)된 민간위원으로 하며, 위원은 관계 중앙행정기관의 소속 공무원 또는 다음 각 호에 해당하는 사람 중에서 농림축산식품부장관이 임명 또는 위촉한다.

1. 수의사로서 동물의 보호·복지에 대한 학식과 경험이 풍부한 사람
2. 동물복지정책에 관한 학식과 경험이 풍부한 사람으로서 제4조제3항에 따른 민간단체의 추천을 받은 사람
3. 그 밖에 동물복지정책에 관한 전문지식을 가진 사람으로서 농림축산식품부령으로 정하는 자격기준에 맞는 사람

④ 위원회는 위원회의 업무를 효율적으로 수행하기 위하여 위원회에 분과위원회를 둘 수 있다.

⑤ 제1항부터 제4항까지의 규정에 따른 사항 외에 위원회 및 분과위원회의 구성·운영 등에 관한 사항은 대통령령으로 정한다.

제8조(시·도 동물복지위원회) ① 시·도지사는 제6조제3항에 따른 시·도 단위의 동물복지계획의 수립, 동물의 적정한 보호·관리 및 동물복지에 관한 정책을 종합·조정하기 위하여 시·도 동물복지위원회를 설치·운영할 수 있다. 다만, 시·도에 동물복지위원회와 성격 및 기능이 유사한 위원회가 설치되어 있는 경우 해당 시·도의 조례로 정하는 바에 따라 그 위원회가 동물복지위원회의 기능을 대신할 수 있다.

② 시·도 동물복지위원회의 구성·운영 등에 관한 사항은 각 시·도의 조례로 정한다.

제3장 동물의 보호 및 관리

제1절 동물의 보호 등

제9조(적정한 사육 · 관리) ① 소유자등은 동물에게 적합한 사료와 물을 공급하고, 운동 · 휴식 및 수면이 보장되도록 노력하여야 한다.

② 소유자등은 동물이 질병에 걸리거나 부상당한 경우에는 신속하게 치료하거나 그 밖에 필요한 조치를 하도록 노력하여야 한다.

③ 소유자등은 동물을 관리하거나 다른 장소로 옮긴 경우에는 그 동물이 새로운 환경에 적응하는 데에 필요한 조치를 하도록 노력하여야 한다.

④ 소유자등은 재난 시 동물이 안전하게 대피할 수 있도록 노력하여야 한다.

⑤ 제1항부터 제3항까지에서 규정한 사항 외에 동물의 적절한 사육 · 관리 방법 등에 관한 사항은 농림축산식품부령으로 정한다.

제10조(동물학대 등의 금지) ① 누구든지 동물을 죽이거나 죽음에 이르게 하는 다음 각 호의 행위를 하여서는 아니 된다.

1. 목을 매다는 등의 잔인한 방법으로 죽음에 이르게 하는 행위
2. 노상 등 공개된 장소에서 죽이거나 같은 종류의 다른 동물이 보는 앞에서 죽음에 이르게 하는 행위
3. 동물의 습성 및 생태환경 등 부득이한 사유가 없음에도 불구하고 해당 동물을 다른 동물의 먹이로 사용하는 행위
4. 그 밖에 사람의 생명 · 신체에 대한 직접적인 위협이나 재산상의 피해 방지 등 농림축산식품부령으로 정하는 정당한 사유 없이 동물을 죽음에 이르게 하는 행위

② 누구든지 동물에 대하여 다음 각 호의 행위를 하여서는 아니 된다.

1. 도구 · 약물 등 물리적 · 화학적 방법을 사용하여 상해를 입히는 행위. 다만, 해당 동물의 질병 예방이나 치료 등 농림축산식품부령으로 정하는 경우는 제외한다.
2. 살아있는 상태에서 동물의 몸을 손상하거나 체액을 채취하거나 체액을 채취하기 위한 장치를 설치하는 행위. 다만, 해당 동물의 질병 예방 및 동물실험 등 농림축산식품부령으로 정하는 경우는 제외한다.
3. 도박 · 광고 · 오락 · 유흥 등의 목적으로 동물에게 상해를 입히는 행위. 다만, 민속경기 등 농림축산식품부령으로 정하는 경우는 제외한다.
4. 동물의 몸에 고통을 주거나 상해를 입히는 다음 각 목에 해당하는 행위
   가. 사람의 생명 · 신체에 대한 직접적 위협이나 재산상의 피해를 방지하기 위하여 다른 방법이 있음에도 불구하고 동물에게 고통을 주거나 상해를 입히는 행위
   나. 동물의 습성 또는 사육환경 등의 부득이한 사유가 없음에도 불구하고 동물을 혹서 · 혹한 등의 환경에 방치하여 고통을 주거나 상해를 입히는 행위
   다. 갈증이나 굶주림의 해소 또는 질병의 예방이나 치료 등의 목적 없이 동물에게 물이나 음식을 강제로 먹여 고통을 주거나 상해를 입히는 행위
   라. 동물의 사육 · 훈련 등을 위하여 필요한 방식이 아님에도 불구하고 다른 동물과 싸우게 하거나 도구를 사용하는 등 잔인한 방식으로 고통을 주거나 상해를 입히는 행위

③ 누구든지 소유자등이 없이 배회하거나 내버려진 동물 또는 피학대동물 중 소유자등을 알 수 없는 동물에 대하여 다음 각 호의 어느 하나에 해당하는 행위를 하여서는 아니 된다.

1. 포획하여 판매하는 행위

2. 포획하여 죽이는 행위
3. 판매하거나 죽일 목적으로 포획하는 행위
4. 소유자등이 없이 배회하거나 내버려진 동물 또는 피학대동물 중 소유자등을 알 수 없는 동물임을 알면서 알선 · 구매하는 행위

④ 소유자등은 다음 각 호의 행위를 하여서는 아니 된다.

1. 동물을 유기하는 행위
2. 반려동물에게 최소한의 사육공간 및 먹이 제공, 적정한 길이의 목줄, 위생 · 건강 관리를 위한 사항 등 농림축산식품부령으로 정하는 사육 · 관리 또는 보호의무를 위반하여 상해를 입히거나 질병을 유발하는 행위
3. 제2호의 행위로 인하여 반려동물을 죽음에 이르게 하는 행위

⑤ 누구든지 다음 각 호의 행위를 하여서는 아니 된다.

1. 제1항부터 제4항까지(제4항제1호는 제외한다)의 규정에 해당하는 행위를 촬영한 사진 또는 영상물을 판매 · 전시 · 전달 · 상영하거나 인터넷에 게재하는 행위. 다만, 동물보호 의식을 고양하기 위한 목적이 표시된 홍보 활동 등 농림축산식품부령으로 정하는 경우에는 그러하지 아니하다.
2. 도박을 목적으로 동물을 이용하는 행위 또는 동물을 이용하는 도박을 행할 목적으로 광고 · 선전하는 행위. 다만, 「사행산업통합감독위원회법」 제2조제1호에 따른 사행산업은 제외한다.
3. 도박 · 시합 · 복권 · 오락 · 유흥 · 광고 등의 상이나 경품으로 동물을 제공하는 행위
4. 영리를 목적으로 동물을 대여하는 행위. 다만, 「장애인복지법」 제40조에 따른 장애인 보조견의 대여 등 농림축산식품부령으로 정하는 경우는 제외한다.

제11조(동물의 운송) ① 동물을 운송하는 자 중 농림축산식품부령으로 정하는 자는 다음 각 호의 사항을 준수하여야 한다.

1. 운송 중인 동물에게 적합한 사료와 물을 공급하고, 급격한 출발 · 제동 등으로 충격과 상해를 입지 아니하도록 할 것
2. 동물을 운송하는 차량은 동물이 운송 중에 상해를 입지 아니하고, 급격한 체온 변화, 호흡 곤란 등으로 인한 고통을 최소화할 수 있는 구조로 되어 있을 것
3. 병든 동물, 어린 동물 또는 임신 중이거나 포유 중인 새끼가 딸린 동물을 운송할 때에는 함께 운송 중인 다른 동물에 의하여 상해를 입지 아니하도록 칸막이의 설치 등 필요한 조치를 할 것
4. 동물을 싣고 내리는 과정에서 동물 또는 동물이 들어있는 운송용 우리를 던지거나 떨어뜨려서 동물을 다치게 하는 행위를 하지 아니할 것
5. 운송을 위하여 전기(電氣) 몰이도구를 사용하지 아니할 것

② 농림축산식품부장관은 제1항제2호에 따른 동물 운송 차량의 구조 및 설비기준을 정하고 이에 맞는 차량을 사용하도록 권장할 수 있다.

③ 농림축산식품부장관은 제1항 및 제2항에서 규정한 사항 외에 동물 운송에 관하여 필요한 사항을 정하여 권장할 수 있다.

제12조(반려동물의 전달방법) 반려동물을 다른 사람에게 전달하려는 자는 직접 전달하거나 제73조제1항에 따라 동물운송업의 등록을 한 자를 통하여 전달하여야 한다.

제13조(동물의 도살방법) ① 누구든지 혐오감을 주거나 잔인한 방법으로 동물을 도살하여서는 아니 되며, 도살과정에서 불필요한 고통이나 공포, 스트레스를 주어서는 아니 된다.

② 「축산물 위생관리법」 또는 「가축전염병 예방법」에 따라 동물을 죽이는 경우에는 가스

법 · 전살법(電殺法) 등 농림축산식품부령으로 정하는 방법을 이용하여 고통을 최소화하여야 하며, 반드시 의식이 없는 상태에서 다음 도살 단계로 넘어가야 한다. 매몰을 하는 경우에도 또한 같다.

③ 제1항 및 제2항의 경우 외에도 동물을 불가피하게 죽여야 하는 경우에는 고통을 최소화할 수 있는 방법에 따라야 한다.

제14조(동물의 수술) 거세, 뿔 없애기, 꼬리 자르기 등 동물에 대한 외과적 수술을 하는 사람은 수의학적 방법에 따라야 한다.

제15조(등록대상동물의 등록 등) ① 등록대상동물의 소유자는 동물의 보호와 유실 · 유기 방지 및 공중위생상의 위해 방지 등을 위하여 특별자치시장 · 특별자치도지사 · 시장 · 군수 · 구청장에게 등록대상동물을 등록하여야 한다. 다만, 등록대상동물이 맹견이 아닌 경우로서 농림축산식품부령으로 정하는 바에 따라 시 · 도의 조례로 정하는 지역에서는 그러하지 아니하다.

② 제1항에 따라 등록된 등록대상동물(이하 "등록동물"이라 한다)의 소유자는 다음 각 호의 어느 하나에 해당하는 경우에는 해당 각 호의 구분에 따른 기간에 특별자치시장 · 특별자치도지사 · 시장 · 군수 · 구청장에게 신고하여야 한다.

1. 등록동물을 잃어버린 경우: 등록동물을 잃어버린 날부터 10일 이내
2. 등록동물에 대하여 대통령령으로 정하는 사항이 변경된 경우: 변경사유 발생일부터 30일 이내

③ 등록동물의 소유권을 이전받은 자 중 제1항 본문에 따른 등록을 실시하는 지역에 거주하는 자는 그 사실을 소유권을 이전받은 날부터 30일 이내에 자신의 주소지를 관할하는 특별자치시장 · 특별자치도지사 · 시장 · 군수 · 구청장에게 신고하여야 한다.

④ 특별자치시장 · 특별자치도지사 · 시장 · 군수 · 구청장은 대통령령으로 정하는 자(이하 이 조에서 "동물등록대행자"라 한다)로 하여금 제1항부터 제3항까지의 규정에 따른 업무를 대행하게 할 수 있으며 이에 필요한 비용을 지급할 수 있다.

⑤ 특별자치시장 · 특별자치도지사 · 시장 · 군수 · 구청장은 다음 각 호의 어느 하나에 해당하는 경우 등록을 말소할 수 있다.

1. 거짓이나 그 밖의 부정한 방법으로 등록대상동물을 등록하거나 변경신고한 경우
2. 등록동물 소유자의 주민등록이나 외국인등록사항이 말소된 경우
3. 등록동물의 소유자인 법인이 해산한 경우

⑥ 국가와 지방자치단체는 제1항에 따른 등록에 필요한 비용의 일부 또는 전부를 지원할 수 있다.

⑦ 등록대상동물의 등록 사항 및 방법 · 절차, 변경신고 절차, 등록 말소 절차, 동물등록대행자 준수사항 등에 관한 사항은 대통령령으로 정하며, 그 밖에 등록에 필요한 사항은 시 · 도의 조례로 정한다.

제16조(등록대상동물의 관리 등) ① 등록대상동물의 소유자등은 소유자등이 없이 등록대상동물을 기르는 곳에서 벗어나지 아니하도록 관리하여야 한다.

② 등록대상동물의 소유자등은 등록대상동물을 동반하고 외출할 때에는 다음 각 호의 사항을 준수하여야 한다.

1. 농림축산식품부령으로 정하는 기준에 맞는 목줄 착용 등 사람 또는 동물에 대한 위해를 예방하기 위한 안전조치를 할 것
2. 등록대상동물의 이름, 소유자의 연락처, 그 밖에 농림축산식품부령으로 정하는 사항을 표시한 인식표를 등록대상동물에게 부착할 것
3. 배설물(소변의 경우에는 공동주택의 엘리베이터 · 계단 등 건물 내부의 공용공간 및 평

상 · 의자 등 사람이 눕거나 앉을 수 있는 기구 위의 것으로 한정한다)이 생겼을 때에는 즉시 수거할 것

③ 시 · 도지사는 등록대상동물의 유실 · 유기 또는 공중위생상의 위해 방지를 위하여 필요할 때에는 시 · 도의 조례로 정하는 바에 따라 소유자등으로 하여금 등록대상동물에 대하여 예방접종을 하게 하거나 특정 지역 또는 장소에서의 사육 또는 출입을 제한하게 하는 등 필요한 조치를 할 수 있다.

제2절 맹견의 관리 등

제17조(맹견수입신고) ① 제2조제5호가목에 따른 맹견을 수입하려는 자는 대통령령으로 정하는 바에 따라 농림축산식품부장관에게 신고하여야 한다.

② 제1항에 따라 맹견수입신고를 하려는 자는 맹견의 품종, 수입 목적, 사육 장소 등 대통령령으로 정하는 사항을 신고서에 기재하여 농림축산식품부장관에게 제출하여야 한다.

제18조(맹견사육허가 등) ① 등록대상동물인 맹견을 사육하려는 사람은 다음 각 호의 요건을 갖추어 시 · 도지사에게 맹견사육허가를 받아야 한다.

1. 제15조에 따른 등록을 할 것
2. 제23조에 따른 보험에 가입할 것
3. 중성화(中性化) 수술을 할 것. 다만, 맹견의 월령이 8개월 미만인 경우로서 발육상태 등으로 인하여 중성화 수술이 어려운 경우에는 대통령령으로 정하는 기간 내에 중성화 수술을 한 후 그 증명서류를 시 · 도지사에게 제출하여야 한다.

② 공동으로 맹견을 사육 · 관리 또는 보호하는 사람이 있는 경우에는 제1항에 따른 맹견사육허가를 공동으로 신청할 수 있다.

③ 시 · 도지사는 맹견사육허가를 하기 전에 제26조에 따른 기질평가위원회가 시행하는 기질평가를 거쳐야 한다.

④ 시 · 도지사는 맹견의 사육으로 인하여 공공의 안전에 위험이 발생할 우려가 크다고 판단하는 경우에는 맹견사육허가를 거부하여야 한다. 이 경우 기질평가위원회의 심의를 거쳐 해당 맹견에 대하여 인도적인 방법으로 처리할 것을 명할 수 있다.

⑤ 제4항에 따른 맹견의 인도적인 처리는 제46조제1항 및 제2항 전단을 준용한다.

⑥ 시 · 도지사는 맹견사육허가를 받은 자(제2항에 따라 공동으로 맹견사육허가를 신청한 경우 공동 신청한 자를 포함한다)에게 농림축산식품부령으로 정하는 바에 따라 교육이수 또는 허가대상 맹견의 훈련을 명할 수 있다.

⑦ 제1항부터 제6항까지의 규정에 따른 사항 외에 맹견사육허가의 절차 등에 관한 사항은 대통령령으로 정한다.

제19조(맹견사육허가의 결격사유) 다음 각 호의 어느 하나에 해당하는 사람은 제18조에 따른 맹견사육허가를 받을 수 없다.

1. 미성년자(19세 미만의 사람을 말한다. 이하 같다)
2. 피성년후견인 또는 피한정후견인
3. 「정신건강증진 및 정신질환자 복지서비스 지원에 관한 법률」 제3조제1호에 따른 정신질환자 또는 「마약류 관리에 관한 법률」 제2조제1호에 따른 마약류의 중독자. 다만, 정신건강의학과 전문의가 맹견을 사육하는 것에 지장이 없다고 인정하는 사람은 그러하지 아니하다.
4. 제10조 · 제16조 · 제21조를 위반하여 벌금 이상의 실형을 선고받고 그 집행이 종료(집행이

종료된 것으로 보는 경우를 포함한다)되거나 집행이 면제된 날부터 3년이 지나지 아니한 사람

5. 제10조 · 제16조 · 제21조를 위반하여 벌금 이상의 형의 집행유예를 선고받고 그 유예기간 중에 있는 사람

제20조(맹견사육허가의 철회 등) ① 시 · 도지사는 다음 각 호의 어느 하나에 해당하는 경우에 맹견사육허가를 철회할 수 있다.

1. 제18조에 따라 맹견사육허가를 받은 사람의 맹견이 사람 또는 동물을 공격하여 다치게 하거나 죽게 한 경우
2. 정당한 사유 없이 제18조제1항제3호 단서에서 규정한 기간이 지나도록 중성화 수술을 이행하지 아니한 경우
3. 제18조제6항에 따른 교육이수명령 또는 허가대상 맹견의 훈련 명령에 따르지 아니한 경우

② 시 · 도지사는 제1항제1호에 따라 맹견사육허가를 철회하는 경우 기질평가위원회의 심의를 거쳐 해당 맹견에 대하여 인도적인 방법으로 처리할 것을 명할 수 있다. 이 경우 제46조제1항 및 제2항 전단을 준용한다.

제21조(맹견의 관리) ① 맹견의 소유자등은 다음 각 호의 사항을 준수하여야 한다.

1. 소유자등이 없이 맹견을 기르는 곳에서 벗어나지 아니하게 할 것. 다만, 제18조에 따라 맹견사육허가를 받은 사람의 맹견은 맹견사육허가를 받은 사람 또는 대통령령으로 정하는 맹견사육에 대한 전문지식을 가진 사람 없이 맹견을 기르는 곳에서 벗어나지 아니하게 할 것
2. 월령이 3개월 이상인 맹견을 동반하고 외출할 때에는 농림축산식품부령으로 정하는 바에 따라 목줄 및 입마개 등 안전장치를 하거나 맹견의 탈출을 방지할 수 있는 적정한 이동장치를 할 것
3. 그 밖에 맹견이 사람 또는 동물에게 위해를 가하지 못하도록 하기 위하여 농림축산식품부령으로 정하는 사항을 따를 것

② 시 · 도지사와 시장 · 군수 · 구청장은 맹견이 사람에게 신체적 피해를 주는 경우 농림축산식품부령으로 정하는 바에 따라 소유자등의 동의 없이 맹견에 대하여 격리조치 등 필요한 조치를 취할 수 있다.

③ 제18조제1항 및 제2항에 따라 맹견사육허가를 받은 사람은 맹견의 안전한 사육 · 관리 또는 보호에 관하여 농림축산식품부령으로 정하는 바에 따라 정기적으로 교육을 받아야 한다.

제22조(맹견의 출입금지 등) 맹견의 소유자등은 다음 각 호의 어느 하나에 해당하는 장소에 맹견이 출입하지 아니하도록 하여야 한다.

1. 「영유아보육법」 제2조제3호에 따른 어린이집
2. 「유아교육법」 제2조제2호에 따른 유치원
3. 「초 · 중등교육법」 제2조제1호 및 제4호에 따른 초등학교 및 특수학교
4. 「노인복지법」 제31조에 따른 노인복지시설
5. 「장애인복지법」 제58조에 따른 장애인복지시설
6. 「도시공원 및 녹지 등에 관한 법률」 제15조제1항제2호나목에 따른 어린이공원
7. 「어린이놀이시설 안전관리법」 제2조제2호에 따른 어린이놀이시설
8. 그 밖에 불특정 다수인이 이용하는 장소로서 시 · 도의 조례로 정하는 장소

제23조(보험의 가입 등) ① 맹견의 소유자는 자신의 맹견이 다른 사람 또는 동물을 다치게 하거나 죽게 한 경우 발생한 피해를 보상하기 위하여 보험에 가입하여야 한다.

② 제1항에 따른 보험에 가입하여야 할 맹견의 범위, 보험의 종류, 보상한도액 및 그 밖에

필요한 사항은 대통령령으로 정한다.

③ 농림축산식품부장관은 제1항에 따른 보험의 가입관리 업무를 위하여 필요한 경우 대통령령으로 정하는 바에 따라 관계 중앙행정기관의 장 또는 지방자치단체의 장에게 행정적 조치를 하도록 요청하거나 관계 기관, 보험회사 및 보험 관련 단체에 보험의 가입관리 업무에 필요한 자료를 요청할 수 있다. 이 경우 요청을 받은 자는 정당한 사유가 없으면 이에 따라야 한다.

제24조(맹견 아닌 개의 기질평가) ① 시 · 도지사는 제2조제5호가목에 따른 맹견이 아닌 개가 사람 또는 동물에게 위해를 가한 경우 그 개의 소유자에게 해당 동물에 대한 기질평가를 받을 것을 명할 수 있다.

② 맹견이 아닌 개의 소유자는 해당 개의 공격성이 분쟁의 대상이 된 경우 시 · 도지사에게 해당 개에 대한 기질평가를 신청할 수 있다.

③ 시 · 도지사는 제1항에 따른 명령을 하거나 제2항에 따른 신청을 받은 경우 기질평가를 거쳐 해당 개의 공격성이 높은 경우 맹견으로 지정하여야 한다.

④ 시 · 도지사는 제3항에 따라 맹견 지정을 하는 경우에는 해당 개의 소유자의 신청이 있으면 제18조에 따른 맹견사육허가 여부를 함께 결정할 수 있다.

⑤ 시 · 도지사는 제3항에 따라 맹견 지정을 하지 아니하는 경우에도 해당 개의 소유자에게 대통령령으로 정하는 바에 따라 교육이수 또는 개의 훈련을 명할 수 있다.

제25조(비용부담 등) ① 기질평가에 소요되는 비용은 소유자의 부담으로 하며, 그 비용의 징수는 「지방행정제재 · 부과금의 징수 등에 관한 법률」의 예에 따른다.

② 제1항에 따른 기질평가비용의 기준, 지급 범위 등과 관련하여 필요한 사항은 농림축산식품부령으로 정한다.

제26조(기질평가위원회) ① 시 · 도지사는 다음 각 호의 업무를 수행하기 위하여 시 · 도에 기질평가위원회를 둔다.

1. 제2조제5호가목에 따른 맹견 종(種)의 판정
2. 제18조제3항에 따른 맹견의 기질평가
3. 제18조제4항에 따른 인도적인 처리에 대한 심의
4. 제24조제3항에 따른 맹견이 아닌 개에 대한 기질평가
5. 그 밖에 시 · 도지사가 요청하는 사항

② 기질평가위원회는 위원장 1명을 포함하여 3명 이상의 위원으로 구성한다.

③ 위원은 다음 각 호의 어느 하나에 해당하는 사람 중에서 시 · 도지사가 위촉하며, 위원장은 위원 중에서 호선한다.

1. 수의사로서 동물의 행동과 발달 과정에 대한 학식과 경험이 풍부한 사람
2. 반려동물행동지도사
3. 동물복지정책에 대한 학식과 경험이 풍부하다고 시 · 도지사가 인정하는 사람

④ 제1항부터 제3항까지의 규정에 따른 사항 외에 기질평가위원회의 구성 · 운영 등에 관한 사항은 대통령령으로 정한다.

제27조(기질평가위원회의 권한 등) ① 기질평가위원회는 기질평가를 위하여 필요하다고 인정하는 경우 평가대상동물의 소유자등에 대하여 출석하여 진술하게 하거나 의견서 또는 자료의 제출을 요청할 수 있다.

② 기질평가위원회는 평가에 필요한 경우 소유자의 거주지, 그 밖에 사건과 관련된 장소에서 기질평가와 관련된 조사를 할 수 있다.

③ 제2항에 따라 조사를 하는 경우 농림축산식품부령으로 정하는 증표를 지니고 이를 소유

자에게 보여주어야 한다.

④ 평가대상동물의 소유자등은 정당한 사유 없이 제1항 및 제2항에 따른 출석, 자료제출요구 또는 기질평가와 관련한 조사를 거부하여서는 아니 된다.

제28조(기질평가에 필요한 정보의 요청 등) ① 시 · 도지사 또는 기질평가위원회는 기질평가를 위하여 필요하다고 인정하는 경우 동물이 사람 또는 동물에게 위해를 가한 사건에 대하여 관계 기관에 영상정보처리기기의 기록 등 필요한 정보를 요청할 수 있다.

② 제1항에 따른 요청을 받은 관계 기관의 장은 정당한 사유 없이 이를 거부하여서는 아니 된다.

③ 제1항의 정보의 보호 및 관리에 관한 사항은 이 법에서 규정된 것을 제외하고는 「개인정보 보호법」을 따른다.

제29조(비밀엄수의 의무 등) ① 기질평가위원회의 위원이나 위원이었던 사람은 업무상 알게 된 비밀을 누설하여서는 아니 된다.

② 기질평가위원회의 위원 중 공무원이 아닌 사람은 「형법」 제129조부터 제132조까지의 규정을 적용할 때에 공무원으로 본다.

제3절 반려동물행동지도사

제30조(반려동물행동지도사의 업무) ① 반려동물행동지도사는 다음 각 호의 업무를 수행한다.

1. 반려동물에 대한 행동분석 및 평가
2. 반려동물에 대한 훈련
3. 반려동물 소유자등에 대한 교육
4. 그 밖에 반려동물행동지도에 필요한 사항으로 농림축산식품부령으로 정하는 업무

② 농림축산식품부장관은 반려동물행동지도사의 업무능력 및 전문성 향상을 위하여 농림축산식품부령으로 정하는 바에 따라 보수교육을 실시할 수 있다.

제31조(반려동물행동지도사 자격시험) ① 반려동물행동지도사가 되려는 사람은 농림축산식품부장관이 시행하는 자격시험에 합격하여야 한다.

② 반려동물의 행동분석 · 평가 및 훈련 등에 전문지식과 기술을 갖추었다고 인정되는 대통령령으로 정하는 기준에 해당하는 사람에게는 제1항에 따른 자격시험 과목의 일부를 면제할 수 있다.

③ 농림축산식품부장관은 다음 각 호의 어느 하나에 해당하는 사람에 대해서는 해당 시험을 무효로 하거나 합격 결정을 취소하여야 한다.

1. 거짓이나 그 밖에 부정한 방법으로 시험에 응시한 사람
2. 시험에서 부정한 행위를 한 사람

④ 다음 각 호의 어느 하나에 해당하는 사람은 그 처분이 있은 날부터 3년간 반려동물행동지도사 자격시험에 응시하지 못한다.

1. 제3항에 따라 시험의 무효 또는 합격 결정의 취소를 받은 사람
2. 제32조제2항에 따라 반려동물행동지도사의 자격이 취소된 사람

⑤ 농림축산식품부장관은 제1항에 따른 자격시험의 시행 등에 관한 사항을 대통령령으로 정하는 바에 따라 관계 전문기관에 위탁할 수 있다.

⑥ 반려동물행동지도사 자격시험의 시험과목, 시험방법, 합격기준 및 자격증 발급 등에 관한 사항은 대통령령으로 정한다.

제32조(반려동물행동지도사의 결격사유 및 자격취소 등) ① 다음 각 호의 어느 하나에 해당하

는 사람은 반려동물행동지도사가 될 수 없다.
1. 피성년후견인
2. 「정신건강증진 및 정신질환자 복지서비스 지원에 관한 법률」 제3조제1호에 따른 정신질환자 또는 「마약류 관리에 관한 법률」 제2조제1호에 따른 마약류의 중독자. 다만, 정신건강의학과 전문의가 반려동물행동지도사 업무를 수행할 수 있다고 인정하는 사람은 그러하지 아니하다.
3. 이 법을 위반하여 벌금 이상의 실형을 선고받고 그 집행이 종료(집행이 종료된 것으로 보는 경우를 포함한다)되거나 집행이 면제된 날부터 3년이 지나지 아니한 경우
4. 이 법을 위반하여 벌금 이상의 형의 집행유예를 선고받고 그 유예기간 중에 있는 경우

② 농림축산식품부장관은 반려동물행동지도사가 다음 각 호의 어느 하나에 해당하면 그 자격을 취소하거나 2년 이내의 기간을 정하여 그 자격을 정지시킬 수 있다. 다만, 제1호부터 제4호까지 중 어느 하나에 해당하는 경우에는 그 자격을 취소하여야 한다.
1. 제1항 각 호의 어느 하나에 해당하게 된 경우
2. 거짓이나 그 밖의 부정한 방법으로 자격을 취득한 경우
3. 다른 사람에게 명의를 사용하게 하거나 자격증을 대여한 경우
4. 자격정지기간에 업무를 수행한 경우
5. 이 법을 위반하여 벌금 이상의 형을 선고받고 그 형이 확정된 경우
6. 영리를 목적으로 반려동물의 소유자등에게 불필요한 서비스를 선택하도록 알선·유인하거나 강요한 경우

③ 제2항에 따른 자격의 취소 및 정지에 관한 기준은 그 처분의 사유와 위반 정도 등을 고려하여 농림축산식품부령으로 정한다.

제33조(명의대여 금지 등) ① 제31조에 따른 자격시험에 합격한 자가 아니면 반려동물행동지도사의 명칭을 사용하지 못한다.

② 반려동물행동지도사는 다른 사람에게 자기의 명의를 사용하여 제30조제1항에 따른 업무를 수행하게 하거나 그 자격증을 대여하여서는 아니 된다.

③ 누구든지 제1항이나 제2항에서 금지된 행위를 알선하여서는 아니 된다.

제4절 동물의 구조 등

제34조(동물의 구조·보호) ① 시·도지사와 시장·군수·구청장은 다음 각 호의 어느 하나에 해당하는 동물을 발견한 때에는 그 동물을 구조하여 제9조에 따라 치료·보호에 필요한 조치(이하 "보호조치"라 한다)를 하여야 하며, 제2호 및 제3호에 해당하는 동물은 학대 재발 방지를 위하여 학대행위자로부터 격리하여야 한다. 다만, 제1호에 해당하는 동물 중 농림축산식품부령으로 정하는 동물은 구조·보호조치의 대상에서 제외한다.
1. 유실·유기동물
2. 피학대동물 중 소유자를 알 수 없는 동물
3. 소유자등으로부터 제10조제2항 및 같은 조 제4항제2호에 따른 학대를 받아 적정하게 치료·보호받을 수 없다고 판단되는 동물

② 시·도지사와 시장·군수·구청장이 제1항제1호 및 제2호에 해당하는 동물에 대하여 보호조치 중인 경우에는 그 동물의 등록 여부를 확인하여야 하고, 등록된 동물인 경우에는 지체 없이 동물의 소유자에게 보호조치 중인 사실을 통보하여야 한다.

③ 시·도지사와 시장·군수·구청장이 제1항제3호에 따른 동물을 보호할 때에는 농림축산

식품부령으로 정하는 바에 따라 수의사의 진단과 제35조제1항 및 제36조제1항에 따른 동물보호센터의 장 등 관계자의 의견 청취를 거쳐 기간을 정하여 해당 동물에 대한 보호조치를 하여야 한다. 〈개정 2024. 1. 2.〉

④ 시·도지사와 시장·군수·구청장은 제1항 각 호 외의 부분 단서에 해당하는 동물에 대하여도 보호·관리를 위하여 필요한 조치를 할 수 있다.

제35조(동물보호센터의 설치 등) ① 시·도지사와 시장·군수·구청장은 제34조에 따른 동물의 구조·보호 등을 위하여 농림축산식품부령으로 정하는 시설 및 인력 기준에 맞는 동물보호센터를 설치·운영할 수 있다.

② 시·도지사와 시장·군수·구청장은 제1항에 따른 동물보호센터를 직접 설치·운영하도록 노력하여야 한다.

③ 제1항에 따라 설치한 동물보호센터의 업무는 다음 각 호와 같다.

1. 제34조에 따른 동물의 구조·보호조치
2. 제41조에 따른 동물의 반환 등
3. 제44조에 따른 사육포기 동물의 인수 등
4. 제45조에 따른 동물의 기증·분양
5. 제46조에 따른 동물의 인도적인 처리 등
6. 반려동물사육에 대한 교육
7. 유실·유기동물 발생 예방 교육
8. 동물학대행위 근절을 위한 동물보호 홍보
9. 그 밖에 동물의 구조·보호 등을 위하여 농림축산식품부령으로 정하는 업무

④ 농림축산식품부장관은 제1항에 따라 시·도지사 또는 시장·군수·구청장이 설치·운영하는 동물보호센터의 설치·운영에 드는 비용의 전부 또는 일부를 지원할 수 있다.

⑤ 제1항에 따라 설치된 동물보호센터의 장 및 그 종사자는 농림축산식품부령으로 정하는 바에 따라 정기적으로 동물의 보호 및 공중위생상의 위해 방지 등에 관한 교육을 받아야 한다.

⑥ 동물보호센터 운영의 공정성과 투명성을 확보하기 위하여 농림축산식품부령으로 정하는 일정 규모 이상의 동물보호센터는 농림축산식품부령으로 정하는 바에 따라 운영위원회를 구성·운영하여야 한다. 다만, 시·도 또는 시·군·구에 운영위원회와 성격 및 기능이 유사한 위원회가 설치되어 있는 경우 해당 시·도 또는 시·군·구의 조례로 정하는 바에 따라 그 위원회가 운영위원회의 기능을 대신할 수 있다.

⑦ 제1항에 따른 동물보호센터의 준수사항 등에 관한 사항은 농림축산식품부령으로 정하고, 보호조치의 구체적인 내용 등 그 밖에 필요한 사항은 시·도의 조례로 정한다.

제36조(동물보호센터의 지정 등) ① 시·도지사 또는 시장·군수·구청장은 농림축산식품부령으로 정하는 시설 및 인력 기준에 맞는 기관이나 단체 등을 동물보호센터로 지정하여 제35조제3항에 따른 업무를 위탁할 수 있다. 이 경우 동물보호센터로 지정받은 기관이나 단체 등은 동물의 보호조치를 제3자에게 위탁하여서는 아니 된다.

② 제1항에 따른 동물보호센터로 지정받으려는 자는 농림축산식품부령으로 정하는 바에 따라 시·도지사 또는 시장·군수·구청장에게 신청하여야 한다.

③ 시·도지사 또는 시장·군수·구청장은 제1항에 따른 동물보호센터에 동물의 구조·보호조치 등에 드는 비용(이하 "보호비용"이라 한다)의 전부 또는 일부를 지원할 수 있으며, 보호비용의 지급절차와 그 밖에 필요한 사항은 농림축산식품부령으로 정한다.

④ 시·도지사 또는 시장·군수·구청장은 제1항에 따라 지정된 동물보호센터가 다음 각 호

의 어느 하나에 해당하는 경우에는 그 지정을 취소할 수 있다. 다만, 제1호 및 제4호에 해당하는 경우에는 그 지정을 취소하여야 한다.

1. 거짓이나 그 밖의 부정한 방법으로 지정을 받은 경우
2. 제1항에 따른 지정기준에 맞지 아니하게 된 경우
3. 보호비용을 거짓으로 청구한 경우
4. 제10조제1항부터 제4항까지의 규정을 위반한 경우
5. 제46조를 위반한 경우
6. 제86조제1항제3호의 시정명령을 위반한 경우
7. 특별한 사유 없이 유실·유기동물 및 피학대동물에 대한 보호조치를 3회 이상 거부한 경우
8. 보호 중인 동물을 영리를 목적으로 분양한 경우

⑤ 시·도지사 또는 시장·군수·구청장은 제4항에 따라 지정이 취소된 기관이나 단체 등을 지정이 취소된 날부터 1년 이내에는 다시 동물보호센터로 지정하여서는 아니 된다. 다만, 제4항제4호에 따라 지정이 취소된 기관이나 단체는 지정이 취소된 날부터 5년 이내에는 다시 동물보호센터로 지정하여서는 아니 된다.

⑥ 제1항에 따른 동물보호센터 지정절차의 구체적인 내용은 시·도의 조례로 정하고, 지정된 동물보호센터에 대하여는 제35조제5항부터 제7항까지의 규정을 준용한다.

第37조(민간동물보호시설의 신고 등) ① 영리를 목적으로 하지 아니하고 유실·유기동물 및 피학대동물을 기증받거나 인수 등을 하여 임시로 보호하기 위하여 대통령령으로 정하는 규모 이상의 민간동물보호시설(이하 "보호시설"이라 한다)을 운영하려는 자는 농림축산식품부령으로 정하는 바에 따라 시설 명칭, 주소, 규모 등을 특별자치시장·특별자치도지사·시장·군수·구청장에게 신고하여야 한다.

② 제1항에 따라 신고한 사항 중 대통령령으로 정하는 중요한 사항을 변경할 때에는 특별자치시장·특별자치도지사·시장·군수·구청장에게 신고하여야 한다.

③ 특별자치시장·특별자치도지사·시장·군수·구청장은 제1항에 따른 신고 또는 제2항에 따른 변경신고를 받은 경우 그 내용을 검토하여 이 법에 적합하면 신고를 수리하여야 한다.

④ 제3항에 따라 신고가 수리된 보호시설의 운영자(이하 "보호시설운영자"라 한다)는 농림축산식품부령으로 정하는 시설 및 운영 기준 등을 준수하여야 하며 동물보호를 위하여 시설정비 등의 사후관리를 하여야 한다.

⑤ 보호시설운영자가 보호시설의 운영을 일시적으로 중단하거나 영구적으로 폐쇄 또는 그 운영을 재개하려는 경우에는 농림축산식품부령으로 정하는 바에 따라 보호하고 있는 동물에 대한 관리 또는 처리 방안 등을 마련하여 특별자치시장·특별자치도지사·시장·군수·구청장에게 신고하여야 한다. 이 경우 제3항을 준용한다.

⑥ 제74조제1호·제2호·제6호·제7호에 해당하는 자는 보호시설운영자가 되거나 보호시설 종사자로 채용될 수 없다.

⑦ 농림축산식품부장관 또는 특별자치시장·특별자치도지사·시장·군수·구청장은 보호시설의 환경개선 및 운영에 드는 비용의 일부를 지원할 수 있다.

⑧ 제1항부터 제6항까지의 규정에 따른 보호시설의 시설 및 운영 등에 관한 사항은 대통령령으로 정한다.

第38조(시정명령 및 시설폐쇄 등) ① 특별자치시장·특별자치도지사·시장·군수·구청장은 제37조제4항을 위반한 보호시설운영자에게 해당 위반행위의 중지나 시정을 위하여 필요한 조치를 명할 수 있다.

② 특별자치시장·특별자치도지사·시장·군수·구청장은 보호시설운영자가 다음 각 호의

어느 하나에 해당하는 경우에는 보호시설의 폐쇄를 명할 수 있다. 다만, 제1호 및 제2호에 해당하는 경우에는 보호시설의 폐쇄를 명하여야 한다.

1. 거짓이나 그 밖의 부정한 방법으로 보호시설의 신고 또는 변경신고를 한 경우
2. 제10조제1항부터 제4항까지의 규정을 위반하여 벌금 이상의 형을 선고받은 경우
3. 제1항에 따른 중지명령이나 시정명령을 최근 2년 이내에 3회 이상 반복하여 이행하지 아니한 경우
4. 제37조제1항에 따른 신고를 하지 아니하고 보호시설을 운영한 경우
5. 제37조제2항에 따른 변경신고를 하지 아니하고 보호시설을 운영한 경우

제39조(신고 등) ① 누구든지 다음 각 호의 어느 하나에 해당하는 동물을 발견한 때에는 관할 지방자치단체 또는 동물보호센터에 신고할 수 있다.

1. 제10조에서 금지한 학대를 받는 동물
2. 유실·유기동물

② 다음 각 호의 어느 하나에 해당하는 자가 그 직무상 제1항에 따른 동물을 발견한 때에는 지체 없이 관할 지방자치단체 또는 동물보호센터에 신고하여야 한다.〈개정 2023. 6. 20.〉

1. 제4조제3항에 따른 민간단체의 임원 및 회원
2. 제35조제1항에 따라 설치되거나 제36조제1항에 따라 지정된 동물보호센터의 장 및 그 종사자
3. 제37조에 따른 보호시설운영자 및 보호시설의 종사자
4. 제51조제1항에 따라 동물실험윤리위원회를 설치한 동물실험시행기관의 장 및 그 종사자
5. 제53조제2항에 따른 동물실험윤리위원회의 위원
6. 제59조제1항에 따라 동물복지축산농장 인증을 받은 자
7. 제69조제1항에 따른 영업의 허가를 받은 자 또는 제73조제1항에 따라 영업의 등록을 한 자 및 그 종사자
8. 제88조제1항에 따른 동물보호관
9. 수의사, 동물병원의 장 및 그 종사자

③ 신고인의 신분은 보장되어야 하며 그 의사에 반하여 신원이 노출되어서는 아니 된다.

④ 제1항 또는 제2항에 따라 신고한 자 또는 신고·통보를 받은 관할 특별자치시장·특별자치도지사·시장·군수·구청장은 관할 시·도 가축방역기관장 또는 국립가축방역기관장에게 해당 동물의 학대 여부 판단 등을 위한 동물검사를 의뢰할 수 있다.

제40조(공고) 시·도지사와 시장·군수·구청장은 제34조제1항제1호 및 제2호에 따른 동물을 보호하고 있는 경우에는 소유자등이 보호조치 사실을 알 수 있도록 대통령령으로 정하는 바에 따라 지체 없이 7일 이상 그 사실을 공고하여야 한다.

제41조(동물의 반환 등) ① 시·도지사와 시장·군수·구청장은 다음 각 호의 어느 하나에 해당하는 사유가 발생한 경우에는 제34조에 해당하는 동물을 그 동물의 소유자에게 반환하여야 한다.

1. 제34조제1항제1호 및 제2호에 해당하는 동물이 보호조치 중에 있고, 소유자가 그 동물에 대하여 반환을 요구하는 경우
2. 제34조제3항에 따른 보호기간이 지난 후, 보호조치 중인 같은 조 제1항제3호의 동물에 대하여 소유자가 제2항에 따른 사육계획서를 제출한 후 제42조제2항에 따라 보호비용을 부담하고 반환을 요구하는 경우

② 시·도지사와 시장·군수·구청장이 보호조치 중인 제34조제1항제3호의 동물을 반환받으려는 소유자는 농림축산식품부령으로 정하는 바에 따라 학대행위의 재발 방지 등 동물을 적

정하게 보호 · 관리하기 위한 사육계획서를 제출하여야 한다.

③ 시 · 도지사와 시장 · 군수 · 구청장은 제1항제2호에 해당하는 동물의 반환과 관련하여 동물의 소유자에게 보호기간, 보호비용 납부기한 및 면제 등에 관한 사항을 알려야 한다.

④ 시 · 도지사와 시장 · 군수 · 구청장은 제1항제2호에 따라 동물을 반환받은 소유자가 제2항에 따라 제출한 사육계획서의 내용을 이행하고 있는지를 제88조제1항에 따른 동물보호관에게 점검하게 할 수 있다.

제42조(보호비용의 부담) ① 시 · 도지사와 시장 · 군수 · 구청장은 제34조제1항제1호 및 제2호에 해당하는 동물의 보호비용을 소유자 또는 제45조제1항에 따라 분양을 받는 자에게 청구할 수 있다.

② 제34조제1항제3호에 해당하는 동물의 보호비용은 농림축산식품부령으로 정하는 바에 따라 납부기한까지 그 동물의 소유자가 내야 한다. 이 경우 시 · 도지사와 시장 · 군수 · 구청장은 동물의 소유자가 제43조제2호에 따라 그 동물의 소유권을 포기한 경우에는 보호비용의 전부 또는 일부를 면제할 수 있다.

③ 제1항 및 제2항에 따른 보호비용의 징수에 관한 사항은 대통령령으로 정하고, 보호비용의 산정 기준에 관한 사항은 농림축산식품부령으로 정하는 범위에서 해당 시 · 도의 조례로 정한다.

제43조(동물의 소유권 취득) 시 · 도 및 시 · 군 · 구가 동물의 소유권을 취득할 수 있는 경우는 다음 각 호와 같다.

1. 「유실물법」 제12조 및 「민법」 제253조에도 불구하고 제40조에 따라 공고한 날부터 10일이 지나도 동물의 소유자등을 알 수 없는 경우
2. 제34조제1항제3호에 해당하는 동물의 소유자가 그 동물의 소유권을 포기한 경우
3. 제34조제1항제3호에 해당하는 동물의 소유자가 제42조제2항에 따른 보호비용의 납부기한이 종료된 날부터 10일이 지나도 보호비용을 납부하지 아니하거나 제41조제2항에 따른 사육계획서를 제출하지 아니한 경우
4. 동물의 소유자를 확인한 날부터 10일이 지나도 정당한 사유 없이 동물의 소유자와 연락이 되지 아니하거나 소유자가 반환받을 의사를 표시하지 아니한 경우

제44조(사육포기 동물의 인수 등) ① 소유자등은 시 · 도지사와 시장 · 군수 · 구청장에게 자신이 소유하거나 사육 · 관리 또는 보호하는 동물의 인수를 신청할 수 있다.

② 시 · 도지사와 시장 · 군수 · 구청장이 제1항에 따른 인수신청을 승인하는 경우에 해당 동물의 소유권은 시 · 도 및 시 · 군 · 구에 귀속된다.

③ 시 · 도지사와 시장 · 군수 · 구청장은 제1항에 따라 동물의 인수를 신청하는 자에 대하여 농림축산식품부령으로 정하는 바에 따라 해당 동물에 대한 보호비용 등을 청구할 수 있다.

④ 시 · 도지사와 시장 · 군수 · 구청장은 장기입원 또는 요양, 「병역법」에 따른 병역 복무 등 농림축산식품부령으로 정하는 불가피한 사유가 없음에도 불구하고 동물의 인수를 신청하는 자에 대하여는 제1항에 따른 동물인수신청을 거부할 수 있다.

제45조(동물의 기증 · 분양) ① 시 · 도지사와 시장 · 군수 · 구청장은 제43조 또는 제44조에 따라 소유권을 취득한 동물이 적정하게 사육 · 관리될 수 있도록 시 · 도의 조례로 정하는 바에 따라 동물원, 동물을 애호하는 자(시 · 도의 조례로 정하는 자격요건을 갖춘 자로 한정한다)나 대통령령으로 정하는 민간단체 등에 기증하거나 분양할 수 있다.

② 시 · 도지사와 시장 · 군수 · 구청장은 제1항에 따라 기증하거나 분양하는 동물이 등록대상동물인 경우 등록 여부를 확인하여 등록이 되어 있지 아니한 때에는 등록한 후 기증하거나 분양하여야 한다.

③ 시 · 도지사와 시장 · 군수 · 구청장은 제43조 또는 제44조에 따라 소유권을 취득한 동물에 대하여는 제1항에 따라 분양될 수 있도록 공고할 수 있다.

④ 제1항에 따른 기증 · 분양의 요건 및 절차 등 그 밖에 필요한 사항은 시 · 도의 조례로 정한다.

제46조(동물의 인도적인 처리 등) ① 제35조제1항 및 제36조제1항에 따른 동물보호센터의 장은 제34조제1항에 따라 보호조치 중인 동물에게 질병 등 농림축산식품부령으로 정하는 사유가 있는 경우에는 농림축산식품부장관이 정하는 바에 따라 마취 등을 통하여 동물의 고통을 최소화하는 인도적인 방법으로 처리하여야 한다.

② 제1항에 따라 시행하는 동물의 인도적인 처리는 수의사가 하여야 한다. 이 경우 사용된 약제 관련 사용기록의 작성 · 보관 등에 관한 사항은 농림축산식품부령으로 정하는 바에 따른다.

③ 동물보호센터의 장은 제1항에 따라 동물의 사체가 발생한 경우 「폐기물관리법」에 따라 처리하거나 제69조제1항제4호에 따른 동물장묘업의 허가를 받은 자가 설치 · 운영하는 동물장묘시설 및 제71조제1항에 따른 공설동물장묘시설에서 처리하여야 한다.

제4장 동물실험의 관리 등

제47조(동물실험의 원칙) ① 동물실험은 인류의 복지 증진과 동물 생명의 존엄성을 고려하여 실시되어야 한다.

② 동물실험을 하려는 경우에는 이를 대체할 수 있는 방법을 우선적으로 고려하여야 한다.

③ 동물실험은 실험동물의 윤리적 취급과 과학적 사용에 관한 지식과 경험을 보유한 자가 시행하여야 하며 필요한 최소한의 동물을 사용하여야 한다.

④ 실험동물의 고통이 수반되는 실험을 하려는 경우에는 감각능력이 낮은 동물을 사용하고 진통제 · 진정제 · 마취제의 사용 등 수의학적 방법에 따라 고통을 덜어주기 위한 적절한 조치를 하여야 한다.

⑤ 동물실험을 한 자는 그 실험이 끝난 후 지체 없이 해당 동물을 검사하여야 하며, 검사 결과 정상적으로 회복한 동물은 기증하거나 분양할 수 있다.

⑥ 제5항에 따른 검사 결과 해당 동물이 회복할 수 없거나 지속적으로 고통을 받으며 살아야 할 것으로 인정되는 경우에는 신속하게 고통을 주지 아니하는 방법으로 처리하여야 한다.

⑦ 제1항부터 제6항까지에서 규정한 사항 외에 동물실험의 원칙과 이에 따른 기준 및 방법에 관한 사항은 농림축산식품부장관이 정하여 고시한다.

제48조(전임수의사) ① 대통령령으로 정하는 기준 이상의 실험동물을 보유한 동물실험시행기관의 장은 그 실험동물의 건강 및 복지 증진을 위하여 실험동물을 전담하는 수의사(이하 "전임수의사"라 한다)를 두어야 한다.

② 전임수의사의 자격 및 업무 범위 등에 필요한 사항은 대통령령으로 정한다.

제49조(동물실험의 금지 등) 누구든지 다음 각 호의 동물실험을 하여서는 아니 된다. 다만, 인수공통전염병 등 질병의 확산으로 인간 및 동물의 건강과 안전에 심각한 위해가 발생될 것이 우려되는 경우 또는 봉사동물의 선발 · 훈련방식에 관한 연구를 하는 경우로서 제52조에 따른 공용동물실험윤리위원회의 실험 심의 및 승인을 받은 때에는 그러하지 아니하다.

1. 유실 · 유기동물(보호조치 중인 동물을 포함한다)을 대상으로 하는 실험
2. 봉사동물을 대상으로 하는 실험

제50조(미성년자 동물 해부실습의 금지) 누구든지 미성년자에게 체험 · 교육 · 시험 · 연구 등의 목적으로 동물(사체를 포함한다) 해부실습을 하게 하여서는 아니 된다. 다만, 「초 · 중등교육법」 제2조에 따른 학교 또는 동물실험시행기관 등이 시행하는 경우 등 농림축산식품부령으로 정하는 경우에는 그러하지 아니하다.

제51조(동물실험윤리위원회의 설치 등) ① 동물실험시행기관의 장은 실험동물의 보호와 윤리적인 취급을 위하여 제53조에 따라 동물실험윤리위원회(이하 "윤리위원회"라 한다)를 설치 · 운영하여야 한다.

② 제1항에도 불구하고 다음 각 호의 어느 하나에 해당하는 경우에는 윤리위원회를 설치한 것으로 본다.

1. 농림축산식품부령으로 정하는 일정 기준 이하의 동물실험시행기관이 제54조에 따른 윤리위원회의 기능을 제52조에 따른 공용동물실험윤리위원회에 위탁하는 협약을 맺은 경우
2. 동물실험시행기관에 「실험동물에 관한 법률」 제7조에 따른 실험동물운영위원회가 설치되어 있고, 그 위원회의 구성이 제53조제2항부터 제4항까지에 규정된 요건을 충족할 경우

③ 동물실험시행기관의 장은 동물실험을 하려면 윤리위원회의 심의를 거쳐야 한다.

④ 동물실험시행기관의 장은 제3항에 따른 심의를 거친 내용 중 농림축산식품부령으로 정하는 중요사항에 변경이 있는 경우에는 해당 변경사유의 발생 즉시 윤리위원회에 변경심의를 요청하여야 한다. 다만, 농림축산식품부령으로 정하는 경미한 변경이 있는 경우에는 제56조제1항에 따라 지정된 전문위원의 검토를 거친 후 제53조제1항의 위원장의 승인을 받아야 한다.

⑤ 농림축산식품부장관은 윤리위원회의 운영에 관한 표준지침을 위원회(IACUC)표준운영가이드라인으로 고시하여야 한다.

제52조(공용동물실험윤리위원회의 지정 등) ① 농림축산식품부장관은 동물실험시행기관 또는 연구자가 공동으로 이용할 수 있는 공용동물실험윤리위원회(이하 "공용윤리위원회"라 한다)를 지정 또는 설치할 수 있다.

② 공용윤리위원회는 다음 각 호의 실험에 대한 심의 및 지도 · 감독을 수행한다.

1. 제51조제2항제1호에 따라 공용윤리위원회와 협약을 맺은 기관이 위탁한 실험
2. 제49조 각 호 외의 부분 단서에 따라 공용윤리위원회의 실험 심의 및 승인을 받도록 규정한 같은 조 각 호의 동물실험
3. 제50조에 따라 「초 · 중등교육법」 제2조에 따른 학교 등이 신청한 동물해부실습
4. 둘 이상의 동물실험시행기관이 공동으로 수행하는 실험으로 각각의 윤리위원회에서 해당 실험을 심의 및 지도 · 감독하는 것이 적절하지 아니하다고 판단되어 해당 동물실험시행기관의 장들이 공용윤리위원회를 이용하기로 합의한 실험
5. 그 밖에 농림축산식품부령으로 정하는 실험

③ 제2항에 따른 공용윤리위원회의 심의 및 지도 · 감독에 대해서는 제51조제4항, 제54조제2항 · 제3항, 제55조의 규정을 준용한다.

④ 제1항 및 제2항에 따른 공용윤리위원회의 지정 및 설치, 기능, 운영 등에 필요한 사항은 농림축산식품부령으로 정한다.

제53조(윤리위원회의 구성) ① 윤리위원회는 위원장 1명을 포함하여 3명 이상의 위원으로 구성한다.

② 위원은 다음 각 호에 해당하는 사람 중에서 동물실험시행기관의 장이 위촉하며, 위원장은 위원 중에서 호선한다.

1. 수의사로서 농림축산식품부령으로 정하는 자격기준에 맞는 사람

2. 제4조제3항에 따른 민간단체가 추천하는 동물보호에 관한 학식과 경험이 풍부한 사람으로서 농림축산식품부령으로 정하는 자격기준에 맞는 사람
3. 그 밖에 실험동물의 보호와 윤리적인 취급을 도모하기 위하여 필요한 사람으로서 농림축산식품부령으로 정하는 사람

③ 윤리위원회에는 제2항제1호 및 제2호에 해당하는 위원을 각각 1명 이상 포함하여야 한다.

④ 윤리위원회를 구성하는 위원의 3분의 1 이상은 해당 동물실험시행기관과 이해관계가 없는 사람이어야 한다.

⑤ 위원의 임기는 2년으로 한다.

⑥ 동물실험시행기관의 장은 제2항에 따른 위원의 추천 및 선정 과정을 투명하고 공정하게 관리하여야 한다.

⑦ 그 밖에 윤리위원회의 구성 및 이해관계의 범위 등에 관한 사항은 농림축산식품부령으로 정한다.

제54조(윤리위원회의 기능 등) ① 윤리위원회는 다음 각 호의 기능을 수행한다.
1. 동물실험에 대한 심의(변경심의를 포함한다. 이하 같다)
2. 제1호에 따라 심의한 실험의 진행·종료에 대한 확인 및 평가
3. 동물실험이 제47조의 원칙에 맞게 시행되도록 지도·감독
4. 동물실험시행기관의 장에게 실험동물의 보호와 윤리적인 취급을 위하여 필요한 조치 요구

② 윤리위원회의 심의대상인 동물실험에 관여하고 있는 위원은 해당 동물실험에 관한 심의에 참여하여서는 아니 된다.

③ 윤리위원회의 위원 또는 그 직에 있었던 자는 그 직무를 수행하면서 알게 된 비밀을 누설하거나 도용하여서는 아니 된다.

④ 제1항에 따른 심의·확인·평가 및 지도·감독의 방법과 그 밖에 윤리위원회의 운영 등에 관한 사항은 대통령령으로 정한다.

제55조(심의 후 감독) ① 동물실험시행기관의 장은 제53조제1항의 위원장에게 대통령령으로 정하는 바에 따라 동물실험이 심의된 내용대로 진행되고 있는지 감독하도록 요청하여야 한다.

② 위원장은 윤리위원회의 심의를 받지 아니한 실험이 진행되고 있는 경우 즉시 실험의 중지를 요구하여야 한다. 다만, 실험의 중지로 해당 실험동물의 복지에 중대한 침해가 발생할 것으로 우려되는 경우 등 대통령령으로 정하는 경우에는 실험의 중지를 요구하지 아니할 수 있다.

③ 제2항 본문에 따라 실험 중지 요구를 받은 동물실험시행기관의 장은 해당 동물실험을 중지하여야 한다.

④ 동물실험시행기관의 장은 제2항 본문에 따라 실험 중지 요구를 받은 경우 제51조제3항 또는 제4항에 따른 심의를 받은 후에 동물실험을 재개할 수 있다.

⑤ 동물실험시행기관의 장은 제1항에 따른 감독 결과 위법사항이 발견되었을 경우에는 지체 없이 농림축산식품부장관에게 통보하여야 한다.

제56조(전문위원의 지정 및 검토) ① 윤리위원회의 위원장은 윤리위원회의 위원 중 해당 분야에 대한 전문성을 가지고 실험을 심의할 수 있는 자를 전문위원으로 지정할 수 있다.

② 위원장은 제1항에 따라 지정한 전문위원에게 다음 각 호의 사항에 대한 검토를 요청할 수 있다.
1. 제51조제4항 단서에 따른 경미한 변경에 관한 사항

2. 제54조제1항제2호에 따른 확인 및 평가

제57조(윤리위원회 위원 및 기관 종사자에 대한 교육) ① 윤리위원회의 위원은 동물의 보호·복지에 관한 사항과 동물실험의 심의에 관하여 농림축산식품부령으로 정하는 바에 따라 정기적으로 교육을 이수하여야 한다.

② 동물실험시행기관의 장은 위원과 기관 종사자를 위하여 동물의 보호·복지와 동물실험 심의에 관한 교육의 기회를 제공할 수 있다.

제58조(윤리위원회의 구성 등에 대한 지도·감독) ① 농림축산식품부장관은 제51조제1항 및 제2항에 따라 윤리위원회를 설치한 동물실험시행기관의 장에게 제53조부터 제57조까지의 규정에 따른 윤리위원회의 구성·운영 등에 관하여 지도·감독을 할 수 있다.

② 농림축산식품부장관은 윤리위원회가 제53조부터 제57조까지의 규정에 따라 구성·운영되지 아니할 때에는 해당 동물실험시행기관의 장에게 대통령령으로 정하는 바에 따라 기간을 정하여 해당 윤리위원회의 구성·운영 등에 대한 개선명령을 할 수 있다.

제5장 동물복지축산농장의 인증

제59조(동물복지축산농장의 인증) ① 농림축산식품부장관은 동물복지 증진에 이바지하기 위하여 「축산물 위생관리법」 제2조제1호에 따른 가축으로서 농림축산식품부령으로 정하는 동물(이하 "농장동물"이라 한다)이 본래의 습성 등을 유지하면서 정상적으로 살 수 있도록 관리하는 축산농장을 동물복지축산농장으로 인증할 수 있다.

② 제1항에 따른 인증을 받으려는 자는 제60조제1항에 따라 지정된 인증기관(이하 "인증기관"이라 한다)에 농림축산식품부령으로 정하는 서류를 갖추어 인증을 신청하여야 한다.

③ 인증기관은 인증 신청을 받은 경우 농림축산식품부령으로 정하는 인증기준에 따라 심사한 후 그 기준에 맞는 경우에는 인증하여 주어야 한다.

④ 제3항에 따른 인증의 유효기간은 인증을 받은 날부터 3년으로 한다.

⑤ 제3항에 따라 인증을 받은 동물복지축산농장(이하 "인증농장"이라 한다)의 경영자는 그 인증을 유지하려면 제4항에 따른 유효기간이 끝나기 2개월 전까지 인증기관에 갱신 신청을 하여야 한다.

⑥ 제3항에 따른 인증 또는 제5항에 따른 인증갱신에 대한 심사결과에 이의가 있는 자는 인증기관에 재심사를 요청할 수 있다.

⑦ 제6항에 따른 재심사 신청을 받은 인증기관은 농림축산식품부령으로 정하는 바에 따라 재심사 여부 및 그 결과를 신청자에게 통보하여야 한다.

⑧ 인증농장의 인증 절차 및 인증의 갱신, 재심사 등에 관한 사항은 농림축산식품부령으로 정한다.

제60조(인증기관의 지정 등) ① 농림축산식품부장관은 대통령령으로 정하는 공공기관 또는 법인을 인증기관으로 지정하여 인증농장의 인증과 관련한 업무 및 인증농장에 대한 사후관리업무를 수행하게 할 수 있다.

② 제1항에 따라 지정된 인증기관은 인증농장의 인증에 필요한 인력·조직·시설 및 인증업무 규정 등을 갖추어야 한다.

③ 농림축산식품부장관은 제1항에 따라 지정한 인증기관에서 인증심사업무를 수행하는 자에 대한 교육을 실시하여야 한다.

④ 제1항부터 제3항까지의 규정에 따른 인증기관의 지정, 인증업무의 범위, 인증심사업무를

수행하는 자에 대한 교육, 인증농장에 대한 사후관리 등에 필요한 구체적인 사항은 농림축산식품부령으로 정한다.

제61조(인증기관의 지정취소 등) ① 농림축산식품부장관은 인증기관이 다음 각 호의 어느 하나에 해당하면 그 지정을 취소하거나 6개월 이내의 기간을 정하여 인증업무의 전부 또는 일부의 정지를 명할 수 있다. 다만, 제1호 또는 제2호에 해당하면 그 지정을 취소하여야 한다.

1. 거짓이나 그 밖의 부정한 방법으로 지정을 받은 경우
2. 업무정지 명령을 위반하여 정지기간 중 인증을 한 경우
3. 제60조제2항에 따른 지정기준에 맞지 아니하게 된 경우
4. 고의 또는 중대한 과실로 제59조제3항에 따른 인증기준에 맞지 아니한 축산농장을 인증한 경우
5. 정당한 사유 없이 지정된 인증업무를 하지 아니하는 경우

② 제1항에 따른 지정취소 및 업무정지의 기준 등에 관한 사항은 농림축산식품부령으로 정한다.

제62조(인증농장의 표시) ① 인증농장은 농림축산식품부령으로 정하는 바에 따라 인증농장 표시를 할 수 있다.

② 제1항에 따른 인증농장의 표시에 관한 기준 및 방법 등은 농림축산식품부령으로 정한다.

제63조(동물복지축산물의 표시) ① 인증농장에서 생산한 축산물에는 다음 각 호의 구분에 따라 그 포장·용기 등에 동물복지축산물 표시를 할 수 있다.

1. 「축산물 위생관리법」 제2조제3호 및 제4호의 축산물: 다음 각 목의 요건을 모두 충족하여야 한다.
   가. 인증농장에서 생산할 것
   나. 농장동물을 운송할 때에는 농림축산식품부령으로 정하는 운송차량을 이용하여 운송할 것
   다. 농장동물을 도축할 때에는 농림축산식품부령으로 정하는 도축장에서 도축할 것
2. 「축산물 위생관리법」 제2조제5호 및 제6호의 축산물: 인증농장에서 생산하여야 한다.
3. 「축산물 위생관리법」 제2조제8호의 축산물: 제1호의 요건을 모두 충족한 원료의 함량에 따라 동물복지축산물 표시를 할 수 있다.
4. 「축산물 위생관리법」 제2조제9호 및 제10호의 축산물: 인증농장에서 생산한 축산물의 함량에 따라 동물복지축산물 표시를 할 수 있다.

② 제1항에 따른 동물복지축산물을 포장하지 아니한 상태로 판매하거나 낱개로 판매하는 때에는 표지판 또는 푯말에 동물복지축산물 표시를 할 수 있다.

③ 제1항 및 제2항에 따른 동물복지축산물 표시에 관한 기준 및 방법 등에 관한 사항은 농림축산식품부령으로 정한다.

제64조(인증농장에 대한 지원 등) ① 농림축산식품부장관은 인증농장에 대하여 다음 각 호의 지원을 할 수 있다. 〈개정 2023. 6. 20.〉

1. 동물의 보호·복지 증진을 위하여 축사시설 개선에 필요한 비용
2. 인증농장의 환경개선 및 경영에 관한 지도·상담 및 교육
3. 인증농장에서 생산한 축산물의 판로개척을 위한 상담·자문 및 판촉
4. 인증농장에서 생산한 축산물의 해외시장의 진출·확대를 위한 정보제공, 홍보활동 및 투자유치
5. 그 밖에 인증농장의 경영안정을 위하여 필요한 사항

② 농림축산식품부장관, 시·도지사, 시장·군수·구청장, 제4조제3항에 따른 민간단체 및 「

축산자조금의 조성 및 운용에 관한 법률」 제2조제3호에 따른 축산단체는 인증농장의 운영사례를 교육 · 홍보에 적극 활용하여야 한다.

제65조(인증취소 등) ① 농림축산식품부장관 또는 인증기관은 인증 받은 자가 거짓이나 그 밖의 부정한 방법으로 인증을 받은 경우 그 인증을 취소하여야 하며, 제59조제3항에 따른 인증기준에 맞지 아니하게 된 경우 그 인증을 취소할 수 있다.

② 제1항에 따라 인증이 취소된 자(법인인 경우에는 그 대표자를 포함한다)는 그 인증이 취소된 날부터 1년 이내에는 인증농장 인증을 신청할 수 없다.

제66조(사후관리) ① 농림축산식품부장관은 인증기관으로 하여금 매년 인증농장이 제59조제3항에 따른 인증기준에 맞는지 여부를 조사하게 하여야 한다.

② 제1항에 따른 조사를 위하여 인증농장에 출입하는 자는 농림축산식품부령으로 정하는 증표를 지니고 이를 관계인에게 보여 주어야 한다.

③ 제1항에 따른 조사의 요구를 받은 자는 정당한 사유 없이 이를 거부 · 방해하거나 기피하여서는 아니 된다.

제67조(부정행위의 금지) ① 누구든지 다음 각 호에 해당하는 행위를 하여서는 아니 된다.

1. 거짓이나 그 밖의 부정한 방법으로 인증농장 인증을 받는 행위
2. 제59조제3항에 따른 인증을 받지 아니한 축산농장을 인증농장으로 표시하는 행위
3. 거짓이나 그 밖의 부정한 방법으로 제59조제3항, 제5항 및 제6항에 따른 인증심사, 인증갱신에 대한 심사 및 재심사를 하거나 받을 수 있도록 도와주는 행위
4. 제63조제1항부터 제3항까지의 규정을 위반하여 동물복지축산물 표시를 하는 다음 각 목의 행위(동물복지축산물로 잘못 인식할 우려가 있는 유사한 표시를 하는 행위를 포함한다)
   가. 제63조제1항제1호가목 및 같은 항 제2호를 위반하여 인증농장에서 생산되지 아니한 축산물에 동물복지축산물 표시를 하는 행위
   나. 제63조제1항제1호나목 및 다목을 따르지 아니한 축산물에 동물복지축산물 표시를 하는 행위
   다. 제63조제3항에 따른 동물복지축산물 표시 기준 및 방법을 위반하여 동물복지축산물 표시를 하는 행위

② 제1항제4호에 따른 동물복지축산물로 잘못 인식할 우려가 있는 유사한 표시의 세부기준은 농림축산식품부령으로 정한다.

제68조(인증의 승계) ① 다음 각 호의 어느 하나에 해당하는 자는 인증농장 인증을 받은 자의 지위를 승계한다.

1. 인증농장 인증을 받은 사람이 사망한 경우 그 농장을 계속하여 운영하려는 상속인
2. 인증농장 인증을 받은 자가 그 사업을 양도한 경우 그 양수인
3. 인증농장 인증을 받은 법인이 합병한 경우 합병 후 존속하는 법인이나 합병으로 설립되는 법인

② 제1항에 따라 인증농장 인증을 받은 자의 지위를 승계한 자는 그 사실을 30일 이내에 인증기관에 신고하여야 한다.

③ 제2항에 따른 신고에 필요한 사항은 농림축산식품부령으로 정한다.

제6장 반려동물 영업

제69조(영업의 허가) ① 반려동물(이하 이 장에서 "동물"이라 한다. 다만, 동물장묘업 및 제71조제1항에 따른 공설동물장묘시설의 경우에는 제2조제1호에 따른 동물로 한다)과 관련된 다음 각 호의 영업을 하려는 자는 농림축산식품부령으로 정하는 바에 따라 특별자치시장·특별자치도지사·시장·군수·구청장의 허가를 받아야 한다.

1. 동물생산업
2. 동물수입업
3. 동물판매업
4. 동물장묘업

② 제1항 각 호에 따른 영업의 세부 범위는 농림축산식품부령으로 정한다.

③ 제1항에 따른 허가를 받으려는 자는 영업장의 시설 및 인력 등 농림축산식품부령으로 정하는 기준을 갖추어야 한다.

④ 제1항에 따라 영업의 허가를 받은 자가 허가받은 사항을 변경하려는 경우에는 변경허가를 받아야 한다. 다만, 농림축산식품부령으로 정하는 경미한 사항을 변경하는 경우에는 특별자치시장·특별자치도지사·시장·군수·구청장에게 신고하여야 한다.

제70조(맹견취급영업의 특례) ① 제2조제5호가목에 따른 맹견을 생산·수입 또는 판매(이하 "취급"이라 한다)하는 영업을 하려는 자는 제69조제1항에 따른 동물생산업, 동물수입업 또는 동물판매업의 허가 외에 대통령령으로 정하는 바에 따라 맹견 취급에 대하여 시·도지사의 허가(이하 "맹견취급허가"라 한다)를 받아야 한다. 허가받은 사항을 변경하려는 때에도 또한 같다.

② 맹견취급허가를 받으려는 자의 결격사유에 대하여는 제19조를 준용한다.

③ 맹견취급허가를 받은 자는 다음 각 호의 어느 하나에 해당하는 경우 농림축산식품부령으로 정하는 바에 따라 시·도지사에게 신고하여야 한다.

1. 맹견을 번식시킨 경우
2. 맹견을 수입한 경우
3. 맹견을 양도하거나 양수한 경우
4. 보유하고 있는 맹견이 죽은 경우

④ 맹견 취급을 위한 동물생산업, 동물수입업 또는 동물판매업의 시설 및 인력 기준은 제69조제3항에 따른 기준 외에 별도로 농림축산식품부령으로 정한다.

제71조(공설동물장묘시설의 특례) ① 지방자치단체의 장은 동물을 위한 장묘시설(이하 "공설동물장묘시설"이라 한다)을 설치·운영할 수 있다. 이 경우 시설 및 인력 등 농림축산식품부령으로 정하는 기준을 갖추어야 한다.

② 농림축산식품부장관은 제1항에 따라 공설동물장묘시설을 설치·운영하는 지방자치단체에 대해서는 예산의 범위에서 시설의 설치에 필요한 경비를 지원할 수 있다.

③ 지방자치단체의 장이 공설동물장묘시설을 사용하는 자에게 부과하는 사용료 또는 관리비의 금액과 부과방법 및 용도, 그 밖에 필요한 사항은 해당 지방자치단체의 조례로 정한다.

제72조(동물장묘시설의 설치 제한) 다음 각 호의 어느 하나에 해당하는 지역에는 제69조제1항제4호의 동물장묘업을 영위하기 위한 동물장묘시설 및 공설동물장묘시설을 설치할 수 없다.

1. 「장사 등에 관한 법률」 제17조에 해당하는 지역
2. 20호 이상의 인가밀집지역, 학교, 그 밖에 공중이 수시로 집합하는 시설 또는 장소로부터 300미터 이내. 다만, 해당 지역의 위치 또는 지형 등의 상황을 고려하여 해당 시설의 기능이나 이용 등에 지장이 없는 경우로서 특별자치시장·특별자치도지사·시장·군수·구청장이 인정하는 경우에는 적용을 제외한다.

제72조의2(장묘정보시스템의 구축·운영 등) ① 농림축산식품부장관은 동물장묘 등에 관한 정보의 제공과 동물장묘시설 이용·관리의 업무 등을 전자적으로 처리할 수 있는 정보시스템

(이하 “장묘정보시스템”이라 한다)을 구축 · 운영할 수 있다.

② 장묘정보시스템의 기능에는 다음 각 호의 사항이 포함되어야 한다.

1. 동물장묘시설의 현황 및 가격 정보 제공
2. 동물장묘절차 등에 관한 정보 제공
3. 그 밖에 농림축산식품부장관이 필요하다고 인정하는 사항

③ 장묘정보시스템의 구축 · 운영 등에 필요한 사항은 농림축산식품부장관이 정한다.

[본조신설 2023. 6. 20.]

제73조(영업의 등록) ① 동물과 관련된 다음 각 호의 영업을 하려는 자는 농림축산식품부령으로 정하는 바에 따라 특별자치시장 · 특별자치도지사 · 시장 · 군수 · 구청장에게 등록하여야 한다.

1. 동물전시업
2. 동물위탁관리업
3. 동물미용업
4. 동물운송업

② 제1항 각 호에 따른 영업의 세부 범위는 농림축산식품부령으로 정한다.

③ 제1항에 따른 영업의 등록을 신청하려는 자는 영업장의 시설 및 인력 등 농림축산식품부령으로 정하는 기준을 갖추어야 한다.

④ 제1항에 따라 영업을 등록한 자가 등록사항을 변경하는 경우에는 변경등록을 하여야 한다. 다만, 농림축산식품부령으로 정하는 경미한 사항을 변경하는 경우에는 특별자치시장 · 특별자치도지사 · 시장 · 군수 · 구청장에게 신고하여야 한다.

제74조(허가 또는 등록의 결격사유) 다음 각 호의 어느 하나에 해당하는 사람은 제69조제1항에 따른 영업의 허가를 받거나 제73조제1항에 따른 영업의 등록을 할 수 없다.

1. 미성년자
2. 피성년후견인
3. 파산선고를 받은 자로서 복권되지 아니한 사람
4. 제82조제1항에 따른 교육을 이수하지 아니한 사람
5. 제83조제1항에 따라 허가 또는 등록이 취소된 후 1년이 지나지 아니한 상태에서 취소된 업종과 같은 업종의 허가를 받거나 등록을 하려는 사람(법인인 경우에는 그 대표자를 포함한다)
6. 이 법을 위반하여 벌금 이상의 실형을 선고받고 그 집행이 종료(집행이 종료된 것으로 보는 경우를 포함한다)되거나 집행이 면제된 날부터 3년(제10조를 위반한 경우에는 5년으로 한다)이 지나지 아니한 사람
7. 이 법을 위반하여 벌금 이상의 형의 집행유예를 선고받고 그 유예기간 중에 있는 사람

제75조(영업승계) ① 제69조제1항에 따른 영업의 허가를 받거나 제73조제1항에 따라 영업의 등록을 한 자(이하 “영업자”라 한다)가 그 영업을 양도하거나 사망한 경우 또는 법인이 합병한 경우에는 그 양수인 · 상속인 또는 합병 후 존속하는 법인이나 합병으로 설립되는 법인(이하 “양수인등”이라 한다)은 그 영업자의 지위를 승계한다.

② 다음 각 호의 어느 하나에 해당하는 절차에 따라 영업시설의 전부를 인수한 자는 그 영업자의 지위를 승계한다.

1. 「민사집행법」에 따른 경매
2. 「채무자 회생 및 파산에 관한 법률」에 따른 환가(換價)
3. 「국세징수법」 · 「관세법」 또는 「지방세법」에 따른 압류재산의 매각
4. 그 밖에 제1호부터 제3호까지의 어느 하나에 준하는 절차

③ 제1항 또는 제2항에 따라 영업자의 지위를 승계한 자는 그 지위를 승계한 날부터 30일

이내에 농림축산식품부령으로 정하는 바에 따라 특별자치시장·특별자치도지사·시장·군수·구청장에게 신고하여야 한다.

④ 제1항 및 제2항에 따른 승계에 관하여는 제74조에 따른 결격사유 규정을 준용한다. 다만, 상속인이 제74조제1호 및 제2호에 해당하는 경우에는 상속을 받은 날부터 3개월 동안은 그러하지 아니하다.

제76조(휴업·폐업 등의 신고) ① 영업자가 휴업, 폐업 또는 그 영업을 재개하려는 경우에는 농림축산식품부령으로 정하는 바에 따라 특별자치시장·특별자치도지사·시장·군수·구청장에게 신고하여야 한다.

② 영업자(동물장묘업자는 제외한다. 이하 이 조에서 같다)는 제1항에 따라 휴업 또는 폐업의 신고를 하려는 경우에는 농림축산식품부령으로 정하는 바에 따라 특별자치시장·특별자치도지사·시장·군수·구청장에게 휴업 또는 폐업 30일 전에 보유하고 있는 동물의 적절한 사육 및 처리를 위한 계획서(이하 "동물처리계획서"라 한다)를 제출하여야 한다.

③ 영업자는 동물처리계획서에 따라 동물을 처리한 후 그 결과를 특별자치시장·특별자치도지사·시장·군수·구청장에게 보고하여야 하며, 보고를 받은 특별자치시장·특별자치도지사·시장·군수·구청장은 동물처리계획서의 이행 여부를 확인하여야 한다.

④ 제2항 및 제3항에 따른 동물처리계획서의 제출 및 보고에 관한 사항은 농림축산식품부령으로 정한다.

제77조(직권말소) ① 특별자치시장·특별자치도지사·시장·군수·구청장은 영업자가 제76조제1항에 따른 폐업신고를 하지 아니한 경우에는 농림축산식품부령으로 정하는 바에 따라 폐업 사실을 확인한 후 허가 또는 등록사항을 직권으로 말소할 수 있다.

② 특별자치시장·특별자치도지사·시장·군수·구청장은 영업자가 영업을 폐업하였는지를 확인하기 위하여 필요한 경우 관할 세무서장에게 영업자의 폐업 여부에 대한 정보 제공을 요청할 수 있다. 이 경우 요청을 받은 관할 세무서장은 정당한 사유 없이 이를 거부하여서는 아니 된다.

제78조(영업자 등의 준수사항) ① 영업자(법인인 경우에는 그 대표자를 포함한다)와 그 종사자는 다음 각 호의 사항을 준수하여야 한다.

1. 동물을 안전하고 위생적으로 사육·관리 또는 보호할 것
2. 동물의 건강과 안전을 위하여 동물병원과의 적절한 연계를 확보할 것
3. 노화나 질병이 있는 동물을 유기하거나 폐기할 목적으로 거래하지 아니할 것
4. 동물의 번식, 반입·반출 등의 기록 및 관리를 하고 이를 보관할 것
5. 동물에 관한 사항을 표시·광고하는 경우 이 법에 따른 영업허가번호 또는 영업등록번호와 거래금액을 함께 표시할 것
6. 동물의 분뇨, 사체 등은 관계 법령에 따라 적정하게 처리할 것
7. 농림축산식품부령으로 정하는 영업장의 시설 및 인력 기준을 준수할 것
8. 제82조제2항에 따른 정기교육을 이수하고 그 종사자에게 교육을 실시할 것
9. 농림축산식품부령으로 정하는 바에 따라 동물의 취급 등에 관한 영업실적을 보고할 것
10. 등록대상동물의 등록 및 변경신고의무(등록·변경신고방법 및 위반 시 처벌에 관한 사항 등을 포함한다)를 고지할 것
11. 다른 사람의 영업명의를 도용하거나 대여받지 아니하고, 다른 사람에게 자기의 영업명의 또는 상호를 사용하도록 하지 아니할 것

② 동물생산업자는 제1항에서 규정한 사항 외에 다음 각 호의 사항을 준수하여야 한다.

1. 월령이 12개월 미만인 개·고양이는 교배 또는 출산시키지 아니할 것

2. 약품 등을 사용하여 인위적으로 동물의 발정을 유도하는 행위를 하지 아니할 것
3. 동물의 특성에 따라 정기적으로 예방접종 및 건강관리를 실시하고 기록할 것

③ 동물수입업자는 제1항에서 규정한 사항 외에 다음 각 호의 사항을 준수하여야 한다.
1. 동물을 수입하는 경우 농림축산식품부장관에게 수입의 내역을 신고할 것
2. 수입의 목적으로 신고한 사항과 다른 용도로 동물을 사용하지 아니할 것

④ 동물판매업자(동물생산업자 및 동물수입업자가 동물을 판매하는 경우를 포함한다)는 제1항에서 규정한 사항 외에 다음 각 호의 사항을 준수하여야 한다.
1. 월령이 2개월 미만인 개 · 고양이를 판매(알선 또는 중개를 포함한다)하지 아니할 것
2. 동물을 판매 또는 전달을 하는 경우 직접 전달하거나 동물운송업자를 통하여 전달할 것

⑤ 동물장묘업자는 제1항에서 규정한 사항 외에 다음 각 호의 사항을 준수하여야 한다. 〈개정 2023. 6. 20.〉
1. 살아있는 동물을 처리(마취 등을 통하여 동물의 고통을 최소화하는 인도적인 방법으로 처리하는 것을 포함한다)하지 아니할 것
2. 등록대상동물의 사체를 처리한 경우 농림축산식품부령으로 정하는 바에 따라 특별자치시장 · 특별자치도지사 · 시장 · 군수 · 구청장에게 신고할 것
3. 자신의 영업장에 있는 동물장묘시설을 다른 자에게 대여하지 아니할 것

⑥ 제1항부터 제5항까지의 규정에 따른 영업자의 준수사항에 관한 구체적인 사항 및 그 밖에 동물의 보호와 공중위생상의 위해 방지를 위하여 영업자가 준수하여야 할 사항은 농림축산식품부령으로 정한다.

제79조(등록대상동물의 판매에 따른 등록신청) ① 동물생산업자, 동물수입업자 및 동물판매업자는 등록대상동물을 판매하는 경우에 구매자(영업자를 제외한다)에게 동물등록의 방법을 설명하고 구매자의 명의로 특별자치시장 · 특별자치도지사 · 시장 · 군수 · 구청장에게 동물등록을 신청한 후 판매하여야 한다.

② 제1항에 따른 등록대상동물의 등록신청에 대해서는 제15조를 준용한다.

제80조(거래내역의 신고) ① 동물생산업자, 동물수입업자 및 동물판매업자가 등록대상동물을 취급하는 경우에는 그 거래내역을 농림축산식품부령으로 정하는 바에 따라 특별자치시장 · 특별자치도지사 · 시장 · 군수 · 구청장에게 신고하여야 한다.

② 농림축산식품부장관은 제1항에 따른 등록대상동물의 거래내역을 제95조제2항에 따른 국가동물보호정보시스템으로 신고하게 할 수 있다.

제81조(표준계약서의 제정 · 보급) ① 농림축산식품부장관은 동물보호 및 동물영업의 건전한 거래질서 확립을 위하여 공정거래위원회와 협의하여 표준계약서를 제정 또는 개정하고 영업자에게 이를 사용하도록 권고할 수 있다.

② 농림축산식품부장관은 제1항에 따른 표준계약서에 관한 업무를 대통령령으로 정하는 기관에 위탁할 수 있다.

③ 제1항에 따른 표준계약서의 구체적인 사항은 농림축산식품부령으로 정한다.

제82조(교육) ① 제69조제1항에 따른 허가를 받거나 제73조제1항에 따른 등록을 하려는 자는 허가를 받거나 등록을 하기 전에 동물의 보호 및 공중위생상의 위해 방지 등에 관한 교육을 받아야 한다.

② 영업자는 정기적으로 제1항에 따른 교육을 받아야 한다.

③ 제83조제1항에 따른 영업정지처분을 받은 영업자는 제2항의 정기 교육 외에 동물의 보호 및 영업자 준수사항 등에 관한 추가교육을 받아야 한다.

④ 제1항부터 제3항까지의 규정에 따라 교육을 받아야 하는 영업자로서 교육을 받지 아니한

자는 그 영업을 하여서는 아니 된다.

⑤ 제1항 또는 제2항에 따라 교육을 받아야 하는 영업자가 영업에 직접 종사하지 아니하거나 두 곳 이상의 장소에서 영업을 하는 경우에는 종사자 중에서 책임자를 지정하여 영업자 대신 교육을 받게 할 수 있다.

⑥ 제1항부터 제3항까지의 규정에 따른 교육의 종류, 내용, 시기, 이수방법 등에 관하여는 농림축산식품부령으로 정한다.

제83조(허가 또는 등록의 취소 등) ① 특별자치시장 · 특별자치도지사 · 시장 · 군수 · 구청장은 영업자가 다음 각 호의 어느 하나에 해당하는 경우에는 농림축산식품부령으로 정하는 바에 따라 그 허가 또는 등록을 취소하거나 6개월 이내의 기간을 정하여 그 영업의 전부 또는 일부의 정지를 명할 수 있다. 다만, 제1호, 제7호 또는 제8호에 해당하는 경우에는 허가 또는 등록을 취소하여야 한다.

1. 거짓이나 그 밖의 부정한 방법으로 허가를 받거나 등록을 한 것이 판명된 경우
2. 제10조제1항부터 제4항까지의 규정을 위반한 경우
3. 허가를 받은 날 또는 등록을 한 날부터 1년이 지나도록 영업을 개시하지 아니한 경우
4. 제69조제1항 또는 제73조제1항에 따른 허가 또는 등록 사항과 다른 방식으로 영업을 한 경우
5. 제69조제4항 또는 제73조제4항에 따른 변경허가를 받거나 변경등록을 하지 아니한 경우
6. 제69조제3항 또는 제73조제3항에 따른 시설 및 인력 기준에 미달하게 된 경우
7. 제72조에 따라 설치가 금지된 곳에 동물장묘시설을 설치한 경우
8. 제74조 각 호의 어느 하나에 해당하게 된 경우
9. 제78조에 따른 준수사항을 지키지 아니한 경우

② 특별자치시장 · 특별자치도지사 · 시장 · 군수 · 구청장은 제1항에 따라 영업의 허가 또는 등록을 취소하거나 영업의 전부 또는 일부를 정지하는 경우에는 해당 영업자에게 보유하고 있는 동물을 양도하게 하는 등 적절한 사육 · 관리 또는 보호를 위하여 필요한 조치를 명하여야 한다.

③ 제1항에 따른 처분의 효과는 그 처분기간이 만료된 날부터 1년간 양수인등에게 승계되며, 처분의 절차가 진행 중일 때에는 양수인등에 대하여 처분의 절차를 행할 수 있다. 다만, 양수인등이 양수 · 상속 또는 합병 시에 그 처분 또는 위반사실을 알지 못하였음을 증명하는 경우에는 그러하지 아니하다.

제84조(과징금의 부과) ① 특별자치시장 · 특별자치도지사 · 시장 · 군수 · 구청장은 영업자가 제83조제1항제4호부터 제6호까지 또는 제9호의 어느 하나에 해당하여 영업정지처분을 하여야 하는 경우로서 그 영업정지처분이 해당 영업의 동물 또는 이용자에게 곤란을 주거나 공익에 현저한 지장을 줄 우려가 있다고 인정되는 경우에는 영업정지처분에 갈음하여 1억원 이하의 과징금을 부과할 수 있다.

② 특별자치시장 · 특별자치도지사 · 시장 · 군수 · 구청장은 제1항에 따른 과징금을 부과받은 자가 납부기한까지 과징금을 내지 아니하면 「지방행정제재 · 부과금의 징수 등에 관한 법률」에 따라 징수한다.

③ 특별자치시장 · 특별자치도지사 · 시장 · 군수 · 구청장은 제1항에 따른 과징금을 부과하기 위하여 필요한 경우에는 다음 각 호의 사항을 적은 문서로 관할 세무서장에게 과세 정보의 제공을 요청할 수 있다.

1. 납세자의 인적 사항
2. 과세 정보의 사용 목적
3. 과징금 부과기준이 되는 매출금액

④ 제1항에 따른 과징금을 부과하는 위반행위의 종류, 영업의 규모, 위반횟수 등에 따른 과징금의 금액, 그 밖에 필요한 사항은 대통령령으로 정한다.

제85조(영업장의 폐쇄) ① 특별자치시장 · 특별자치도지사 · 시장 · 군수 · 구청장은 제69조 또는 제73조에 따른 영업이 다음 각 호의 어느 하나에 해당하는 때에는 관계 공무원으로 하여금 농림축산식품부령으로 정하는 바에 따라 해당 영업장을 폐쇄하게 할 수 있다.

1. 제69조제1항에 따른 허가를 받지 아니하거나 제73조제1항에 따른 등록을 하지 아니한 때
2. 제83조에 따라 허가 또는 등록이 취소되거나 영업정지명령을 받았음에도 불구하고 계속하여 영업을 한 때

② 특별자치시장 · 특별자치도지사 · 시장 · 군수 · 구청장은 제1항에 따라 영업장을 폐쇄하기 위하여 관계 공무원에게 다음 각 호의 조치를 하게 할 수 있다.

1. 해당 영업장의 간판이나 그 밖의 영업표지물의 제거 또는 삭제
2. 해당 영업장이 적법한 영업장이 아니라는 것을 알리는 게시문 등의 부착
3. 영업을 위하여 꼭 필요한 시설물 또는 기구 등을 사용할 수 없게 하는 봉인(封印)

③ 특별자치시장 · 특별자치도지사 · 시장 · 군수 · 구청장은 제1항 및 제2항에 따른 폐쇄조치를 하려는 때에는 폐쇄조치의 일시 · 장소 및 관계 공무원의 성명 등을 미리 해당 영업을 하는 영업자 또는 그 대리인에게 서면으로 알려주어야 한다.

④ 특별자치시장 · 특별자치도지사 · 시장 · 군수 · 구청장은 제1항에 따라 해당 영업장을 폐쇄하는 경우 해당 영업자에게 보유하고 있는 동물을 양도하게 하는 등 적절한 사육 · 관리 또는 보호를 위하여 필요한 조치를 명하여야 한다.

⑤ 제1항에 따른 영업장 폐쇄의 세부적인 기준과 절차는 그 위반행위의 유형과 위반 정도 등을 고려하여 농림축산식품부령으로 정한다.

제7장 보칙

제86조(출입 · 검사 등) ① 농림축산식품부장관, 시 · 도지사 또는 시장 · 군수 · 구청장은 동물의 보호 및 공중위생상의 위해 방지 등을 위하여 필요하면 동물의 소유자등에 대하여 다음 각 호의 조치를 할 수 있다.

1. 동물 현황 및 관리실태 등 필요한 자료제출의 요구
2. 동물이 있는 장소에 대한 출입 · 검사
3. 동물에 대한 위해 방지 조치의 이행 등 농림축산식품부령으로 정하는 시정명령

② 농림축산식품부장관, 시 · 도지사 또는 시장 · 군수 · 구청장은 동물보호 등과 관련하여 필요하면 다음 각 호의 어느 하나에 해당하는 자에게 필요한 보고를 하도록 명하거나 자료를 제출하게 할 수 있으며, 관계 공무원으로 하여금 해당 시설 등에 출입하여 운영실태를 조사하게 하거나 관계 서류를 검사하게 할 수 있다.

1. 제35조제1항 및 제36조제1항에 따른 동물보호센터의 장
2. 제37조에 따른 보호시설운영자
3. 제51조제1항 및 제2항에 따라 윤리위원회를 설치한 동물실험시행기관의 장
4. 제59조제3항에 따른 동물복지축산농장의 인증을 받은 자
5. 제60조에 따라 지정된 인증기관의 장
6. 제63조제1항에 따라 동물복지축산물의 표시를 한 자
7. 제69조제1항에 따른 영업의 허가를 받은 자 또는 제73조제1항에 따라 영업의 등록을 한 자

③ 특별자치시장 · 특별자치도지사 · 시장 · 군수 · 구청장은 소속 공무원으로 하여금 제2항제2호에 따른 보호시설운영자에 대하여 제37조제4항에 따른 시설기준 · 운영기준 등의 사항 및 동물보호를 위한 시설정비 등의 사후관리와 관련한 사항을 1년에 1회 이상 정기적으로 점검하도록 하고, 필요한 경우 수시로 점검하게 할 수 있다.

④ 시 · 도지사와 시장 · 군수 · 구청장은 소속 공무원으로 하여금 제2항제7호에 따른 영업자에 대하여 다음 각 호의 구분에 따라 1년에 1회 이상 정기적으로 점검하도록 하고, 필요한 경우 수시로 점검하게 할 수 있다.

1. 시 · 도지사: 제70조제4항에 따른 시설 및 인력 기준의 준수 여부
2. 특별자치시장 · 특별자치도지사 · 시장 · 군수 · 구청장: 제69조제3항 및 제73조제3항에 따른 시설 및 인력 기준의 준수 여부와 제78조에 따른 준수사항의 이행 여부

⑤ 시 · 도지사는 제3항 및 제4항에 따른 점검 결과(관할 시 · 군 · 구의 점검 결과를 포함한다)를 다음 연도 1월 31일까지 농림축산식품부장관에게 통보하여야 한다. 〈개정 2024. 12. 20.〉

⑥ 농림축산식품부장관, 시 · 도지사 또는 시장 · 군수 · 구청장이 제1항제2호 및 제2항 각 호에 따른 출입 · 검사 또는 제3항 및 제4항에 따른 점검(이하 "출입 · 검사등"이라 한다)을 할 때에는 출입 · 검사등의 시작 7일 전까지 대상자에게 다음 각 호의 사항이 포함된 출입 · 검사등 계획을 통지하여야 한다. 다만, 출입 · 검사등 계획을 미리 통지할 경우 그 목적을 달성할 수 없다고 인정하는 경우에는 출입 · 검사등을 착수할 때에 통지할 수 있다.

1. 출입 · 검사등의 목적
2. 출입 · 검사등의 기간 및 장소
3. 관계 공무원의 성명과 직위
4. 출입 · 검사등의 범위 및 내용
5. 제출할 자료

⑦ 농림축산식품부장관, 시 · 도지사 또는 시장 · 군수 · 구청장은 제2항부터 제4항까지의 규정에 따른 출입 · 검사등의 결과에 따라 필요한 시정을 명하는 등의 조치를 할 수 있다.

제87조(고정형 영상정보처리기기의 설치 등) ① 다음 각 호의 어느 하나에 해당하는 자는 동물학대 방지 등을 위하여 「개인정보 보호법」 제2조제7호에 따른 고정형 영상정보처리기기를 설치하여야 한다. 〈개정 2023. 3. 14.〉

1. 제35조제1항 또는 제36조제1항에 따른 동물보호센터의 장
2. 제37조에 따른 보호시설운영자
3. 제63조제1항제1호다목에 따른 도축장 운영자
4. 제69조제1항에 따른 영업의 허가를 받은 자 또는 제73조제1항에 따라 영업의 등록을 한 자

② 제1항에 따른 고정형 영상정보처리기기의 설치 대상, 장소 및 기준 등에 필요한 사항은 대통령령으로 정한다. 〈개정 2023. 3. 14.〉

③ 제1항에 따라 고정형 영상정보처리기기를 설치 · 관리하는 자는 동물보호센터 · 보호시설 · 영업장의 종사자, 이용자 등 정보주체의 인권이 침해되지 아니하도록 다음 각 호의 사항을 준수하여야 한다. 〈개정 2023. 3. 14.〉

1. 설치 목적과 다른 목적으로 고정형 영상정보처리기기를 임의로 조작하거나 다른 곳을 비추지 아니할 것
2. 녹음기능을 사용하지 아니할 것

④ 제1항에 따라 고정형 영상정보처리기기를 설치 · 관리하는 자는 다음 각 호의 어느 하나에 해당하는 경우 외에는 고정형 영상정보처리기기로 촬영한 영상기록을 다른 사람에게 제공하여서는 아니 된다. 〈개정 2023. 3. 14.〉

1. 소유자등이 자기 동물의 안전을 확인하기 위하여 요청하는 경우
2. 「개인정보 보호법」 제2호제6호가목에 따른 공공기관이 제86조 등 법령에서 정하는 동물보호 업무 수행을 위하여 요청하는 경우
3. 범죄의 수사와 공소의 제기 및 유지, 법원의 재판업무 수행을 위하여 필요한 경우

⑤ 이 법에서 정하는 사항 외에 고정형 영상정보처리기기의 설치, 운영 및 관리 등에 관한 사항은 「개인정보 보호법」에 따른다. 〈개정 2023. 3. 14.〉

[제목개정 2023. 3. 14.]

제88조(동물보호관) ① 농림축산식품부장관(대통령령으로 정하는 소속 기관의 장을 포함한다), 시·도지사 및 시장·군수·구청장은 동물의 학대 방지 등 동물보호에 관한 사무를 처리하기 위하여 소속 공무원 중에서 동물보호관을 지정하여야 한다.

② 제1항에 따른 동물보호관(이하 "동물보호관"이라 한다)의 자격, 임명, 직무 범위 등에 관한 사항은 대통령령으로 정한다.

③ 동물보호관이 제2항에 따른 직무를 수행할 때에는 농림축산식품부령으로 정하는 증표를 지니고 이를 관계인에게 보여주어야 한다.

④ 누구든지 동물의 특성에 따른 출산, 질병 치료 등 부득이한 사유가 있는 경우를 제외하고는 제2항에 따른 동물보호관의 직무 수행을 거부·방해 또는 기피하여서는 아니 된다.

제89조(학대행위자에 대한 상담·교육 등의 권고) 동물보호관은 학대행위자에 대하여 상담·교육 또는 심리치료 등 필요한 지원을 받을 것을 권고할 수 있다.

제90조(명예동물보호관) ① 농림축산식품부장관, 시·도지사 및 시장·군수·구청장은 동물의 학대 방지 등 동물보호를 위한 지도·계몽 등을 위하여 명예동물보호관을 위촉할 수 있다.

② 제10조를 위반하여 제97조에 따라 형을 선고받고 그 형이 확정된 사람은 제1항에 따른 명예동물보호관(이하 "명예동물보호관"이라 한다)이 될 수 없다.

③ 명예동물보호관의 자격, 위촉, 해촉, 직무, 활동 범위와 수당의 지급 등에 관한 사항은 대통령령으로 정한다.

④ 명예동물보호관은 제3항에 따른 직무를 수행할 때에는 부정한 행위를 하거나 권한을 남용하여서는 아니 된다.

⑤ 명예동물보호관이 그 직무를 수행하는 경우에는 신분을 표시하는 증표를 지니고 이를 관계인에게 보여주어야 한다.

제91조(수수료) 다음 각 호의 어느 하나에 해당하는 자는 농림축산식품부령으로 정하는 바에 따라 수수료를 내야 한다. 다만, 제1호에 해당하는 자에 대하여는 시·도의 조례로 정하는 바에 따라 수수료를 감면할 수 있다.

1. 제15조제1항에 따라 등록대상동물을 등록하려는 자
2. 제31조에 따른 자격시험에 응시하려는 자 또는 자격증의 재발급 등을 받으려는 자
3. 제59조제3항, 제5항 또는 제6항에 따라 동물복지축산농장 인증을 받거나 갱신 및 재심사를 받으려는 자
4. 제69조, 제70조 및 제73조에 따라 영업의 허가 또는 변경허가를 받거나, 영업의 등록 또는 변경등록을 하거나, 변경신고를 하려는 자

제92조(청문) 농림축산식품부장관, 시·도지사 또는 시장·군수·구청장은 다음 각 호의 어느 하나에 해당하는 처분을 하려면 청문을 하여야 한다.

1. 제20조제1항에 따른 맹견사육허가의 철회
2. 제32조제2항에 따른 반려동물행동지도사의 자격취소
3. 제36조제4항에 따른 동물보호센터의 지정취소

4. 제38조제2항에 따른 보호시설의 시설폐쇄
5. 제61조제1항에 따른 인증기관의 지정취소
6. 제65조제1항에 따른 동물복지축산농장의 인증취소
7. 제83조제1항에 따른 영업허가 또는 영업등록의 취소

제93조(권한의 위임 · 위탁) ① 농림축산식품부장관은 대통령령으로 정하는 바에 따라 이 법에 따른 권한의 일부를 소속기관의 장 또는 시 · 도지사에게 위임할 수 있다.

② 농림축산식품부장관은 대통령령으로 정하는 바에 따라 이 법에 따른 업무 및 동물복지 진흥에 관한 업무의 일부를 농림축산 또는 동물보호 관련 업무를 수행하는 기관 · 법인 · 단체의 장에게 위탁할 수 있다.

③ 농림축산식품부장관은 제1항에 따라 위임한 업무 및 제2항에 따라 위탁한 업무에 관하여 필요하다고 인정하면 업무처리지침을 정하여 통보하거나 그 업무처리를 지도 · 감독할 수 있다.

④ 제2항에 따라 위탁받은 이 법에 따른 업무를 수행하는 기관 · 법인 · 단체의 임원 및 직원은 「형법」 제129조부터 제132조까지의 규정을 적용할 때에는 공무원으로 본다.

⑤ 농림축산식품부장관은 제2항에 따라 업무를 위탁한 기관에 필요한 비용의 전부 또는 일부를 예산의 범위에서 출연 또는 보조할 수 있다.

제94조(실태조사 및 정보의 공개) ① 농림축산식품부장관은 다음 각 호의 정보와 자료를 수집 · 조사 · 분석하고 그 결과를 해마다 정기적으로 공표하여야 한다. 다만, 제2호에 해당하는 사항에 관하여는 해당 동물을 관리하는 중앙행정기관의 장 및 관련 기관의 장과 협의하여 결과공표 여부를 정할 수 있다. 〈개정 2024. 1. 2.〉

1. 제6조제1항의 동물복지종합계획 수립을 위한 동물의 보호 · 복지 실태에 관한 사항
2. 제2조제6호에 따른 봉사동물 중 국가소유 봉사동물의 마릿수 및 해당 봉사동물의 관리 등에 관한 사항
3. 제15조에 따른 등록대상동물의 등록에 관한 사항
4. 제34조부터 제36조까지 및 제39조부터 제46조까지의 규정에 따른 동물보호센터와 유실 · 유기동물 등의 치료 · 보호 등에 관한 사항
5. 제37조에 따른 보호시설의 운영실태에 관한 사항

5의2. 제47조제5항에 따른 동물의 기증 및 분양 현황 등 실험동물의 사후관리 실태에 관한 사항

6. 제51조부터 제56조까지, 제58조의 규정에 따른 윤리위원회의 운영 및 동물실험 실태, 지도 · 감독 등에 관한 사항
7. 제59조에 따른 동물복지축산농장 인증현황 등에 관한 사항
8. 제69조 및 제73조에 따른 영업의 허가 및 등록과 운영실태에 관한 사항
9. 제86조제4항에 따른 영업자에 대한 정기점검에 관한 사항
10. 그 밖에 동물의 보호 · 복지 실태와 관련된 사항

② 농림축산식품부장관은 제1항 각 호에 따른 업무를 효율적으로 추진하기 위하여 실태조사를 실시할 수 있으며, 실태조사를 위하여 필요한 경우 관계 중앙행정기관의 장, 지방자치단체의 장, 공공기관(「공공기관의 운영에 관한 법률」 제4조에 따른 공공기관을 말한다. 이하 같다)의 장, 관련 기관 및 단체, 동물의 소유자등에게 필요한 자료 및 정보의 제공을 요청할 수 있다. 이 경우 자료 및 정보의 제공을 요청받은 자는 정당한 사유가 없는 한 자료 및 정보를 제공하여야 한다.

③ 제2항에 따른 실태조사(현장조사를 포함한다)의 범위, 방법, 그 밖에 필요한 사항은 대통

령령으로 정한다.

④ 시 · 도지사 또는 시장 · 군수 · 구청장은 제1항 각 호의 실적을 다음 연도 1월 31일까지 농림축산식품부장관(대통령령으로 정하는 그 소속기관의 장을 포함한다)에게 통보하여야 한다.〈개정 2024. 12. 20.〉

⑤ 동물실험시행기관의 장 또는 인증기관은 제1항 각 호의 실적을 다음 연도 1월 31일까지 농림축산식품부장관(대통령령으로 정하는 그 소속기관의 장을 포함한다)에게 보고하여야 한다.〈신설 2024. 12. 20.〉

제95조(동물보호정보의 수집 및 활용) ① 농림축산식품부장관은 동물의 생명보호, 안전 보장 및 복지 증진과 건전하고 책임 있는 사육문화를 조성하기 위하여 다음 각 호의 정보(이하 "동물보호정보"라 한다)를 수집하여 체계적으로 관리하여야 한다.

1. 제17조에 따라 맹견수입신고를 한 자 및 신고한 자가 소유한 맹견에 대한 정보
2. 제18조 및 제20조에 따라 맹견사육허가 · 허가철회를 받은 사람 및 허가받은 사람이 소유한 맹견에 대한 정보
3. 제18조제3항 및 제24조에 따라 기질평가를 받은 동물과 그 소유자에 대한 정보
4. 제69조 및 제70조에 따른 영업의 허가 및 제73조에 따른 영업의 등록에 관한 사항(영업의 허가 및 등록 번호, 업체명, 전화번호, 소재지 등을 포함한다)
5. 제94조제1항 각 호의 정보
6. 그 밖에 동물보호에 관한 정보로서 농림축산식품부장관이 수집 · 관리할 필요가 있다고 인정하는 정보

② 농림축산식품부장관은 동물보호정보를 체계적으로 관리하고 통합적으로 분석하기 위하여 국가동물보호정보시스템을 구축 · 운영하여야 한다.

③ 농림축산식품부장관은 동물보호정보의 수집을 위하여 관계 중앙행정기관의 장, 시 · 도지사 또는 시장 · 군수 · 구청장, 경찰관서의 장 등에게 필요한 자료를 요청할 수 있다. 이 경우 관계 중앙행정기관의 장, 시 · 도지사 또는 시장 · 군수 · 구청장, 경찰관서의 장 등은 정당한 사유가 없으면 요청에 응하여야 한다.

④ 시 · 도지사 및 시장 · 군수 · 구청장은 동물의 보호 또는 동물학대 발생 방지를 위하여 필요한 경우 국가동물보호정보시스템에 등록된 관련 정보를 농림축산식품부장관에게 요청할 수 있다. 이 경우 정보활용의 목적과 필요한 정보의 범위를 구체적으로 기재하여 요청하여야 한다.

⑤ 제4항에 따른 정보를 취득한 사람은 같은 항 후단의 요청 목적 외로 해당 정보를 사용하거나 다른 사람에게 정보를 제공 또는 누설하여서는 아니 된다.

⑥ 농림축산식품부장관은 대통령령으로 정하는 바에 따라 제1항제4호의 정보 중 영업의 허가 및 등록 번호, 업체명, 전화번호, 소재지 등을 공개하여야 한다.

⑦ 제1항부터 제6항까지에서 규정한 사항 외에 동물보호정보 등의 수집 · 관리 · 공개 및 정보의 요청 방법, 국가동물보호정보시스템의 구축 · 활용 등에 필요한 사항은 대통령령으로 정한다.

제96조(위반사실의 공표) ① 시 · 도지사 또는 시장 · 군수 · 구청장은 제36조제4항 또는 제38조에 따라 행정처분이 확정된 동물보호센터 또는 보호시설에 대하여 위반행위, 해당 기관 · 단체 또는 시설의 명칭, 대표자 성명 등 대통령령으로 정하는 사항을 공표할 수 있다.

② 특별자치시장 · 특별자치도지사 · 시장 · 군수 · 구청장은 제83조부터 제85조까지의 규정에 따라 행정처분이 확정된 영업자에 대하여 위반행위, 해당 영업장의 명칭, 대표자 성명 등 대통령령으로 정하는 사항을 공표할 수 있다.

③ 제1항 및 제2항에 따른 공표 여부를 결정할 때에는 위반행위의 동기, 정도, 횟수 및 결과 등을 고려하여야 한다.
④ 시·도지사 또는 시장·군수·구청장은 제1항 및 제2항에 따른 공표를 실시하기 전에 공표대상자에게 그 사실을 통지하여 소명자료를 제출하거나 출석하여 의견진술을 할 수 있는 기회를 부여하여야 한다.
⑤ 제1항 및 제2항에 따른 공표의 절차·방법, 그 밖에 필요한 사항은 대통령령으로 정한다.

제8장 벌칙

제97조(벌칙) ① 다음 각 호의 어느 하나에 해당하는 자는 3년 이하의 징역 또는 3천만원 이하의 벌금에 처한다.
1. 제10조제1항 각 호의 어느 하나를 위반한 자
2. 제10조제3항제2호 또는 같은 조 제4항제3호를 위반한 자
3. 제16조제1항 또는 같은 조 제2항제1호를 위반하여 사람을 사망에 이르게 한 자
4. 제21조제1항 각 호를 위반하여 사람을 사망에 이르게 한 자

② 다음 각 호의 어느 하나에 해당하는 자는 2년 이하의 징역 또는 2천만원 이하의 벌금에 처한다.
1. 제10조제2항 또는 같은 조 제3항제1호·제3호·제4호의 어느 하나를 위반한 자
2. 제10조제4항제1호를 위반하여 맹견을 유기한 소유자등
3. 제10조제4항제2호를 위반한 소유자등
4. 제16조제1항 또는 같은 조 제2항제1호를 위반하여 사람의 신체를 상해에 이르게 한 자
5. 제21조제1항 각 호의 어느 하나를 위반하여 사람의 신체를 상해에 이르게 한 자
6. 제67조제1항제1호를 위반하여 거짓이나 그 밖의 부정한 방법으로 인증농장 인증을 받은 자
7. 제67조제1항제2호를 위반하여 인증을 받지 아니한 축산농장을 인증농장으로 표시한 자
8. 제67조제1항제3호를 위반하여 거짓이나 그 밖의 부정한 방법으로 인증심사·재심사 및 인증갱신을 하거나 받을 수 있도록 도와주는 행위를 한 자
9. 제69조제1항 또는 같은 조 제4항을 위반하여 허가 또는 변경허가를 받지 아니하고 영업을 한 자
10. 거짓이나 그 밖의 부정한 방법으로 제69조제1항에 따른 허가 또는 같은 조 제4항에 따른 변경허가를 받은 자
11. 제70조제1항을 위반하여 맹견취급허가 또는 변경허가를 받지 아니하고 맹견을 취급하는 영업을 한 자
12. 거짓이나 그 밖의 부정한 방법으로 제70조제1항에 따른 맹견취급허가 또는 변경허가를 받은 자
13. 제72조를 위반하여 설치가 금지된 곳에 동물장묘시설을 설치한 자
14. 제85조제1항에 따른 영업장 폐쇄조치를 위반하여 영업을 계속한 자

③ 다음 각 호의 어느 하나에 해당하는 자는 1년 이하의 징역 또는 1천만원 이하의 벌금에 처한다. 〈개정 2023. 3. 14., 2023. 6. 20.〉
1. 제18조제1항을 위반하여 맹견사육허가를 받지 아니한 자
2. 제33조제1항을 위반하여 반려동물행동지도사의 명칭을 사용한 자

3. 제33조제2항을 위반하여 다른 사람에게 반려동물행동지도사의 명의를 사용하게 하거나 그 자격증을 대여한 자 또는 반려동물행동지도사의 명의를 사용하거나 그 자격증을 대여받은 자
4. 제33조제3항을 위반한 자
5. 제73조제1항 또는 같은 조 제4항을 위반하여 등록 또는 변경등록을 하지 아니하고 영업을 한 자
6. 거짓이나 그 밖의 부정한 방법으로 제73조제1항에 따른 등록 또는 같은 조 제4항에 따른 변경등록을 한 자
7. 제78조제1항제11호를 위반하여 다른 사람의 영업명의를 도용하거나 대여받은 자 또는 다른 사람에게 자기의 영업명의나 상호를 사용하게 한 영업자

7의2. 제78조제5항제3호를 위반하여 자신의 영업장에 있는 동물장묘시설을 다른 자에게 대여한 영업자

8. 제83조를 위반하여 영업정지 기간에 영업을 한 자
9. 제87조제3항을 위반하여 설치 목적과 다른 목적으로 고정형 영상정보처리기기를 임의로 조작하거나 다른 곳을 비춘 자 또는 녹음기능을 사용한 자
10. 제87조제4항을 위반하여 영상기록을 목적 외의 용도로 다른 사람에게 제공한 자

④ 다음 각 호의 어느 하나에 해당하는 자는 500만원 이하의 벌금에 처한다.

1. 제29조제1항을 위반하여 업무상 알게 된 비밀을 누설한 기질평가위원회의 위원 또는 위원이었던 자
2. 제37조제1항에 따른 신고를 하지 아니하고 보호시설을 운영한 자
3. 제38조제2항에 따른 폐쇄명령에 따르지 아니한 자
4. 제54조제3항을 위반하여 비밀을 누설하거나 도용한 윤리위원회의 위원 또는 위원이었던 자(제52조제3항에서 준용하는 경우를 포함한다)
5. 제78조제2항제1호를 위반하여 월령이 12개월 미만인 개ㆍ고양이를 교배 또는 출산시킨 영업자
6. 제78조제2항제2호를 위반하여 동물의 발정을 유도한 영업자
7. 제78조제5항제1호를 위반하여 살아있는 동물을 처리한 영업자
8. 제95조제5항을 위반하여 요청 목적 외로 정보를 사용하거나 다른 사람에게 정보를 제공 또는 누설한 자

⑤ 다음 각 호의 어느 하나에 해당하는 자는 300만원 이하의 벌금에 처한다.

1. 제10조제4항제1호를 위반하여 동물을 유기한 소유자등(맹견을 유기한 경우는 제외한다)
2. 제10조제5항제1호를 위반하여 사진 또는 영상물을 판매ㆍ전시ㆍ전달ㆍ상영하거나 인터넷에 게재한 자
3. 제10조제5항제2호를 위반하여 도박을 목적으로 동물을 이용한 자 또는 동물을 이용하는 도박을 행할 목적으로 광고ㆍ선전한 자
4. 제10조제5항제3호를 위반하여 도박ㆍ시합ㆍ복권ㆍ오락ㆍ유흥ㆍ광고 등의 상이나 경품으로 동물을 제공한 자
5. 제10조제5항제4호를 위반하여 영리를 목적으로 동물을 대여한 자
6. 제18조제4항 후단에 따른 인도적인 방법에 의한 처리 명령에 따르지 아니한 맹견의 소유자
7. 제20조제2항에 따른 인도적인 방법에 의한 처리 명령에 따르지 아니한 맹견의 소유자
8. 제24조제1항에 따른 기질평가 명령에 따르지 아니한 맹견 아닌 개의 소유자

9. 제46조제2항을 위반하여 수의사에 의하지 아니하고 동물의 인도적인 처리를 한 자
10. 제49조를 위반하여 동물실험을 한 자
11. 제78조제4항제1호를 위반하여 월령이 2개월 미만인 개·고양이를 판매(알선 또는 중개를 포함한다)한 영업자
12. 제85조제2항에 따른 게시문 등 또는 봉인을 제거하거나 손상시킨 자

⑥ 상습적으로 제1항부터 제5항까지의 죄를 지은 자는 그 죄에 정한 형의 2분의 1까지 가중한다.

제98조(벌칙) 제100조제1항에 따라 이수명령을 부과받은 사람이 보호관찰소의 장 또는 교정시설의 장의 이수명령 이행에 관한 지시에 따르지 아니하여 「보호관찰 등에 관한 법률」 또는 「형의 집행 및 수용자의 처우에 관한 법률」에 따른 경고를 받은 후 재차 정당한 사유 없이 이수명령 이행에 관한 지시를 따르지 아니한 경우에는 다음 각 호에 따른다.

1. 벌금형과 병과된 경우에는 500만원 이하의 벌금에 처한다.
2. 징역형 이상의 실형과 병과된 경우에는 1년 이하의 징역 또는 1천만원 이하의 벌금에 처한다.

제99조(양벌규정) 법인의 대표자나 법인 또는 개인의 대리인, 사용인, 그 밖의 종업원이 그 법인 또는 개인의 업무에 관하여 제97조에 따른 위반행위를 하면 그 행위자를 벌하는 외에 그 법인 또는 개인에게도 해당 조문의 벌금형을 과한다. 다만, 법인 또는 개인이 그 위반행위를 방지하기 위하여 해당 업무에 관하여 상당한 주의와 감독을 게을리하지 아니한 경우에는 그러하지 아니하다.

제100조(형벌과 수강명령 등의 병과) ① 법원은 제97조제1항제1호부터 제4호까지 및 같은 조 제2항제1호부터 제5호까지의 죄를 지은 자(이하 이 조에서 "동물학대행위자등"이라 한다)에게 유죄판결(선고유예는 제외한다)을 선고하면서 200시간의 범위에서 재범예방에 필요한 수강명령(「보호관찰 등에 관한 법률」에 따른 수강명령을 말한다. 이하 같다) 또는 치료프로그램의 이수명령(이하 "이수명령"이라 한다)을 병과할 수 있다. 〈개정 2023. 6. 20.〉

② 동물학대행위자등에게 부과하는 수강명령은 형의 집행을 유예할 경우에는 그 집행유예기간 내에서 병과하고, 이수명령은 벌금형 또는 징역형의 실형을 선고할 경우에 병과한다. 〈개정 2023. 6. 20.〉

③ 법원이 동물학대행위자등에 대하여 형의 집행을 유예하는 경우에는 제1항에 따른 수강명령 외에 그 집행유예기간 내에서 보호관찰 또는 사회봉사 중 하나 이상의 처분을 병과할 수 있다. 〈개정 2023. 6. 20.〉

④ 제1항에 따른 수강명령 또는 이수명령은 형의 집행을 유예할 경우에는 그 집행유예기간 내에, 벌금형을 선고할 경우에는 형 확정일부터 6개월 이내에, 징역형의 실형을 선고할 경우에는 형기 내에 각각 집행한다.

⑤ 제1항에 따른 수강명령 또는 이수명령이 벌금형 또는 형의 집행유예와 병과된 경우에는 보호관찰소의 장이 집행하고, 징역형의 실형과 병과된 경우에는 교정시설의 장이 집행한다. 다만, 징역형의 실형과 병과된 이수명령을 모두 이행하기 전에 석방 또는 가석방되거나 미결구금일수 산입 등의 사유로 형을 집행할 수 없게 된 경우에는 보호관찰소의 장이 남은 이수명령을 집행한다.

⑥ 제1항에 따른 수강명령 또는 이수명령의 내용은 다음 각 호의 구분에 따른다. 〈개정 2023. 6. 20.〉

1. 제97조제1항제1호·제2호 및 같은 조 제2항제1호부터 제3호까지의 죄를 지은 자
   가. 동물학대 행동의 진단·상담

나. 소유자등으로서의 기본 소양을 갖추게 하기 위한 교육
다. 그 밖에 동물학대행위자의 재범 예방을 위하여 필요한 사항
2. 제97조제1항제3호 · 제4호 및 같은 조 제2항제4호 · 제5호의 죄를 지은 자
가. 등록대상동물, 맹견 등의 안전한 사육 및 관리에 관한 사항
나. 그 밖에 개물림 관련 재범 예방을 위하여 필요한 사항
3. 삭제〈2023. 6. 20.〉

⑦ 형벌과 병과하는 수강명령 및 이수명령에 관하여 이 법에서 규정한 사항 외에는 「보호관찰 등에 관한 법률」을 준용한다.

제101조(과태료) ① 다음 각 호의 어느 하나에 해당하는 자에게는 500만원 이하의 과태료를 부과한다.

1. 제51조제1항을 위반하여 윤리위원회를 설치 · 운영하지 아니한 동물실험시행기관의 장
2. 제51조제3항을 위반하여 윤리위원회의 심의를 거치지 아니하고 동물실험을 한 동물실험시행기관의 장
3. 제51조제4항을 위반하여 윤리위원회의 변경심의를 거치지 아니하고 동물실험을 한 동물실험시행기관의 장(제52조제3항에서 준용하는 경우를 포함한다)
4. 제55조제1항을 위반하여 심의 후 감독을 요청하지 아니한 경우 해당 동물실험시행기관의 장(제52조제3항에서 준용하는 경우를 포함한다)
5. 제55조제3항을 위반하여 정당한 사유 없이 실험 중지 요구를 따르지 아니하고 동물실험을 한 동물실험시행기관의 장(제52조제3항에서 준용하는 경우를 포함한다)
6. 제55조제4항을 위반하여 윤리위원회의 심의 또는 변경심의를 받지 아니하고 동물실험을 재개한 동물실험시행기관의 장(제52조제3항에서 준용하는 경우를 포함한다)
7. 제58조제2항을 위반하여 개선명령을 이행하지 아니한 동물실험시행기관의 장
8. 제67조제1항제4호가목을 위반하여 동물복지축산물 표시를 한 자
9. 제78조제1항제7호를 위반하여 영업별 시설 및 인력 기준을 준수하지 아니한 영업자

② 다음 각 호의 어느 하나에 해당하는 자에게는 300만원 이하의 과태료를 부과한다.

1. 제17조제1항을 위반하여 맹견수입신고를 하지 아니한 자
2. 제21조제1항 각 호를 위반한 맹견의 소유자등
3. 제21조제3항을 위반하여 맹견의 안전한 사육 및 관리에 관한 교육을 받지 아니한 자
4. 제22조를 위반하여 맹견을 출입하게 한 소유자등
5. 제23조제1항을 위반하여 보험에 가입하지 아니한 소유자
6. 제24조제5항에 따른 교육이수명령 또는 개의 훈련 명령에 따르지 아니한 소유자
7. 제37조제4항을 위반하여 시설 및 운영 기준 등을 준수하지 아니하거나 시설정비 등의 사후관리를 하지 아니한 자
8. 제37조제5항에 따른 신고를 하지 아니하고 보호시설의 운영을 중단하거나 보호시설을 폐쇄한 자
9. 제38조제1항에 따른 중지명령이나 시정명령을 3회 이상 반복하여 이행하지 아니한 자
10. 제48조제1항을 위반하여 전임수의사를 두지 아니한 동물실험시행기관의 장
11. 제67조제1항제4호나목 또는 다목을 위반하여 동물복지축산물 표시를 한 자
12. 제70조제3항을 위반하여 맹견 취급의 사실을 신고하지 아니한 영업자
13. 제76조제1항을 위반하여 휴업 · 폐업 또는 재개업의 신고를 하지 아니한 영업자
14. 제76조제2항을 위반하여 동물처리계획서를 제출하지 아니하거나 같은 조 제3항에 따른 처리결과를 보고하지 아니한 영업자

15. 제78조제1항제3호를 위반하여 노화나 질병이 있는 동물을 유기하거나 폐기할 목적으로 거래한 영업자
16. 제78조제1항제4호를 위반하여 동물의 번식, 반입 · 반출 등의 기록, 관리 및 보관을 하지 아니한 영업자
17. 제78조제1항제5호를 위반하여 영업허가번호 또는 영업등록번호를 명시하지 아니하고 거래금액을 표시한 영업자
18. 제78조제3항제1호를 위반하여 수입신고를 하지 아니하거나 거짓이나 그 밖의 부정한 방법으로 수입신고를 한 영업자

③ 다음 각 호의 어느 하나에 해당하는 자에게는 100만원 이하의 과태료를 부과한다.

1. 제11조제1항제4호 또는 제5호를 위반하여 동물을 운송한 자
2. 제11조제1항을 위반하여 제69조제1항의 동물을 운송한 자
3. 제12조를 위반하여 반려동물을 전달한 자
4. 제15조제1항을 위반하여 등록대상동물을 등록하지 아니한 소유자
5. 제27조제4항을 위반하여 정당한 사유 없이 출석, 자료제출요구 또는 기질평가와 관련한 조사를 거부한 자
6. 제36조제6항에 따라 준용되는 제35조제5항을 위반하여 교육을 받지 아니한 동물보호센터의 장 및 그 종사자
7. 제37조제2항에 따른 변경신고를 하지 아니하거나 같은 조 제5항에 따른 운영재개신고를 하지 아니한 자
8. 제50조를 위반하여 미성년자에게 동물 해부실습을 하게 한 자
9. 제57조제1항을 위반하여 교육을 이수하지 아니한 윤리위원회의 위원
10. 정당한 사유 없이 제66조제3항에 따른 조사를 거부 · 방해하거나 기피한 자
11. 제68조제2항을 위반하여 인증을 받은 자의 지위를 승계하고 그 사실을 신고하지 아니한 자
12. 제69조제4항 단서 또는 제73조제4항 단서를 위반하여 경미한 사항의 변경을 신고하지 아니한 영업자
13. 제75조제3항을 위반하여 영업자의 지위를 승계하고 그 사실을 신고하지 아니한 자
14. 제78조제1항제8호를 위반하여 종사자에게 교육을 실시하지 아니한 영업자
15. 제78조제1항제9호를 위반하여 영업실적을 보고하지 아니한 영업자
16. 제78조제1항제10호를 위반하여 등록대상동물의 등록 및 변경신고의무를 고지하지 아니한 영업자
17. 제78조제3항제2호를 위반하여 신고한 사항과 다른 용도로 동물을 사용한 영업자
18. 제78조제5항제2호를 위반하여 등록대상동물의 사체를 처리한 후 신고하지 아니한 영업자
19. 제78조제6항에 따라 동물의 보호와 공중위생상의 위해 방지를 위하여 농림축산식품부령으로 정하는 준수사항을 지키지 아니한 영업자
20. 제79조를 위반하여 등록대상동물의 등록을 신청하지 아니하고 판매한 영업자
21. 제82조제2항 또는 제3항을 위반하여 교육을 받지 아니하고 영업을 한 영업자
22. 제86조제1항제1호에 따른 자료제출 요구에 응하지 아니하거나 거짓 자료를 제출한 동물의 소유자등
23. 제86조제1항제2호에 따른 출입 · 검사를 거부 · 방해 또는 기피한 동물의 소유자등
24. 제86조제2항에 따른 보고 · 자료제출을 하지 아니하거나 거짓으로 보고 · 자료제출을 한

자 또는 같은 항에 따른 출입 · 조사 · 검사를 거부 · 방해 · 기피한 자
25. 제86조제1항제3호 또는 같은 조 제7항에 따른 시정명령 등의 조치에 따르지 아니한 자
26. 제88조제4항을 위반하여 동물보호관의 직무 수행을 거부 · 방해 또는 기피한 자
④ 다음 각 호의 어느 하나에 해당하는 자에게는 50만원 이하의 과태료를 부과한다.
1. 제15조제2항을 위반하여 정해진 기간 내에 신고를 하지 아니한 소유자
2. 제15조제3항을 위반하여 소유권을 이전받은 날부터 30일 이내에 신고를 하지 아니한 자
3. 제16조제1항을 위반하여 소유자등 없이 등록대상동물을 기르는 곳에서 벗어나게 한 소유자등
4. 제16조제2항제1호에 따른 안전조치를 하지 아니한 소유자등
5. 제16조제2항제2호를 위반하여 인식표를 부착하지 아니한 소유자등
6. 제16조제2항제3호를 위반하여 배설물을 수거하지 아니한 소유자등
7. 제94조제2항을 위반하여 정당한 사유 없이 자료 및 정보의 제공을 하지 아니한 자
⑤ 제1항부터 제4항까지의 과태료는 대통령령으로 정하는 바에 따라 농림축산식품부장관, 시 · 도지사 또는 시장 · 군수 · 구청장이 부과 · 징수한다.

부칙 〈제19486호, 2023. 6. 20.〉

이 법은 공포한 날부터 시행한다. 다만, 법률 제18853호 동물보호법 전부개정법률 제64조제1항제3호부터 제5호까지의 개정규정은 2024년 4월 27일부터 시행한다.

부칙 〈법률 제19880호, 2024. 1. 2.〉

제1조(시행일) 이 법은 공포 후 1년이 경과한 날부터 시행한다.

제2조(적용례) 제34조제3항의 개정규정은 이 법 시행 이후 제34조제1항제3호에 따른 동물을 구조하는 경우부터 적용한다.

부칙 〈법률 제20581호, 2024. 12. 20.〉 (자치입법권 강화 및 지방자율성 제고를 위한 농어촌정비법 등 10개 법률의 일부개정에 관한 법률)

제1조(시행일) 이 법은 공포 후 6개월이 경과한 날부터 시행한다. 〈단서 생략〉

제2조 및 제3조 생략

저자소개

▪ 김병석 박사

현) 신라대학교 일반대학원 반려동물학과 초빙교수
전) 부산경상대학교 반려동물산업과 교수(학과장)
전) (주)소통공감반려견아카데미 대표

▪ 김수진 박사

현) 동명대학교 반려동물보건학과 교수
현) 한국반려동물교육문화협회 회장
전) 부산경상대학교 반려동물(보건)산업과 교수

▪ 최동락 박사

현) 신라대학교 반려동물학과 겸임교수
현) 한국반려동물학회 회장
현) 이유있는동물동행 대표
전) 부산경상대 반려동물(보건)산업과 교수

▪ 송광영 박사

현) 대구한의대학교 반려동물산업학과 교수
전) 건국대학교 수의과대학 및 원헬스연구소 연구교수
전) 미국 FDA (CFSNA) 연구원

반려동물행동지도사 일주일에 마스터하기

초판 1쇄 인쇄 / 2025년 7월 5일
초판 1쇄 발행 / 2025년 7월 10일

●

편저자 / 김병석 · 김수진 · 최동락 · 송광영
발행인 / 이 중 수
발행처 / **동 문 사**

●

서울특별시 서대문구 홍제원 1길 12
(홍제동 137-8)
Tel : 02)736-3718(대), 736-3710, 3720
Fax : 02)736-3719
등록번호 : 1974.04.27. 제9-17호
가격 : 30,000원

●

ISBN : 979-11-6328-691-2 (13490)
E-mail : dong736@naver.com
www.dongmunsa.com